大数据搜索与挖掘及可视化管理方案

——**Elastic Stack 5**：Elasticsearch、Logstash、Kibana、X-Pack、Beats

(第3版)

高凯 主编

高莘 岳重阳 编著

清华大学出版社

北京

内容简介

对大数据的搜索、挖掘、可视化以及集群管理，在当今的"互联网＋"时代是很有必要的。本书的分布式大数据搜索、日志挖掘、可视化、集群监控与管理等方案是基于 Elastic Stack 5 而提出的，它能有效应对海量大数据所带来的分布式数据存储与处理、全文检索、日志挖掘、可视化、集群管理与性能监控等问题。构建在全文检索开源软件 Lucene 之上的 Elasticsearch，不仅能对海量规模的数据完成分布式索引与检索，还能提供数据聚合分析；Logstash 能有效处理来源于各种数据源的日志信息；Kibana 是为 Elasticsearch 提供数据分析的 Web 接口，可使用它对数据进行高效的搜索、可视化、分析等操作；X-Pack 监控组件可通过 Kibana 监控集群的状态；Beats 是采集系统监控数据的代理。了解基于 Elastic Stack 5 的各相关组件并掌握它们的基本使用方法和技巧，对于大数据搜索与挖掘及管理是很有必要的。

和第 1 版、第 2 版相比，本书力求反映基于 Elastic Stack 5 架构的最新成果，内容新颖，强调实践。本书可为高等学校相关专业（如计算机科学与技术、软件工程、物联网、信息管理与信息系统、数据科学与大数据技术）学生的学习和科研工作提供帮助，同时对于从事大数据搜索与挖掘、日志分析、信息可视化、集群管理与性能监控的工程技术人员和希望了解网络信息检索技术的人员也具有较高的参考价值和工程应用价值。

图书在版编目（CIP）数据

大数据搜索与挖掘及可视化管理方案：Elastic Stack 5：Elasticsearch、Logstash、Kibana、X-Pack、Beats/高凯主编. —3 版. —北京：清华大学出版社，2017（2018.7 重印）
ISBN 978-7-302-47378-7

Ⅰ. ①大…　Ⅱ. ①高…　Ⅲ. ①信息检索－研究 ②数据采集－研究　Ⅳ. ①G254.9 ②TP274

中国版本图书馆 CIP 数据核字(2017)第 124219 号

责任编辑：焦　虹
封面设计：傅瑞学
责任校对：梁　毅
责任印制：宋　林

出版发行：清华大学出版社
　　网　　址：http://www.tup.com.cn，http://www.wqbook.com
　　地　　址：北京清华大学学研大厦 A 座　　**邮　　编**：100084
　　社 总 机：010-62770175　　**邮　　购**：010-62786544
　　投稿与读者服务：010-62776969，c-service@tup.tsinghua.edu.cn
　　质量反馈：010-62772015，zhiliang@tup.tsinghua.edu.cn
　　课件下载：http://www.tup.com.cn，010-62795954
印 装 者：北京九州迅驰传媒文化有限公司
经　　销：全国新华书店
开　　本：185mm×240mm　　**印　　张**：22.25　　**字　　数**：471 千字
版　　次：2015 年 6 月第 1 版　2017 年 9 月第 3 版　　**印　　次**：2018 年 7 月第 2 次印刷
定　　价：49.00 元

产品编号：074703-01

第3版 前言

随着海量数据管理技术在国民经济以及互联网+、物联网、移动计算等各个领域的广泛应用，分布式大数据搜索、日志分析与挖掘、数据可视化、集群管理与性能监控等问题正日益受到IT人员的普遍关注。开源的、基于Lucene的全文搜索引擎Elasticsearch以其独到的分布式数据处理能力，正发挥着越来越重要的作用。根据国际权威的数据库产品评测机构DB-Engines统计，从2016年1月起，Elasticsearch已超过Solr等，成为排名第一的搜索引擎类应用，并且这种成长势头目前仍非常强劲。在Elasticsearch基础上，也衍生出Logstash、Kibana、Beats、X-Pack、Elastic Cloud、Security、Alerting、Monitoring、Graph、Reporting、ES-Hadoop等诸多相关组件，它们构成了Elastic Stack的核心，为编程人员提供了一个分布式可扩展的信息存储和全文检索机制、基于Logstash的日志处理机制、基于Kibana的挖掘结果可视化机制等。不仅如此，还有Shield(安全和管理插件，如权限控制、加密通信、审计等)、Watcher(性能监控平台等)、Beats(提供了在应用服务器间传输事务信息的分析器PacketBeat、从服务器端传送日志的FileBeat、分时段采集服务器上操作系统和服务的各项指标的MetricBeat、负责传输Windows事件日志的WinlogBeat)等中间件。在实时大数据处理的应用中，上述软件通常配合使用。2017年上半年，谷歌宣布将与Elastic建立合作伙伴关系，以提供用于Elasticsearch和Kibana开源软件的完整版本。除提供免费的服务外，谷歌的服务还将包括仅适用于初创公司的高端订阅功能(如图形分析、警报和商业支持等)。因此，从实战的角度掌握Elasticsearch、Logstash、Kibana、X-Pack、Beats等的入门技巧和基本使用方法，很有必要。

本书第1版《实战Elasticsearch、Logstash、Kibana——分布式大数据搜索与日志挖掘及可视化解决方案》以及本书第2版《大数据搜索与日志挖掘及可视化方案——Elastic Stack：Elasticsearch、Logstash、Kibana》，从出版发行到现在，虽时间不长，但已重印了多次。考虑到部分读者对本书第1版、第2版的修改意见，我们对其中的部分内容进行了必要的补充和修改、完善，对Elastic Stack 5新推出的5.x版本进行了介绍。同本书的第1版和第2版一样，第3版仍强调实践和面向初学者，并通过实战讲解的方式，让读者更好地了解Elasticsearch、Logstash、Kibana、X-Pack、Beats等的应用。除第10章兼顾老版本外，其余章节均在Elastic Stack 5的基础上完成。全书内容包括 Elasticsearch 的架构简介、文档索引及管理、信息检索与聚合、面向 Java 的 Elasticsearch Client 部分功能实现、Elasticsearch 配置与集群管理、基于 Logstash 的日志处理、基于 Kibana 的数据分析可视化、基于 X-Pack 的系统运行监控、基于 Beats 的数据解析传输、应用实例等。本书介绍的基于 Elastic Stack 5 架构的分布式大数据搜索、日志挖掘、可视化、集群管理与性能监控虽都是入门方案，但对有一定基础的中、高级使用者亦有一定的参考和工程应用价值。

本书第 3 版由高凯提出写作大纲并撰写了第 1 章，高莘、岳重阳完成了全书其余章节的内容，并由高凯审校了全书。在本书的写作过程中，也得到了多方面的支持与帮助。阮冬茹、高国江、李媚、华宇、何晓艺、张姗姗、孟天宏、刘多星、高成亮、毛雨欣、聂颖杰、韩佳等均提供了协助。在写作过程中，参考了 Elastic Stack 官方网站 https://www.elastic.co/以及互联网上众多热心网友提供的素材。本书的顺利完成也得益于参阅了大量的文献及网上资料。在此谨向这些文献的作者、热心网友以及为本书提供帮助的老师，特别是那些由于篇幅所限未在参考文献中提及的相关文献的作者和网站，致以诚挚的谢意和崇高的敬意。

由于我们的学识、水平均有限，书中不妥之处在所难免，恳请广大读者批评指正。

编　者

2017 年 6 月

Foreword 第2版 前 言

本书第1版从出版发行到现在，虽仅过去短短的半年时间，但在这期间，伴随着《中共中央关于制定国民经济和社会发展第十三个五年规划的建议》中国家大数据发展战略的实施，伴随着海量数据管理技术在国民经济以及互联网+、物联网、移动计算等各个领域的广泛应用，分布式大数据搜索与日志挖掘及可视化解决方案正日益受到各行各业人员的普遍关注。开源的、基于 Lucene 的全文搜索引擎 Elasticsearch 以其独到的分布式数据处理能力，正发挥着越来越重要的作用。根据国际权威的数据库产品评测机构 DBEngines 统计，在2016年1月，Elasticsearch 已超过 Solr 等，成为排名第一的搜索引擎类应用。

ELK Stack 是以 Elasticsearch、Logstash、Kibana 三个开源软件为主的大数据处理工具集，也是目前开源的最流行的大数据分析解决方案，它为编程人员提供了一个分布式可扩展的信息存储和全文检索机制、基于 Logstash 的日志处理机制、基于 Kibana 的挖掘结果可视化的机制。不仅如此，ELK Stack 还有 Shield（安全和管理插件，如权限控制、加密通信、审计等）、Watcher（性能监控平台等）、Beats（官方提供了用来收集日志的 Filebeat、用来收集系统基础设置数据的 Topbeat、统计收集网络信息的 Packetbeat）等中间件。在实时大数据处理的应用中，上述软件通常配合使用。因此，从实战的角度掌握 Elasticsearch、Logstash、Kibana 等软件的基本使用方法和技巧，很有必要。

考虑到部分读者对本书第1版的修改意见，我们对其中的部分内容进行了必要的补充和修改、完善。一方面，对 ELK Stack 的最新版本进行了简述，力求反映 ELK Stack 的最新成果；同时，考虑到与本书第1版的内容衔接，对部分使用上无差异的操作，仍旧以 Elasticsearch、Logstash、Kibana 的经典版本为基础进行介绍。另一方面，对 Elasticsearch 中涉及索引、检索、统计、Java 实现、集群管理的内容（主要涉及第1版中的第2～6章的内容），给出了实例。同第1版一样，本书第2版仍强调实践和面向初学者，并通过实战讲解的方式，让读者更好地了解 ELK Stack 的应用。全书涵盖 ELK Stack 简介、文档索引与处理、信息检索与过滤、信息统计与分析、基于 Java 客户端的 Elasticsearch 功能实现、

Elasticsearch 配置与管理、基于 Logstash 的网络日志处理、基于 Kibana 的分析结果可视化、应用实例等内容。本书介绍的基于 ELK Stack 架构的分布式大数据搜索与日志挖掘及可视化是入门方案，对有一定基础的中、高级使用者亦有一定的参考和工程应用价值。

全书由高凯提出写作大纲。第 1 章、第 6 章和第 7 章中的部分内容由高凯撰写，其余各章由高莘撰写，最后由高凯完成全书统稿和审校工作。书中部分实验数据集亦由高凯提供。在本书的写作过程中，也得到了多方面的支持与帮助。第 2～6 章中的实例部分分别由何晓艺、张姗姗、孟天宏、刘多星等参加编写。同时，我们也参考了相关文献和互联网上众多热心网友提供的素材。本书的顺利完成也得益于参阅了大量的相关工作及研究成果，在此谨向这些文献的作者、热心网友，以及为本书提供帮助的老师，特别是那些由于篇幅所限未及在参考文献中提及的相关文献的作者和网站，致以诚挚的谢意和崇高的敬意。

由于我们的学识、水平均有限，书中不妥之处在所难免，恳请广大读者批评指正。

编　者

Foreword

第1版前言

建立在分布式系统之上的大数据搜索与挖掘应用，是当今 IT 领域的研究与工程实践热点之一。在 DBEngines 公布的 2015 年度最受欢迎的数据库系统中，Elasticsearch 名列前茅。作为开源分布式检索与数据处理平台，Elasticsearch 不仅仅是一个数据库，它还是一个基于 Lucene 构建的开源的、分布式 RESTful 信息检索框架。基于 Elasticsearch＋Logstash＋Kibana 的信息处理架构，为编程人员提供了一种分布式可扩展的信息存储和全文检索机制以及基于 Logstash 的日志处理机制、基于 Kibana 的挖掘结果可视化机制。它不仅能对海量规模的数据完成分布式索引与检索，还能提供数据聚合分析和可视化。因此，从实战的角度掌握 Elasticsearch、Logstash、Kibana 的基本使用方法和技巧，很有必要。

大数据这个术语的出现，大概可追溯到基于 Lucene 的 Apache 开源项目 Nutch。从 2009 年开始，大数据开始成为互联网行业的流行词汇，也吸引了越来越多的关注。物联网、云计算、移动互联网、手机与平板电脑、PC 以及遍布各个角落的各种各样的传感器，无一不是大数据的来源方或承载方。可以说，大数据就在我们身边。从阿里巴巴、1 号店、京东商城等电子商务数据，到 QQ 等即时聊天的内容，再到 Google、Bing、百度，又到社会网络与微博、微信等，都在生产、承载着大数据。随着信息处理量的增大，对大数据的分布式存储、快速搜索与挖掘显得特别必要。例如，挖掘用户的行为习惯和喜好，从凌乱纷繁的大数据背后找到符合用户兴趣和习惯的产品和服务，并对产品和服务进行有针对性的调整和优化，本身就蕴含着巨大的商机。但是，传统的基于关系型数据库管理系统的方法，在高效处理大数据时显得有些力不从心。虽然开源的全文检索工具 Lucene 能处理非结构化和半结构化的信息，但其某些版本在分布式处理方面的不足限制了它在大数据方面的应用。我们希望找到一个快速的分布式信息检索解决方案，希望它是一个零配置和易于上手的全文检索模式，希望它能够简单地使用 JSON 通过 HTTP 索引数据，更希望它支持分布式处理并支持系统扩展，能够实时搜索，并且稳定、可靠。

Elasticsearch 是一个基于 Lucene 的开源分布式信息检索架构和全文搜索工具。构建在 Elasticsearch 基础上的日志处理工具 Logstash 和信息可视化组件 Kibana，能有效衔接并高效处理由 Elasticsearch 索引的分布式数据，三者优势互补，各司其职，共同完成网络大数据分布式存储、倒排索引、全文检索、Web 日志处理、挖掘结果可视化这一整套的信息处理流程。目前，国内这方面的资料很少，仅有的几部译著所提及的 Elasticsearch 版本较低，且没有任何有关 Logstash 和 Kibana 的书籍。因此，我们萌发了一个想法，将 Elasticsearch、Logstash、Kibana（统称为 ELK）联袂奉献给广大软件开发者，帮助他们尽快熟悉 ELK 架构，并构建自己的 Web 应用程序，完成对分布式信息的检索与分析工作。

本书强调实践、内容新颖、条理清晰、组织合理，通过实战讲解的方式，让读者更好地了解 ELK 架构的实现细节。全书内容涵盖 ELK 简介、文档索引与处理、信息检索与过滤、信息统计与分析、基于 Java 客户端的 Elasticsearch 功能实现、Elasticsearch 配置与管理、基于 Logstash 的网络日志处理、基于 Kibana 的分析结果可视化、应用实例等多个部分。

全书由高凯提出写作大纲。第 1 章和第 6 章由高凯撰写，其余各章均由高莘撰写，最后由高凯完成全书统稿和审校工作。其中，第 1 章概述 Elasticsearch、Logstash、Kibana 的主要功能，对涉及的一些概念进行简介，并从实用的角度出发，通过对实例的讲解，介绍索引、检索的实现机制；第 2 章对 Elasticsearch 中的索引、映射等进行说明；第 3 章介绍 Elasticsearch 中的检索功能；第 4 章介绍基于 Facets、Aggregations 的数据聚合与统计功能；第 5 章从工程实践的角度，介绍面向 Java 客户端的 Elasticsearch 部分功能的设计与实现；第 6 章介绍 Elasticsearch 的配置及一些高级功能、监控等的使用；第 7 章介绍日志处理及 Logstash 的应用；第 8 章介绍基于 Kibana 的可视化技术；第 9 章给出一个综合应用实例，该实例从网页采集、处理、存储、索引、日志处理、可视化展示等入手，介绍了基于 ELK 的分布式信息检索与日志挖掘解决方案。

本书的顺利完成也得益于参阅了大量的相关工作及研究成果，部分内容源自 Elasticsearch、Logstash、Kibana 的官方文档。在写作过程中，参考了相关文献和互联网上众多热心网友提供的素材，在此谨向这些文献的作者、热心网友以及为本书提供帮助的老师，特别是那些由于篇幅所限未及在参考文献中提及的相关文献的作者和网站，致以诚挚的谢意和崇高的敬意。

由于我们的学识、水平均有限，书中不妥之处在所难免，恳请广大读者批评指正。

编　者

目录

Contents

Chapter 1

第1章

概　　述

> "Starting with version 5.0, all of our products — Elasticsearch, Kibana, Beats, Logstash, and X-Pack — are aligned, tested, and released together. The result is a more holistic, more integrated, more excellent experience for users. (1) Elastic Cloud, provision and manage a fleet of Elastic Stack clusters (and X-Packs) on any infrastructure, all while monitoring and managing everything from a single pane of glass; (2) Built and maintained by Elastic engineers, X-Pack is a single extension that integrates handy features you can trust across the Elastic Stack; (3) Beats is a platform for lightweight shippers that send data from edge machines to Logstash and Elasticsearch; (4) Logstash is a dynamic data collection pipeline with an extensible plugin ecosystem and strong Elasticsearch synergy; (5) Elasticsearch is a distributed, JSON-based search and analytics engine designed for horizontal scalability, maximum reliability, and easy management; (6) Kibana gives shape to your data and is the extensible user interface for configuring and managing all aspects of the Elastic Stack."——https://www.elastic.co/products

随着大数据、大型电商网站以及 Web 2.0 技术的普及应用，越来越多的软件开发者需处理海量信息的实时索引、检索，完成日志挖掘、可视化、性能监控等和信息检索、大数据搜索、挖掘等相关的业务。虽然 Lucene 是许多互联网公司的标准信息检索工具之一，但它通常不提供实时检索，不具备良好的可扩展性，一般也不适合针对云计算环境的大数据搜索、挖掘。

Elastic Stack 是以 Elasticsearch、Logstash、Kibana、Beats 等为主的，并涵盖 X-Pack、Elastic Cloud、Security (formerly Shield)、Alerting (via Watcher)、Monitoring (formerly Marvel)、Graph、Reporting、ES-Hadoop 等大数据处理与集群管理的工具集，也是目前开源的流行大数据分析的解决方案之一。

以 Elasticsearch、Logstash、Kibana、Beats、X-Pack 等几个开源软件为主的数据处理工具链为编程人员提供了分布式、可扩展的信息存储和基于 Lucene 6.2.x 及以上版本的信息检索机制、基于 Logstash 的日志处理机制、基于 Kibana 的挖掘结果可视化、基于 Beats 的性能监控架构、对 Alerting、alert 等封装后形成的 X-Pack 等。在一个典型的使用场景中，可以由 Logstash 处理日志等信息，并由它充当“数据搬运工”的角色；用 Elasticsearch 作为后台数据的分布式存储平台和全文检索工具；用 Kibana 作为前端的可视化展示；用 Beats 作为采集系统监控数据的代理；用 X-Pack 完成诸如安全、警告、监视、图形和报告功能等。另外，在基于非结构化数据存储和管理的 Elastic Stack 中，往往也存储着诸如产品信息、用户资料、文档、日志等可能涵盖对象(实体、人员、角色或者机器等)之间的引用关系的数据，而 Graph 也提供了可视化数据间关系的有效方法。

Elastic Stack 为数据分布式存储、可视化查询和日志解析、系统性能监控等创建了一个功能强大的管道链，它们互相配合，共同完成大数据分析处理工作。现在很多国际知名企业都在使用 Elasticsearch 完成数据处理工作。例如，GitHub 已升级了其代码搜索程序，并将核心架构由 Solr 转向 Elasticsearch；Wikimedia 也启用了由 Elasticsearch 为基础的全新搜索框架。根据国际权威的数据库产品评测机构 DB-Engines 统计(http://db-engines.com/en)，Elasticsearch 已超过 Solr 等，成为排名第一的搜索引擎类应用，且呈快速增长趋势。学习 Elastic Stack，对于大数据处理、信息检索及搜索引擎研发、日志处理与分析、挖掘信息可视化、集群性能监控等，具有重要的现实意义。图 1.1 显示了截至 2017 年上半年，各搜索引擎类应用的增长速率。

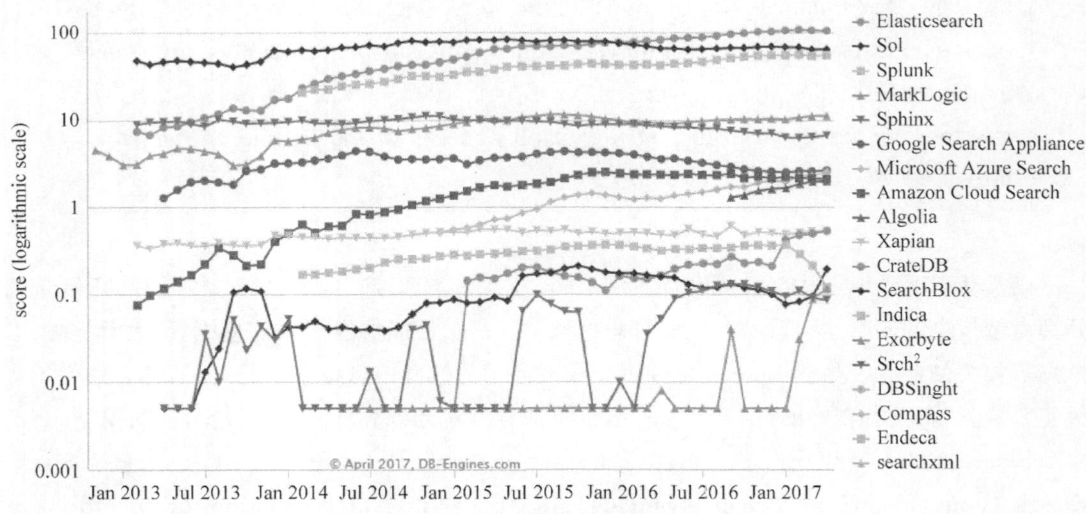

图 1.1 各搜索引擎类应用的增长速率

1.1 Elasticsearch 概述

Elasticsearch 是一个分布式的、开源搜索与分析引擎，具有分布式集群的水平扩展、高可靠性、易于管理等诸多优点，能处理结构化、非结构化、时间序列等异构数据。Elasticsearch 来源于 Shay Bannon 的第一个开源项目 Compass。Compass 是一个基于事务的对象/搜索引擎映射与一个 Java 持久层框架，但 Elasticsearch 目前已经不再仅局限于单纯的搜索业务。作为开源分布式搜索与数据处理平台，Elasticsearch 不仅是一个库，还是一个基于 Lucene 构建的开源、分布、基于 RESTful 的信息检索框架，能够实时搜索，检索性能高效，并采用 JSON 数据格式以及 Ruby DSL 设计模式，提供基于 Aggregations 的统计功能，提供便捷的部署和设置，集群可方便地扩展（可以扩展到上百台服务器，处理 PB 级别的结构化或非结构化数据，当然它也可以运行在单台 PC 上）；能对海量规模数据完成分布式索引与近似实时的信息检索，并提供多种管理工具，各种相关插件也可方便地集成到 Elasticsearch 中；它对外提供一系列基于 Java 和 HTTP 的 API，可用于分布式索引、检索、日志分析与数据挖掘等，且大多数配置是可修改的。Elasticsearch 语句可包括如下几部分：

- 相应的 HTTP 请求方法或者变量（如 GET、POST、PUT、DELETE）。
- 集群中任意一个节点的访问协议、主机名以及端口。
- 请求的路径。
- 查询后再加上？pretty 可增强可读性。
- 一个 JSON 编码的请求主体（如果需要的话）。

> Tips：RESTful（REpresentational State Transfer）意即“表现层状态转化”，是目前流行的一种互联网软件架构，具有结构清晰、符合标准、易于理解、扩展方便等特点。这种架构下的每一个 URI 代表一种资源，客户端通过 GET（获取资源）、POST（新建或更新资源）、PUT（更新资源）、DELETE（删除资源）等方式来对服务器端的资源进行操作。Elasticsearch 中，RESTful 接口 URL 的格式是：http://ip address：9200/<index>/<type>/[<id>]。其中，index 可理解为数据库，type 可理解为数据表，id 相当于数据记录的主键。增、删、改分别对应 HTTP 请求的 PUT、GET、DELETE 方法。对 PUT 方法来说，调用时如果数据不存在，就创建它；如已存在，就更新它。Elasticsearch 可能会返回一个 HTTP 状态码（类似“200 OK”等）以及一个 JSON 格式的主体。

值得一提的是，在使用 Elasticsearch 时，有很多基础服务可以用插件的方式来提供。这也是很多 Lucene 用户在面对大数据时转而使用 Elasticsearch 的原因之一，如和

MongoDB、CouchDB 同步的 River 插件、中文分词插件、Hadoop 插件、脚本支持插件等。另外，Elasticsearch 对分布式数据处理提供支持，其索引能分拆为多个分片，每个分片可有零或多个副本，集群中的每个数据节点都可承载一个或多个数据分片，并且能协调和处理各种操作；负载再平衡（rebalancing）和路由选择（routing）在大多数情况下都是自动完成的。而 Elasticsearch 5.0 带来了许多增强功能和新特性[搜狐，2016]，部分特点如下：

(1) 索引吞吐量大幅提升。根据应用场景的不同，索引吞吐量提升在 25%～80%之间。

(2) 添加数据更便捷。Elastic Stack 将一些流行的 Logstash 过滤器（如 grok、split）直接在 Elasticsearch 中实现为处理器，多个处理器可组合成一个管道，在索引时应用到文档上。

(3) Elastic 采用新的脚本语言 painless。

(4) 借助即时聚合，Kibana 图表生成速度显著提升。在搜索方面，默认的相关性计算已经由 TF-IDF 算法换成了 BM25。

(5) Elasticsearch 分布式模型的每一部分都被分解、重构和简化，提升了可靠性。集群状态更新会等待集群中所有节点确认。如果一个复制片（replica shard）被主片（primary）标记为失败，则主片会等待主节点（master）的响应。

Elasticsearch 的基本架构如图 1.2 所示。从图中可以看出，Elasticsearch 可以接受本地、共享、云平台上的数据；在 Lucene 提供的基本功能上，通过构建分布式索引，完成对大数据的加工处理（其中，Zen 用来实现节点自动发现和 master 节点选举；EC2（Elastic Compute Cloud）借由提供 Web 服务的方式让使用者可弹性地运行自己的 Amazon 机器映像，提供可调整的云计算能力）。用户可基于 RESTful 和客户端（如 Java 客户端）的方式，借助 Elasticsearch 提供的 API 完成数据操作、管理等工作。

> Tips：在 Elasticsearch 2.4 及更早的版本中，其自身可以集成 Head、Marvel、Shield、Watcher、Reporting、Graph 等多种插件。升级到 5.0 版本之后，Head 不再以插件的形式集成，有关 Head 的安装和使用方法将在第 2 章进行介绍。而对于 Marvel、Shield、Watcher、Reporting、Graph 等插件，Elastic Stack 推出了新的 X-Pack 插件取而代之。X-Pack 插件包含了 Security、Monitoring（即之前版本中的 Marvel）、Alerting and Notification 以及 Graph 等功能。有关 X-Pack 插件的详细内容，将在后面的章节中进行介绍。

1.1.1 Elasticsearch 的安装与简单配置

“工欲善其事，必先利其器”。要想了解 Elasticsearch，就要从该软件的安装入手。传统

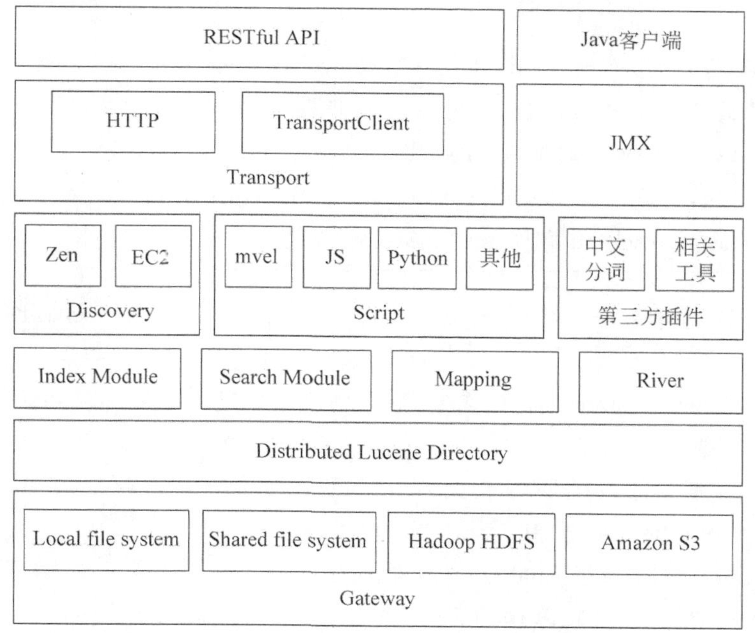

图 1.2 Elasticsearch 的基本架构

上,Java 类的软件及使用往往比较烦琐,但 Elasticsearch 的安装却非常简单,几乎是"开箱即用"的。当然,前提是需要先下载 JDK 并配置相应的环境变量,同时确保系统可用内存大于 2GB。

下面对 Elasticsearch 的安装进行说明。进入官网 http://www.elastic.co,找到对应的 Elasticsearch 软件版本下载并解压。Elasticsearch 本身可以集成一些基本插件,在 GitHub 网站中有这些插件对应不同版本的官方源码,可以按照网站上的简介来安装使用。截至本书出版时,Elasticsearch 发布了 5.4 版本,其索引文件的大小只是原始文件大小的一部分,这可为集群节省服务器硬件采购费用。Elasticsearch 的 config 文件夹里面有三个配置文件:elasticsearch.yml 是基本配置文件,jvm.options 是 Java 虚拟机配置文件,log4j2.properties 是日志配置文件。下面简介在 Ubuntu 系统上安装 Elasticsearch 5.0.0 的主要步骤。

首先,在官网上下载对应系统(如 Linux)的 Elasticsearch 软件包,进入到安装文件所在目录下执行操作 tar -xvf elasticsearch-5.0.0.tar.gz 完成安装,具体步骤不再赘述。如果将 Elasticsearch 作为一个系统 service 应用,可安装 Java Service Wrapper。该工具在其官网 http://wrapper.tanukisoftware.com/doc/english/download.jsp 可以下载,限于篇幅,这里不再赘述。进入 Elasticsearch 的 bin 文件夹,执行./elasticsearch 命令,启动 Elasticsearch。

> Tips：若要关闭 Elasticsearch，可在正在运行 Elasticsearch 的终端界面中按下组合键 Ctrl+C 来终止该节点的运行，此时该节点将会自动从群集中删除自身，将 translog 同步到磁盘，以及执行其他相关的清理活动。如果 Elasticsearch 正作为一个系统 service 应用运行，则应使用相应的系统 service 管理程序来关闭。一个正确有序的关闭操作可以确保 Elasticsearch 有机会清除和关闭未完成处理的资源。

之后，打开浏览器，输入类似 http://ip address：9200，会显示类似图 1.3 的内容。其中：

（1）name：Elasticsearch 实例的名字，默认情况下它是大小写字母和数字的组合，生成后长期留存，其设置同样是在 config / elasticsearch. yml 文件中完成的。

（2）version：版本号，以 JSON 格式表示了一组信息，其中的 number 字段代表了当前运行 Elasticsearch 的版本号，build_snapshot 字段代表了当前运行的版本是否从源代码构建而来，lucene_version 表示 Elasticsearch 基于 Lucene 的版本（图 1.3显示该版本是基于 Lucene 6.2.0 而构建的）。

（3）tagline：包含了 Elasticsearch 的第一个 tagline："You Know，for Search"。

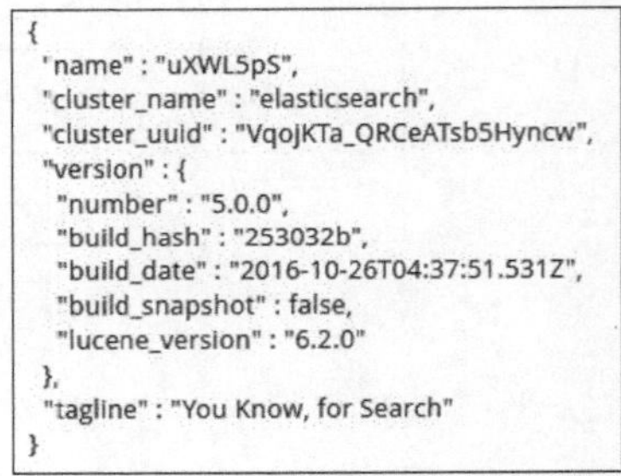

图 1.3　Elasticsearch 启动后的界面

图 1.3 中出现了 JSON 格式的数据。JSON（JavaScript Object Notation）是基于 Javascript 的轻量级数据交换格式，是独立于语言的文本格式。在 Javascript 中处理 JSON 数据不需要任何特殊的 API 或工具包，利用 JSON 可简单地表示半结构化数据，而且目前多数编程语言支持对 JSON 数据的解析。JSON 的基本语法表示如下：

（1）数据在用双引号表示的"名称：值"对中，中间用冒号隔开，如："name"："smith"。

（2）可创建包含多个"名称：值"的记录，如：{"name"："smith"，"email"："abc@sjtu.org"}等，它表示以上两个值是同一记录的一部分，数据由逗号分隔，花括号保存对象，方括号保存数组。

XML 示例代码：

```
<?xml version="1.0" encoding="utf-8"?>
<book>
    <name>Elasticsearch Searching
    </name>
    <author>
      <name>Gao</name>
      <sex>male</sex>
      <age>45</age>
      <country>China</country>
    </author>
    <price>10</peice>
</book>
```

JSON 示例代码：

```
{
  "book": {
    "name": " Elasticsearch Searching ",
    "author": {
      "name": "Gao",
      "sex": "male",
      "age": 45,
      "country": "China"
    },
    "price": 10,
  }
}
```

这些代码是对同样数据的 XML 和 JSON 表示形式。在 Elasticsearch 应用中，可以在很多地方看到 JSON 的身影。

1.1.2 Elasticsearch API 的简单使用方式

(1) 非客户端方式：通过 HTTP 方式的 JSON 格式进行调用。关于 HTTP 的相关参数设置可在 elasticsearch.yml 中进行(出于安全考虑，也可禁用 HTTP 接口，只需在配置文件中将 http.enabled 设置为 false 即可)。

(2) 客户端方式：对 Java 来说，Elasticsearch 内置了传输客户端 TransportClient，它是一种轻量的传输客户端，可被用来向远程集群发送请求。它不加入集群本身，而是把请求转发到集群中的节点。客户端都使用 Elasticsearch 的传输协议，通过 9300 端口与 Java 客户端进行通信。集群中的各个节点也是通过 9300 端口进行通信。

Tips：Elasticsearch 的 9200 端口是 HTTP 接口，9300 端口是 Transport 接口。

1.2 Logstash

Logstash 是一款灵活的、开源的数据转换和传递的管道，可处理多种信息来源的日志、事件、非结构化数据等，并可将处理后的数据输出到 Elasticsearch 等多种数据存储的目的地中。Logstash 本身不产生日志，它仅是一个可接收多种多样的日志输入，并经处理后转发到多个不同目的地的管道。Logstash 5.0 提供新的 API 插件，兼容性更好，适应面更宽。例如，基于 Logstash、Kafka(一个分布式的高可靠消息队列＋数据中转存储程序，可配置时间或大小来控制删除策略)、Elasticsearch、Kibana(可视化工具)的分布式信息处理架构，能有效管理分布式信息。Logstash 能够通过对更大体量和更多样的数据的利用来提升日志挖掘与分析能力。有关 Logstash 的使用方法，详见本书后续章节。

1.3 Kibana

Kibana 是一款开源的数据可视化平台。在数据来源上，它能处理来源于 Elasticsearch、Logstash、Elasticsearch for Apache Hadoop and Spark、Beats 以及依赖于第三方技术的诸如 Apache Flume、Fluentd 等在内的多种数据形式。Kibana 完成搜索、查看、与 Elasticsearch 分片中的数据进行交互等任务，也可以在各种统计图、表格和地图中执行高级数据分析和数据可视化。Kibana 的出现，使对海量数据的理解成为可能，其简便、基于浏览器的界面能够让用户快速创建和共享动态仪表板。有关 Kibana 的使用方法，详见本书后续章节。

1.4 其他

基于 Elastic Stack 的数据处理解决方案架构如图 1.4 所示。其实，Elastic Stack 还包括其他一些组件。

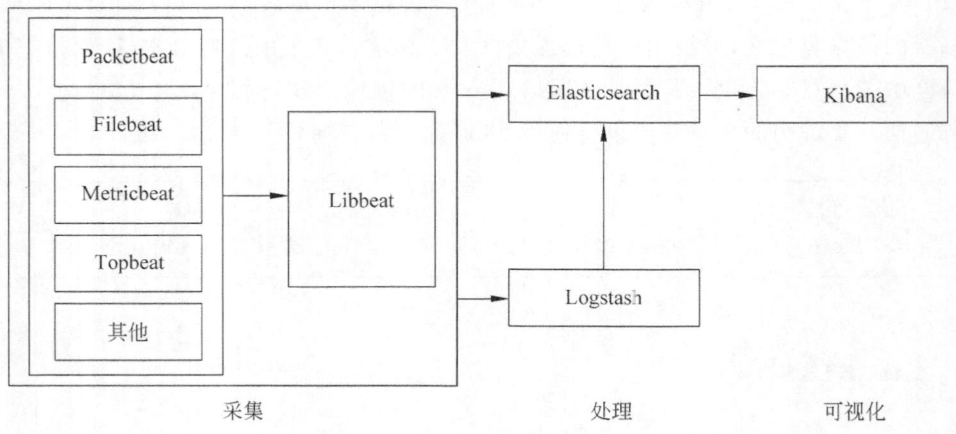

图 1.4 基于 Elastic Stack 的数据解决方案架构

Beats：可将其理解为一个代理，官方提供了用来实时收集日志的 Filebeat、用来收集系统基础设置数据的 Topbeat、统计收集网络信息的 Packetbeat 等，这些收集到的信息经过处理后可以输入到 Elasticsearch 中进行后续处理等（如图 1.4 左侧框图所示）。其中，Topbeat 用来收集系统负载、内存、硬盘以及每个进程的情况，它是跨平台的，会周期性发送指标到 Elasticsearch 中；Packetbeat 是开源的、分布式的组件，能实时嗅探每个事务的请求与响应并将相关数据插入到 Elasticsearch 中，相关的社区也添加了对 MongoDB 的支持、基于 UDP 和 TCP 的 DNS 支持等。

X-Pack：Elastic Stack 的扩展插件，将安全、警报、监视、报告和图形功能捆绑在一个易于安装的软件包中。虽然 X-Pack 中的组件被设计为无缝协同工作，但仍可以轻松启用或禁用其中的部分功能。

Elasticsearch for Apache Hadoop and Spark：虽然 Hadoop 生态链（如 Spark、Hive、Storm、MapReduce、Cascading 等）能提供多维度的大数据分析能力，但其快速、实时检索并不强。Elasticsearch for Apache Hadoop and Spark 是位于存储大数据的 Hadoop 集群与 Elasticsearch 之间的中间件，如图 1.5 中的结构，它可以无缝连接 Hadoop 和 Elasticsearch 间的数据，能提供实时检索，通过 Kibana 更可方便地可视化 Hadoop 生态链中的数据流。

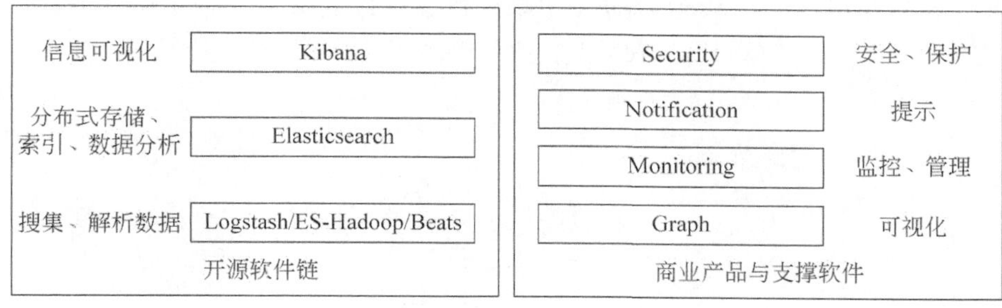

图 1.5 Elastic Stack 相关软件产品

1.5 扩展知识与阅读

对大型网站来说，对于那些“本周有多少新注册用户？”“广告的投放效果如何？”等诸如此类的统计工作来说，Elastic Stack 以其灵活的处理、简易的配置、近乎实时的检索、方便的集群可扩充性、可视的数据挖掘结果等诸多优点，成为分布式搜索与日志挖掘及可视化的首选方案之一。从广义上说，Elasticsearch 也属于数据库范畴，但它能够轻松地进行大规模的横向扩展，以支持对 PB 级的结构化和非结构化海量数据的处理。由于关系型数据库对全文检索功能的支持相对不足（如传统关系型数据库不能很好地解决大数据带来的问题，单机的统计和可视化工具也往往比较欠缺），所以一些实际项目需要将关系型数据库中的大数据同步到 Elasticsearch 中，以提供更加强大的全文检索功能。众所周知，Elasticsearch 和

Solr、Nutch 等都是基于 Lucene 构建的。了解 Lucene 的前世今生，更加有助于学习 Elasticsearch。有关 Lucene 的更详细的内容，参见文献[Michael，2011]。文献[韩陆，2014]介绍了基于 Java 标准规范实现 RESTful 的方法，这对于深刻理解 JAX-RS 标准和 API 设计，了解 Jersey 的使用要点和实现原理，以及基于 RESTful 的 Web 服务的设计思想，是很有帮助的。文献[杨传辉，2014]系统讲述了构建大规模存储系统的核心技术和原理，分析了 Google、Amazon、Microsoft 和阿里巴巴的大规模分布式存储系统的原理。有关现代信息检索发展、倒排索引构建、搜索引擎系统研发等可以参阅[Ricardo，2012][高凯，2014]。有关信息检索、搜索引擎等核心技术的通俗叙述，可以参阅文献[吴军，2013]。Elasticsearch 扩展性非常好，有很多官方和第三方开发的插件。

1.6 本章小结

本章主要简介 Elastic Stack 的背景和组成。Elastic Stack 允许用户处理来源各异、种类不同的各类日志和数据，并以近似实时的可搜索的方式来处理信息和可视化分析结果。本章简介了背景知识，对 Elastic Stack 中出现的概念进行了说明。学习本章内容后，应该了解 JSON、RESTful 以及 Elasticsearch 相应插件等的用法。

Chapter 2

第2章 文档索引及管理

> "Elasticsearch is a distributed, RESTful search and analytics engine capable of solving a growing number of use cases. As the heart of the Elastic Stack, it centrally stores your data so you can discover the expected and uncover the unexpected. "——https://www.elastic.co/products/elasticsearch.

在 Elasticsearch 中,对文档进行索引等操作时,既可以通过 RESTful 接口进行操作,也可以通过 Java 客户端进行操作。本章介绍基于 RESTful 的文档索引与管理方法,面向 Java 客户端的编程方法参见本书第 4 章。

2.1 文档索引概述

在信息检索过程中,文本数据首先要经过加工处理后才能被检索到,而这个加工处理过程就是建立索引文件(通常是倒排索引文件)。一般的信息检索过程是用户通过接口提交查询请求,在索引文件中检索出相关结果,并按相关度排序之后返回给用户。可见,建立文档索引是基础的加工过程。由于检索通常要面向大量用户的查询,因此索引文件的设计要尽量高效,以便由索引项快速定位到相应文档。当前文档索引方法有倒排索引、后缀数组索引、签名文件索引等,其中倒排索引是用得最广的。在 Lucene 中,采用的就是经典的倒排索引技术。目前成熟的信息检索系统几乎普遍采用这种索引方法。可以说,倒排索引是检索技术的基础。

倒排文件可看作是一种描述了一个词项集合 terms 元素和一个文档集合 docs 元素对应关系的数据结构。若记 N 为文档集合的大小,M 为词项集合的大小,docs$=\{d_1,d_2,\cdots,d_N\}$,terms$=\{t_1,t_2,\cdots,t_M\}$,则倒排文件可给出 t_j 出现在哪些 d_i 中(或 t_j 在 d_i 中出现在哪些位置)的信息。一般地,它从逻辑上看可分为两个部分:一部分用于表示文档的索引项;另一部分则由多个位置表组成,每个位置表和索引中的某个索引项相对应,并记录所有出现过该索引项的文档及其在文档中的具体位置，以便计算出索引项之间的相邻关系。图 2.1 是一个倒排索引结构示意图，表示在文档 d_1 和 d_2 中出现过"应用"这个索引项，而在文档 d_2 和 d_3 出现过"技术"索引项。由于 d_2 文档中上述两个索引项是相邻的(分别位于 51 和 52 的位置，见图 2.1)，因此"应用技术"就应该出现在 d_2 文档中。如果要检索"应用技术"一词，则首先在倒排索引中找到包含"应用"一词的候选文档集合，然后从候选文档集合中筛选出在这个检索词后紧跟"技术"的文档(是 d_2，而非 d_1 或 d_3)。这种方式可以加快检索速度[高凯，2014]。

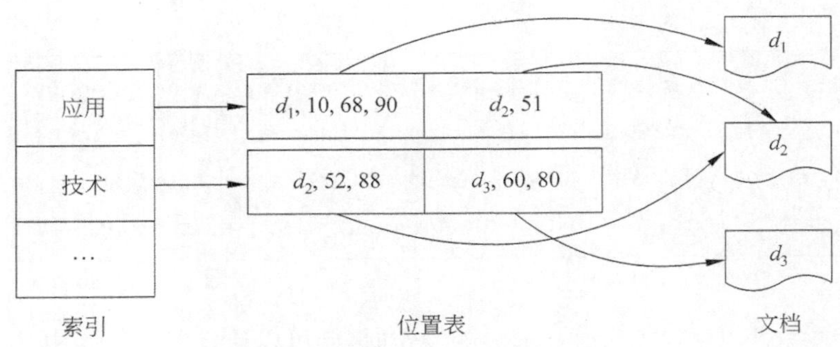

图 2.1 倒排文件示意图

Elasticsearch"准实时"索引的关键就是对于新收到的数据，要将其写到新的索引文件里。倒排索引机制会将文本信息切分成称为 token 的信息单元，再利用这些 token 构造倒排索引。索引文件一般由一个或多个子索引段 segment 组成，生成 segment 的数据则来源于内存中的缓存。除了 segment 外，索引文件中还有一个 commit 文件，用来记录索引内所有的 segment 信息。假设系统检测到当前索引有 M 个 segment，对新接收的进入内存缓冲区中的数据，首先以缺省值 1 秒的时间间隔，将其刷新到文件系统的缓存中去，这样系统即可准实时检索到这个 segment 中的信息。Elasticsearch 也提供了单独的/_refresh 接口，如果需要缩短这个缺省 1 秒时间间隔，可以通过调用这个接口来实现个性化的操作。同时，将数据定时输出到硬盘，segment 数量增加到(M+1)个，并同步更新 commit 文件。随着时间的推移，上述这个方法的弊端就是可能存在大量零散的 segment 文件。为此，Elasticsearch 会在后台运行相关的任务，定期主动将这些零散的 segment 数据归并，尽量让索引只保留少量的、较大的 segment 文件。归并完成后，检索请求将在这些归并后的较大的 segment 上进行。具体实施中，归并线程是按照一定的策略来挑选 segment 进行归并的。相关技术细节可参阅文献[饶琛琳，2015]。

2.2 head: Elasticsearch 的数据管理工具

Elasticsearch-head 是一种与 Elasticsearch 集群交互的 Web 前端工具。利用它，能够便捷地浏览和操作集群中的数据，为开发人员和用户提供直观的可视化界面。在 Elasticsearch 早期的版本中，head 以插件的形式整合到其{es_home}/plugins 目录中；而在 Elasticsearch 5.0 及之后的版本中，head 变为独立运行的本地或 server 程序，用户可以在其 GitHub 网站中下载源程序代码，本地运行或搭建服务器启动 head。

> Tips：访问网站 https://github.com/mobz/elasticsearch-head，在文件列表的左上方选择 master，将程序源代码 ZIP 压缩包保存到本地并解压。

如果让 head 作为 server 程序部署和运行，则需要借助 npm 和 grunt 组件完成。npm 是随同 node.js 一起安装的包管理工具，能解决 node.js 代码部署上的很多问题。grunt 是一个基于任务的 Javascript 命令行构建工具，grunt 及其插件是通过 npm 安装并管理的。

从互联网下载并安装 node.js(注：可使用查看软件版本的终端命令 node -v 和 npm -v 来测试其能否成功运行)。在确认 npm 工作正常之后，进入解压好的 elasticsearch-head-master 目录，使用终端命令 sudo npm install 来安装该目录中的一些组件(包括 grunt 的一部分必要组件)，部分安装过程如图 2.2 所示。

```
> ws@0.4.32 install /home/yuecy/elasticsearch-head-master/node_modules/ws
> (node-gyp rebuild 2> builderror.log) || (exit 0)

make: Entering directory '/home/yuecy/elasticsearch-head-master/node_modules/ws/
build'
  CXX(target) Release/obj.target/bufferutil/src/bufferutil.o
  SOLINK_MODULE(target) Release/obj.target/bufferutil.node
  COPY Release/bufferutil.node
  CXX(target) Release/obj.target/validation/src/validation.o
  SOLINK_MODULE(target) Release/obj.target/validation.node
  COPY Release/validation.node
make: Leaving directory '/home/yuecy/elasticsearch-head-master/node_modules/ws/b
uild'

> phantomjs@1.9.20 install /home/yuecy/elasticsearch-head-master/node_modules/ph
antomjs
> node install.js

PhantomJS not found on PATH
Downloading https://github.com/Medium/phantomjs/releases/download/v1.9.19/phanto
mjs-1.9.8-linux-x86_64.tar.bz2
Saving to /home/yuecy/elasticsearch-head-master/node_modules/phantomjs/phantomjs
/phantomjs-1.9.8-linux-x86_64.tar.bz2
Receiving...
```

图 2.2 使用 npm 安装 server 程序的组件

使用终端命令 sudo npm install -g grunt-cli 安装 grunt 组件，命令执行结束后，终端将会显示出 grunt 组件的存储位置，如图 2.3 所示。

```
yuecy@yuecy-N53SN:~/elasticsearch-head-master$ sudo npm install -g grunt-cli
[sudo] yuecy 的密码：
/usr/bin/grunt -> /usr/lib/node_modules/grunt-cli/bin/grunt
/usr/lib
└─┬ grunt-cli@1.2.0
  ├─┬ findup-sync@0.3.0
  │ └─┬ glob@5.0.15
  │   ├─┬ inflight@1.0.6
  │   │ └── wrappy@1.0.2
  │   ├── inherits@2.0.3
  │   ├─┬ minimatch@3.0.3
  │   │ └─┬ brace-expansion@1.1.6
  │   │   ├── balanced-match@0.4.2
  │   │   └── concat-map@0.0.1
  │   ├── once@1.4.0
  │   └── path-is-absolute@1.0.1
  ├── grunt-known-options@1.1.0
  ├─┬ nopt@3.0.6
  │ └── abbrev@1.0.9
  └── resolve@1.1.7
```

图 2.3 安装 grunt 组件

在图中第 3 行文字中，箭头“→”右侧指明了 grunt 组件的路径。沿这一路径找到 grunt-cli 文件夹，使用终端命令 sudo cp -r ./grunt-cli/{中间路径}/elasticsearch-head-master /node_modules 将其复制到 head 源程序主目录的 node_modules/目录中。最后，进入 grunt-cli/bin 目录，使用终端命令./grunt server 启动服务器，如图 2.4 所示。

```
yuecy@yuecy-N53SN:~/elasticsearch-head-master/node_modules/grunt-cli/bin$ ./grun
t server
Running "connect:server" (connect) task
Waiting forever...
Started connect web server on localhost:9100.
```

图 2.4 启动 head 服务器

> Tips：这里对 head 和 grunt 的安装需要提升权限执行，Linux 用户需要在命令前加 sudo，并输入当前用户的密码；Windows 用户不必加 sudo，但需要以管理员身份运行控制台。

从 grunt 程序的输出信息中不难看出，该服务器占用 9100 端口，因此可在浏览器中输入 http://localhost:9100 来访问 head。在 Elasticsearch 启动时，head 将自动检测其来自 9200 端口的信息并自动完成连接 Elasticsearch 的工作。需要说明的是，为防范跨域脚本攻击，在尚未为 Elasticsearch 配置 cors 之前，head 不会与 Elasticsearch 连接。此时应在{es_home}/config/elasticsearch. yml 配置文件末尾添加如下两行配置信息并重启

Elasticsearch。

```
http.cors.enabled: true
http.cors.allow-origin: "*"
```

Tips：上述配置中，第二行配置信息中的*号表示“允许从任何来源跨域访问”，这样的配置存在一定风险。如需要进行更安全的配置，可将*号改为远程主机地址的正则表达式，以过滤不安全的访问来源。

如果让 head 在本地运行，直接在浏览器打开 head 源程序目录中的 index.html 文件即可，但要注意做好上文提到的两行关于 cors 的配置。

完成上述过程之后，启动 Elasticsearch 并在 head 中检查连接是否正常。如一切正常，那么 head 会显示和早期版本类似的界面，如图 2.5 所示，其中每一绿色小方格均代表一个数据分片(shard)，横向每一行均代表一个节点(node)，纵向每一列均代表一个索引(index)。

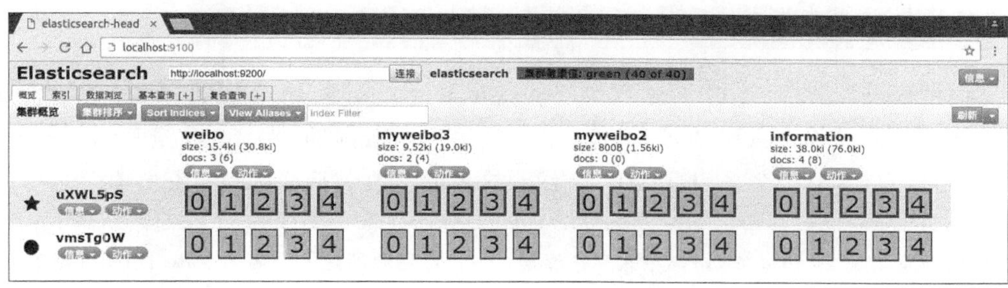

图 2.5　成功运行的 head

图 2.5 中开启了两个节点，包括一个主节点和一个从节点。在初次安装 Elasticsearch 之后，若要开启两个或多个节点，应该预先在 elasticsearch.yml 配置文件末尾加入如下配置(表示允许最多开启 5 个节点)并重新开启各节点。

```
node.max_local_storage_nodes:5
```

Tips：Elasticsearch-head 不是 Elastic 官方提供的可视化工具，为使 Elasticsearch 索引中的数据更加直观，查询更加简便，本书接下来的几章将继续使用 head 进行有关查询命令的介绍。Elastic 官方推出的 Kibana 及其 X-Pack 插件是与 Elasticsearch 配套的可视化管理方案，推荐读者在项目实战中使用带有 X-Pack 插件的 Kibana。

2.3 建立索引

在 Elasticsearch 中，可通过 Index API 来对文档进行索引操作。在建立索引文件时，可以设置分布式索引文件的 shards 数量和 replicas 数量，如可通过使用{index}/_settings（指定 index 名称的配置）子句，修改索引文件的配置。

> Tips：在执行下面的代码时，可以使用终端中的 curl 命令，即下面的示例代码（以 Ubuntu 系统为例，安装 curl 需使用终端命令 sudo apt install curl）；也可以使用 Elasticsearch 的 Web 前端。后者界面中提供了“复合查询”标签页，其中的“查询”窗口有三行输入框：第一行填写 Elasticsearch 在 9200 端口的 URL 地址（如 localhost：9200）；第二行填写与索引相关的信息（可参照下面的示例代码）；第三行填写 JSON 格式的查询代码。此外，ElasticStack 官方推出的 Kibana 也提供了 Dev Tools，专用于执行此类代码，其书写格式与 Elastic 官网一致。有关 Kibana 及其 Dev Tools 中代码书写格式的相关内容，将在本书第 7 章进行介绍。

下面的代码段 2.1 实现了对名为 myweibo1 的索引文件的创建工作（注意是通过 XPUT 方式向系统提交索引请求），方法中指定了索引数据的 shards 数量和 replicas 数量（如果不指定它们，系统会采用默认值）。注意这里的参数-d 后面是拟提交的索引数据。

```
//代码段 2.1：使用 JSON 数据格式来创建索引。执行后会新建一个名为 myweibo1 的新的索引文件
curl -XPUT 'http://localhost:9200/myweibo1/' -d '{
"settings" : {
    "index" : {
        "number_of_shards" : 5,
        "number_of_replicas" : 1
    }
  }
}'
```

也可以采用_settings 子句实现其他相应功能。代码段 2.2 修改 myweibo1 索引文件并将其 replicas 副本数量改为指定数据，图 2.6 显示该索引的副本已变成设定的数值了。

```
//代码段 2.2: 修改索引文件
curl -XPUT 'localhost:9200/myweibo1/_settings' -d '{
  "index" : {
  "number_of_replicas" : 7
  }
}'
```

Tips：上述语句中的“number_of_replicas”参数是设置当前索引的副本数量，它也可换成如下其他参数：

- blocks.read_only：如设为 true，则当前索引只允许读，不允许写或更新。
- blocks.read：如设为 true，则禁止读取操作。
- blocks.write：如设为 true，则禁止写操作。
- blocks.metadata：如设为 true，则禁止对 metadata 操作。

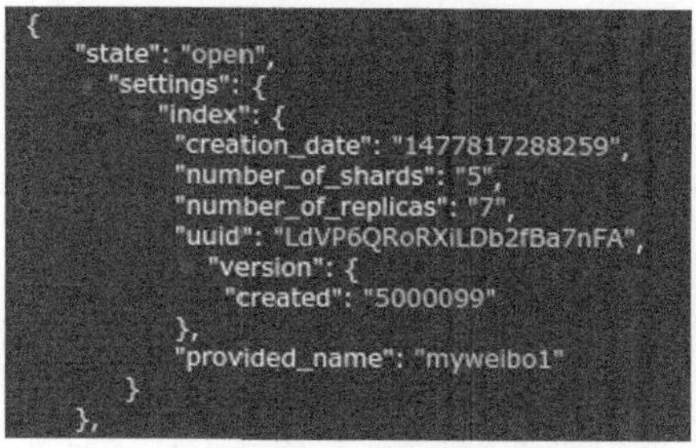

```
{
    "state": "open",
    "settings": {
        "index": {
            "creation_date": "1477817288259",
            "number_of_shards": "5",
            "number_of_replicas": "7",
            "uuid": "LdVP6QRoRXiLDb2fBa7nFA",
            "version": {
                "created": "5000099"
            },
            "provided_name": "myweibo1"
        }
    },
```

图 2.6　索引文件属性信息

对于{index}/_settings 子句，如果选择的 HTTP 操作类型是 GET(见下述语句 XGET)，则可以获取当前索引文件的较为详细的配置信息。

```
curl -XGET 'http://localhost:9200/myweibo1/_settings'
```

返回值如下：

```
{
    "myweibo1":{
        "settings":{
            "index":{
```

```
                "creation_date":"1477817288259",
                "number_of_shards":"5",
                "number_of_replicas":"7",
                "uuid":"LdVP6QRoRXiLDb2fBa7nFA",
                "version":{
                    "created":"5000099"
                },
                "provided_name":"myweibo1"
            }
        }
    }
}
```

采用如下的类似语句，可一次性获得多个索引文件（例子是返回 weibo、weibo2 这两个索引文件）的配置信息：

```
curl -XGET 'http://localhost:9200/weibo, weibo2/_settings'
```

还可以使用_all 参数来获取所有索引的配置信息：

```
curl -XGET 'http://localhost:9200/_all/_settings'
```

也可以使用通配符来获取一批索引的配置参数，语句如下所示：

```
curl -XGET 'http://localhost:9200/.marvel * /_settings
```

可通过指定 JSON 格式的数据来向指定的索引文件中插入数据并建立相应的索引。下面的代码段 2.3 新建了一个索引（名为 myweibo3）及其 type 文件（名为 example），并向其中写入指定 JSON 格式的字段信息（这些 fields 包括 user、post_date、mymessage 等），执行完毕后的结果如图 2.7 所示。

```
//代码段 2.3: 指定 JSON 格式的数据来向指定的 index 文件中插入数据自动生成 id 号
curl - XPUT 'http://localhost:9200/myweibo3/example/_create' - d '{
  "user": "Alan",
  "post_date": "2016-10-30T08:00:00",
  "mymessage": "this is an example on operation type on create"
}'
```

查询 5 个分片中用的 5 个. 1 命中. 耗时 0.003 秒

_index	_type	_id	_score ▼	user	post_date	mymessage
myweibo3	example	_create	1	Alan	2016-10-30T08:00:00	this is an example on operation type on create

图 2.7 向新建的索引文件中插入指定的信息

Tips: Elasticsearch 的内置字段主要有_all、_field_names、_id、_index、_meta、_parent、_routing、_source、_type、_uid 等；字段类型主要有 text/keyword、integer/long、float/double、boolean、date 等。在图 2.7 中已经看到了_index、_type、_id 等内置字段（其含义不再赘述）。图中显示的其他字段(即 user、post_date、memessage)是用户以 JSON 格式自定义的字段。

代码段 2.4 是向新建立的索引文件 myweibo3 的类型文件 example 中添加文档的语句，这个文档共有三个字段(分别是 user、post_date、mymessage)。和前述语句不同的是，在 URL 最后的参数“3”是指定了这个新插入的 document 的 id 号。该语句的执行结果如图 2.8 所示。

```
//代码段 2.4: 指定新插入索引数据的 id 号
curl -XPUT 'http://localhost:9200/myweibo3/example/3' -d '{
  "user": "LiMing",
  "post_date": "2016-10-30T14:00:00",
  "mymessage": "Hello Tom"
}'
```

查询 5 个分片中用的 5 个. 2 命中. 耗时 0.005 秒

_index	_type	_id	_score ▼	user	post_date	mymessage
myweibo3	example	_create	1	Alan	2016-10-30T08:00:00	this is an example on operation type on create
myweibo3	example	3	1	LiMing	2016-10-30T14:00:00	Hello Tom

图 2.8 向指定的索引文件中插入指定内容的信息

Tips: 上面例子中指定了这个 document 的 id 为 3，但是也可以不指定 id，此时 Elasticsearch 会自动生成一个 id 号并在结果中返回。

在建立索引文件后，可以通过在终端中输入命令来获取指定索引文件的状态信息，如 curl localhost:9200/{index}/_stats，注意这里使用了/_stats 参数。图 2.9 给出查询索引文件返回的状态信息。

```
{
  "_shards": {
    "total": 10,
    "successful": 10,
    "failed": 0
  },
  "_all": {
    "primaries": {
      "docs": {
        "count": 2,
        "deleted": 0
      },
      "store": {
        "size_in_bytes": 9683,
        "throttle_time_in_millis": 0
      },
      "indexing": {
        "index_total": 1,
        "index_time_in_millis": 108,
        "index_current": 0,
        "index_failed": 0,
        "delete_total": 0,
        "delete_time_in_millis": 0,
        "delete_current": 0,
        "noop_update_total": 0,
        "is_throttled": false,
        "throttle_time_in_millis": 0
      },
    "total": {
      "docs": {
        "count": 4,
        "deleted": 0
      },
      "store": {
        "size_in_bytes": 19366,
        "throttle_time_in_millis": 0
      },
      "indexing": {
        "index_total": 2,
        "index_time_in_millis": 210,
        "index_current": 0,
        "index_failed": 0,
        "delete_total": 0,
        "delete_time_in_millis": 0,
        "delete_current": 0,
        "noop_update_total": 0,
        "is_throttled": false,
        "throttle_time_in_millis": 0
      },
      "get": {
        "total": 0,
        "time_in_millis": 0,
        "exists_total": 0,
        "exists_time_in_millis": 0,
  "indices": {
    "myweibo3": {
      "primaries": {
        "docs": {
          "count": 2,
          "deleted": 0
        },
        "store": {
          "size_in_bytes": 9683,
          "throttle_time_in_millis": 0
        },
        "indexing": {
          "index_total": 1,
          "index_time_in_millis": 108,
          "index_current": 0,
          "index_failed": 0,
          "delete_total": 0,
          "delete_time_in_millis": 0,
          "delete_current": 0,
          "noop_update_total": 0,
          "is_throttled": false,
          "throttle_time_in_millis": 0
        },
        "get": {
          "total": 0,
          "time_in_millis": 0,
          "exists_total": 0,
          "exists_time_in_millis": 0,
```


图 2.9　查询索引文件状态信息

在返回的结果中可以看到多个对象。其中 primaries 是包含当前节点之上的所有主分片的信息；total 是包含所有分片及副本的信息；indices 是包含当前操作的索引文件的信息。另外，所有这些对象都包含如下对象：

- docs：显示被索引文档的信息，其中的 count 值表示所描述的索引中的文档数量。
- store：反映索引的大小以及 throttling 信息等。
- indexing：索引操作信息。
- get：实时获取操作信息。
- search：搜索操作信息。

> Tips：查询时也可以同时给出多个索引的统计信息，如"/索引 1，索引 2，索引 3/_stats"。

2.4　通过映像 mappings 配置索引

类似于在关系型数据库管理系统中建立数据表时要定义其字段名及其数据类型那样，映像 mappings 是对 Elasticsearch 中索引字段名及其数据类型的定义，但映像 mappings 要比关系型数据库管理系统中的数据结构定义灵活得多。其实，在使用 Elasticsearch 时，不指定映像 mappings 也是可以的，因为 Elasticsearch 会自动根据数据格式定义它的类型，但如果需要对某些字段添加特殊属性（如：该字段是否分词，是否存储，使用什么样的分析器等），就必须添加和设置映像。在为索引文件添加映像 mappings 时，一种是定义在配置文件中，另一种是在运行时手动提交映像 mappings。

> Tips：映像 mappings 默认可以为数据规定多种数据类型（type），在 Elasticsearch 升级到 5.0 之后，去掉了原有的 string 类型，添加了新的 text 和 keyword 类型。其中 text 类型适用于电子邮件正文、产品描述等需要进行全文索引的信息；而 keyword 适用于电子邮箱地址、主机名、网络传输状态码、国际邮政编码、标记文本等能够精确命中字段的信息。

2.4.1 在索引中使用映像

下面的代码段 2.5 就是手动提交映像的例子。代码运行后，会创建名为"weibo"的索引文件（index），其内部会包含一个名为 wb 的类型（type），这个 type 中有一个名为 user 的字段，其数据类型为 text 且设置为不对该字段内容进行分词。请注意在代码段 2.5 中也同时指定了索引文件的 shards 数和 replicas 数。

```
//代码段 2.5：通过 mappings 设置 index 中某个 type 下的 field 中的细节信息
curl -XPOST localhost:9200/weibo/wb -d '{
"settings" : {
    "number_of_shards" : 5,
    "number_of_replicas" : 1
},
"mappings" : {
    "properties" : {
        "user" : {
            "type" : "text",
             "index" : "not_analyzed"
         }
    }
  }
}'
```

2.4.2 管理/配置映像

一般地，可以使用类似下面的方法完成管理/配置映像文件，其中 PUT 代表 HTTP 方法，{index}表示对应的索引文件名称，{type}表示类型文件名称。

```
PUT /{index}/_mapping/{type}
```

针对{index}和{type}，可以使用下面的语法进行扩充。对{index}部分的扩展：

```
blank | * | _all | glob pattern | name1,name2,…
```

对{type}部分的扩展，需要配置 mapping 的 type 名称。

下面的代码段 2.6 展示了如何管理/配置索引文件的映像。此例中，在名为 weibo 的索引文件中，针对其中的某个类型文件（此例为 wb），对名为 message 的字段进行了设置，这里定义 message 的数据类型为 text 且它需要在 Elasticsearch 中存储。

```
//代码段 2.6：通过 mapping 配置 type 文件中的细节属性
curl -XPUT 'http://localhost:9200/weibo/wb/_mapping' -d '{
    "wb" : {
        "properties" : {
            "message" : {
                "type" : "text",
                "store" : true
            }
        }
    }
}'
```

2.4.3 获取映像信息

可通过 GET 方法来获取映像中的信息，相关命令为：

```
GET/{index}/_mapping/{type}
```

下面的代码给出了面对具体类型文件的获取信息的方法。

```
curl -XGET 'http://localhost:9200/weibo/_mapping/wb'
```

和前述情况类似，在{index}中写入索引文件名称（如果有多个索引文件，可以使用逗号隔开，也可以使用_all 参数来匹配所有索引）；在{type}中写入具体的类型文件名称（如果有

多个也可以使用逗号来分隔它们)。例如,如果获取所有索引文件的所有类型文件的映像信息,可使用下面方法:

```
curl -XGET 'http://localhost:9200/_all/_mapping'
curl -XGET 'http://localhost:9200/_mapping'
```

如果指定了具体的类型,则可用类似下面的语句来获取相应类型中的信息(下面的做法可以获取两个类型文件 wb 和 pages 中的信息)。

```
curl -XGET 'http://localhost:9200/_all/_mapping/wb, pages'
```

代码段 2.7 演示了如何查看索引文件名为 weibo、类型文件为 wb、字段为 user 的映像配置 mapping 的方法。

```
//代码段 2.7: 查看指定 mapping 的方法
curl -XGET 'http://localhost:9200/weibo/_mapping/wb/field/user'
```

针对上述语句的返回值示例如下:

```
{
    "weibo":{
        "mappings":{
            "wb":{
                "user":{
                    "full_name":"user",
                    "mapping":{
                        "user":{
                            "type":"text",
                            "fields":{
                                "keyword":{
                                    "type":"keyword",
                                    "ignore_above":256
                                }
                            }
                        }
                    }
                }
            }
        }
    }
}
```

代码段 2.8 演示了如何查看跨索引(即多 index)中 field 的方法,以及在所有索引中针对某些指定类型中的指定字段内容的方法(注意其中通配符的用法)。

```
//代码段 2.8: 在多个 index 或多个 type 中查询 mapping 的方法
curl -XGET 'http://localhost:9200/weibo, weibo2/_mapping/field/time'
curl -XGET 'http://localhost:9200/_all/_mapping/wb,pages/field/time,meaasge'
curl -XGET 'http://localhost:9200/_all/_mapping/wei * /field/ * .id'
```

2.4.4 删除映像

映像可以通过 DELETE 方法删除。这里也允许使用通配符和"_all"等参数。注意在下面给出的方法中,使用的 HTTP 方法是 DELETE 方法。

```
DELETE/{index}/{type}
DELETE/{index}/{type}/_mapping
DELETE/{index}/_mapping/{type}
```

在上述语句后面的{index}参数和{type}参数列表中可使用的参数如下(如果存在多个名称,用逗号分隔开它们即可):

```
{index}部分: * | _all | glob pattern | name1, name2, …
{type}部分: * | _all | glob pattern | name1, name2, …
```

2.5 管理索引文件

2.5.1 打开、关闭、检测、删除索引文件

一个关闭的索引将禁止写入(或读取)其中的数据,而一个打开的索引文件可以允许用户对其中的数据文件进行相应操作。通过使用 /{index 名称}/_open 和 /{index 名称}/_close 语句,可以打开或关闭指定的索引文件,具体方法见代码段 2.9。

```
//代码段 2.9: 打开及关闭索引文件 my_index 的方法
curl -XPOST 'localhost:9200/my_index/_open'
curl -XPOST 'localhost:9200/my_index/_close'
```

通过 HEAD 方法,可以检测一个索引文件是否存在。代码段 2.10 会检测索引文件 weibo 是否存在(通过返回的 HTTP 状态码进行检查)。如果返回的状态码是 200,则表示存在相应的索引文件;如果返回的状态码是 404,则表示文件不存在。

```
//代码段 2.10: 检测索引文件 weibo 的状态
curl -XHEAD 'http://localhost:9200/weibo' - v
```

类似地，通过删除索引的方式，可以删除一个或者多个索引，如下代码段 2.11 删除名为 weibo1 的索引文件。

```
//代码段 2.11: 删除索引 weibo1
curl -XDELETE 'http://localhost:9200/weibo1/'
```

还可使用通配符来批量删除名称相似的索引文件。如下代码段 2.12 会删除以“weibo”字符开头的一组索引文件。同样，也可使用“_all”参数来删除全部索引文件。

```
//代码段 2.12: 使用通配符批量删除索引文件
curl -XDELETE 'http://localhost:9200/weibo*/'
```

2.5.2　清空索引缓存

通过下面的方法，可以清空指定索引中的缓存，参见代码段 2.13。

```
//代码段 2.13: 清空索引 weibo 中的缓存
curl -XPOST 'http://localhost:9200/weibo/_cache/clear'
```

如果指定了多个索引文件名称，也可以一次清空多个索引缓存，如下的方法（参见代码段 2.14）可以清空两个索引文件 weibo1、weibo2 中的缓存。

```
//代码段 2.14: 清空多个索引缓存
curl -XPOST 'http://localhost:9200/weibo1, weibo2/_cache/clear'
```

2.5.3　刷新索引数据

通过如下的方法（参见代码段 2.15），可以刷新一个或多个索引文件的状态以便反映最新变化。

```
//代码段 2.15: 刷新索引数据
curl -XPOST 'http://localhost:9200/weibo/_refresh'
```

这里也可以通过指定多个索引名称，完成一次刷新多个索引文件（分别指定索引文件名）或全部索引（无须指出索引文件名）的任务，方法如代码段 2.16 所示。

```
//代码段 2.16：一次刷新多个索引文件或全部索引文件
curl -XPOST 'http://localhost:9200/weibo1, weibo2/_refresh'
curl -XPOST 'http://localhost:9200/_refresh'
```

2.5.4 优化索引数据

相对于 Lucene 的索引，Elasticsearch 索引过程多了分布式数据的扩展，它主要是用 translog 进行各节点间的数据平衡。通过如下的代码段 2.17，可以优化一个或多个索引：

```
//代码段 2.17：优化索引数据
curl -XPOST 'http://localhost:9200/weibo/_optimize'
```

类似地，也可以通过指定多个 index 名称，完成一次优化多个索引文件或全部索引的任务，方法同代码段 2.16，不再赘述。

2.5.5 Flush 操作

Flush 操作可将暂存于内存中的临时数据送至指定索引文件并清空内部操作日志等，如代码段 2.18 所示。

```
//代码段 2.18：Flush 索引数据
curl -XPOST 'http://localhost:9200/weibo/_flush'
```

类似地，也可以通过指定多个索引文件名称的方法，完成一次更新多个索引或全部索引的任务，方法同代码段 2.16，不再赘述。

2.6 设置中文分析器

全文检索往往需要对中文进行分词。有关中文分词的背景知识可参考本章“扩展知识与阅读”部分。Lucene 提供了分析器用于处理分词，此外也有一些开源的分词处理模块可供方便地集成到信息检索系统中。如果需要为当前的索引文件定义一个新的分析器，需要先关闭当前索引，然后在更改分析器后，再次打开这个索引文件。这里以 IK 分析器为例，对分析器的配置和使用进行介绍。

首先，在 IK 分析器的 GitHub 网站中下载源代码压缩包，单击页面左上方标有

"branch：master"字样的下拉列表，选择"tags"标签。选择与当前已安装的 Elasticsearch 相对应的版本（可以在页面下方的对照表中查看所需下载的 IK 分析器版本），页面随即跳转至指定版本的源代码页面。此时按下右上方的绿色按钮，下载 ZIP 压缩包。

Tips：程序源代码除使用 Maven 编译之外，也可以在 http://maven.aliyun.com 中找到。

接着，使用终端中的 unzip 命令将下载好的压缩包解压。在解压后的文件夹中，执行终端命令 mvn package 生成 IK 分析器的 ZIP 压缩包。在 Elasticsearch 目录下的 plugins 文件夹中创建 ik 文件夹，并将生成的 ZIP 压缩包解压到{es_home}/plugins/ik 文件夹中。对 Elasticsearch 中的索引文件 weibo 进行更改分析器的配置，如代码段 2.19 所示。

```
//代码段 2.19：设置索引分析器
curl -XPOST 'localhost:9200/weibo/_close'             //关闭 weibo 索引
curl -XPUT 'localhost:9200/weibo/_settings' -d '{     //设置 weibo 索引
    "analysis": {                                     //更改分析器
        "analyzer": {
          "content": {                                //设置应用分析器的字段
              "type": "custom",
              "tokenizer": "ik_max_word"              //采用 IK 分析器
          }
        }
    }
}'
curl -XPOST 'localhost:9200/weibo/_open'              //重新打开 weibo 索引
```

代码段 2.20 演示了通过特定分析器对指定文字进行分词并观察分词结果的方法。

```
//代码段 2.20，使用 IK 分析器对指定文字进行分词
curl -XGET 'localhost:9200/_analyze?analyzer=ik_max_word' -d '公安部：各地校车
将享最高路权'
```

上述代码执行后的示例返回值如下：

```
{
  "tokens": [
```

```
    {
      "token": "公安部",               //第 1 个词
      "start_offset": 0,
      "end_offset": 3,
      "type": "CN_WORD",
      "position": 0
    },
    {
      "token": "公安",                 //第 2 个词
      "start_offset": 0,
      "end_offset": 2,
      "type": "CN_WORD",
      "position": 1
    },
    {
      "token": "部",                   //第 3 个词
      "start_offset": 2,
      "end_offset": 3,
      "type": "CN_CHAR",
      "position": 2
    },
    {
      "token": "各地",                 //第 4 个词
      "start_offset": 4,
      "end_offset": 6,
      "type": "CN_WORD",
      "position": 3
    },
    {
      "token": "校车",                 //第 5 个词
      "start_offset": 6,
      "end_offset": 8,
      "type": "CN_WORD",
      "position": 4
    },
    {
      "token": "将",                   //第 6 个词
      "start_offset": 8,
      "end_offset": 9,
      "type": "CN_CHAR",
```

```
      "position": 5
    },
    {
      "token": "享",              //第 7 个词
      "start_offset": 9,
      "end_offset": 10,
      "type": "CN_WORD",
      "position": 6
    },
    {
      "token": "最高",            //第 8 个词
      "start_offset": 10,
      "end_offset": 12,
      "type": "CN_WORD",
      "position": 7
    },
    {
      "token": "路",              //第 9 个词
      "start_offset": 12,
      "end_offset": 13,
      "type": "CN_CHAR",
      "position": 8
    },
    {
      "token": "权",              //第 10 个词
      "start_offset": 13,
      "end_offset": 14,
      "type": "CN_CHAR",
      "position": 9
    }
  ]
}
```

2.7 对文档的其他操作

Elasticsearch 提供多种途径对文档进行诸如获取信息、增、删、改、更新等相关操作。

2.7.1 获取指定的文档信息

可以通过 GET 方法来获取指定文档的详细信息,代码段 2.21 演示了查看索引 weibo

下类型文件名为 wb 且 id 号为 2 的记录信息的方法，注意这里的 HTTP 操作方式是 GET。

```
//代码段 2.21：获取指定文档信息
curl -XGET 'http://localhost:9200/weibo/wb/2'
```

示例返回结果如下所示，其中在_source 段中的内容就是文档中的详细内容。

```
{
    "_index" : "weibo",         //索引名
    "_type" : "wb",             //类型名
    "_id" : "2",                //ID 号
    "_version" : 1,             //版本号
    "found" : true,
    "_source" : {
        "user": "LiMing",       //详细信息
        "post_date": "2016-10-30T14:00:00",
        "message": "Hello Tom"
    }
}
```

除了上面的方法外，还可设置想要显示或屏蔽的结果。代码段 2.22 演示了关闭_source 过滤器后的效果（注：语句中的问号表示其后是参数，其中 pretty 表示返回的结果中显示缩进以方便阅读）。执行上述语句后，在输出的结果中将不再带有详细内容。

```
//代码段 2.22：source 过滤器
curl -XGET 'http://localhost:9200/weibo/wb/2?pretty&_source=false'
```

代码段 2.23 中，演示了如何只显示特定字段的方法（此例只显示_source 为 user 的内容）：

```
//代码段 2.23：显示特定 field 的方法
curl -XGET 'http://localhost:9200/weibo/wb/2?_source=user'
```

针对上述语句的返回结果将只带有 user 这个字段，如下所示：

```
{
    "_index" : "weibo",
    "_type" : "wb",
    "_id" : "2",
```

```
    "_version" : 1,
    "found" : true,
    "_source" : {
        "user" : "LiMing"
    }
}
```

2.7.2 删除文档中的信息

可以使用 DELETE 方法来删除文档中的相应信息。执行代码段 2.24，会删除 weibo 索引中类型文件为 wb 且 id 号为 2 的信息。

```
//代码段 2.24: 删除指定的文档信息
curl -XDELETE 'http://localhost:9200/weibo/wb/2'
```

针对上述语句的示例返回值如下，表明删除成功。

```
{
    "found": true,
    "_index": "weibo",
    "_type": "wb",
    "_id": "2",
    "_version": 2,
    "result": "deleted",
    "_shards": {
        "total": 2,
        "successful": 2,
        "failed": 0
    }
}
```

2.7.3 数据更新

如果需要对索引文档中的类型或其中的文档进行更新，需要用 Elasticsearch 提供的 Update API 来实现。它的处理过程是先取出文档，运行指定脚本，之后更新文档。代码段 2.25 是在索引 weibo 中的类型文件 wb 中增加 id 为 3 的文档信息(给定了 4 个 field，即 user、post_date、message、like，这里的“like”的含义是表示针对此条微博点赞的数量)。

```
//代码段 2.25: 直接向索引文件中指定的 id 中录入信息
curl -XPUT http://localhost:9200/weibo/wb/3 -d '{
                                        //直接指定 id 号,这里的 HTTP 方法是 PUT
```

```
    "user": "LiMing",
    "post_date": "2016-10-31T14:00:00",
    "message": "Hello Tim",
    "like": 3
}'
```

下面使用 script 定制函数形式的命令对数据进行更新。需要注意的是，Elasticsearch 默认不允许使用 script，因此需要在{es_home}/config/elasticsearch.yml 配置文件末尾加入以下三行配置信息并重启 Elasticsearch：

```
script.engine.groovy.inline.update: true
script.inline: true
script.stored: true
```

可以通过使用 Update API 将上述这个文档中的"like"数值增加，实现方法如代码段 2.26 所示，注意这里的"ctx._source"表示本文档的内容，ctx._source.like 表示文档中某个具体的字段（这里是指 like 字段），而 params 是拟使用的新参数值。

```
//代码段 2.26：通过 Update API 更新数据
curl-XPOST http://localhost:9200/weibo/wb/3/_update -d '{
    "script":{
        "inline":"ctx._source.like+=params.count",
        "lang":"painless",
        "params":{
            "count":4
        }
    }
}
```

针对上面的例子，执行完上述语句后的索引数据如图 2.10 所示，注意字段中的"like"值已经由原来的 3 变为 7。

```
{
    "_index": "weibo",
    "_type": "wb",
    "_id": "3",
    "_version": 2,
    "_score": 1,
      "_source": {
        "user": "LiMing",
        "post_date": "2016-10-31T14:00:00",
        "message": "Hello Tim",
        "like": 7
    }
}
```

图 2.10 更新 like 字段后的索引数据

Tips：上面的代码中，“ctx._source”表示 document 内容，ctx._source.like 表示该 document 中具体的 fields 是“like”字段；params 表示为变量赋值为 4。图 2.10 中的结果可以通过 curl -XGET http://localhost:9200/weibo/wb/3 命令得到。

上述的 Update API 是针对于数值型数据的增、删、改操作。类似地，也可以完成对字符型数据的更新。代码段 2.27 录入了 id 号为 5、针对索引文件为 weibo、类型文件名为 wb 的部分微博数据字段（含 user、post_data、message、tags 等）。

```
//代码段 2.27: 直接向指定的 id 中录入信息
curl -XPOST http://localhost:9200/weibo/wb/5 -d '{
                                        //注意这里使用的 HTTP 方法是 POST
  "user": "LiMing",
  "post_date": "2016-11-02T14:00:00",
  "message": "Hello Lily",
  "script.engine.groovy.inline.update": "true",
  "script.inline": "true",
  "script.stored": "true",
  "tags": [
          "Hello"
        ]
}'
```

代码段 2.28 的作用是修改了上述语句执行结果中的 tag 信息并增加了新的内容（即：在 tag 中增加了新的内容）。修改后的文档信息如图 2.11 所示（可通过 curl -XGET http://localhost:9200/weibo/wb/5 命令得到运行结果）。

```
//代码段 2.28: 通过 Update API 更新信息
curl -XPOSThttp://localhost:9200/weibo/wb/5/_update -d '{    //注意这里的 POST
方法
   "script": {
      "inline": "ctx._source.tags.add(params.tag)",
      "lang": "painless",
      "params": {
         "tag": "Today is a nice day!"
      }
   }
}'
```

由于 Elasticsearch 处理的文档多是非结构化的信息，因此它可以不像关系型数据库一样，文档中各记录的字段有可能不一样。利用 Update API，不仅可以像上述那样更新数据，也可以修改文档结构（如只在某一 id 的记录上增加新的字段）。代码段 2.29 完成在指定的文档中增加新字段的任务，而这个新字段的名字是 name_of_new_field，其值是“ new_field”，注意这里对引号需转义处理。

```
"post_date": "2016-11-02T14:00:00",
"message": "Hello Lily",
"script.engine.groovy.inline.update": "true",
"script.inline": "true",
"script.stored": "true",
  "tags": [
    "Hello"
    ,
    "Today is a nice day!"
]
```

图 2.11　更新 tag 后的索引数据

```
//代码段 2.29：通过 Update API 修改文档结构并增加新的字段
curl -XPOST http://localhost:9200/weibo/wb/5/_update -d '{
    "script": "ctx._source.name_of_new_field=\"new_field\""
}'
```

代码段 2.30 表示在使用 Update API 时，如果该记录（即指定的 id 号，此例中是 7）不存在，则通过参数体中的 upsert 创建这个文档，并且加入新的字段（其名为 counter，其值为 1）；如果有该记录（即指定的 id 号，例子中是 7），就把指定的字段 like 增加 4（在代码中的 params 中表明拟增加的偏移量）。

```
//代码段 2.30：通过 Update API 修改 document 结构
curl -XPOSThttp://localhost:9200/weibo/wb/7/_update -d '{
    "script": {
        "inline": "ctx._source.like+=params.count",
        "lang":"painless",
        "params": {
            "count": 4
        }
    },
    "upsert": {
        "counter": 1
    }
}'
```

2.7.4　基于 POST 方式批量获取文档

Elasticsearch 支持一次操作多条记录。如下代码段 2.31 可返回记录的 id 号为 5 和 7 的记录信息，注意语句中的_mget 参数的使用。

```
//代码段 2.31：基于 POST 方式批量获取文档
curl-XPOSThttp://localhost:9200/weibo/wb/_mget? -d '{
  "docs": [
    {
      "_index": "weibo",
      "_type": "wb",
      "_id": "5"
    },
    {
      "_index": "weibo",
      "_type": "wb",
      "_id": "7"
    }
  ]
}'
```

针对代码段 2.31 的示例返回结果如图 2.12 所示。

```
{
  ▼ "docs": [
      {
          "_index": "weibo",
          "_type": "wb",
          "_id": "5",
          "_version": 3,
          "found": true,
        ▼ "_source": {
              "user": "LiMing",
              "post_date": "2016-11-02T14:00:00",
              "message": "Hello Lily",
              "script.engine.groovy.inline.update": "true",
              "script.inline": "true",
              "script.stored": "true",
            ▼ "tags": [
                  "Hello"
                  ,
                  "Today is a nice day!"
              ],
              "name_of_new_field": "new_field"
          }
      }
      ,
      {
          "_index": "weibo",
          "_type": "wb",
          "_id": "7",
          "_version": 1,
          "found": true,
        ▼ "_source": {
              "counter": 1
          }
      }
  ]
}
```

图 2.12 基于 POST 方式批量获取文档数据

也可使用_source 过滤器。代码段 2.32 演示了相应方法。

```
//代码段 2.32：使用_source 过滤器获取文档
curl-XPOST curl 'localhost:9200/_mget?pretty' -d '{
    "docs" : [
            { "_index" : "weibo",
                    "_type" : "wb",
                    "_id" : "3",
                    "_source": false
            }
          ]
}'
```

针对上述语句的示例返回值如下：

```
{   "docs" : [ {
    "_index" : "weibo",
    "_type" : "wb",
    "_id" : "3",
    "_version" : 2,
    "found" : true
    } ]
}
```

2.8 实例

前面给出了如何建立索引、通过映像 mappings 配置索引和管理索引文件、对文档设置分析器以及对文档的其他操作方法。下面给出一个在 Elasticsearch 中建立索引文档的相关实例，即对获取的非结构化的学术论文数据建立基于 Elasticsearch 的索引的方法。例子中的数据集是从网上下载的 PDF 格式的学术论文，通过某种工具（如 PDFBox）对论文进行解析，得到纯文本形式的文档。经过基于规则的信息抽取，得到论文的题目、作者、作者简介、论文摘要和关键字等信息，并对它们建立索引。限于篇幅，对基于 PDFBox 的文档解析、基于规则的信息抽取步骤等不再赘述，下面介绍如何建立基于 Elasticsearch 的索引。

首先，建立一个名为 information 的索引文档，索引文件中的性能指标如 number of shards 和 number of replicas 均采用默认值。

其次，为 information 索引文档创建映像 mappings。在创建传统的关系型数据库中的数据表时，一般要逐个创建数据表中的每个字段并指定其数据类型。在 Elasticsearch 中，虽然它会为拟创建的索引文件自动构建 mappings，但在实际使用时，通常要根据实际情况手动创建 mappings，这样可方便进行个性化设置(如规定数据类型、在某字段上执行各种分词操作等)。图 2.13 是借助 head 工具，给出针对此例的手动配置创建 mappings 的结果。从中可见，在 information 索引中包括 4 个字段，这里对 abstract 和 keywords 采用 ik_max_word 分析器。

```
▼查询
http://localhost:9200/
information                    PUT ▼
{
  "mappings": {
    "share": {
      "properties": {
        "Title": {
          "type": "text"
        },
        "abstract": {
          "type": "text",
          "index": "analyzed",
          "analyzer": "ik_max_word"
        },
        "author": {
          "type": "text",
          "index": "not_analyzed"
        },
        "keywords": {
          "type": "text",
          "index": "analyzed",
          "analyzer": "ik_max_word"
提交请求  验证 JSON  ☑易读
```

图 2.13 创建 mappings

Tips：在 Elasticsearch 升级到 5.0.0 版本之后，IK 分词工具移除了名为 ik 的 analyzer 和 tokenizer。在 Elasticsearch 5.x 及后续版本中，应使用 ik_smart 或 ik_max_word 作为 IK 分词工具的名称。其中 ik_smart 会做最粗粒度的拆分，比如会将“中华人民共和国国歌”拆分为“中华人民共和国/国歌”；而 ik_max_word 会将文本做最细粒度的拆分，比如会将“中华人民共和国国歌”拆分为“中华人民共和国/中华人民/中华/华人/人民共和国/人民/人/民/共和国/共和/和/国国/国歌”。

创建映像 mappings 后，可查看索引文件中任意字段的映像配置信息。图 2.14 显示的是 information 中类型文件为 share、字段为 author 的映像配置信息。

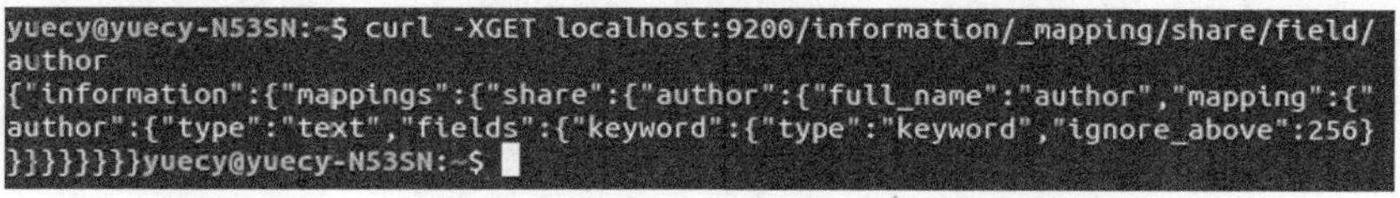

```
yuecy@yuecy-N53SN:~$ curl -XGET localhost:9200/information/_mapping/share/field/
author
{"information":{"mappings":{"share":{"author":{"full_name":"author","mapping":{"
author":{"type":"text","fields":{"keyword":{"type":"keyword","ignore_above":256}
}}}}}}}}yuecy@yuecy-N53SN:~$ 
```

图 2.14 查看指定 field 的 mappings

最后，录入抽取好的论文信息。录入数据时可使用两种方法：一种是在 head 中手动录入数据（如图 2.15 所示）；另一种是通过 Java 客户端方式自动实现。由于此处尚未涉及 Java 客户端的相关方法，这里给出第一种方法。图 2.16 为添加好的相关数据。

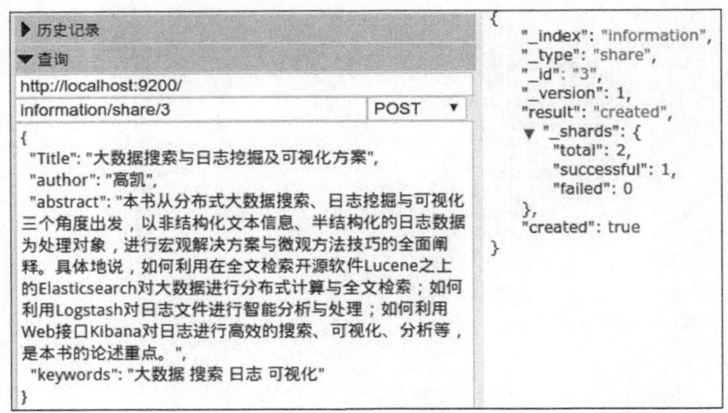

图 2.15　录入信息

_index	_type	_id	_score ▼	Title	author	abstract
information	share	5	1	数据结构与算法分析：Java语言描述	马克·艾伦·维斯	本书是国外数据结构与算法分析方面的经典教材，位
information	share	2	1	数据科学导论：Python语言实现	阿尔贝托·博斯凯蒂	本书由两位资深数据科学家撰写，融合其多年从事数
information	share	4	1	Python网络数据采集	瑞恩·米切尔	本书采用简洁强大的Python语言，介绍了网络数据
information	share	1	1	网络信息检索技术及搜索引擎系统开发	高凯 郭立炜 许云峰	《网络信息检索技术及搜索引擎系统开发》全面、系
information	share	3	1	大数据搜索与日志挖掘及可视化方案	高凯	本书从分布式大数据搜索、日志挖掘与可视化三个角

图 2.16　存储到 Elasticsearch 中的信息

当把相关信息存储后，可以对文档进行相关操作（如获取指定的文档信息，获取文档信息中指定字段，删除部分信息，数据更新，批量获取文档等）。图 2.17 给出的例子是获取 id 为 3 的文档信息（通过 HTTP 的 GET 方法实现）；图 2.18 为获取文档 id 为 1 的_source 下的 Title 的信息（通过 HTTP 的 GET 方法实现）；图 2.19 为删除 id 为 2 的文档信息（通过 HTTP 的 DELETE 方法实现）；图 2.20 为基于 POST 方式批量获取文档信息（通过 HTTP 的 POST 方法实现）。

```
yuecy@yuecy-N53SN:~$ curl -XGET localhost:9200/information/share/3 -d {}
{"_index":"information","_type":"share","_id":"3","_version":9,"found":true,"_so
urce":{"Title":"大数据搜索与日志挖掘及可视化方案","author":"高凯","abstract":"大
数据的搜索与挖掘，在当今的“互联网 ”时代是很有必要的。本书提出的分布式大数据搜索
与日志挖掘及可视化方案是基于ELK Stack而提出的，它能有效应对海量大数据所带来的分
布式存储与处理、全文检索、日志挖掘、可视化等问题。","keywords":"大数据 搜索 日志
 可视化"}}yuecy@yuecy-N53SN:~$
```

图 2.17　获取指定 id 的文档信息

```
yuecy@yuecy-N53SN:~$ curl -XGET localhost:9200/information/share/1?pretty&_sourc
e=Title
[1] 11541
yuecy@yuecy-N53SN:~$ {
  "_index" : "information",
  "_type" : "share",
  "_id" : "1",
  "_version" : 1,
  "found" : true,
  "_source" : {
    "Title" : "网络信息检索技术及搜索引擎系统开发",
    "author" : "高凯 郭立炜 许云峰",
    "abstract" : "《网络信息检索技术及搜索引擎系统开发》全面、系统地讲述了网络信
息检索技术的基本原理，并阐述了其在搜索引擎系统开发及其智能化实现中的应用。在全面
介绍了网络信息检索技术、标引与索引、检索结果处理、中英文分词、网络信息获取及预处
理之后，《网络信息检索技术及搜索引擎系统开发》对信息采集中的网页去重与相似网页聚
类、信息的动态采集、基于自然语言理解的检索处理、相关概念反馈、检索纠错、检索结果
排序、基于用户浏览历史的网页预取技术等多个方面进行了较深入的研究与分析。",
    "keywords" : "网络 信息检索 搜索引擎 开发"
  }
}
```

图 2.18 获取指定字段 Title 的信息

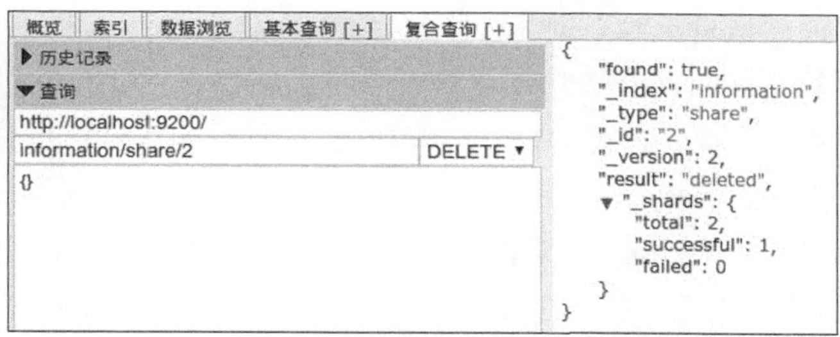

图 2.19 删除指定 id 的文档信息

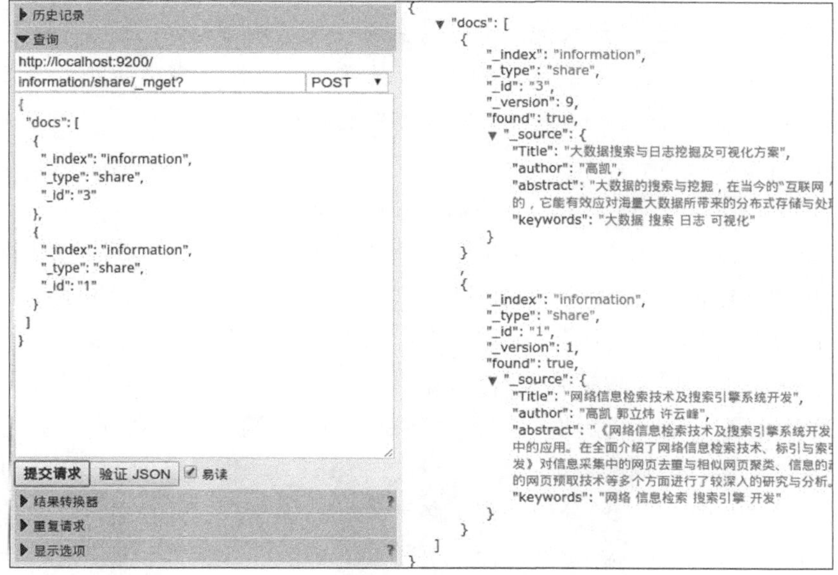

图 2.20 基于 POST 方式批量获取文档信息

2.9 扩展知识与阅读

实现人机间自然语言的交互，意味着要使计算机既能理解自然语言的意义，也能以自然语言文本来表达给定的意图、思想等。前者一般称为自然语言理解或自然语言处理（Natural Language Processing，NLP），后者是自然语言生成。NLP包括词法分析（涉及自动分词，分词歧义消解，未登录词识别与获取等），语法分析（涉及自动标注，语法表示，语法分析等），语义分析（涉及语义表示，语义分析，语义消歧等），其应用包括文本分类，信息抽取，自动文摘，统计对齐与机器翻译，聚类等。在信息检索中，自然语言包括关键词、自由词和出现在文献题名、摘要、正文或参考文献中的具有一定实际意义的词语。研究自然语言处理，是希望计算机能够在某种程度上理解并处理人类的自然语言。目前各种自然语言处理技术都相继出现并已应用到某些领域[张华平，2014]。

国内外关于自然语言处理的研究曾长期专注于语法层次。20世纪末期人们就认识到单纯从语法层次上进行研究是不能解决实际问题的。目前，国内外在信息检索领域内，对自然语言理解的研究已有很多成果。研究方法有基于语言学规则分析的方法和基于统计的方法[高凯，2014]。基于规则分析的方法是以建立形式化的知识系统来阐述语言知识，规则多是通过内省的方式得到，其本质是一种确定性的演绎推理，虽然这种方法可以实现对单个句子的分析，但却难以覆盖各种复杂的语言现象。同时，如果要添加新的规则，还需要注意到与已有规则间的相容性。正因为基于规则的方法的诸多缺陷，以及后来大量语料库的涌现，使得基于统计的方法逐渐兴起，其最大优点是可以使语言现象数量化，加之其他一些优势，使这种方法的应用范围非常广泛，但是该方法可能会掩盖一些小概率事件的发生，所以该方法也有局限性。总之，两种方法各有优缺点。将二者结合起来，优势互补，并藉此实现面向大规模真实文本的信息处理，是可行的。

在进行自然语言处理时，分词——特别是对像中文这样的亚洲语言来说——是必要的。相比较以空格自然分开的英文来说，中文分词处理要复杂得多，因为在英文中广泛存在的空格就是最简单的分词标志（两个空白之间的字符串即被定义为一个所谓的token），但是对中文而言，问题就没有这么简单了。比如中文中广泛存在着的切分歧义等问题，在西文中就基本没有。中文的切分歧义包括交叉歧义（如“乒乓球拍卖完了”等）、组合歧义（需要根据上下文，甚至整个句子来判断）、真歧义（由人来判断也不知道应该怎样切分合适）等。又比如，中文信息处理中对未登录词的处理也是一个难点。由于全文检索需要对没有分割标记的文本进行分析和处理，因此基本的分词处理是必须的，特别是在对文本数据建立倒排索引时。

倒排索引是一种数据结构，常见的搜索引擎系统多是采用“词”作为检索项，可根据某个词，找到这个词出现的所有文档及出现位置。简单地说，倒排索引类似一个字典，该字典中的每一个条目都指向一个列表，列表中的每一项指向一个此条目在某个文档中出现的位置。这个条目的值应该是词，而不是单独的字。例如要查询出现“计算机”三个字的文档，当然不希望查询的结果中出现“计”或“算”或“机”这三个单个的字，因为“计算机”是一个具有单独意思的词，所以分词的准确度直接影响搜索引擎的可用性。一般认为，对文档的分词处理，是对其进行分类等处理的前期步骤。

2.10　本章小结

本章主要介绍了 Elasticsearch 中和索引相关的知识，包括基于 RESTful 的接口进行文档索引的方法，内容涉及索引建立、文档操作等。Elasticsearch 的映像 mappings 类似于静态语言中的数据类型。映像不仅告诉 Elasticsearch 一个字段中是什么类型的值，它还告诉 Elasticsearch 如何索引数据以及数据是否能被搜索到。

Chapter 3

信息检索与聚合

> “Elasticsearch uses Lucene under the covers to provide the most powerful full text search capabilities available in any open source product. Search comes with multi-language support, a powerful query language, support for geolocation, context aware did-you-mean suggestions, autocomplete and search snippets. Elasticsearch provides a full Query DSL based on JSON to define queries. Query clauses behave differently depending on whether they are used in query context or filter context. The aggregations framework helps provide aggregated data based on a search query. It is based on simple building blocks called aggregations, that can be composed in order to build complex summaries of the data. An aggregation can be seen as a unit-of-work that builds analytic information over a set of documents. The context of the execution defines what this document set is.”——http://www.elastic.co

在 Elasticsearch 的基于 RESTful 的接口方式中，完成信息检索功能的关键词是_search，通过 POST 的方式发送到 Elasticsearch，其后跟“?q=查询词”等。其形式化表示方式是：

```
http://{ip_address}:{port}/{index}/{type}/_search?q=查询词
```

例如，可以以“curl -XGET 'http://localhost:9200/_search?q=hello+world'”的方式完成简单的检索，但 Elasticsearch 的信息检索功能很强大，其功能远远不止于此。信息检索时，可简单地使用基于 Lucene 的通用检索语法，也可以使用更加灵活的基于 JSON 格式的 Query DSL（Domain Special Language）来构造各种检索请求，同时可以使用 Aggregations 来实现聚合。在一般的检索表达式中，有时也可同时包含查询条件和过滤器。可以使用复合查询，可以改变查询结果的排序，也可以在 Elasticsearch 中使用 scripts 脚本。

需要说明的是，第 2 章中介绍的文档索引是对其进行检索的前提和基础。在处理字段、类型和查询时可以指定分析器。和 Lucene 类似，索引和检索时使用的分析器(带有零个或多个过滤器的分析器，如中文分词工具)应该是一样的，否则可能导致检索失败。

3.1 实验数据集描述

首先介绍示例可能用到的 3 个主要数据文件的结构。

(1) 索引文件 baidu 下类型文件 baike(利用爬虫采集到的百度百科词条信息，采集方法见本书第 10 章)的结构(数据略)：

```
_index: baidu                //针对百度百科词条数据的索引文件名称
_type: baike                 //针对百度百科词条数据的类型文件名称
_id: xxx                     //id 号
_version: x                  //版本号
_score: x                    //排序分值
_source: {                   //数据字段描述(内容略)
    title: (略)              //词条标题
    url: (略))               //URL,如 http://baike.baidu.com/view/6505879.htm
    content: (略)            //词条内容
    lastModifyTime: (略)     //最近更新时间
    taglist: (略)            //内容分类,如"历史人物"等
}
```

(2) 索引文件 it-home 下类型文件 posts(利用爬虫采集到的程序员论坛主题帖信息)的结构：

```
_index: it-home          //针对程序员论坛主题帖数据的索引文件名称
_type: posts             //针对程序员论坛主题帖数据的类型文件名称
_id: xxx                 //id 号
_version: x              //版本号
_score: x                //排序分值
_source: {               //数据字段描述(内容略)
    publishTime: xxx     //帖子发表时间
    category: xxx        //主题类别
    title: xxx           //帖子主题
    user: xxx            //帖子发布者昵称
    url: xxx             //URL,如 http://bbs.it-home.org/thread-76807-1-1.html
    content: xxx         //帖子内容
}
```

（3）索引文件 whale 下类型文件为 log（日志信息）的结构。

```
_index: whale                     //索引文件名称
_type: log                        //type 名称
_id: xxx                          //某 document 的 id 号
_version: x                       //版本
_score: x                         //评分
_source: {                        //数据字段描述
    custom_ip: xxx                //客户端 IP 地址
    timestamp: xxx                //时间戳
    http_method: xxx              //HTTP 方法，如 GET、POST 等
    uri:xxx                       //请求 URI 标识
    status_code:xxx               //网络状态码
    os: xxx                       //客户端使用的操作系统，如 Windows 10
    log_size: xxx                 //当次日志长度
}
```

3.2 基本检索

如果需要构造一个简单的查询语句（含对结果排序，控制返回数据集大小，指定返回字段等），可以使用 Elasticsearch 基本的检索功能。

3.2.1 检索方式

Elasticsearch 的检索，可以通过在浏览器地址栏中输入 URL，使用终端 curl 命令，在可视化工具 head 的复合查询中输入查询语句等方式进行，可以任选一种方式进行查询。

在 Elasticsearch 启动的前提下，可以在浏览器中直接使用 URL 输入（如果同时提供 &pretty=ture 子句，则输出 JSON 格式的结果是有缩进的），如：

```
http://localhost:9200/{index}/{type}/_search?q={field}:{keyword}&pretty=true
```

上述方法可以在指定的索引文件名称{index}、指定的类型文件{type}、指定的字段{field}中查找包含{keyword}字符串的结果集，可以为查询指定明确的索引名和类型名（但不是必须的）。如果只给出索引名没有指定类型名，则检索该索引下的所有类型文件；也可以指定多个索引，查询其中的所有或特定的类型文件。

下面列出几种不同的情况：

（1）查询指定索引和指定类型下的信息（指定一个 index 和一个 type 名）：

```
curl -XGET 'localhost:9200/it-home/posts/_search?q=category:java&pretty=true'
```

(2) 查询指定索引下所有类型中的信息(指定一个 index 名,没指定 type 名):

```
curl -XGET 'localhost:9200/it-home/_search?q=category:java&pretty=true'
```

(3) 查询所有索引中的信息(没指定 index 和 type 名):

```
curl -XGET 'localhost:9200/ _search?q=content:java&pretty=true'
```

(4) 查询多个索引下所有类型中的信息(指定多个 index 名,没指定 type 名):

```
curl -XGET 'localhost:9200/baidu, it-home/ _search?q=content:java&pretty=true'
```

(5) 查询多个索引下多个类型中的信息(指定多个 index 名和多个 type 名):

```
curl - XGET ' localhost: 9200/baidu, it - home/baike, posts/_ search? q = content:
java&pretty=true'
```

3.2.2 query 查询

利用查询语句进行查询时,在查询体中使用 query 语句,即可执行对现有存储数据的查询。代码段 3.1 展示了使用 query 查询所有数据的查询语句。

```
//代码段 3.1: 使用 query 查询所有数据
curl -XPOST localhost:9200/baidu/baike/_search -d'{
"query": {
    "match_all": {}
  }
}'
```

3.2.3 from / size 查询

在检索过程中可以控制结果的规模以及从哪个结果开始返回,在请求中可以设置相应的属性,其中:

- from:该属性指定从哪个结果开始返回(默认是 0)。
- size:该属性指定查询的结果集中包含的最大文档数(默认是 10)。

基于上述内容的查询体(不含 HTTP 方法、索引 index 名、类型 type 名等信息,限于篇幅,本章后文多数采取这种表示方法)如代码段 3.2 所示。

```
//代码段 3.2: 含有 from、size 的查询体
curl -XPOST localhost:9200/baidu/baike/_search -d'{
"from": 5,
  "size": 15,
  "query": {
    "term": { "content": "yoona" }
  }
}'
```

3.2.4 查询结果排序

信息检索结果集合的排序策略对用户和网站开发者双方来说都是非常重要的，因为很少有人对排名很靠后的检索结果给与充分的重视，top-10 的检索结果对所有用户来说都很重要。有统计表明，约有 58%的用户只对检索结果中排名前 10 位的内容感兴趣，而只有不超过 12%的用户才会对排名 30 位以后的内容感兴趣。

其实，在 Elasticsearch 的检索结果中，也可以设置不同字段对应的排序权重，在设置好权重以后，在检索结果排序时会用到。例如，在 baidu 索引的 baike 类型文件下，通过指定 fields 数组，在 title、content 两个字段中搜索给定的关键字。如果需要设置在 title 字段中出现其权重是 2，而在 content 中出现其权重默认是 1，可以参照图 3.1 中的方法(图左侧是代码实现，图右侧是针对 baike 数据集的检索结果，后同)。将 title 字段写成“title^2”，即表示在查询时，设置 title 字段权重为 2；而 content 字段不加修改，其权重为默认值 1。

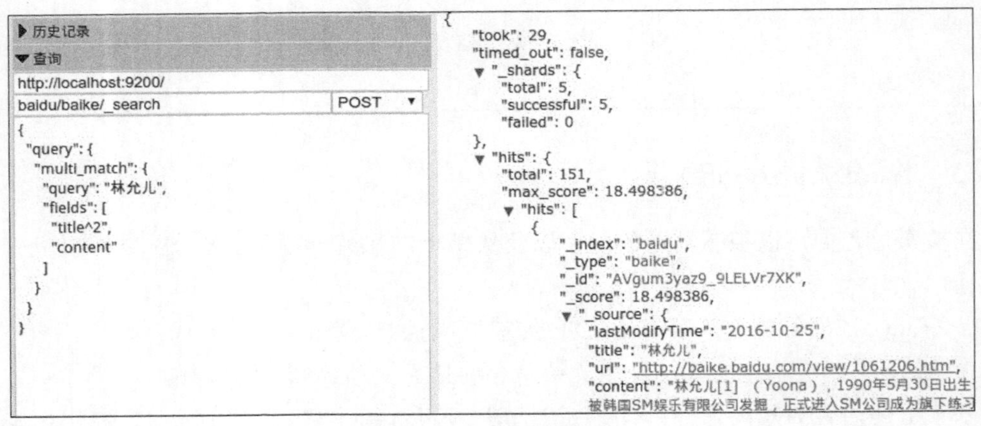

图 3.1 设置不同字段的权重

执行查询过程中如果加入 sort 子句，就可以不针对某个具体的字段，而是针对默认的排序分数_score 进行顺序或逆序的排序。代码段 3.3 给出对基于 match 的查询结果的排序

方法。

```
//代码段 3.3: 基于_score 对结果排序
curl -XPOST localhost:9200/baidu/baike/_search -d '{
"query": {
    "match": {
        "content": "怪味豆"
    }
  },
  "sort": [{ "_score": "desc" }]         //排序方式
}'
```

对于指定字段的排序而言,可以指定"_last"将无值的结果放在检索结果的最后(如果指定为"_first",则是将其放在检索结果的首位)。这里需要注意的是,执行这样的语句时,Elasticsearch会开辟一部分内存空间来存解析字段的倒排索引,这一功能称为"fielddata",默认是禁止的。要实现这样的排序,需要先执行代码段3.4启用fielddata功能,再执行代码段3.5完成检索和排序。

```
//代码段 3.4: 为 title 启用 fielddata
curl -XPUT localhost:9200/baidu/_mapping/baike -d '{
                                        //注意使用 PUT 方法,"索引/_mapping/类型"
  "properties": {
    "title": {                          //指定的 field
      "type": "text",
      "fielddata": true                 //启用 fielddata
    }
  }
}'
```

```
//代码段 3.5: 指定默认值的排序策略
curl -XPOST localhost:9200/baidu/baike/_search -d '{
  "query": {
    "match_all": {}
  },
  "sort": [
    {
      "title": {                  //指定的 field
        "order": "desc",
```

```
        "missing": "_last"          //对于无值的结果,放在最后显示
      }
    }
  ]
}'
```

默认情况下检索结果返回的是完整的JSON格式的文档。用户可以通过_source来引用想要返回的检索结果(即搜索结果hits中的_source字段,如图3.1右侧所示)。也就是说,如果不想返回完整的源文档结构,可以返回指定的部分字段子集,这有点类似于针对关系型数据库管理系统的SQL查询语句中的“select 部分字段名 from 某数据表”中的“部分字段名”的列表部分。下面的代码段3.6是简化了的_source字段,它仍会返回一个叫做_source的字段,但是这里仅包含指定的几个字段。在图3.2的例子中,针对给定的检索词“世界历史人物”进行了分词处理,也就是说,会检索到在指定字段中包含“世界”“世界历史”“历史人物”等特征词的结果集。

```
//代码段 3.6: 通过 match 参数指定字段和检索词,排序后返回指定数量的指定字段的检索集
curl -XPOST localhost:9200/baidu/baike/_search -d '{
  "query": {
    "match": {
      "字段名称": "世界历史人物"
    },
    "sort": {
      "lastModifyTime": {
      "order": "asc"            //按照这里指定的 lastModifyTime 字段升序排序
     }
    },
    "_source": ["url", "taglist"], //显示的结果集
    "size": 10                  //返回的结果集数量
  }
}'
```

3.2.5 高亮搜索词

在查询中使用highlight子句,可以在查询结果中,将每一条结果的一个或多个字段中出现的搜索词高亮显示,高亮的部分将会在查询结果后面以"highlight":{高亮的内容}的格式显示,其中高亮的搜索词默认被双标记<em></em>包围,在实际使用中,可以人为规

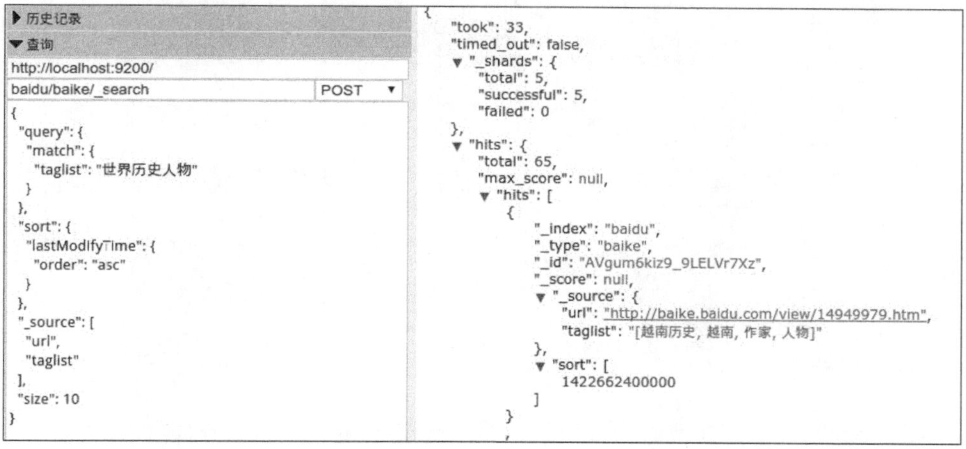

```
▶ 历史记录
▼ 查询
http://localhost:9200/
baidu/baike/_search                POST ▼
{
  "query": {
    "match": {
      "taglist": "世界历史人物"
    }
  },
  "sort": {
    "lastModifyTime": {
      "order": "asc"
    }
  },
  "_source": [
    "url",
    "taglist"
  ],
  "size": 10
}
```

```
{
    "took": 33,
    "timed_out": false,
  ▼ "_shards": {
        "total": 5,
        "successful": 5,
        "failed": 0
    },
  ▼ "hits": {
        "total": 65,
        "max_score": null,
      ▼ "hits": [
            {
                "_index": "baidu",
                "_type": "baike",
                "_id": "AVgum6kiz9_9LELVr7Xz",
                "_score": null,
              ▼ "_source": {
                    "url": "http://baike.baidu.com/view/14949979.htm",
                    "taglist": "[越南历史, 越南, 作家, 人物]"
                },
              ▼ "sort": [
                    1422662400000
                ]
            }
            ,
```

图 3.2　指定字段子集的检索

定这一标记的写法；也可以使用 fragment_size 指定被高亮的搜索词所在上下文的长度，以及使用 number_of_fragments 指定包含高亮搜索词的片段数量。代码段 3.7 实现了对查询结果的正文中的搜索词"学院"的高亮显示，其检索结果如图 3.3 所示。

```
//代码段 3.7：高亮显示搜索词
curl -XPOST localhost:9200/it-home/posts/_search -d '{
  "query": {
    "match": {
      "content": "学院"                          //要高亮显示的搜索词
    }
  },
  "highlight": {
    "pre_tags": ["<spot>"],                    //规定高亮标记写法
    "post_tags": ["</spot>"],
    "fields": {
      "content": {
        "fragment_size": 150,                  //规定高亮搜索词所在上下文长度
        "number_of_fragments": 3               //规定显示多少条高亮的结果
      }
    }
  }
}'
```

```
▼ "highlight": {
  ▼ "content": [
      "、VR虚拟现实、AI人工智能和Robot机器人等后互联网技术创新，是国内早期的"人机智能"商业模式推动者。，2003年毕业于国际关系<spot>学院
      </spot>, 2004-2008年《环球企业家》等媒体, 2009年美世咨询顾问, 2011年-2015年创立知识管理、社群电商公司, 成长背景, 周掌柜出生在沈阳农村一
      个"
      ,
      "普通的农民家庭，家族曾非常贫穷，但周家口碑 在村里极好，深受信任。父亲周宝山1978年曾就读于武汉雷达<spot>学院</spot>，由于身体原因退学，
      在家靠修理电机、电器积累第一桶金。母亲曾就职于乡镇企业工厂任会计，曾管理村办企业大型养鸡场。父母望子成龙心切，曾于1988年投入几千元购买钢
      琴，并聘请沈阳音乐<spot>学院</spot>钢琴教授做钢琴"
      ,
      "老师；更有孟母三迁的勇气，为其求学搬入城市。父母牺牲自己事业脱离农村土壤为周掌柜提供了一流的教育和学习机会。，周掌柜曾就读于沈阳教育界元老
      创立的第一所私立中学：广全中学，之后进入八十三中学，后转入辽大附中（120中学），于1999年高考考入北京国际关系<spot>学院</spot>；，在校期
      间曾任系学生会副主席，获得"
    ]
}
```

图 3.3　搜索词“学院”被＜spot＞标记并即将高亮显示

3.2.6　查询模板

Elasticsearch 允许在查询语句中以固定的 template 格式设置语句模板和参数。在执行查询时，设置好的参数将被填充到语句中相对应的位置，拼成一条完整的语句执行。代码段 3.8 实现了基于模板的查询，将字段名、搜索词和搜索结果数量分别作为参数传入查询语句执行查询。

```
//代码段 3.8：基于模板进行查询
curl -XPOST localhost:9200/it-home/posts/_search/template -d '{
                                                    //这里注意末尾要加上 template
  "inline": {
    "query": {
      "match": {
        "{{my_field}}": "{{my_value}}"          //设置形式参数，使用{{ }}括起来
      }
    },
    "size": "{{my_size}}"
  },
 "params": {
    "my_field": "category",                      //设置实际参数
    "my_value": "java",
    "my_size": 5
  }
 }'
```

3.3　检索进阶

Elasticsearch 提供了一个基 JSON 格式的完整的 Query DSL 来定义查询。Query DSL 被视为查询的抽象语法树，由简单查询、复合查询两种类型的语句组成。查询子句的作用互

不相同,具体取决于它们是在查询上下文还是过滤器上下文中被使用。这一节主要对 Query DSL 进行介绍,涉及全文检索、词项检索、复合查询、跨度查询、特殊查询等。

3.3.1 全文检索

全文检索通常用于在全文字段(例如电子邮件正文)上运行查询。程序可以自动分析查询的字段,并在执行之前将每个字段的 analyzer 或 search_analyzer 应用于查询字符串。这一节将对全文检索中的 match、match_phrase、match_phrase_prefix、multi_match、simple_query_string 等查询进行介绍。

1. match 查询

match 查询子句可接受文字、数字和日期等类型的数据,match 子句是查询指定索引下的所有文档(相当于 SQL 语句的"select content from 某数据表",如代码段 3.9 所示)。也可以利用 size 指定返回结果集的大小(如果没有指定 size 的值,相当于 SQL 语句的"select top 10 content from 某数据表")。

```
//代码段 3.9: match 子句相当于 select content from 某数据表
curl -XPOST localhost:9200/it-home/posts/_search -d '{
  "query": {
    "match": {
      "content": "程序员"
    }
  }
}'
```

代码段 3.10 给出了一次 match_all 查询并且返回第 11~15 个文档的代码实现。

```
//代码段 3.10: 匹配所有文档且返回 top11-top15 的记录集
curl -XPOST localhost:9200/it-home/posts/_search -d '{
    "query": {
        "match_all": { }
    },
    "from": 10,
    "size": 5
}'
```

代码段 3.11 给出 match_all 查询并且指定字段(publishTime)的升序排序的实现方法,返回满足条件的 3 条记录(在关系型数据库管理系统中,相当于 SQL 语句"select top 3 * from 某数据表 order by publishTime"。

```
//代码段 3.11：匹配所有文档且检索结果按指定的字段排序，返回前 3 个记录集
curl -XPOST localhost:9200/it-home/posts/_search -d '{
  "query": {
    "match_all": { }
  },
  "sort": {
    "publishTime": {              //指定的排序字段
      "order": "asc"              //排序策略
    }
  },
  "size": 3                       //返回的结果集大小
}'
```

2. match_phrase 查询

match_phrase 查询对文本进行分析，并在分析过的文本中构建一个短语查询。其中的 slop 参数定义了在查询文本的词项之间应间隔多少个未知单词才视为短语匹配成功。代码实现见代码段 3.12。

```
//代码段 3.12：match_phrase 查询
curl -XPOST localhost:9200/baidu/baike/_search -d '{
  "query": {
    "match_phrase": {
      "title": {
        "query": "中国 and 日本",
        "slop": 2
      }
    }
  },
  "_source": [
    "title"
  ]
}'
```

3. match_phrase_prefix 查询

match_phrase_prefix 与 match_phrase 基本相同，唯一不同的是这里的查询信息以短语形式出现，查询时考虑的是最后一个词的前缀匹配。其中的参数 max_expansions 表示短语中最后一个词将与多少候选词进行匹配，默认值为 50，代码段 3.13 使用“开发过程”进行查

询，并将 max_expansion 设置为 10，其含义是 Elasticsearch 为输入的短语中最后一个词项准备候选匹配词的数量。需要注意的是，这里不排除候选词中未出现用户需要的词的可能性。

```
//代码段 3.13: match_phrase_prefix 查询
curl -XPOST localhost:9200/it-home/posts/_search -d '{
  "query": {
    "match_phrase_prefix": {
      "content": {
        "query": "开发过程",          //注意要找一个存在的短语
        "max_expansions": 10
      }
    }
  }
}'
```

4. multi_match 查询

Elasticsearch 支持使用 multi_match 子句进行跨字段检索(只需写明需要检索的多个目的字段即可)，并同时从多个字段中返回包含指定检索词的内容。下面的代码段 3.14 实现了在 title、content 两个字段中，对关键词“中国”的查询。

```
//代码段 3.14: 利用 multi_match 在多个字段中检索
curl -XPOST localhost:9200/baidu/baike/_search -d '{
  "query": {
    "multi_match": {
      "query": "中国",
      "fields": [          //指定在哪些字段中进行检索
        "title",  "content"
      ]
    }
  }
}'
```

5. simple_query_string 查询

与其他的查询类型相比，simple_query_string 查询支持 Lucene 所有的查询语法。对于给定的内容，simple_query_string 查询使用查询解析器来构造实际的查询。示例代码如代码段 3.15 所示[Rafal,2015]。

```
//代码段 3.15：simple_query_string 查询
curl -XPOST localhost:9200/baidu/baike/_search -d '{
  "query": {
    "simple_query_string": {
      "query": "title:中国^2+title:日本 -content:美国",
                                        //注意这里的加号和减号前空格不能省略
      "flags": "ALL"       //设置查询中支持的 Lucene 查询符号，如+表示 AND、-表示 NOT
    }
  }
}'
```

Tips：代码段 3.15 中出现的查询是典型的 Lucene 查询模式，其中，“title：中国^2”是指在 title 字段中要包含“中国”字符且其权重为 2；“＋title：日本”是指在 title 字段中还要同时包含“日本”字符串，只不过该字符串的权重为 1，这些权重会影响到最终结果排序；“-content：美国”是说在 content 字段中不能含有字符串“美国”。

3.3.2 词项检索

虽然全文检索会在执行之前分析查询字符串，但是词项检索要对存储在倒排索引中的确切词语进行操作。这些查询通常用于结构化数据（如数字、日期和枚举等）而不是全文本的内容。这一节将对词项检索中的 term、terms、range、prefix、wildcard、regexp 等进行介绍。

1. term 查询

term 查询仅匹配在给定字段有某个词项的文档，如代码段 3.16 所示即是 term 查询，term 查询中词项不再被解析。如果希望提升该 term 的重要性，可以在代码中增加 boost 属性以便提升其重要性。

```
//代码段 3.16：含有 boost 的 term 查询
curl -XPOST localhost:9200/baidu/baike/_search -d '{
  "query": {
    "term": {                    //term 查询
      "title": {                 //查询字段，给定值及 boost
        "value": "中国",
```

```
          "boost": 10
        }
      }
    }
  }'
```

2. terms 查询

terms 查询允许匹配包含某些词项的文档。例如，如果想查询在 baidu/baike 文档的 title 字段中包含字符串"中国"或"日本"的文档，可以采用类似代码段 3.17 中的方法。

```
//代码段 3.17: terms 查询
curl -XPOST localhost:9200/baidu/baike/_search -d '{
  "query": {
    "terms": {
      "title": [
        "中国",
        "日本"
      ]
    }
  }
}'
```

3. range 查询

range 查询是范围查询，一般只作用在单个字段上，并且查询的参数要封装在字段名称中，它也支持如下参数：

- gte：greater-than or equal to，即大于或等于，表示范围下界。
- gt：greater-than，即大于，表示范围下界。
- lte：less-than or equal to，即小于或等于，表示范围上界。
- lt：less-than，即小于，表示范围上界。
- boost：查询的权重，默认值 1.0。

有关 range 查询的用法见代码段 3.18。

```
//代码段 3.18: range 查询,其中 lastModifyTime 字段是指抓取网页时间,参见前述对 baike
类型文件的说明
curl -XPOST localhost:9200/baidu/baike/_search -d '{
  "query": {
    "range": {        //range 查询
```

```
      "lastModifyTime": {        //指定查询字段及其范围
        "gte": "2016-10-26",
        "lte": "2016-11-16",
        "boost": 2
      }
    }
  }
}'
```

下面的代码段 3.19 展示了在类型文件 baike 中，对日期型或时间型字段（这里是对 gatherTime 字段）进行范围检索的方法，它表示查找的是从现在开始 12 个小时之前的查询结果集（注：这里还能改为"now-3d"，意为从现在开始往前 3 天算起），到当前时间的筛选数据子集。

```
//代码段 3.19：在 range 子句中设定 lastModifyTime 的上下限
curl -XPOST localhost:9200/baidu/baike/_search -d '{
  "query": {
    "range": {
      "lastModifyTime": {
        "gt": "now-12h",
        "lt": "now"
      }
    }
  }
}'
```

Tips：这里提到的 h 和 d 属于时间单位，Elasticsearch 支持的时间单位有 y（年）、M（月）、w（周）、d（日）、h（12 时制小时）、H（24 时制小时）、m（分钟）、s（秒）。

4. prefix 查询

prefix 查询能够找到某个字段以给定前缀开头的文档。同样，这里也支持 boost 属性影响其排序结果。基于 prefix 查询实现的方法见代码段 3.20。

```
//代码段 3.20：prefix 查询
curl -XPOST localhost:9200/baidu/baike/_search -d '{
  "query": {
```

```
      "prefix": {                 //prefix 查询
        "title": {                //在 title 中查询,可指定值和权重
          "value": "中华",
          "boost": 2
        }
      }
    },
    "_source": [
      "title"
    ]
  }'
```

5. wildcard 查询

wildcard 通配符查询允许在要查询的内容中使用通配符 * 和?（通配符 * 表示任意多个任意字符;通配符？表示一个任意字符)。除此之外,它和 term 查询相似,如代码段 3.21 所示,只需把 term 查询中的“term”换为“wildcard”,在查询字段中根据需要嵌入 * 或?即可。

```
//代码段 3.21: 含有 boost 的 wildcard 查询
curl -XPOST localhost:9200/baidu/baike/_search -d '{
  "query": {
    "wildcard": {                   //wildcard 查询
      "content": {                  //查询字段,给定值及 boost
        "value": "*豆",
        "boost": 10
      }
    }
  }
}'
```

6. regexp 查询

在对程序员论坛数据集 it-home 的检索过程中,可能要设置相应的 from、size、boost 等属性。比如使用 regexp(正则表达式)查询的方式,从数据集中的“category”字段搜索关键字,为了提升 category 字段的重要性,在代码中可提升其 boost 属性值,也可以同时指定多个字段的属性值。代码段 3.22 中利用正则表达式查询,指定搜索结果的 category 字段必须为“Web 前端”,或为“数据库学习”,并获取其前 10 条结果,如图 3.4 所示。

```
//代码段 3.22：含有 boost 的 wildcard 查询
curl -XPOST localhost:9200/it-home/posts/_search -d '{
  "from": 0,
  "size": 10,
  "query": {
    "regexp": {
      "category": {
        "value": "[Web 前端|数据库学习]",        //Web 前端或数据库学习
        "boost": 10
      }
    }
  }
}'
```

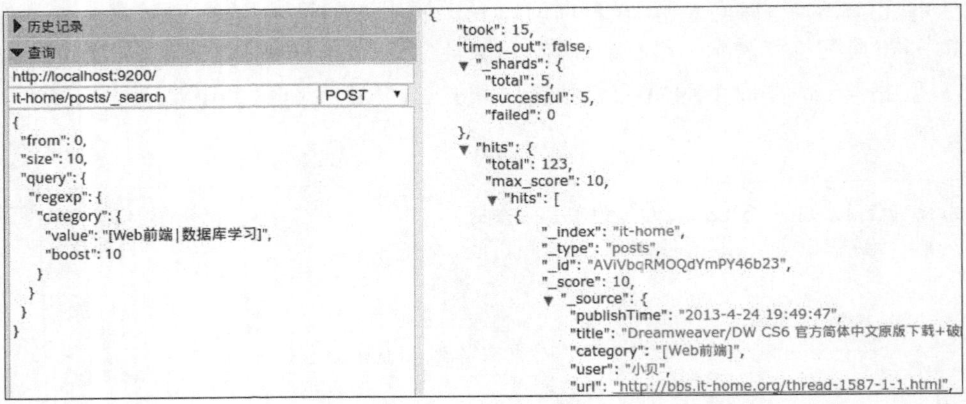

图 3.4　正则表达式查询

3.3.3　复合查询

复合查询语句包含了其他复合查询或简单查询，能够结合其查询结果和分值以改变其表现形式，或从查询转换为过滤器上下文。这一节将对符合查询中的 bool、boosting 等查询进行介绍。

1. bool 查询

bool 查询是根据对结果的必要程度，将不同查询子句组合的查询方式。在 bool 查询中可以同时使用 must、filter、should、must_not 等子句，之后可与基本检索方法里的 match 和 term 查询结合使用。代码段 3.23 是在程序员论坛数据集 it-home 中检索“category”字段中含有“开发”“java”且不含“. net”字符串的结果集，其中对“java”的查询在 filter 子句中，不考

虑权重。查询结果如图 3.5 所示。

```
//代码段 3.23: 查询"category"字段中含有"开发""java"且不含有".net"的结果
curl -XPOST localhost:9200/it-home/posts/_search -d '{
  "query": {
    "bool": {
      "must": {
        "match": {"category": "开发"}
      },
      "filter": {
        "term": {"category": "java"}
      },
      "must_not": {
        "term": {"category": ".net"}
      }
    }
  }
}'
```

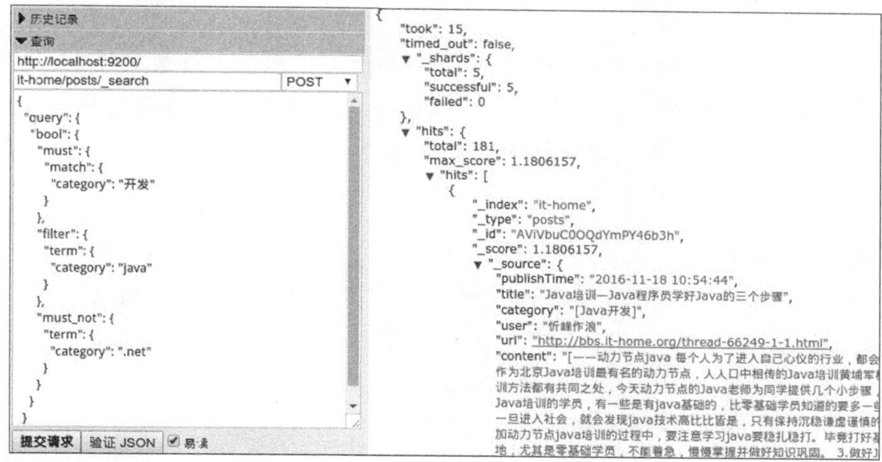

图 3.5 Bool 复合查询的实现

2. boosting 查询

boosting 查询可将匹配的结果降级处理。与 bool 查询中的 not 子句不同，查询结果中仍然会包含不符合预期的此项，但其分值会降低。代码段 3.24 实现了对有关"java"的分类中，内容与"json"不相关信息的查询。关键词"json"处于 negative 子句中，其结果的分值将会根据 negative_boost 的值被相应降低。

```
//代码段 3.24: boosting 查询
curl -XPOST localhost:9200/it-home/posts/_search -d '{
  "query": {
    "boosting": {
      "positive": {              //预期相关的信息
        "term": {
          "category": "java"
        }
      },
      "negative": {              //预期不相关的信息
        "term": {
          "content": "json"
        }
      },
      "negative_boost": 0.2     //不相关信息要降低的分值
    }
  }
}'
```

3.3.4 跨度查询

跨度查询是一种低级别、基于词项相对位置的查询，可以提供对指定项的顺序和接近度的控制。这些通常用于实施对法律文件或专利的非常具体的查询。除 span_multi 查询之外，跨度查询不能与非跨度查询复合使用。本节将对 span_term、span_or、span_containing、span_within 等查询进行介绍。

1. span_term 查询

span_term 查询可以查询包含有查询词项的一段文本，这一功能相当于 Lucene 中的 SpanTermQuery。代码段 3.25 实现了对含有词项“java”的文本的查询。

```
//代码段 3.25: span_term 查询
curl -XPOST localhost:9200/it-home/posts/_search -d '{
  "query": {
"span_term": {
      "content": {
        "value": "java",
        "boost": 2
      }
    }
  }
}'
```

2. span_or 查询

span_or 匹配其 span_term 子句查询结果的并集。这一功能相当于 Lucene 中的 SpanOrQuery。代码段 3.26 实现了对含有词项“java”“json”或“jquery”的文本的查询。

```
//代码段 3.26: 查询含有词项“java”“json”或“jquery”的文本
curl -XPOST localhost:9200/it-home/posts/_search -d '{
  "query": {
    "span_or": {
      "clauses": [
        {"span_term": {"content": "java"}},
        {"span_term": {"content": "json"}},
        {"span_term": {"content": "jquery"}}
      ]
    }
  }
}'
```

3. span_containing 查询

span_containing 查询含有一个 little 子句和一个 big 子句,在查询时一旦发现 big 子句的匹配项中包含了 little 子句中的匹配项,那么 big 子句的匹配项将作为查询结果并返回。该查询功能相当于 Lucene 中的 SpanContainingQuery。代码段 3.27 实现了在词项"gson"和"api"的匹配项中,对含有词项"java"匹配项的查询,结果如图 3.6 所示,图中的方框标出了词项"gson"和"api"在文中形成的跨度,而词项"java"正处于其中。其中 big 子句中的 span_near 查询是一种查找临近词项的跨度查询,后面的 slop 指定了两个词项之间可以存在多少个不匹配的词项。

```
//代码段 3.27: 查询词项“json”和“api”的匹配项中,含有词项“java”匹配项的结果
curl -XPOST localhost:9200/it-home/posts/_search -d '{
  "query": {
    "span_containing": {
      "little": {
        "span_term": {"content": "java"}          //跨度中间的词项
      },
      "big": {
        "span_near": {
          "clauses": [
            {"span_term": {"content": "gson"}},   //两个词项确定了一个跨度
```

```
            {"span_term": {"content": "api"}}
          ],
          "slop": 20,
          "in_order": true
        }
      }
    }
  }
}'
```

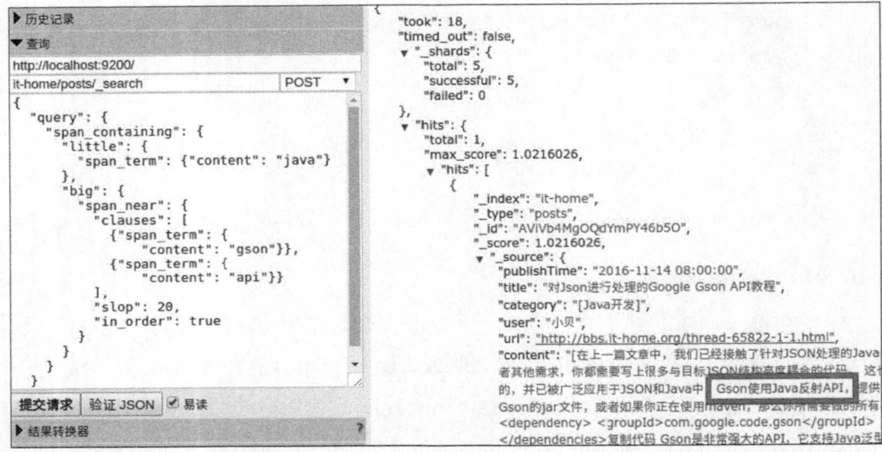

图 3.6　查询中间包含特定词项匹配项的两个词项所在跨度的文本段

4. span_within 查询

span_within 查询也含有一个 little 子句和一个 big 子句，在查询时一旦发现 little 子句的匹配项包含在 big 子句中的匹配项中，那么 little 子句的匹配项将作为查询结果被返回。该查询功能相当于 Lucene 中的 SpanWithinQuery。代码段 3.28 实现了对含有词项“java”的匹配项中，被包含在词项“json”和“api”跨度中的文本段查询，查询结果同上。

```
//代码段 3.28：查询含有词项“java”的匹配项中，被包含在词项“json”和“api”跨度中的结果
curl -XPOST localhost:9200/it-home/posts/_search -d '{
  "query": {
    "span_within": {
      "little": {
        "span_term": {"content": "java"}                //跨度中间的词项
      },
```

```
        "big": {
          "span_near": {
            "clauses": [
              {"span_term": {"content": "json"}},      //两个词项确定了一个跨度
              {"span_term": {"content": "api"}}
            ],
            "slop": 20,
            "in_order": true
          }
        }
      }
    }
  }'
```

3.3.5 特殊查询

除上面提到的几类查询方式以外，还有一些查询不属于其中任何一种方式。这一节将对 more_like_this 查询进行介绍，script 查询将在下一节进行介绍。

1. more_like_this 查询

more_like_this 查询得到与所提供的文本相似的文档。在这里可以使用的部分参数如下[Rafal,2015]：

- fields：查询所作用的字段的数组，默认是_all。
- like_text：指明文档应比较的内容。
- min_term_freq：文档中词项出现的最低频次，低于该值的词项将被忽略，默认是 2。
- min_doc_freq：词项应至少在多少个文档中出现才不会被忽视，默认是 5。
- min_word_length：指明单个单词的最小长度，低于该值的单词将被忽视，默认是 0。
- max_query_terms：指明在生成的查询中查询词项的最大数目，默认是 25。
- max_doc_freq：指明出现词项的文档最大数目，以避免词项被忽视，默认是无界 0。
- max_word_length：指明单个单词的最大长度，高于该值的单词将被忽视，默认是无界 0。
- stop_words：指明忽略词集。
- boost：提升一个查询的权重时使用的权重，默认是 1.0。
- analyzer：指明用于分析内容的分词器。

more_like_this 查询示例代码如代码段 3.29 所示，查询与指定的两条存储在 Elasticsearch 中的信息，以及一条额外的信息相似的结果。其中，在 fields 子句中指定了

title 和 content 两个字段，这是 more_like_this 查询的执行范围；在 like 数组中前两个对象分别指定了 it-home 索引中，posts 类型下的某个特定_id 中的文档内容，而后面的文本是额外的自定义查询字符串；min_term_freq 表示信息若要被查询到，最少要出现的次数；max_query_terms 表示要显示匹配结果的最大条数。

```
//代码段 3.29: more_like_this 查询
curl -XPOST localhost:9200/it-home/posts/_search -d '{
  "query": {
    "more_like_this": {                        //more_like_this 查询
      "fields": ["title", "content"],          //查询字段
      "like": [                                //指定应比较的内容
        {
          "_index": "it-home",
          "_type": "posts",
          "_id": "AViVbrJPOQdYmPY46b3B"
        },
        {
          "_index": "it-home",
          "_type": "posts",
          "_id": "AViVb4p2OQdYmPY46b5T"
        },
        "现在我们来写一个测试程序"              //可以直接指定额外的相关内容
      ],
      "min_term_freq": 1,                      //表示最少出现多少次才能被检索出
      "max_query_terms": 12                    //规定显示结果的最大条数
    }
  }
}'
```

3.3.6 脚本 script

脚本模块可以通过使用 script 子句来定制表达式，当执行查询时，script 子句可以生成一个由外部参数计算出的特定字段，插入到原来的查询语句中执行；或者在查询中为字段求出一个定制化的分值。script 子句默认使用的脚本语言是 painless，一般情况下子句中包含三条语句，下面给出 script 子句的一般格式。

```
"script": {
    "lang":   "...",              //这里设置使用何种脚本语言
```

```
    "inline" | "stored" | "file": "...",        //这里编辑表达式,给出形式参数
    "params": { ... }                           //这里给出实际参数
}
```

在执行一些检索、聚合或更新操作时,出于安全上的原因,Elasticsearch 默认禁止动态脚本的执行。要执行 script 或其他检索、聚合等操作,需要在 Elasticsearch 的配置文件 elasticsearch.yml 中添加以下三行配置信息来启用相关的功能,并重新启动 Elasticsearch。

```
script.engine.groovy.inline.update: true
script.inline: true
script.stored: true
```

> Tips:尽管脚本语言 groovy 仍然能在 Elasticsearch 中使用,但 Elastic 官方已不提供支持,本书中也不再进行介绍。

script 查询允许使用脚本来为查询提供数据。在查询中定义参数并填充到查询语句中形成一条完整的查询语句。script 可以被编译和缓存以更快地执行。如果在编写查询语句时,多段代码除少量参数不同之外基本相同,最好使用 script 语句,将不同参数分别传递到语句中即可。代码段 3.30 实现了对 baidu 索引下的 baike 类型中,更新时间在 2016 年之后的词条信息的查询,结果如图 3.7 所示。这里需要注意,字段 lastModifyTime 的数据类型必须设置为 date,否则类型不匹配,查询将失败。

```
//代码段 3.30: 使用 script 查询 2016 年及以后的词条
curl -XPOST localhost:9200/baidu/baike/_search -d '{
  "query": {
    "bool": {
      "must": {
      "script": {
          "script": {
            "inline": "doc['lastModifyTime'].value>params.param1",
                                                                //设置形式参数
            "lang": "painless",
            "params": {"param1": 2016}     //给出实际参数
          }
        }
      }
    }
  }
}'
```

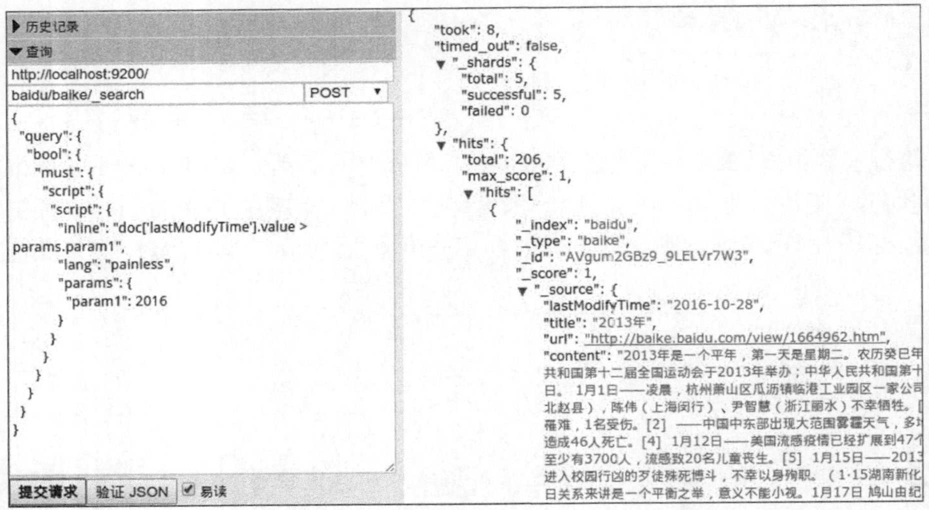

图 3.7　查询索引 baike 中 2016 年及以后的词条

在执行更新操作时也可以使用 script，将参数传递给 inline 子句中的 ctx._source.{字段名}来进行数据更新。代码段 3.31 实现了对某条记录作者的修改。其中，inline 子句中的 ctx._source 是指访问文档中的_source 字段，_source 字段是文档中所有字段的集合，例如代码段 3.6、3.12 和 3.20 等处均指定了显示_source 字段中的一部分；lang 语句指定了脚本中使用 painless 语言；params 语句为 inline 语句中的形式参数 params.name 给出了实际参数。

```
//代码段 3.31: 使用 script 修改某一条记录的作者
curl -XPOST localhost:9200/it-home/posts/AViVbpg-OQdYmPY46b20/_update -d '{
//中间指定了_id 号
"script": {
    "inline": "ctx._source.user=params.name",
    "lang": "painless",
    "params": {"name": "cy"}
  }
}'
```

另外，script 还支持在 inline 语句中使用类似编程语言的方法进行编写。代码段 3.32 将 doc['log_size']作为变量使用，实现了对服务器日志记录中日志长度的计算。在 script_fields 子句中，"total_size"是为其设置的名称，下面 script 子句中的 inline 给出了计算日志长度的代码。

```
//代码段 3.32：使用 script 计算日志长度
curl -XPOST localhost:9200/whale/log/_search -d '{
  "query": {
    "match_all": {}
  },
"script_fields": {
    "total_size": {
      "script": {
        "lang": "painless",
        "inline": "int total=0; for (int i=0; i<doc['log_size'].length;++i) {
        total+=doc['log_size'][i]; }return total;"
      }
    }
  }
}'
```

3.4 聚合

聚合(aggregations)可以看作是对查询结果的汇总，比如先查询出某个时间段的HTTP请求，然后统计每天的数据。aggregations真正强大的功能在于它能嵌套并实现多级汇总，每一种aggregation都有自己的目的和输出，它们通常分为四类：metric、bucket、pipeline和matrix。这一节主要对aggregations进行介绍，涉及bucket aggregations、metric aggregations、pipeline aggregations、matrix aggregations等。

在aggregations中会用到"bucket"的概念。所谓的"bucket"，是满足某个条件的文档集合，它和关系型数据库中的SQL语句中的"group by"子句的作用相似(但又不一样)。例如，在校大学生要么属于本科生群的bucket，要么属于研究生群的bucket。

metric是为某个bucket中的文档计算得到的统计信息，它和关系型数据库中的SQL语句中的集函数如count()、max()等的作用相似。可见，aggregations聚合是由一个或多个buckets、零个或者多个metrics组合而成的统计结果。每个文档中的值会被计算来决定它们是否匹配了某些bucket的条件，如果匹配成功，那么该文档会被置入该bucket中。一个bucket也能够嵌套在其他的bucket中(即bucket是可以嵌套的)。对metrics而言，多数仅使用文档中的值进行简单计算。另外，aggregations也支持排序等属性，本书将会在相关例子中进行说明。

Matrix是一种在多字段上操作、从请求的文档字段中提取信息、返回矩阵结果的聚合方式。与bucket和metric不同的是，这一方式尚不支持script语句。

pipeline 是将其他 aggregations 的输出及其关联度量进行聚合的方式。

3.4.1 metrics aggregations

metrics aggregations 基于从文档中提取的值来计算指标。这些值通常使用字段数据，也可以使用脚本生成。这一节将对 metrics aggregations 中的 min、max、sum、avg、stats、extended_stats、value_count 等聚合进行介绍。

1. min、max、sum、avg 聚合

在 aggregations 中可以方便地完成对最值、求和、均值等的统计。代码段 3.33 完成对指定字段的最小值聚合，示例结果如图 3.8 所示（当统计最大值时，将代码段 3.33 中的统计函数换成 max 即可，这里不再赘述）。

```
//代码段 3.33：执行最小值聚合
curl -XPOST localhost:9200/whale/log/_search -d '{
  "aggs": {
    "min_size": {                    //aggs 的名称
      "min": {                       //统计最小值。当统计最大值时这里换成 max 即可。
        "field": "log_size"          //统计字段
      }
    }
  }
}'
```

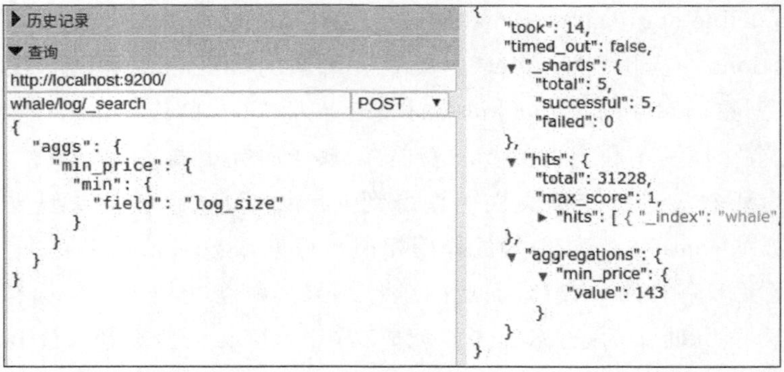

图 3.8 最小值聚合结果

类似地，求和、求平均统计只需在相应函数处写上 sum 及 avg 即可。代码段 3.34 完成对指定字段的平均值聚合，而针对返回 HTTP 响应大小 size 字段的实际效果如图 3.9 所示。

```
//代码段 3.34: 执行平均值聚合
curl -XPOST localhost:9200/whale/log/_search -d '{
  "aggs": {
    "avg_size": {                    //aggs 的名称
      "avg": {                       //统计平均值。当求和时这里换成 sum 即可。
        "field": "log_size"
      }
    }
  }
}'
```

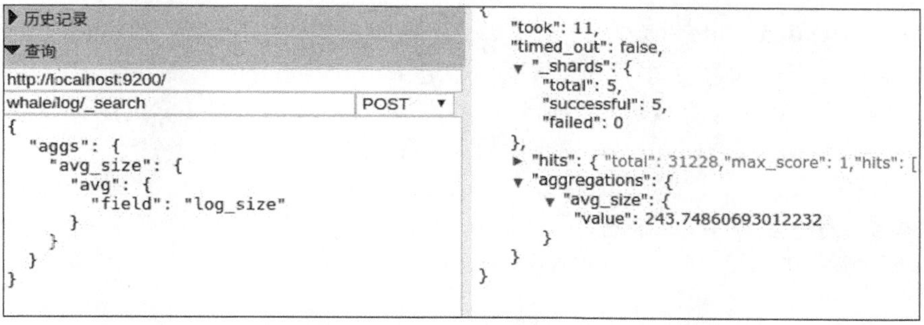

```
▶ 历史记录
▼ 查询
http://localhost:9200/
whale/log/_search                POST ▼
{
  "aggs": {
    "avg_size": {
      "avg": {
        "field": "log_size"
      }
    }
  }
}
```

```
{
  "took": 11,
  "timed_out": false,
  ▼ "_shards": {
    "total": 5,
    "successful": 5,
    "failed": 0
  },
  ▶ "hits": { "total": 31228,"max_score": 1,"hits": [
  ▼ "aggregations": {
    ▼ "avg_size": {
      "value": 243.74860693012232
    }
  }
}
```

图 3.9 平均值聚合结果

在完成上述计算时，同样支持 script 脚本的使用。代码段 3.35 中使用了 script，用来计算 log_size 的最大值，示例如图 3.10 所示。

```
//代码段 3.35: 执行平均值聚合
curl -XPOST localhost:9200/whale/log/_search -d '{
  "aggs": {
    "max_with_script": {
      "max": {
        "script": {
          "inline": "doc['log_size'].value",        //在脚本中指定 log_size
          "lang": "painless"
        }
      }
    }
  }
}'
```

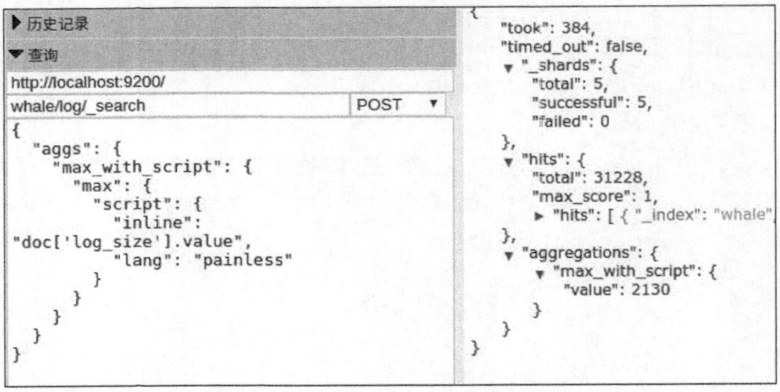

图 3.10 使用 script 执行最大值聚合

2. stats、extended_stats 聚合

stats aggregation 是一个多值统计，返回值包括计数、最小值、最大值、平均值、求和等。代码段 3.36 演示了对相应字段进行多值统计的方法，针对类型文件 log 的返回结果如图 3.11 所示。同样，stats aggregation 也支持使用脚本 script 和参数，不再赘述。

```
//代码段 3.36：执行 stats 聚合
curl -XPOST localhost:9200/whale/log/_search -d '{
  "aggs": {
    "log_size_stats": {
      "stats": {
        "field": "log_size"
      }
    }
  }
}'
```

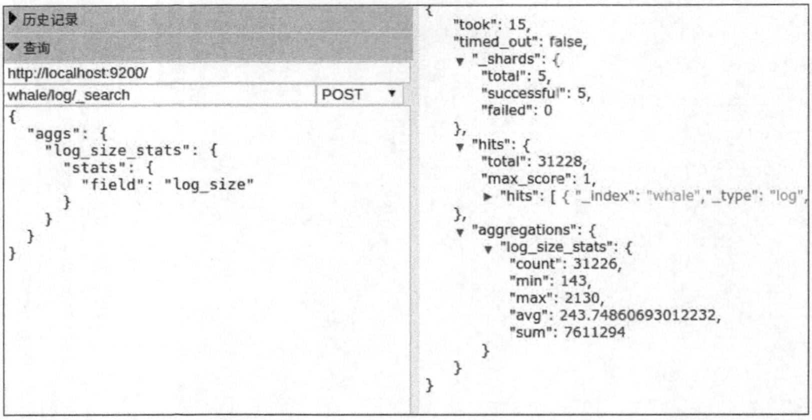

图 3.11 stats 聚合多值统计结果

extended_stats aggregation 则是对一般的 stats aggregation 的功能扩展，可以在上述输出结果上添加平方和、方差和标准差等指标，参见代码段 3.37，运行结果如图 3.12 所示。同样地，extended_stats aggregation 也支持 script 和参数，不再赘述。

```
//代码段 3.37：执行 extended_stats 聚合
curl -XPOST localhost:9200/whale/log/_search -d '{
  "aggs": {
    "log_size_extended_stats": {
      "extended_stats": {
        "field": "log_size"
      }
    }
  }
}'
```

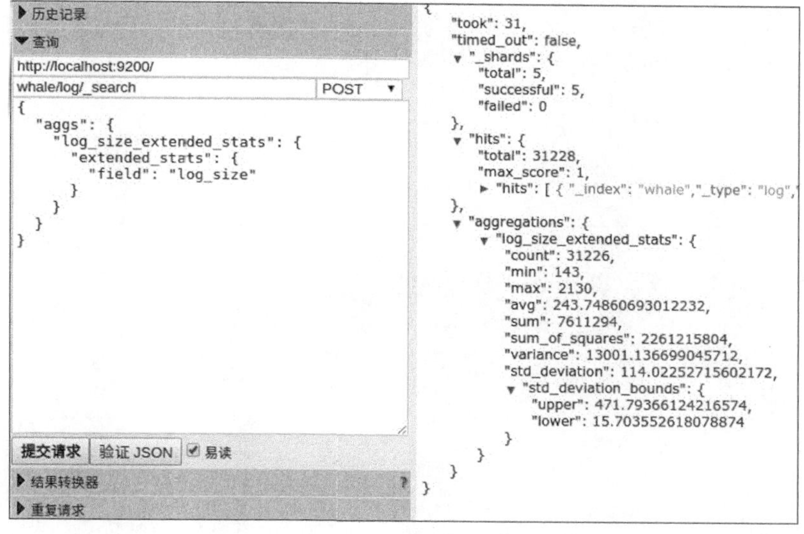

图 3.12 extended_stats 聚合结果

3. value_count 聚合

value_count aggregation 是一种单值指标聚合，用来计算文档中某个字段的统计数量。首先执行代码段 3.38，为 text 类型的 custom_ip 字段开启 fielddata 功能，然后执行代码段 3.39 对该字段执行 value_count 聚合，统计某服务器日志记载的访问次数，结果如图 3.13 所示。

```
//代码段 3.38: 为字段 custom_ip 开启 fielddata 功能
curl -XPUT localhost:9200/whale/_mapping/log -d '{
                                              //这里使用 PUT 方法,索引/_mapping/类型
  "properties": {
    "custom_ip": {                            //要开启 fielddata 功能的字段
      "type": "keyword",                      //字段的类型,应与实际类型一致
      "fielddata": true
    }
  }
}'
```

```
//代码段 3.39: 执行 value_count 聚合,统计访问次数
curl -XPOST localhost:9200/whale/log/_search -d '{
  "aggs": {
    "custom_ip_count": {
      "value_count": {
        "field": "custom_ip"
      }
    }
  }
}'
```

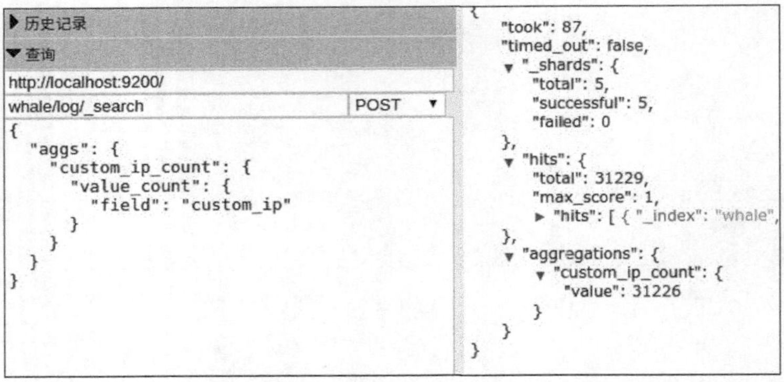

图 3.13　访问次数统计结果

3.4.2 bucket aggregations

1. terms 聚合

terms aggregation 用于对指定字段的内容进行分布统计。聚合过程中会动态构建多个

bucket,并对每个 bucket 计算出一个特定的值。代码段 3.40 实现了对某服务器上的不同访问用户使用的不同操作系统的统计,结果如图 3.14 所示。需要注意,代码中的 os 字段也需要开启 fielddata,方法参照代码段 3.38。

```
//代码段 3.40: 执行 terms 聚合,统计访问者操作系统类型
curl -XPOST localhost:9200/whale/log/_search -d '{
  "aggs": {
    "usage": {
      "terms": {
        "field": "os"
      }
    }
  }
}'
```

```
▼ "aggregations": {
  ▼ "usage": {
      "doc_count_error_upper_bound": 0,
      "sum_other_doc_count": 0,
    ▼ "buckets": [
        {
          "key": "Windows 10",
          "doc_count": 11277
        }
        ,
        {
          "key": "Mac OS X 10.12.1",
          "doc_count": 8744
        }
        ,
        {
          "key": "Linux",
          "doc_count": 7089
        }
        ,
        {
          "key": "Windows Server 2008 R2",
          "doc_count": 3963
        }
        ,
        {
          "key": "Windows 8.1",
          "doc_count": 152
        }
        ,
        {
          "key": "Windpws XP",
          "doc_count": 1
        }
      ]
    }
}
```

图 3.14 对访问用户的操作系统的统计结果

2. range 聚合

range aggregation 基于多个 bucket,每个 bucket 中定义一组范围,用于统计字段在某

个范围的值。在聚合过程中，从每个文档提取的值将针对每个范围进行检查，并且返回"相关"或"匹配"的文档。代码段 3.41 实现了对 log_size 字段分别在三种范围内的数量统计，结果如图 3.15 所示。

```
//代码段 3.41：执行三种不同范围的 range 聚合
curl -XPOST localhost:9200/whale/log/_search -d '{
  "aggs": {
    "log_size_ranges": {
      "range": {
        "field": "log_size",
        "ranges": [
          {"to": 300},
          {"from": 222, "to": 500},
          {"from": 222}
        ]
      }
    }
  }
}'
```

```
▼ "aggregations": {
   ▼ "log_size_ranges": {
      ▼ "buckets": [
         {
            "key": "*-300.0",
            "to": 300,
            "doc_count": 24019
         }
         ,
         {
            "key": "222.0-500.0",
            "from": 222,
            "to": 500,
            "doc_count": 18424
         }
         ,
         {
            "key": "222.0-*",
            "from": 222,
            "doc_count": 18499
         }
      ]
   }
}
```

图 3.15　range 聚合统计结果

可以使用 keyed 参数并将这个参数置为 true，这样可以将返回值中的 key 作为这个 JSON 对象的名称。也可以使用 key 参数来自定义 key 的名称，如代码段 3.42 所示，它演示了针对类型文件 log，分析字段 log_size 在三个不同区段内的统计值，结果如图 3.16 所示。同样，range aggregation 也支持 script 和 script 参数，不再赘述。

```
//代码段 3.42：使用 keyed 参数，执行三种不同范围的 range 聚合
curl -XPOST localhost:9200/whale/log/_search -d '{
  "aggs": {
    "log_size_ranges": {
      "range": {
        "field": "log_size",
        "keyed": true,
        "ranges": [
          {"key": "short", "to": 222},
          {"key": "middle",
                  "from": 222, to": 300},
          {"key": "long", "from": 300}
        ]
      }
    }
  }
}'
```

```
▼ "aggregations": {
    ▼ "log_size_ranges": {
        ▼ "buckets": {
            ▼ "short": {
                "to": 222,
                "doc_count": 12727
            },
            ▼ "middle": {
                "from": 222,
                "to": 300,
                "doc_count": 11292
            },
            ▼ "long": {
                "from": 300,
                "doc_count": 7207
            }
        }
    }
}
```

图 3.16 带有 keyed 参数的 range 聚合统计结果

3. histogram 聚合

histogram aggregation 是一种可以根据其返回值（针对数值型或日期型的字段）生成将来可生成柱状图的聚合数据。代码段 3.43 是计算 log_size 字段每间隔 1000 的统计分布情况，针对类型文件 log 的返回结果如图 3.17 所示。通过上面的聚合分析，可以得到 log_size 在各个区段的数量。在这个基础上，可以利用一些可视化软件对上述数据生成一张图表。

```
//代码段 3.43: 执行柱状图聚合,统计 log_size 字段在固定间隔不同区段中的数量
curl -XPOST localhost:9200/whale/log/_search -d '{
  "aggs": {
    "log_size_histogram": {
      "histogram": {
        "field": "log_size",
        "interval": 1000,          //固定区间 1000
        "order": {
          "_key": "desc"           //降序排序
        }
      }
    }
  }
}'
```

```
▼ "aggregations": {
    ▼ "log_size_histogram": {
        ▼ "buckets": [
            {
                "key": 2000,
                "doc_count": 8
            }
            ,
            {
                "key": 1000,
                "doc_count": 67
            }
            ,
            {
                "key": 0,
                "doc_count": 31151
            }
        ]
    }
}
```

图 3.17　为柱状图执行聚合统计数据

也可以在 histogram aggregations 中添加子聚合来实现在现有的聚合中再次嵌套进行统计。代码段 3.44 实现了对每一个聚合中再次进行 stats aggregation 并按照子聚合中的最小值字段(即代码中的 size_stats. min)进行降序排序的实现方法,针对类型文件 log 的实际运行效果如图 3.18 所示。

```
//代码段 3.44: 执行柱状图聚合,统计 log_size 字段在固定间隔不同区段中的数量
curl -XPOST localhost:9200/whale/log/_search -d '{
"aggs": {
    "outer_bucket": {
      "histogram": {
```

```
            "field": "log_size",
            "interval": 500,
            "order": {"size_stats.min": "asc"}
          },
          "aggs": {
            "size_stats": {
              "stats": {"field": "log_size"}
            }
          }
        }
      }
    }'
```

在上述例子中可以为中间结果取名，只需使用 keyed 参数并将其设置为 true，即代码段 3.44 的 field 和 interval 语句中间加入语句"keyed"：true 并在末尾加逗号。这样，前端程序可以通过这个名字来取得相应的统计结果并进行展示，该聚合的查询结果如图 3.19 所示。请注意图 3.18 和图 3.19 的区别：图 3.18 的 buckets 结果是以数组方式给出的，而图 3.19 的 buckets 则是以键值对的形式给出的。

```
▼ "aggregations": {
  ▼ "outer_bucket": {
    ▼ "buckets": [
      {
        "key": 0,
        "doc_count": 31151,
        ▼ "size_stats": {
          "count": 31151,
          "min": 143,
          "max": 485,
          "avg": 239.74418156720492,
          "sum": 7468271
        }
      }
      ,
      {
        "key": 1500,
        "doc_count": 67,
        ▼ "size_stats": {
          "count": 67,
          "min": 1734,
          "max": 1998,
          "avg": 1886.2835820895523,
          "sum": 126381
        }
      }
```

图 3.18 执行嵌套的聚合

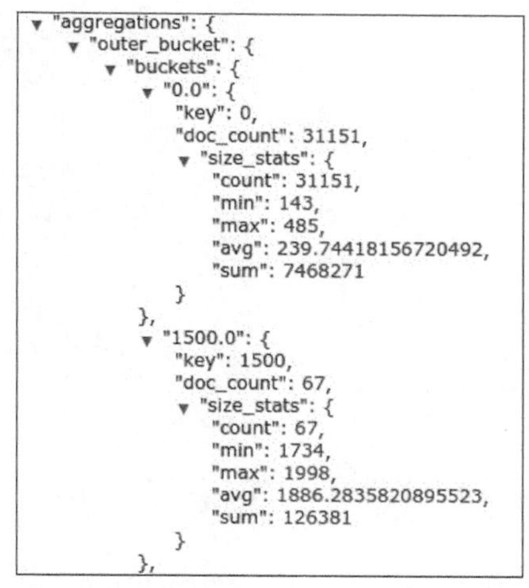

```
▼ "aggregations": {
  ▼ "outer_bucket": {
    ▼ "buckets": {
      ▼ "0.0": {
          "key": 0,
          "doc_count": 31151,
        ▼ "size_stats": {
            "count": 31151,
            "min": 143,
            "max": 485,
            "avg": 239.74418156720492,
            "sum": 7468271
          }
        },
      ▼ "1500.0": {
          "key": 1500,
          "doc_count": 67,
        ▼ "size_stats": {
            "count": 67,
            "min": 1734,
            "max": 1998,
            "avg": 1886.2835820895523,
            "sum": 126381
          }
        },
```

图 3.19 对中间结果取名的 histogram aggregations

4. date_histogram 聚合

date_histogram aggregation 是一个增强型的专门针对于日期型字段统计的 histogram aggregation，它允许使用 year、month、week、day、hour、minute 等常量作为 interval 属性的取值。在代码段 3.45 中，实现了在 field 中填写一个日期类型的字段名称、在 interval 中写一个步长值、通过 format 参数设置时间格式的方法，结果如图 3.20 所示。

```
//代码段 3.45: 执行时间柱状图聚合,统计日志记录在不同时间段中的数量
curl -XPOST localhost:9200/whale/log/_search -d '{
  "aggs": {
    "logs_over_time": {
      "date_histogram": {
        "field": "timestamp",
        "interval": "3h",                //步长为三小时
        "format": "dd/MM/yyyy HH:mm:ss"  //根据 Elasticsearch 中实际数据设置时间格式
      }
    }
  }
}'
```

```
▼ "aggregations": {
    ▼ "logs_over_time": {
        ▼ "buckets": [
            {
                "key_as_string": "14/12/2016 12:00:00",
                "key": 1481716800000,
                "doc_count": 5883
            }
            ,
            {
                "key_as_string": "14/12/2016 15:00:00",
                "key": 1481727600000,
                "doc_count": 12405
            }
            ,
            {
                "key_as_string": "14/12/2016 18:00:00",
                "key": 1481738400000,
                "doc_count": 6468
            }
            ,
            {
                "key_as_string": "14/12/2016 21:00:00",
                "key": 1481749200000,
                "doc_count": 6470
            }
        ]
    }
}
```

图 3.20　各个时间段的时间柱状图聚合结果

也可以在其中添加子 aggregations（即嵌套）来实现更丰富的统计。代码段 3.46 实现了以 3 小时为步长单位，统计每小时各个状态码的出现次数。实际运行效果如图 3.21 所示。

```
//代码段 3.46: 执行嵌套的聚合,统计状态码在不同时间段中的数量
curl -XPOST localhost:9200/whale/log/_search -d '{
"aggs": {
```

```
    "logs_over_time": {
      "date_histogram": {
        "field": "timestamp",
        "interval": "3h",                        //步长为 3 小时
        "format": "dd/MM/yyyy HH:mm:ss"    //根据 Elasticsearch 中实际数据设置时
间格式
      },
      "aggs": {
        "status_code": {
          "terms": {
            "field": "status_code",
            "order": {"_term": "asc"}
          }
        }
      }
    }
  }
}'
```

```
▼ "aggregations": {
    ▼ "logs_over_time": {
        ▼ "buckets": [
            {
                "key_as_string": "14/12/2016 12:00:00",
                "key": 1481716800000,
                "doc_count": 5883,
              ▼ "status_code": {
                    "doc_count_error_upper_bound": 0,
                    "sum_other_doc_count": 0,
                  ▼ "buckets": [
                        {
                            "key": "200",
                            "doc_count": 2922
                        }
                        ,
                        {
                            "key": "302",
                            "doc_count": 2919
                        }
                        ,
                        {
                            "key": "304",
                            "doc_count": 42
                        }
                    ]
                }
            }
            ,
```

图 3.21 状态码出现次数的部分统计结果

5. date_range 聚合

date_range aggregations 是专门对于时间类型的字段进行区段统计的聚合。下面的代

码段 3.47 介绍了其基本使用方法，在特定时间区段中日志数量的统计结果如图 3.22 所示。

```
//代码段 3.47：执行特定时间范围内的聚合统计
curl -XPOST localhost:9200/whale/log/_search -d '{
  "aggs": {
    "range": {
      "date_range": {
        "field": "timestamp",
        "format": "dd/MM/yyyy HH:mm:ss",
                                    //根据 Elasticsearch 中实际数据设置时间格式
        "ranges": [
          {"to": "14/12/2016 14:00:00"},          //截止时间
          {"from": "14/12/2016 07:00:00"}         //起始时间
        ]
      }
    }
  }
}'
```

```
▼ "aggregations": {
    ▼ "range": {
        ▼ "buckets": [
            {
                "key": "*-14/12/2016 14:00:00",
                "to": 1481724000000,
                "to_as_string": "14/12/2016 14:00:00",
                "doc_count": 2176
            }
            ,
            {
                "key": "14/12/2016 07:00:00-*",
                "from": 1481698800000,
                "from_as_string": "14/12/2016 07:00:00",
                "doc_count": 31226
            }
        ]
    }
```

图 3.22　指定时间段内的日志数量统计结果

6. filter 聚合

类似于 SQL 语句中 where 子句的作用，filter aggregation 可以为当前文档集合定义一个过滤条件来缩小现有的数据集，凡满足定义的过滤条件（filter）的文档（document）都会被放入这个 bucket 中。代码段 3.48 展示了对类型文件 log 中所有 size 字段大于 300 的文档进行平均值统计（均值统计是在嵌套的 aggregations 中实现的），相当于满足指定条件后再进行的统计。针对类型文件 log 的实际效果如图 3.23 所示。

```
//代码段 3.48: 执行带有过滤的聚合统计
curl -XPOST localhost:9200/whale/log/_search -d '{
  "aggs": {
    "filter_aggregation": {
      "filter": {
        "range": {
          "log_size": {"gt": 300}         //规定日志信息长度大于 300
        }
      },
      "aggs": {
        "avg_log_size": {
          "avg": {"field": "log_size"}   //聚合中求平均值
        }
      }
    }
  }
}'
```

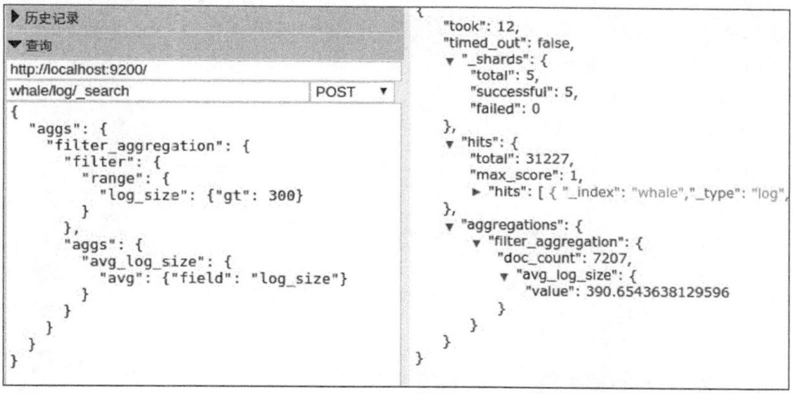

```
▶ 历史记录
▼ 查询
http://localhost:9200/
whale/log/_search        POST
{
  "aggs": {
    "filter_aggregation": {
      "filter": {
        "range": {
          "log_size": {"gt": 300}
        }
      },
      "aggs": {
        "avg_log_size": {
          "avg": {"field": "log_size"}
        }
      }
    }
  }
}
```

```
{
  "took": 12,
  "timed_out": false,
  ▼ "_shards": {
    "total": 5,
    "successful": 5,
    "failed": 0
  },
  ▼ "hits": {
    "total": 31227,
    "max_score": 1,
    ▶ "hits": [ { "_index": "whale","_type": "log",
  },
  ▼ "aggregations": {
    ▼ "filter_aggregation": {
      "doc_count": 7207,
      ▼ "avg_log_size": {
        "value": 390.6543638129596
      }
    }
  }
}
```

图 3.23 带有过滤的聚合统计结果

3.4.3 pipeline aggregations

pipeline aggregations 处理的对象是其他聚合的输出(而不是文档),这种聚合方式可向输出树添加信息。pipeline aggregations 包含很多形式,能够处理不同的任务,大致分为两类:

(1) parent: 接收其父聚合的输出,并计算出新的 buckets 或新的聚合来添加到现有的 buckets 中。

（2）sibling：接收同级聚合的输出，并计算出新的同级聚合。

pipeline aggregations 一般无子聚合，但是它可以在 buckets_path 中引用另一个管道，这样 pipeline aggregations 就可以被链接在一起。例如，可以将两个计算导数的 pipeline aggregations 链接在一起以计算二阶导数。这一节将对 pipeline aggregations 中的 min_bucket、max_bucket、sum_bucket、avg_bucket、stats_bucket、extended_stats_bucket 等聚合进行介绍。

1. min_bucket、max_bucket、sum_bucket、avg_bucket 聚合

min_bucket 和 max_bucket 聚合是上文提到的聚合的同级聚合，这样的聚合以同级聚合中特定指标的最小值来识别 buckets，并且输出 bucket 的值及其 key。这里的指标必须为数字类型，同级聚合必须是支持多个 buckets 的聚合。代码段 3.49 实现了对每小时出现日志记录长度最小值的计算，结果如图 3.24 所示。

```
//代码段 3.49：计算每小时出现的日志记录长度最小值
curl -XPOST localhost:9200/whale/log/_search -d '{
  "aggs": {
    "access_per_hour": {             //外围聚合，统计每小时访问量
      "date_histogram": {
        "field": "timestamp",
        "interval": "hour"
      },
      "aggs": {                      //子聚合，统计 log_size 总数
        "access": {
          "sum": {"field": "log_size"}
        }
      }
    },
    "min_access_per_hour": {         //管道聚合，链接上面两种聚合
      "min_bucket": {
        "buckets_path": "access_per_hour>access"
      }
    }
  }
}'
```

计算每小时出现日志记录长度最大值时，只需将代码段 3.49 中的 min_bucket 改为 max_bucket 即可（可以与聚合的名字一并修改），得到的结果如图 3.25 所示。另外 sum_bucket 和 avg_bucket 聚合也是这样的修改和执行方法，这里不再一一赘述。

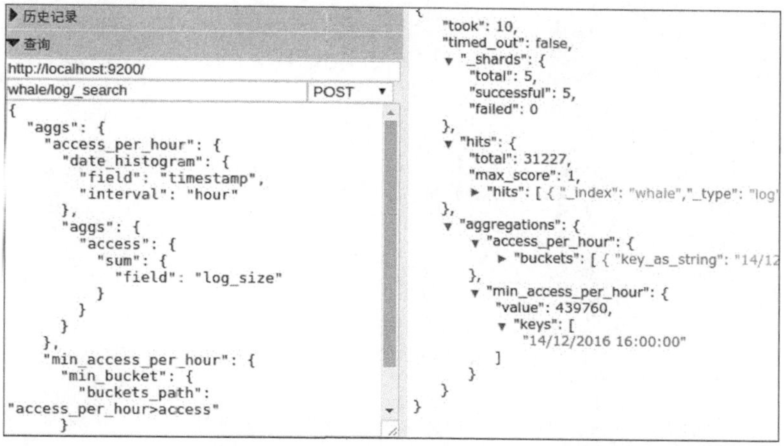

图 3.24 每小时日志记录长度最小值统计结果

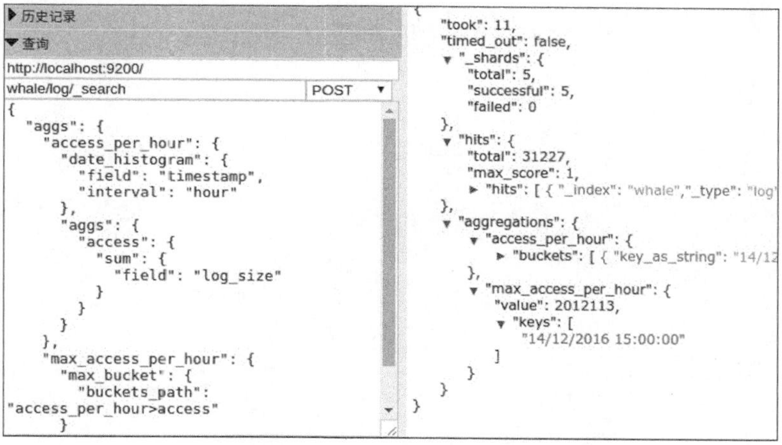

图 3.25 每小时日志记录长度最大值统计结果

2. stats_bucket、extended_stats_bucket 聚合

与上面提到的四种管道聚合类似，stats_bucket 聚合能够返回包含计数、最小值、最大值、平均值、求和的多值统计结果。代码段 3.50 实现了每小时日志记录长度的多值统计，结果如图 3.26 所示。

```
//代码段 3.50：计算每小时出现的日志记录长度计数、最小值、最大值、平均值、求和
curl -XPOST localhost:9200/whale/log/_search -d '{
  "aggs": {
    "access_per_hour": {               //外围聚合，统计每小时访问量
```

```
        "date_histogram": {
          "field": "timestamp",
          "interval": "hour"
        },
        "aggs": {                          //子聚合,统计 log_size 总数
          "access": {
            "sum": {"field": "log_size"}
          }
        }
      },
      "min_access_per_hour": {  //管道聚合,链接上面两种聚合
        "min_bucket": {
          "buckets_path": "access_per_hour>access"
        }
      }
    }
  }'
```

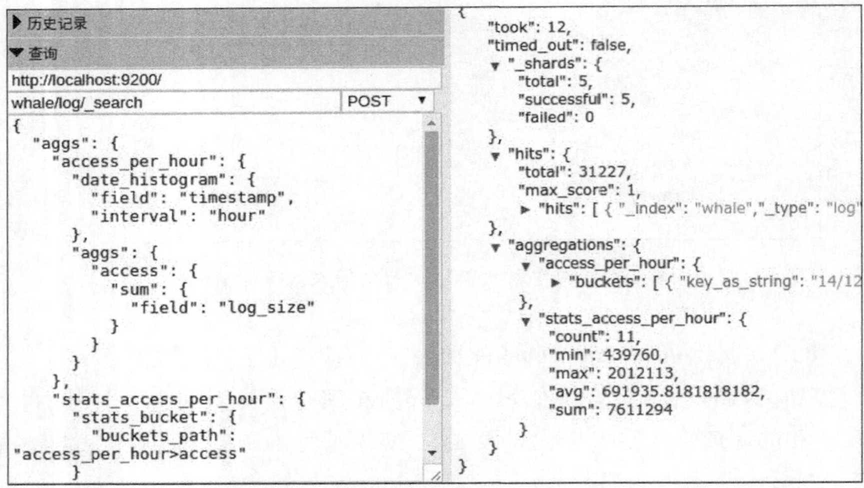

图 3.26　每小时日志记录长度的多值统计结果

extended_stats_bucket 聚合能够在 stats_bucket 聚合计算出的结果上添加平方和、方差和标准差等指标，只需将代码段 3.50 中的 stats_bucket 改为 extended_stats_bucket 即可（可以与聚合的名字一并修改），得到的结果如图 3.27 所示。

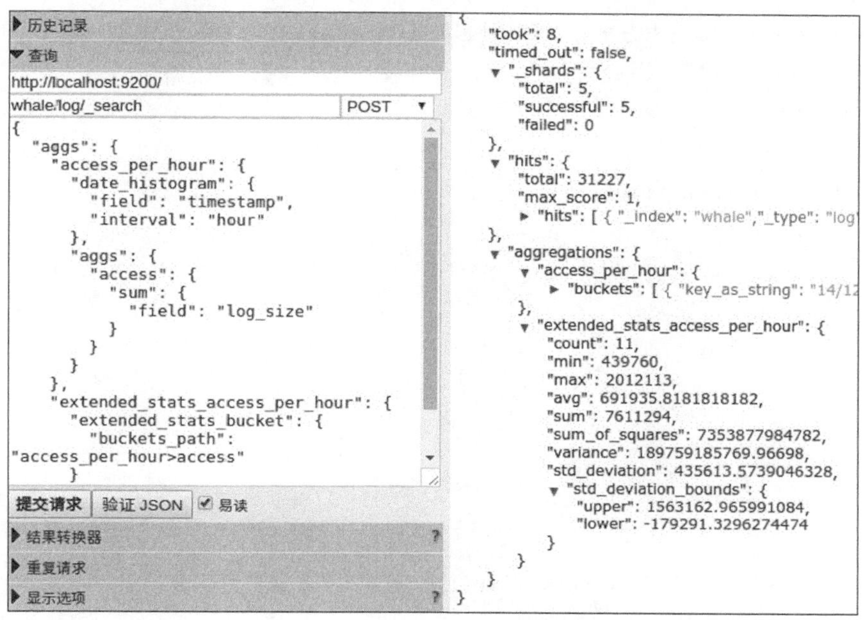

图 3.27 基于 extended_stats_bucket aggregation 的每小时日志记录长度的多值统计结果

3.4.4 matrix aggregations

matrix aggregations 根据从所请求的文档字段提取的值，对多个字段进行操作，并返回矩阵结果。这一聚合方式与前面提到的 metric aggregations、bucket aggregations 等均不同，它不支持 script 操作。这一节将对 matrix aggregations 中的 matrix_stats 聚合进行介绍。

matrix_stats 聚合是一种面向数值的聚合，用于计算一组文档字段中的以下统计信息：

- 计数：计算过程中每种字段的样本数量；
- 平均值：每个字段数据的平均值；
- 方差：每个字段样本数据偏离平均值的程度；
- 偏度：量化每个字段样本数据在平均值附近的非对称分布情况；
- 峰度：量化每个字段样本数据分布的形状；
- 协方差：一种量化描述一个字段数据随另一个字段数据变化程度的矩阵；
- 相关性：描述两个字段数据之间的分布关系，其协方差矩阵取值在[−1,1]之间。

它主要用于计算两个数值型字段之间的关系，代码段 3.51 实现了对日志记录长度和 HTTP 状态码之间关系的计算，结果如图 3.28 所示。

```
//代码段 3.51：计算日志记录长度和 HTTP 状态码之间的关系
curl -XPOST localhost:9200/whale/log/_search -d '{
  "aggs": {
    "matrixstats": {
      "matrix_stats": {
        "fields": [
          "log_size",
          "status_code"
        ]
      }
    }
  }
}'
```

```
▼ "aggregations": {
  ▼ "matrixstats": {
    ▼ "fields": [
      {
        "name": "status_code",
        "count": 31226,
        "mean": 229.2055978991867,
        "variance": 2129.403556813053,
        "skewness": 0.9491812161673411,
        "kurtosis": 1.9101571558973114,
        ▼ "covariance": {
          "status_code": 2129.403556813053,
          "log_size": -608.4065990869946
        },
        ▼ "correlation": {
          "status_code": 1,
          "log_size": -0.11562914435587404
        }
      }
      ,
      {
        "name": "log_size",
        "count": 31226,
        "mean": 243.74860693012232,
        "variance": 13001.553068515675,
        "skewness": 7.709586337833691,
        "kurtosis": 110.80124809873335,
        ▼ "covariance": {
          "status_code": -608.4065990869946,
          "log_size": 13001.553068515675
        },
        ▼ "correlation": {
          "status_code": -0.11562914435587404,
          "log_size": 1
        }
      }
    ]
  }
```

图 3.28 使用 matrix_stats aggregation 计算 log_size 和 status_code 之间的关系

3.5 实例

前面给出了全文检索、词项检索等数据检索方法，并介绍了 metric aggregations、bucket aggregations 等聚合方法。通过这些方法，可以对索引库中的数据集进行检索并统计特定数据。下面的实例是对采集的手机产品库数据集的相关检索与聚合，这些数据是利用定制网络爬虫取得的，之后通过一定的方法建立索引完成入库（利用 Java 采集数据存入 Elasticsearch 的过程详见本书后续章节）。数据集的描述如下：

```
_index: yesky                 //针对天极手机产品库数据的索引文件名称
_type: cellphone              //针对天极手机产品库数据的类型文件名称
_id: xxx                      //id 号
_version: x                   //版本号
_score: x                     //排序分值
_source: {                    //数据字段描述(内容略)
    url: (略)                 //网址,如 http://product.yesky.com/product/877/877594/
    phoneName: (略)           //手机名称和型号
    launchDate: (略)          //上市日期
    screenSize: (略)          //主屏幕尺寸(英寸)
    resolution: (略)          //屏幕分辨率
    processor: (略)           //处理器名称
    battery: (略)             //电池容量(毫安时)
    ram: (略)                 //运行内存容量(GB)
    rom: (略)                 //机身存储容量(GB)
    backCamera: (略)          //主摄像头像素(万)
    frontCamera: (略)         //前摄像头像素(万)
}
```

首先在 Elasticsearch 中建立索引，在 head 工具的 Web 前端界面中，跳转至“复合查询”界面。在左侧“查询”窗口第一行填写 Elasticsearch 的 URL 地址即 http://localhost:9200；第二行填写要创建的索引名称即 yesky，在右侧选择 PUT 方式；在第三行多行文本框输入创建索引的语句，如代码段 3.52 所示，按下“验证 JSON”按钮，经验证无误后即可提交请求。设置 mappings 成功后使用 Java 程序将在线数据采集至 Elasticsearch 中即可。

```
//代码段 3.52：为 yesky 索引设置 mappings
curl -XPUT localhost:9200/whale/_mapping/cellphone -d '{    //注意这里使用 PUT 方法
  "mappings": {
    "cellphone": {                                         //创建 cellphone 类型
```

```
        "properties": {
          "url": {
            "type": "keyword"
          },
          "phoneName": {
            "type": "text",
            "index": "analyzed",
            "analyzer": "ik_max_word"                    //设置 IK 分词器
          },
          "price": {
            "type": "long"
          },
          "LaunchDate": {
            "type": "date",
            "format": "yyyy年MM月dd日"                    //日期格式应根据实际数据设置
          },
          "screenSize": {
            "type": "keyword"
          },
          "resolution": {
            "type": "keyword"
          },
          "processor": {
            "type": "keyword"
          },
          "battery": {
            "type": "long"
          },
          "ram": {
            "type": "long"
          },
          "rom": {
            "type": "long"
          },
          "backCamera": {
            "type": "long"
          },
          "frontCamera": {
```

```
            "type": "long"
          }
        }
      }
    }
}'
```

在爬取的数据中，可以利用手机的品牌或型号，对手机产品数据进行全文检索。在图3.29中使用全文检索中的match_phrase_prefix查询对手机产品信息进行检索，该图左侧是相应的代码实现，右侧是检索结果。

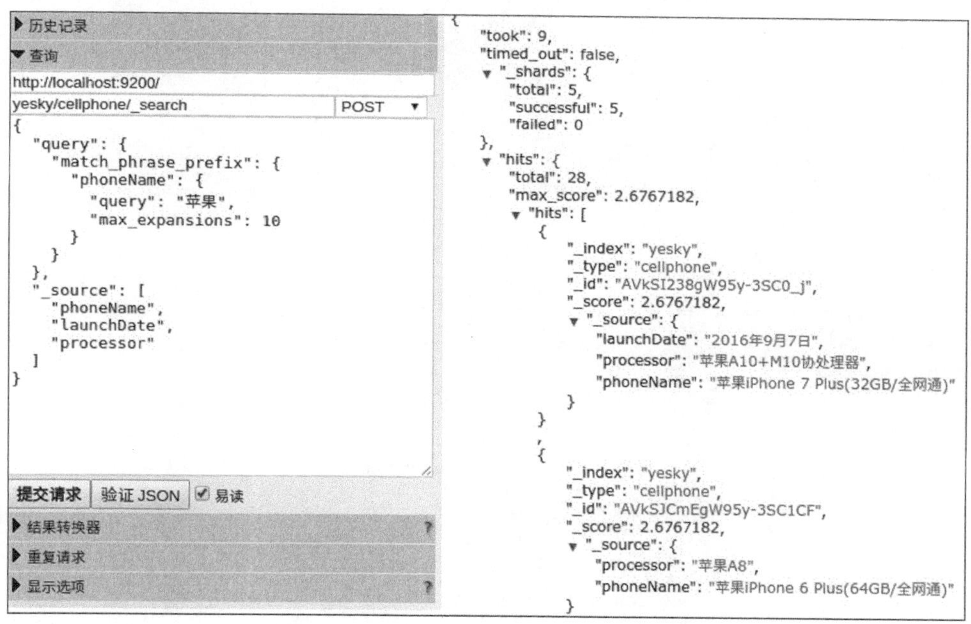

图3.29 执行match_phrase_prefix查询

采用词项检索中的range查询，对上市时间在特定日期范围内的手机进行检索，其检索的代码和结果展示如图3.30所示。

基于Lucene的more_like_this查询，是为了检索与所提供的内容相似的文档结果集。这种查询方法也可以用来实现初步的信息推荐。例如，利用more_like_this方法，在天极手机产品数据集中的phoneName字段检索与“魅族PRO 6 Plus(64GB/双4G)”相似的数据集，其代码段展示以及结果如图3.31所示。

聚合是统计数据十分有力的工具，能够对数据集有一个宏观上的了解。下面使用metric aggregations中的extended_stats聚合对所有手机产品的售价进行统计，其代码和聚

```
▶ 历史记录
▼ 查询
http://localhost:9200/
yesky/cellphone/_search                POST ▼
{
  "query": {
    "range": {
      "launchDate": {
        "gte": "2016年10月26日",
        "lte": "now"
      }
    }
  },
  "_source": [
    "phoneName",
    "launchDate",
    "processor"
  ]
}
提交请求  验证 JSON  ☑ 易读
▶ 结果转换器
▶ 重复请求
▶ 显示选项
```



```
{
  "took": 37,
  "timed_out": false,
  ▼ "_shards": {
    "total": 5,
    "successful": 5,
    "failed": 0
  },
  ▼ "hits": {
    "total": 124,
    "max_score": 1,
    ▼ "hits": [
      {
        "_index": "yesky",
        "_type": "cellphone",
        "_id": "AVkSI5RYgW95y-3SC1AI",
        "_score": 1,
        ▼ "_source": {
          "launchDate": "2016年9月7日",
          "processor": "苹果A10+M10协处理器",
          "phoneName": "苹果iPhone 7(128GB/全网通)"
        }
      }
      ,
      {
        "_index": "yesky",
        "_type": "cellphone",
        "_id": "AVkSI23IgW95y-3SC0_i",
        "_score": 1,
        ▼ "_source": {
          "launchDate": "2016年11月3日",
          "processor": "华为海思麒麟960",
          "phoneName": "华为Mate 9(64GB/全网通)"
```


图 3.30　对 range 查询的实现

```
▶ 历史记录
▼ 查询
http://localhost:9200/
yesky/cellphone/_search                POST ▼
{
  "query": {
    "more_like_this": {
      "fields": [
        "phoneName"
      ],
      "like": "魅族PRO 6 Plus(64GB/双4G)",
      "min_term_freq": 1
    }
  }
}
提交请求  验证 JSON  ☑ 易读
▶ 结果转换器
▶ 重复请求
▶ 显示选项
```



```
{
  "took": 24,
  "timed_out": false,
  ▼ "_shards": {
    "total": 5,
    "successful": 5,
    "failed": 0
  },
  ▼ "hits": {
    "total": 139,
    "max_score": 10.435012,
    ▼ "hits": [
      {
        "_index": "yesky",
        "_type": "cellphone",
        "_id": "AVkbEA379J-nHo0lorRm",
        "_score": 10.435012,
        ▼ "_source": {
          "rom": "64",
          "screenSize": "5.7",
          "backCamera": "1200",
          "price": "2999",
          "launchDate": "2016年11月30日",
          "battery": "3400",
          "frontCamera": "500",
          "resolution": "2560×1440",
          "processor": "三星Exynos 8890",
          "url": "http://product.yesky.com/product/993/993859",
          "phoneName": "魅族PRO 6 Plus(64GB/双4G)",
          "ram": "4"
        }
      }
```


图 3.31　对 more_like_this 查询的实现

合结果如图 3.32 所示。

可使用 bucket aggragations 中的 histogram 聚合来为柱状图的生成提供元数据。下面针对不同价位的手机进行 1000 元一档的价位统计，相关代码段和结果展示如图 3.33 所示。

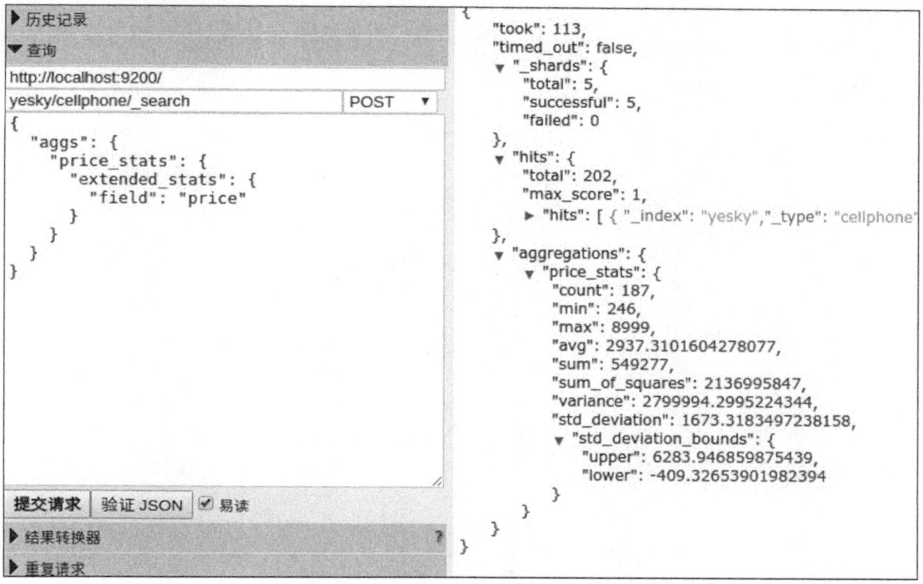

历史记录
查询
http://localhost:9200/
yesky/cellphone/_search POST

```
{
  "aggs": {
    "price_stats": {
      "extended_stats": {
        "field": "price"
      }
    }
  }
}
```


```
{
  "took": 113,
  "timed_out": false,
  "_shards": {
    "total": 5,
    "successful": 5,
    "failed": 0
  },
  "hits": {
    "total": 202,
    "max_score": 1,
    "hits": [ { "_index": "yesky","_type": "cellphone"
  },
  "aggregations": {
    "price_stats": {
      "count": 187,
      "min": 246,
      "max": 8999,
      "avg": 2937.3101604278077,
      "sum": 549277,
      "sum_of_squares": 2136995847,
      "variance": 2799994.2995224344,
      "std_deviation": 1673.3183497238158,
      "std_deviation_bounds": {
        "upper": 6283.946859875439,
        "lower": -409.32653901982394
      }
    }
  }
}
```


提交请求 验证 JSON 易读
结果转换器
重复请求

图 3.32 对 extended_stats 聚合的实现

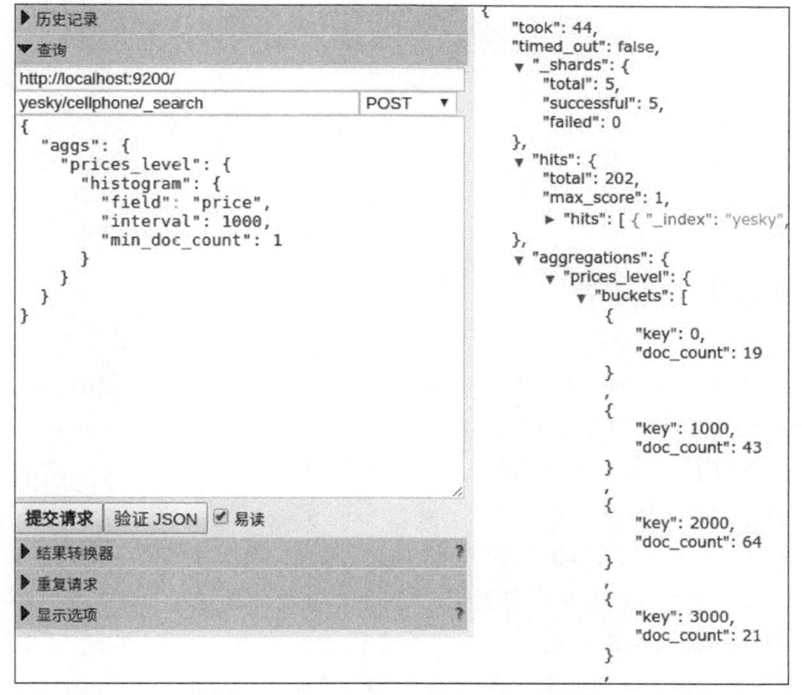

图 3.33 对 histogram 聚合的实现

下面使用 matrix aggregations 中的 matrix_stats 聚合，对手机产品数据中，机身存储容量(rom 字段)和手机售价(price 字段)之间的关系进行计算。相关代码可参照代码段 3.49，结果展示如图 3.34 所示。


```
▼ "aggregations": {
    ▼ "matrixstats": {
        ▼ "fields": [
            {
                "name": "rom",
                "count": 186,
                "mean": 34.04301075268818,
                "variance": 432.9278698052892,
                "skewness": 0.5200834407324751,
                "kurtosis": 1.6470075708127225,
              ▼ "covariance": {
                    "rom": 432.9278698052892,
                    "price": -1248.1850624818371
                },
              ▼ "correlation": {
                    "rom": 1,
                    "price": -0.03590863751828403
                }
            }
            ,
            {
                "name": "price",
                "count": 186,
                "mean": 2951.7795698924733,
                "variance": 2790901.8484452195,
                "skewness": 1.0748921983870514,
                "kurtosis": 3.7851229071413077,
              ▼ "covariance": {
                    "rom": -1248.1850624818371,
                    "price": 2790901.8484452195
                },
              ▼ "correlation": {
                    "rom": -0.03590863751828403,
                    "price": 1
                }
            }
        ]
```


图 3.34　对 matrix_stats 聚合的实现

3.6 扩展知识与阅读

有关 Lucene 的检索，可参考文献[Michael，2011]。传统的 Web 服务是基于 RPC 风格的，其实现技术主要包含 SOAP、WS 标准栈等。RPC 风格的 Web 服务用在分布式、开放的环境中会带来一些问题，如技术架构复杂、可伸缩性差等，而 RESTful 风格的 Web 服务可以解决上述问题。有关 RESTful 的内容，可以参阅文献[韩陆，2014]。文献[Rafal，2015]对 Elasticsearch 的搜索有更详细的介绍，除此之外，还对扩展结构与搜索进行了说明。文献[余晟，2012]总结出一套使用正则表达式解题的办法，并通过具体的例子说明其实际应用，文中提到的各种统计可以应用在实际的信息检索系统中。文献[罗刚，2014]总结了搜索引擎相关理论与实际解决方案，包括搜索提示等的内容，并给出了 Java 实现。在完成搜索提示时，很多时候可能会用到 Ajax 技术。文献[李刚，2014]介绍了 jQuery 1.8、Ext JS 4.1、

Prototype 1.7.1、DWR 这几个常用 Ajax 框架的用法，并针对每个框架提供了实用方法。

3.7 本章小结

本章对基于 RESTful 的 Elasticsearch 信息检索方法分别从基本检索、结果过滤、复合查询等多个方面进行了说明，并给出部分实际运行效果。另外，基于 metrics、buckets、pipeline 和 matrix 机制的 aggregations 统计分析功能日趋完善，可以使用各种脚本命令，也能将不同的 aggregations 链接在一起工作。aggregations 的统计结果还可以由可视化工具加工处理成可视化的结果提供给用户，进一步提升用户的搜索体验。

## Chapter 4

面向 Java 的 Elasticsearch Client 部分功能实现

> "All elasticsearch operations are executed using a Client object. All operations are completely asynchronous in nature (either accepts a listener, or returns a future). Additionally, operations on a client may be accumulated and executed in Bulk. Note, all the APIs are exposed through the Java API (actually, the java api is used internally to execute them)."——http://www.elastic.co/guide/en/elasticsearch/client/java-api/5.0/java-api.html

前述章节中已经对 Elasticsearch 的索引、检索、统计等功能进行了说明。一般来说，对 Elasticsearch 中的信息进行检索等处理的大致步骤是：基于 analyzer 分析结果构建 query，给后台的 Elasticsearch 集群发送 query，完成检索并返回结果集合。其实，Elasticsearch 不仅可以通过 RESTful 等方式进行操作，通过各种语言的客户端也可以进行几乎所有的操作。本章以应用较为广泛的 Java 客户端为例，介绍 Elasticsearch Client 相关功能的 Java 实现。在完成客户端编程时，一般首先要做的工作是将 Elasticsearch 节点实例化，之后构建索引文件，基于用户给定的查询项获取文档集合（当然也可以完成对文档的增、删、改等工作），并根据实际需求完成诸如 aggregations 的数据分析工作。进一步处理（如分页、高亮、过滤等）后，将处理结果返回到前端页面。

4.1 Elasticsearch 节点实例化

在进行 Elasticsearch 的客户端编程时，首先要对 Elasticsearch 的节点进行实例化。在这之前，需要在 Java 工程中添加相关的 Elasticsearch、依赖（可以通过 Maven 添加，也可以手动导入已有的 JAR 包）。

4.1.1 通过 Maven 添加 Elasticsearch 依赖

Maven 是一个项目管理工具，是基于项目对象模型、通过描述信息来管理项目、构建项目的管理工具。Maven 一般包含项目对象模型、一组标准集合、项目生命周期、依赖管理系统等，以及用来运行定义在生命周期阶段中的插件的逻辑。Maven 可以应用来自一组共享的（或者自定义的）逻辑插件。使用 Maven 时，可以用一个明确定义的项目对象模型来描述项目。Maven 的定义包括发布项目信息的方式以及在多个项目中共享 JAR 的方式[百度百科，2014a]。

> Tips：作为软件项目管理工具，Maven 除了具备 Ant（一个将软件编译、测试、部署等步骤联系在一起的工具）的功能外，还使用项目对象模型来对软件项目进行管理。它内置了更多的隐式规则，使得构建文件更加简单，内置依赖管理和 repository 来实现对依赖的管理和统一存储，并内置软件构建的生命周期。

POM 是 Maven 对一个单一项目的描述，它实现了一种以模型来描述的构建方式。图 4.1 显示的是在 IDEA 开发环境中基于 Maven 构建的工程中 pom. xml 的位置。

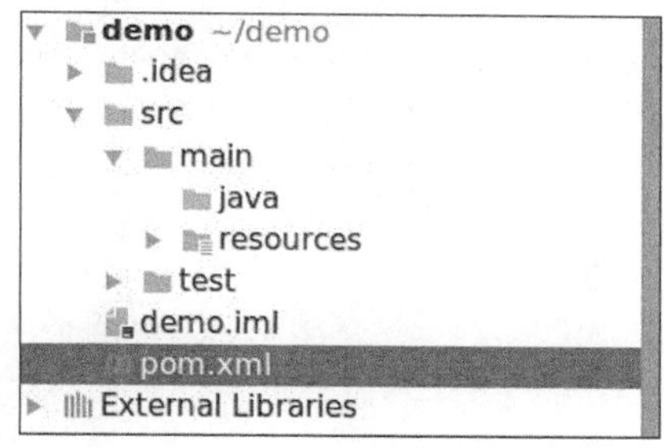

图 4.1　项目中的 pom. xml 文件

可以在 Java 工程中的 pom. xml 文件中添加和 Elasticsearch 相关的语句，以便将 Elasticsearch 的相关 JAR 包文件引入到相应的工程中来。代码段 4.1 是一个 pom. xml 文件中的内容，操作的 Elasticsearch 版本号为 5.0.0。

```
//代码段 4.1: pom.xml
<?xml version="1.0" encoding="UTF-8"?>
<project xmlns="http://maven.apache.org/POM/4.0.0"
       xmlns:xsi="http://www.w3.org/2001/XMLSchema-instance"
        xsi:schemaLocation="http://maven.apache.org/POM/4.0.0 http://maven.
        apache.org/xsd/maven-4.0.0.xsd">
<modelVersion>4.0.0</modelVersion>

<groupId>com.cy</groupId>
<artifactId>demo</artifactId>
<version>1.0-SNAPSHOT</version>

<name>demo Maven Webapp</name>
```

```
<url>http://maven.aliyun.com</url>
<dependencies>
<dependency>
<groupId>org.elasticsearch.client</groupId>
<artifactId>transport</artifactId>
<version>5.0.0</version>
</dependency>
<dependency>
<groupId>org.apache.logging.log4j</groupId>
<artifactId>log4j-api</artifactId>
<version>2.6.2</version>
</dependency>
<dependency>
<groupId>org.apache.logging.log4j</groupId>
<artifactId>log4j-core</artifactId>
<version>2.6.2</version>
</dependency>
</dependencies>
<build>
<finalName>demo</finalName>
</build>
</project>
```

将 pom.xml 写好之后，开发平台将会自动下载这些依赖 JAR 包。

Tips：如果发现 Maven 在导入依赖过程出现网络传输、程序错误等问题，可以尝试访问 pom.xml 指定的 URL 并从中直接下载 JAR 包，手动导入开发平台的 library 中。

4.1.2 初始化 TransportClient

下面需要初始化 Elasticsearch 的 TransportClient，这是一种较为轻量级的方法。它通过 Socket 与 Elasticsearch 集群相连，是基于 Netty 线程池的方式。在 InetSocketTransportAddress的构造方法内需填写一个已经启动的 Elasticsearch 节点的 host 及其端口号(默认 Transport 端口号是 9300)。可通过链式调用 addTransportAddress 方法的方式添加很多类似节点，代码段 4.2 给出了实现方法。本章后续的大多数代码段中，都有基于 InetSocketTransportAddress 的构造方法的具体实现。

```
//代码段 4.2: 基于 TransportClient 的方式初始化 Client
//import 语句,略
//启动一个 Client
TransportClient client=new PreBuiltTransportClient(Settings.EMPTY)
.addTransportAddress(new InetSocketTransportAddress(InetAddress.getByName("
localhost"), 9300));
client.close();          //关闭 Client
```

在{es_home}/config 文件夹下的 elasticsearch. yml 中，提供了配置自定义集群名称的配置项 cluster. name。配置集群名称后，应在 Java 代码中指定集群名称，在创建 TransportClient 的过程中引入包含集群名称的 Settings。代码段 4.3 给出了实现方法，其中 put()方法中的第一个参数是固定的，表示设置的是集群名称；第二个参数是指定的集群名称。

```
//代码段 4.3: 通过指定集群名称的方法来构建 TransportClient
//import 语句,略
Settings settings=Settings.builder()
.put("cluster.name", "myClusterName").build();    //指定集群名称
TransportClient client=new PreBuiltTransportClient(settings);
//to do:添加 Transport 地址,然后可以用 Client 做其他事情
```

> Tips：如果在 elasticsearch. yml 中配置了自定义的集群名称，那么在 Java 代码中必须通过 Settings 类的 put()方法指定集群名称，否则程序将无法找到符合配置的 Elasticsearch 节点。

还可通过 client. transport. sniff 方法开启嗅探模式来自动加入集群，如代码段 4.4 所示。

```
//代码段 4.4: 开启嗅探模式
//import 语句,略
Settings settings=Settings.settingsBuilder()
    .put("client.transport.sniff", true).build();
//启动一个 Client
TransportClient client=new PreBuiltTransportClient(settings);
client.close();       //关闭 Client
```

Tips：client. close()方法用于关闭客户端。

4.2 索引数据

本节介绍创建索引的方法。先从准备 JSON 数据开始。

4.2.1 准备 JSON 数据

JSON 数据的产生有多种方法。

方法 1：产生符合 JSON 规范的字符串，并将其存于 String 或 byte[]类型的变量中。下面的代码段 4.5 是一个通过手工方法构建 JSON 字符串的示例。

```
//代码段 4.5：通过手工方法构建 JSON 字符串
String json="{"+  "\"name\":\"Tom\","+  "\"time\":\"2016-12-25\","+  "\"
content\":\"happy\""+  "}";
```

方法 2：使用第三方的 JSON 工具库（如 Gson、Jackson 等）来序列化 Java bean。

Tips：Gson 是 Google 公司发布的一个开放源代码的 Java 库，主要用途为序列化 Java 对象为 JSON 字符串，或反序列化 JSON 字符串为 Java 对象。

在 Gson 实现过程中，首先在 pom. xml 中添加对 Gson 的依赖，见代码段 4.6。

```
//代码段 4.6：在 pom.xml 中添加对 Gson 的依赖
<dependency>
    <groupId>com.google.code.gson</groupId>
    <artifactId>gson</artifactId>
    <version>2.3</version>
</dependency>
```

添加依赖完成之后，对需要处理的数据完成 Java bean 序列化，见代码段 4.7 的 new Gson(). toJson()语句：

```
//代码段 4.7: 序列化
//import 语句,略
Map<String, Object>map=Maps.newHashMap();
map.put("name","hebust");
map.put("age",23);
map.put("content","hello world");
map.put("haa",new String[]{"big data","mining","information retrieval"});
  String s=new Gson().toJson(map);        //将 map 中的数据完成 Java bean 序列化
  System.out.println(s);
```

方法 3：使用 Elasticsearch 自带的工具 XContentFactory. jsonBuilder()。代码段 4.8 是使用 JSON 工具类进行的操作，实际运行效果如图 4.2 的下方所示。所有格式的数据都会被转换为 byte[]格式。如果待处理的数据就是这样的格式，就可以直接使用它而不用再转换。

```
//代码段 4.8: 基于 XContentFactory.jsonBuilder()的方法
//import 语句,略
XContentBuilder builder=jsonBuilder().startObject()
    .field("name", "Tom")
    .field("time", new Date())
    .field("content", "happy")
    .endObject();
System.out.println(builder.string());//显示生成的 JSON 字符串
```

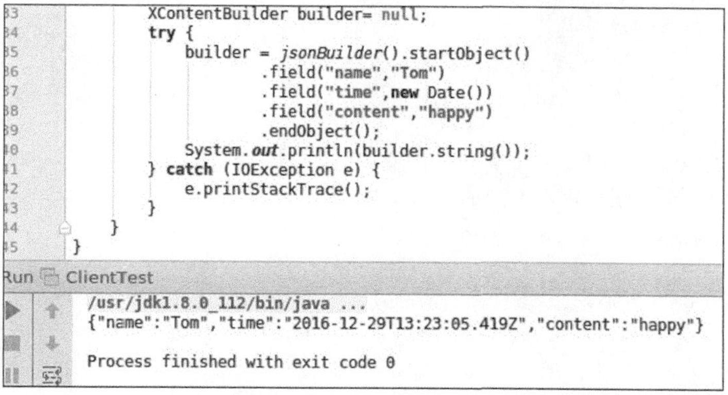

```
        XContentBuilder builder= null;
        try {
            builder = jsonBuilder().startObject()
                    .field("name","Tom")
                    .field("time",new Date())
                    .field("content","happy")
                    .endObject();
            System.out.println(builder.string());
        } catch (IOException e) {
            e.printStackTrace();
        }
    }
}
Run  ClientTest
/usr/jdk1.8.0_112/bin/java ...
{"name":"Tom","time":"2016-12-29T13:23:05.419Z","content":"happy"}

Process finished with exit code 0
```

图 4.2 JSON 数据准备

有关 jsonBuilder()的使用，在本章 4.3.3 节更新索引文档部分亦有体现。

4.2.2 索引 JSON 数据

对生成的 JSON 格式的文档进行索引时，可采用在 IndexResponse 里包含 Elasticsearch 索引信息的方法。

：常用的准备索引 JSON 数据的 API 有：

- prepareIndex()
- prepareIndex(String index,String type)
- prepareIndex(String index,String type,String id)

代码段 4.9 给出索引 JSON 数据的部分代码，执行这段代码之前需要初始化 TransportClient，其中索引的内容是上文代码段 4.8 中提到的通过 XContentBuilder 生成的 JSON 数据，myweibo3 是在 Elasticsearch 中已经建立好的索引文件，example 是其中的类型文件。

```
//代码段 4.9：索引 JSON 数据
//import 语句，略
TransportClient client=new PreBuiltTransportClient(Settings.EMPTY)
    . addTransportAddress  ( new  InetSocketTransportAddress  ( InetAddress.
    getByName("localhost"), 9300));
IndexResponse response=client.prepareIndex("myweibo3", "example")
    .setSource(
        .jsonBuilder().startObject()
.field("user", "cy")
.field("post_date", "2017-01-01T08:00:00")
.field("mymessage", "Java client test")
.endObject()
    ).get();
//下面的语句是在控制台输出得到的索引信息
String _index=response.getIndex();         //得到 index 名称
String _type=response.getType();           //得到 type 名称
String _id=response.getId();               //得到 document id
long _version=response.getVersion();       // 版本号。如是首次索引该文档，则此值为 1
System.out.println(_index+"\t"+_type+"\t"+_id+"\t"+_version+"\n");
client.close();                            //关闭 Client
```

针对代码段 4.9 的运行效果如图 4.3 所示，其中由代码段 4.9 输出的结果在该图中输出的末尾；相应地，Elasticsearch 产生的索引数据如图 4.4 所示。

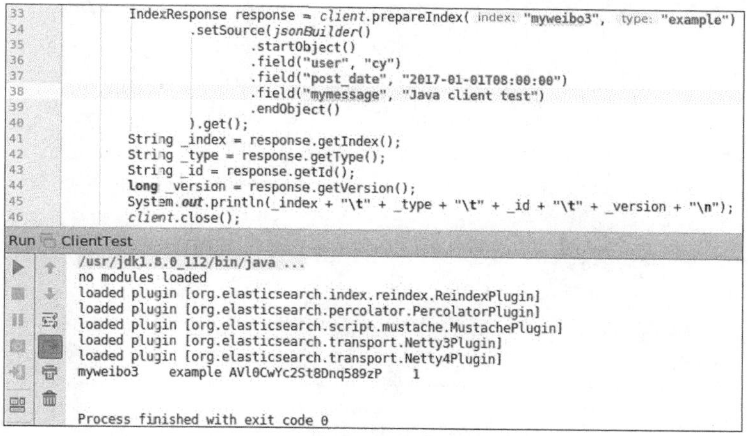

```
IndexResponse response = client.prepareIndex( index: "myweibo3",  type: "example")
        .setSource(jsonBuilder()
                .startObject()
                .field("user", "cy")
                .field("post_date", "2017-01-01T08:00:00")
                .field("mymessage", "Java client test")
                .endObject()
        ).get();
String _index = response.getIndex();
String _type = response.getType();
String _id = response.getId();
long _version = response.getVersion();
System.out.println(_index + "\t" + _type + "\t" + _id + "\t" + _version + "\n");
client.close();
```

```
Run  ClientTest
/usr/jdk1.8.0_112/bin/java ...
no modules loaded
loaded plugin [org.elasticsearch.index.reindex.ReindexPlugin]
loaded plugin [org.elasticsearch.percolator.PercolatorPlugin]
loaded plugin [org.elasticsearch.script.mustache.MustachePlugin]
loaded plugin [org.elasticsearch.transport.Netty3Plugin]
loaded plugin [org.elasticsearch.transport.Netty4Plugin]
myweibo3    example AVl0CwYc2St8Dnq589zP    1


Process finished with exit code 0
```

图 4.3　程序运行效果

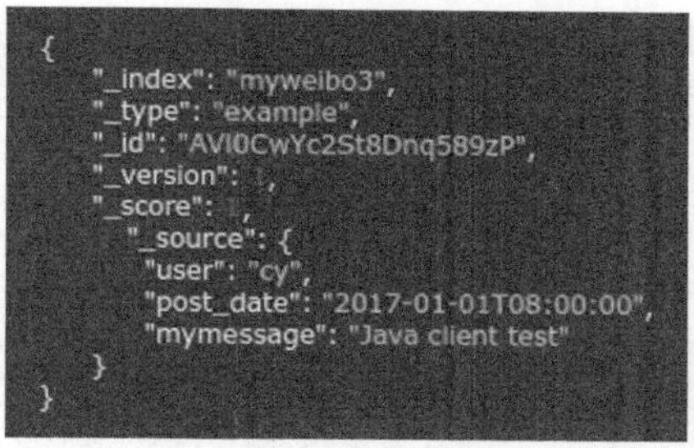

```
{
    "_index": "myweibo3",
    "_type": "example",
    "_id": "AVl0CwYc2St8Dnq589zP",
    "_version": 1,
    "_score": 1,
      "_source": {
        "user": "cy",
        "post_date": "2017-01-01T08:00:00",
        "mymessage": "Java client test"
    }
}
```

图 4.4　产生的索引数据

4.3　对索引文档的操作

4.3.1　获取索引文档数据

本书前述章节已经介绍了如何在 Elasticsearch 中获取待处理的文档信息。其实，在 Get API 的帮助下，也可以在 Java 客户端获取文档信息。代码段 4.10 给出了方法，请注意其中的 prepareGet(String index, String type, String id)方法，它的三个参数分别是 Elasticsearch 中的某个索引名、某个类型名、文档的 id 号(为便于说明，代码中直接给出了某个文档的 id 号)。

```
//代码段 4.10: 获取文档信息
//import 语句,略
TransportClient client=new PreBuiltTransportClient(Settings.EMPTY)
```

```
    .addTransportAddress(new InetSocketTransportAddress(InetAddress.
    getByName("localhost"), 9300));
GetResponse response=client.prepareGet("information", "share", "1").get();
Map<String, Object>hit=response.getSource();
String _title=hit.get("Title").toString();//显示针对该条的数据细节
String _author=hit.get("author").toString();
String _abstract=hit.get("abstract").toString();
String _keywords=hit.get("keywords").toString();
System.out.println(_title+"\n"+_author+"\n"+_abstract+"\n"+_keywords);
client.close();
```

图 4.5、图 4.6 给出了实际运行效果，其中图 4.5 是 Elasticsearch 中某个文档的内容，图 4.6 是程序运行结果。

```
{
    "_index": "information",
    "_type": "share",
    "_id": "1",
    "_version": ,
    "_score": ,
      "_source": {
        "Title": "网络信息检索技术及搜索引擎系统开发",
        "author": "高凯 郭立炜 许云峰",
        "abstract": "《网络信息检索技术及搜索引擎系统开发》全面、系统地讲述了网络信息检索技术
        的基本原理，并阐述了其在搜索引擎系统开发及其智能化实现中的应用。在全面介绍了网络信息
        检索技术、标引与索引、检索结果处理、中英文分词、网络信息获取及预处理之后，《网络信息
        检索技术及搜索引擎系统开发》对信息采集中的网页去重与相似网页聚类、信息的动态采集、基
        于自然语言理解的检索处理、相关概念反馈、检索纠错、检索结果排序、基于用户浏览历史的网
        页预取技术等多个方面进行了较深入的研究与分析。",
        "keywords": "网络 信息检索 搜索引擎 开发"
    }
}
```

图 4.5　Elasticsearch 中某个文档的内容

```
    TransportClient client = new PreBuiltTransportClient(Settings.EMPTY)
        .addTransportAddress(new InetSocketTransportAddress(InetAddress.getByName("localhost"),  port: 9300));
    GetResponse response = client.prepareGet( index: "information",  type: "share",  id: "1").get();
    Map<String, Object> hit = response.getSource();
    String _title = hit.get("Title").toString();
    String _author = hit.get("author").toString();
    String _abstract = hit.get("abstract").toString();
    String _keywords = hit.get("keywords").toString();
    System.out.println(_title + "\n" + _author + "\n" + _abstract + "\n" + _keywords);
    client.close();
lientTest
/usr/jdk1.8.0_112/bin/java ...
no modules loaded
loaded plugin [org.elasticsearch.index.reindex.ReindexPlugin]
loaded plugin [org.elasticsearch.percolator.PercolatorPlugin]
loaded plugin [org.elasticsearch.script.mustache.MustachePlugin]
loaded plugin [org.elasticsearch.transport.Netty3Plugin]
loaded plugin [org.elasticsearch.transport.Netty4Plugin]
网络信息检索技术及搜索引擎系统开发
高凯 郭立炜 许云峰
《网络信息检索技术及搜索引擎系统开发》全面、系统地讲述了网络信息检索技术的基本原理，并阐述了其在搜索引擎系统开发及其智能化实现中的
网络 信息检索 搜索引擎 开发

Process finished with exit code 0
```

图 4.6　获取到的文档数据

Elasticsearch 可以同时获取多个文档的索引，使用 MultiGet API 可以实现在不同索引文件、不同类型文件中获取多个 id 的内容。代码段 4.11 实现了获取两个索引文件中的多个文档数据的功能，结果如图 4.7 所示。

```
//代码段 4.11：获取多个索引中的文档数据
//import 语句，略
TransportClient client=new PreBuiltTransportClient(Settings.EMPTY)
    .addTransportAddress(new InetSocketTransportAddress(InetAddress.
    getByName("localhost"), 9300));
MultiGetResponse multiGetItemResponses=client.prepareMultiGet()
    .add("myweibo3", "example", "1")
    .add("myweibo3", "example", "2", "3", "AVl0CwYc2St8Dnq589zP")
                                                        //指定多个 id 号
    .add("information", "share", "1")
    .get();
for (MultiGetItemResponse itemResponse : multiGetItemResponses) {
    GetResponse response=itemResponse.getResponse();
if (response.isExists()) {
        System.out.println(response.getSourceAsString());    //输出结果
    }
}
client.close();
```

```
TransportClient client = new PreBuiltTransportClient(Settings.EMPTY)
        .addTransportAddress(new InetSocketTransportAddress(InetAddress.getByName("localhost"),  port: 9300));
MultiGetResponse multiGetItemResponses = client.prepareMultiGet()
        .add("myweibo3", "example", "1")
        .add("myweibo3", "example", "2", "3", "AVl0CwYc2St8Dnq589zP")
        .add("information", "share", "1")
        .get();

for (MultiGetItemResponse itemResponse : multiGetItemResponses) {
    GetResponse response = itemResponse.getResponse();
    if (response.isExists()) {
        System.out.println(response.getSourceAsString());
    }
}
client.close();
lientTest
{"user":"cy","post_date":"2017-01-01T09:00:00","mymessage":"bulk index 1"}
{"user":"cy","post_date":"2017-01-01T09:00:00","mymessage":"bulk index 2"}
{
"user":"LiMing",
"post_date":"2016-10-30T14:00:00",
"mymessage":"Hello Tom"
}
{"user":"cy","post_date":"2017-01-01T09:00:00","mymessage":"Java client bulk test","message":"Java client bulk t
{"Title":"网络信息检索技术及搜索引擎系统开发","author":"高凯 郭立炜 许云峰","abstract":"《网络信息检索技术及搜索引擎系统开发

Process finished with exit code 0
```

图 4.7 获取多个文档的数据

：常用的获取索引文档数据的 API 有：

- get（GetRequest request）、get（GetRequest request，ActionListener <GetResponse>listener)：根据 GetRequest 提供的 index、type 和 id 获取文档。
- prepareGet()、prepareGet(String index,String type,String id)：准备获取但不执行获取。
- multiGet（MultiGetRequest request）、multiGet（MultiGetRequest request，ActionListener<MultiGetResponse> listener)：批量获取文档。
- prepareMultiGet()，准备批量获取，但不执行获取操作。

4.3.2 删除索引文档

和获取文档信息 API 类似，也可以在 Java 客户端删除索引文档信息。通过 prepareDelete()等方法可删除索引文档信息，如代码段 4.12 所示（注：prepareDelete()方法的第三个参数是拟删除文档的 id 号，其前面两个参数则分别是索引文件名称、类型文件名称）。

```
//代码段 4.12: 删除索引文档信息
//import 语句,略
TransportClient client=new PreBuiltTransportClient(Settings.EMPTY)
    .addTransportAddress(new InetSocketTransportAddress(InetAddress.
    getByName("localhost"), 9300));
DeleteResponse response= client.prepareDelete ("information", "share", "3").
get();
int _status=response.status().getStatus();    //获取删除操作的状态码
String _index=response.getIndex();
String _type=response.getType();
String _id=response.getId();
System.out.println(_status+"\t"+_index+"\t"+_type+"\t"+_id);
client.close();
System.out.println("指定 id 号的记录已经被删除");
```

：常用的删除索引文档数据的 API 有：

- prepareDelete()、prepareDelete(String index,String type,String id)，准备删除，但不执行删除。
- delete（DeleteRequestrequest）、delete（DeleteRequest request，ActionListener <DeleteResponse>listener)，根据 DeleteRequest 提供的 index、type 和 id 从索引中删除索引数据。

4.3.3　更新索引文档

和获取文档信息的方法类似，也可以在 Java 客户端更新索引文档。代码段 4.13 给出了实现方法，通过 Client 对象的 update()方法实现。注意这里对指定 id 号的多个字段信息进行了更新操作(代码段中对 author 和 publish_date 两个字段进行了数据更新操作)。

```
//代码段 4.13：更新文档，注意 jsonBuilder()的用法
//import 语句，略
TransportClient client=new PreBuiltTransportClient(Settings.EMPTY)
.addTransportAddress(new InetSocketTransportAddress(InetAddress.getByName("
localhcst"), 9300));
UpdateRequest updateRequest=new UpdateRequest();
updateRequest.index("myweibo3");            //指定索引文件
updateRequest.type("example");              //指定类型文件
updateRequest.id("AVl0CwYc2St8Dnq589zP");//指定 id 号
//到此为止，已定位到待更新的记录上。下面是对该记录中的部分字段值进行更新
updateRequest.doc(jsonBuilder()             //使用 jsonBuilder()方法
    .startObject()
    .field("post_date", "2017-01-01T09:00:00") //修改 author 字段中的内容
    .field("mymessage", "Java client update test") //修改 publish_date 字段中的内容
    .endObject());
client.update(updateRequest).get();        //通过 Client 对象的 update()方法实现
client.close();
```

：常用的更新索引文档数据的 API 有：

- update(UpdateRequest request)：基于 script 更新文档并返回更新后的结果。
- update(UpdateRequest request, ActionListener<UpdateResponse> listener)：更新但不返回结果，而是交由监听器。
- prepareUpdate()、prepareUpdate(String index, String type, String id)：准备更新，但不执行更新。

4.3.4　批量操作索引文件

可通过 Bulk API 来对指定的文档进行批量操作，示例方法如代码段 4.14 所示，这里通过 bulk 操作同时进行了两个增加数据到索引的操作(prepareIndex)和一个更新操作(prepareUpdate)。

```
//代码段 4.14: 对文档的批量操作
//import 语句,略
TransportClient client=new PreBuiltTransportClient(Settings.EMPTY)
    .addTransportAddress(new InetSocketTransportAddress(InetAddress.
    getByName("localhost"), 9300));
BulkRequestBuilder bulkRequest=client.prepareBulk();
bulkRequest.add(client.prepareIndex("myweibo3", "example", "1")
    .setSource(jsonBuilder()
        .startObject()
        .field("user", "cy")
        .field("post_date", "2017-01-01T09:00:00")
        .field("mymessage", "bulk index 1")
        .endObject()
    )
);
bulkRequest.add(client.prepareIndex("myweibo3", "example", "2")
    .setSource(jsonBuilder()
        .startObject()
        .field("user", "cy")
        .field("post_date", "2017-01-01T09:00:00")
        .field("mymessage", "bulk index 2")
        .endObject()
    )
);
bulkRequest.add(client.prepareUpdate("myweibo3", "example",
"AVl0CwYc2St8Dnq589zP")
    .setDoc(jsonBuilder()
        .startObject()
        .field("mymessage", "Java client bulk test")
        .endObject()
    )
);
BulkResponse bulkResponse=bulkRequest.get();
if (bulkResponse.hasFailures()) {
    //可在这里对于失败请求进行处理,略
}
client.close();
```

Tips 常用的批量操作索引文档的 API 有：

- bulk (BulkRequest request)、bulk (BulkRequest request, ActionListener <BulkResponse>listener)：批量操作。
- prepareBulk()，准备执行批量操作，但不执行。

4.4 信息检索

信息检索是 Elasticsearch 的主要功能。在 Java 客户端，Elasticsearch 也提供多种方式供前端实现信息检索功能。

4.4.1 概述

Elasticsearch 中提供了强大的全文检索功能。借助相应的 API，可以使用 SearchSourceBuilder 构造一个 Elasticsearch 检索请求。一般地，首先要在项目中引入相应的类文件，如：

```
import org.elasticsearch.action.search.SearchResponse;
import org.elasticsearch.action.search.SearchType;
import org.elasticsearch.index.query.FilterBuilders.*;
import org.elasticsearch.index.query.QueryBuilders.*;
```

之后，在 Elasticsearch Client 实例化对象的 prepareSearch()方法中，设置索引文件和类型文件的名称。在 setTypes()方法里可设置需要搜索的类型文件，在 setQuery()方法里可设置查询，而这个 query 可使用 elasticsearch 自带的 QueryBuilders()方法来构建查询。当然，也可通过 setPostFilter()方法设置在搜索前需要执行的过滤操作(可使用 FilterBuilders()方法构建过滤器)，如代码段 4.15 所示。其中，client. prepareSearch()用来创建一个 SearchRequestBuilder，client. prepareSearch()方法的参数是一个或多个索引文件 index 的名称。这里的 setSearchType()中的参数是一个枚举类型的元素，其值如表 4.1 所示[CSDN,2015]。

```
//代码段 4.15: 检索操作示例
//import 语句,略
TransportClient client=new PreBuiltTransportClient(Settings.EMPTY)
.addTransportAddress(new InetSocketTransportAddress(InetAddress.getByName("
localhost"), 9300));
```

```
SearchResponse response=client.prepareSearch("it-home")   //指定索引文件
    .setTypes("posts")                                     //指定类型文件
    .setSearchType(SearchType.DFS_QUERY_THEN_FETCH)
    .setQuery(QueryBuilders.termQuery("content", "java")) //检索 content 字段
中的词项 java
    .setPostFilter(QueryBuilders.rangeQuery("publishTime").from("2016-10-
26").to("now"))
    .setFrom(0).setSize(60).setExplain(true)
    .get();
SearchHit[] hits=response.getHits().getHits();
for (SearchHit hit : hits) {
    System.out.println(hit.sourceAsString());
}
client.close();
```

表 4.1　在 setSearchType()方法中传递参数的取值及其含义

枚举元素	含　义
QUERY_THEN_FETCH	先向所有的 shards 发出请求，各分片只返回排序和排名相关的信息(不包括 document)，然后按照各 shards 返回的分数进行排序并取前 size 个文档，之后再去相关的 shard 取 document。这对于有许多 shards 的索引来说是很便利的，因为返回结果不会有重复的
QUERY_AND_FETCH	最快的处理方式，它向索引的所有分片 shards 都发出查询请求，每个 shard 分别返回一定数量的结果
DFS_QUERY_THEN_FETCH	与 QUERY_THEN_FETCH 相似
DFS_QUERY_AND_FETCH	与 QUERY_AND_FETCH 相似
SCAN	当进行了没有任何排序的检索时，执行浏览
COUNT	计算结果的数量

Tips 常用的检索 API 有：

- search(SearchRequest request)、search(SearchRequest request，ActionListener<SearchResponse> listener)：根据 SearchRequest 提供的 index、id 和 type 执行搜索。
- prepareSearch(String... indices)：准备但不搜索。

4.4.2 MultiSearch

MultiSearch 是 Elasticsearch 提供的针对多个查询请求进行一次查询的接口。该接口虽能同时执行多个不同的查询，但无法对最终结果自动分页，而且有可能多个 SearchRequest 查询出来的结果中存在重复的结果，但 MultiSearch 并不负责去重。代码段 4.16 展示了如何使用 Java 客户端进行 MultiSearch 操作。在代码中，首先在 prepareSearch() 中构造两个查询（设定查询项及返回结果集大小），之后分别将它们添加到 prepareMultiSearch()中并执行多重查询。

```
//代码段 4.16: MultiSearch
//import 语句,略
TransportClient client=new PreBuiltTransportClient(Settings.EMPTY)
    .addTransportAddress(new InetSocketTransportAddress(InetAddress
    .getByName("localhost"), 9300));
SearchRequestBuilder srb1=client
    .prepareSearch().setQuery(QueryBuilders.queryStringQuery("json OR
    gson")).setSize(1);
SearchRequestBuilder srb2=client
    .prepareSearch().setQuery(QueryBuilders.matchQuery("content",
    "java")).setSize(1);
MultiSearchResponse sr=client.prepareMultiSearch()
    .add(srb1)
    .add(srb2)
    .get();
long nbHits=0;
for (MultiSearchResponse.Item item : sr.getResponses()) {
    SearchResponse response=item.getResponse();
    nbHits+=response.getHits().getTotalHits();
}
System.out.println("共检索到"+nbHits+"条记录。");
client.close();
```

Tips：常用的执行多个搜索请求的 MultiSearchAPI 有：

- multiSearch(MultiSearchRequest request)
- multiSearch(MultiSearchRequest request, ActionListener<MultiSearchResponse> listener)
- prepareMultiSearch()

4.4.3 Search template

Search template 是 Elasticsearch 提供的查询模板接口，通过这一接口，可以将 JSON 格式的 RESTful 查询语句嵌入到 Java 代码中。在执行查询时，将键值对形式的参数填充到语句中相对应的位置执行。代码段 4.17 利用 Search template 实现了 match 查询，由 setScript()方法添加 RESTful 查询语句，语句中{{param}}是一个形式参数，实际参数是将搜索词"java"放入键值对中传入。

```
//代码段 4.17: 利用查询模板执行 match 查询
//import 语句,略
TransportClient client=new PreBuiltTransportClient(Settings.EMPTY)
    . addTransportAddress  ( new  InetSocketTransportAddress  ( InetAddress.
    getByName("localhost"), 9300));
Map<String, Object>template_params=new HashMap<String, Object>();
                                                        //传递参数的键值对
template_params.put("param", "java");                //实际参数放入键值对
SearchResponse response=new SearchTemplateRequestBuilder(client)
    .setScript("{\n"+                                 //添加 RESTful 查询语句
        "        \"query\" : {\n"+
        "            \"match\" : {\n"+
        "                \"content\" : \"{{param}}\"\n"+        //给出形式参数
        "            }\n"+
        "        }\n"+
        "}")
    .setScriptType(ScriptService.ScriptType.INLINE)   //查询语句和代码写在一起
    .setScriptParams(template_params)                //传入键值对,用于传入参数
    .setRequest(new SearchRequest())
    .get()
    .getResponse();
SearchHit[] hits=response.getHits().getHits();
for (SearchHit hit : hits) {
    System.out.println(hit.getSourceAsString());
}
client.close();
```

4.4.4 Query DSL 概述

本章前面提到 Search API 允许执行一次信息检索，返回一个与查询匹配的结果集

(hits)。它可以在一个(或多个)索引文件及其类型文件上执行。而 Query DSL 能够专注于特定问题,执行更为专业的检索任务。

Query DSL 分为全文检索、词项检索、复合查询、连接查询、特殊查询和跨度查询等内容。其中全文检索包括 match query、multi match query、query string query、simple query string query 等查询,用于执行不同形式的全文索引查询任务;词项检索包括 term query、terms query、range query、prefix query、wildcard query、regexp query 等查询,用于执行对不可拆分的关键词词项的匹配;复合查询包括 bool query、boosting query 等查询,能够完成对不同需要程度的数据进行综合信息检索的任务;跨度查询包括 span term query、span or query、span containing query、span within query 等查询,能够根据不同形式的跨度,如时间、两词项截出的文本段执行对应的查询;特殊查询包括 more like this query、script query 等查询,它们不属于上述任何一类,但都具备其各自的查询特色,可以完成较为特殊的任务。

在 Java 客户端使用的 Query DSL 和 RESTful 是相似的。例如,编程者可以用 QueryBuilders 来构建 query,然后使用 Query DSL 来进行搜索。本节将对各种基于 query 的客户端实现方法进行介绍。

4.4.5 matchAllQuery

Elastic 官方将 matchAllQuery()作为全文检索之外的查询方法,其作用是匹配文档中的所有字段。当需要匹配所有项,或者查询某些索引、某些类型文件下的记录总量时,可以使用 matchAllQuery()方法。它相当于关系数据库 SQL 语句中的“select * from table”语句,其后的 setFrom()和 setSize()用于控制返回的结果集大小。该方法的实现如代码段 4.18 所示。

```
//代码段 4.18: 使用 matchAllQuery()方法查询所有字段
//import 语句,略
TransportClient client=new PreBuiltTransportClient(Settings.EMPTY)
    .addTransportAddress(new InetSocketTransportAddress(InetAddress.
    getByName("localhost"), 9300));
QueryBuilder qb=matchAllQuery();
SearchResponse response=client.prepareSearch("baidu")   //指定索引文件
    .setTypes("baike")                                   //指定类型文件
    .setQuery(qb)          //指定 match All Query
    .setFrom(0)
    .setSize(10)
    .get();
for (SearchHit hit : response.getHits().getHits()) {     //遍历检索结果
```

```
    System.out.println(hit.getSourceAsString());
  }
  client.close();
```

4.4.6 全文检索的部分方法

1. matchQuery()

全文检索方法 matchQuery(String name,Object text)能够使用某一字段的值对文档进行检索。代码段 4.19 实现了 matchQuery()的功能，在索引文件名“it-home”和类型文件名均为“posts”的文件中，在 content 字段搜索包含“程序员”字样的数据集。其他相关方法如 setSearchType()、setFrom()、setSize()、setExplain()等的解释不再赘述。可以将 matchQuery()定义为一个 QueryBuilder()方法的实例，传入 setQuery()方法中。

```
//代码段 4.19：使用 matchQuery()方法实现检索
//import 语句，略
TransportClient client=new PreBuiltTransportClient(Settings.EMPTY)
addTransportAddress(new InetSocketTransportAddress(InetAddress.getByName("
localhost"), 9300));
QueryBuilder qb=matchQuery(
    "content",              //字段
    "程序员"                //搜索词
);
SearchResponse response=client.prepareSearch("it-home")
    .setTypes("posts")
    .setSearchType(SearchType.DFS_QUERY_THEN_FETCH)  //参数含义如表 4.1 所示
    .setQuery(qb)
    .setFrom(0)
    .setSize(10)
    .setExplain(true)
    .get();
for (SearchHit hit : response.getHits().getHits()) {    //遍历检索结果
    System.out.println(hit.getSourceAsString());
}
client.close();
```

Tips：matchQuery()能够使用某一字段的值对文档进行检索；matchAllQuery()用于匹配文档中的所有字段。

2. multiMatchQuery()

相对于前面的 matchQuery()，这里提到的 multiMatchQuery("查询字符串","field1","field2" ,…)针对的是多个字段的搜索。也就是说，当 multiMatchQuery()中字段列表参数只有一个时，其作用与 matchQuery()相当；而当字段列表有 field1、field2 等多个参数时，则要么是 field1、要么是 field2 中包含指定的文本，都算检索到结果。代码段 4.20 给出了在 title 和 content 两个字段中对搜索词“中国”的检索。

```
//代码段 4.20：使用 multiMatchQuery()实现跨字段检索
//import 语句，略
TransportClient client=new PreBuiltTransportClient(Settings.EMPTY)
    .addTransportAddress(new InetSocketTransportAddress(InetAddress.
    getByName("localhost"), 9300));
QueryBuilder qb=multiMatchQuery(
    "中国",                   //搜索词
    "title", "content"       //要检索的字段
);
SearchResponse response=client.prepareSearch("baidu")
    .setTypes("baike")
    .setSearchType(SearchType.DFS_QUERY_THEN_FETCH)
    .setQuery(qb)
    .setFrom(0)
    .setSize(10)
    .setExplain(true)
    .get();
for (SearchHit hit : response.getHits().getHits()) {
System.out.println(hit.getSourceAsString());
}
client.close();
```

3. queryString()

queryString 查询支持 Lucene 所有的查询语法。对给定的内容，它会使用查询解析器来构造实际的查询，如 QueryBuilder qb＝QueryBuilders. queryString("＋中国 -日本")，其含义是搜索包含“中国”且不含“日本”的结果集。相关实现见代码段 4.21。

```
//代码段 4.21：使用 queryString()方法执行查询
//import 语句，略
TransportClient client=new PreBuiltTransportClient(Settings.EMPTY)
    .addTransportAddress(new InetSocketTransportAddress(InetAddress.
    getByName("localhost"), 9300));
```

```
QueryBuilder qb=queryStringQuery("+中国 -日本");     //注意减号前有空格
SearchResponse response=client.prepareSearch("it-home")
        .setTypes("posts")
        .setSearchType(SearchType.DFS_QUERY_THEN_FETCH)
        .setQuery(qb)
        .setFrom(0)
        .setSize(10)
        .setExplain(true)
        .get();
for (SearchHit hit : response.getHits().getHits()) {
System.out.println(hit.getSourceAsString());
}
client.close();
```

4. simpleQueryStringQuery()

与其他的查询类型相比，simpleQueryStringQuery()方法支持 Lucene 所有的查询语法。对于给定的内容，该查询使用解析器来构造实际的查询。查询过程中不会抛出任何异常，不可用的查询将自动被忽略。代码段 4.22 实现了对 title 字段中包含“中国”和“日本”且 content 字段中不包含“美国”的数据进行检索的功能，其中“title:中国^2”是指在 title 字段中要包含“中国”字符且其权重为 2；“+title:日本”是指在 title 字段中还要同时包含字符串“日本”但该字符串的权重为 1，这些权重会影响到最终结果排序；“-content:美国”表示在 content 字段中不能有“美国”字符串。

```
//代码段 4.22: 使用 simpleQueryStringQuery()实现类似 Lucene 的检索
//import 语句,略
TransportClient client=new PreBuiltTransportClient(Settings.EMPTY)
      .addTransportAddress(new InetSocketTransportAddress(InetAddress.
      getByName("localhost"), 9300));
QueryBuilder qb=simpleQueryStringQuery("title:中国^2+title:日本 -content:美
国");
SearchResponse response=client.prepareSearch("baidu")
        .setTypes("baike")
        .setSearchType(SearchType.DFS_QUERY_THEN_FETCH)
        .setQuery(qb)
        .setFrom(0)
        .setSize(10)
        .setExplain(true)
```

```
    .get();
for (SearchHit hit : response.getHits().getHits()) {
System.out.println(hit.getSourceAsString());
}
client.close();
```

4.4.7 词项检索的部分方法

1. termQuery()

词项检索方法 termQuery(查询字段,查询词)的作用是在指定的字段中检索指定的查询词,如 QueryBuilder qb = QueryBuilders. termQuery (" content "," 中 国 "),含义是在 content 字段中查询包括"中国"字符串的结果集。针对 baidu 索引文件,baike 类型文件的相关实现如代码段 4.23 所示。

```
//代码段 4.23: 使用 termQuery()方法查询词项
//import 语句,略
TransportClient client=new PreBuiltTransportClient(Settings.EMPTY)
      . addTransportAddress  ( new   InetSocketTransportAddress  ( InetAddress.
      getByName("localhost"), 9300));
QueryBuilder qb=termQuery(
    "title",           //字段
    "汪涵"              //关键词
);
SearchResponse response=client.prepareSearch("baidu")
    .setTypes("baike")
    .setSearchType(SearchType.DFS_QUERY_THEN_FETCH)
    .setQuery(qb)
    .setFrom(0)
    .setSize(10)
    .setExplain(true)
    .get();
for (SearchHit hit : response.getHits().getHits()) {
System.out.println(hit.getSourceAsString());
}
client.close();
```

2. termsQuery()

方法 termsQuery("查询字段","field1","field2" ,…)允许在特定字段中匹配多个词

项，检索某些同一个字段中包含多种不同信息的多个文档。例如，如果想查询在索引文件 baidu 中类型文档 baike 的 title 字段中包含字符串"汪涵"或"邓紫棋"的文档，可以采用类似代码段 4.24 中的方法。

```
//代码段 4.24：使用 termsQuery()方法查询不同的词项
//import 语句，略
TransportClient client=new PreBuiltTransportClient(Settings.EMPTY)
    .addTransportAddress(new InetSocketTransportAddress(InetAddress.
    getByName("localhost"), 9300));
QueryBuilder qb=termsQuery(
    "title",                //字段
    "汪涵", "邓紫棋"          //多个关键词
);
SearchResponse response=client.prepareSearch("baidu")
    .setTypes("baike")
    .setSearchType(SearchType.DFS_QUERY_THEN_FETCH)
    .setQuery(qb)
    .setFrom(0)
    .setSize(10)
    .setExplain(true)
    .get();
for (SearchHit hit : response.getHits().getHits()) {
System.out.println(hit.getSourceAsString());
}
client.close();
```

3. rangeQuery()

方法 rangeQuery("查询字段")是针对范围的查询，一般只作用在单个字段上，并且查询的参数要封装在字段名称中。它也支持 from/to 或 gte/lte 等参数。代码段 4.25 实现了对最近更新日期在 2016-10-26 至今范围内的数据的查询。类似地，可以使用其他时间表示方式，参见 3.2.2 节的"range 查询"部分。

```
//代码段 4.25：使用 rangeQuery()方法查询特定时间范围内的数据
//import 语句，略
TransportClient client=new PreBuiltTransportClient(Settings.EMPTY)
    .addTransportAddress(new InetSocketTransportAddress(InetAddress.
    getByName("localhost"), 9300));
QueryBuilder qb=rangeQuery("lastModifyTime")      //指定查询范围的字段
    .gte("2016-10-26")                            //指定日期下限
    .lte("now");                                  //指定日期上限
```

```
SearchResponse response=client.prepareSearch("baidu")
    .setTypes("baike")
    .setSearchType(SearchType.DFS_QUERY_THEN_FETCH)
    .setQuery(qb)
    .setFrom(0)
    .setSize(10)
    .setExplain(true)
    .get();
for (SearchHit hit : response.getHits().getHits()) {
System.out.println(hit.getSourceAsString());
}
client.close();
```

4. prefixQuery()

方法 prefixQuery("查询字段","前缀")能够根据输入关键词开头的一部分,来匹配整条数据。代码段 4.26 实现了对 title 字段中所有以“阿里”开头的数据的检索。

```
//代码段 4.26: 使用 prefixQuery()方法查询指定前缀的数据
//import 语句,略
TransportClient client=new PreBuiltTransportClient(Settings.EMPTY)
    .addTransportAddress(new InetSocketTransportAddress(InetAddress.
    getByName("localhost"), 9300));
QueryBuilder qb=prefixQuery(
    "title",           //字段
    "阿里"              //关键词前缀
);
SearchResponse response=client.prepareSearch("baidu")
    .setTypes("baike")
    .setSearchType(SearchType.DFS_QUERY_THEN_FETCH)
    .setQuery(qb)
    .setFrom(0)
    .setSize(10)
    .setExplain(true)
    .get();
for (SearchHit hit : response.getHits().getHits()) {
System.out.println(hit.getSourceAsString());
}
client.close();
```

5. wildcardQuery()

方法 wildcardQuery(查询字段，含有通配符的查询词)的作用是在指定的字段中检索含有通配符的查询词，如 QueryBuilder qb＝wildcardQuery("content","?国")。有关通配符检索的内容参见本书 3.3.2 节中对 wildcard 通配符查询的叙述，这里不再赘述。在 baike 类型文件中的相关实现见代码段 4.27。

```
//代码段 4.27: 使用 wildcardQuery()进行带有通配符的查询
//import 语句,略
TransportClient client=new PreBuiltTransportClient(Settings.EMPTY)
    .addTransportAddress(new InetSocketTransportAddress(InetAddress.
    getByName("localhost"), 9300));
QueryBuilder qb=wildcardQuery("title", "?国");       //字段,关键词
SearchResponse response=client.prepareSearch("baidu")
    .setTypes("baike")
    .setSearchType(SearchType.DFS_QUERY_THEN_FETCH)
    .setQuery(qb)
    .setFrom(0)
    .setSize(10)
    .setExplain(true)
    .get();
for (SearchHit hit : response.getHits().getHits()) {
System.out.println(hit.getSourceAsString());
}
client.close();
```

6. regexpQuery()

方法 regexpQuery("查询字段"，"正则表达式")是利用正则表达式进行查询的方式，文档中凡是正则表达式能够匹配的内容，其整条数据就会作为查询结果返回。代码段 4.28 实现了类别是“Web 前端”或“数据库学习”的文档数据的查询。

```
//代码段 4.28: 使用 regexpQuery()进行正则表达式查询
//import 语句,略
TransportClient client=new PreBuiltTransportClient(Settings.EMPTY)
    . addTransportAddress ( new  InetSocketTransportAddress  ( InetAddress.
    getByName("localhost"), 9300));
QueryBuilder qb=regexpQuery(
    "category",                //字段
"[Web 前端|数据库学习]"          //正则表达式
);
```

```
SearchResponse response=client.prepareSearch("it-home")
    .setTypes("posts")
    .setSearchType(SearchType.DFS_QUERY_THEN_FETCH)
    .setQuery(qb)
    .setFrom(0)
    .setSize(10)
    .setExplain(true)
    .get();
for (SearchHit hit : response.getHits().getHits()) {
System.out.println(hit.getSourceAsString());
}
client.close();
```

4.4.8 复合查询的部分方法

1. boolQuery()

这是一个由其他类型查询组合而成的文档匹配类型的查询,可由一个或者多个查询语句构成,每种语句都有它们的匹配条件,可能的匹配条件如下:

- boolQuery(). must (termQuery("字段","内容")):待匹配的文档指定字段必须满足查询内容。
- boolQuery(). should (termQuery("字段","内容")):待匹配的文档可以满足该查询中的内容。
- boolQuery(). must_not(termQuery("字段","内容")):待匹配的文档指定字段必须不满足该查询内容,但不能只用一个 must_not 语句搜索文档。

上述匹配条件可以组合起来并作为 QueryBuilders 的具体方法。代码段 4.29 给出一个形式化的例子。

```
//代码段 4.29: 有关 boolQuery 的形式化表示
QueryBuilder qb=QueryBuilders.boolQuery()
    .must(termQuery("字段 1", "内容 1"))
    .must(termQuery("字段 2", "内容 2"))
    .mustNot(termQuery("字段 3", "内容 3"))
    .should(termQuery("字段 4", "内容 4"))
    .filter(termQuery("字段 5", "内容 5"));
```

代码段 4.30 给出实际使用方法,这里是在类型文件 baike 中并且在其 content 字段中查询包含“开发”和“算法”且不含“教学”,同时在 content 中包含“代码”与“java”相关(但不影响分值)的结果集。

```
//代码段 4.30：使用 boolQuery()执行查询
//import 语句,略
TransportClient client=new PreBuiltTransportClient(Settings.EMPTY)
    .addTransportAddress(new InetSocketTransportAddress(InetAddress.
    getByName("localhost"), 9300));
QueryBuilder qb=boolQuery()
    .must(termQuery("content", "开发"))
    .must(termQuery("content", "算法"))
    .mustNot(termQuery("content", "教学"))
    .should(termQuery("content", "代码"))
    .filter(termQuery("content", "java"));
SearchResponse response=client.prepareSearch("baidu")
    .setTypes("baike")
    .setSearchType(SearchType.DFS_QUERY_THEN_FETCH)
    .setQuery(qb)
    .setFrom(0)
    .setSize(10)
    .setExplain(true)
    .get();
for (SearchHit hit : response.getHits().getHits()) {
System.out.println(hit.getSourceAsString());
}
client.close();
```

2. boostingQuery()

方法 boostingQuery()可将匹配的结果降级处理。与 bool 查询中的 not 子句不同,查询结果中仍然会包含不符合预期的此项,但其分值会降低。代码段 4.31 实现了对有关"java"的分类中,内容与"json"不相关信息的查询。关键词"json"处于后面的子句中,其结果的分值将会根据 negativeBoost()方法中指定的值被相应降低。

```
//代码段 4.31：使用 boostingQuery()方法执行分值提升和降低的查询
//import 语句,略
TransportClient client=new PreBuiltTransportClient(Settings.EMPTY)
    . addTransportAddress ( new  InetSocketTransportAddress  ( InetAddress.
    getByName("localhost"), 9300));
QueryBuilder qb=boostingQuery(
    termQuery("category","java"),           //要提升分值的字段
    termQuery("content","json"))            //要降低分值的字段
```

```
        .negativeBoost(0.2f);
    SearchResponse response=client.prepareSearch("it-home")
        .setTypes("posts")
        .setSearchType(SearchType.DFS_QUERY_THEN_FETCH)
        .setQuery(qb)
        .setFrom(0)
        .setSize(10)
        .setExplain(true)
        .get();
    for (SearchHit hit : response.getHits().getHits()) {
    System.out.println(hit.getSourceAsString());
    }
    client.close();
```

4.4.9 跨度查询的部分方法

1. spanTermQuery()

方法 spanTermQuery()可以查询包含查询词项的一段文本，这一功能相当于 Lucene 中的 spanTermQuery。代码段 4.32 实现了对含有词项“java”的文本的查询。

```
//代码段 4.32: 使用 spanTermQuery()执行特定词项所在文段的查询
//import 语句,略
TransportClient client=new PreBuiltTransportClient(Settings.EMPTY)
     . addTransportAddress ( new  InetSocketTransportAddress ( InetAddress.
     getByName("localhost"), 9300));
QueryBuilder qb=spanTermQuery(
    "content",          //字段
    "java"              //要查询的词项
);
SearchResponse response=client.prepareSearch("it-home")
    .setTypes("posts")
    .setSearchType(SearchType.DFS_QUERY_THEN_FETCH)
    .setQuery(qb)
    .setFrom(0)
    .setSize(10)
    .setExplain(true)
    .get();
for (SearchHit hit : response.getHits().getHits()) {
System.out.println(hit.getSourceAsString());
}
client.close();
```

2. spanOrQuery()

方法 spanOrQuery()查询可以包含多个 spanTermQuery()方法，匹配其查询结果的并集。这一功能相当于 Lucene 中的 spanOrQuery。代码段 4.33 实现了对含有词项"java""json"或"jquery"的文本的查询。

```
//代码段 4.33：使用 spanOrQuery()方法执行查询
//import 语句，略
TransportClient client=new PreBuiltTransportClient(Settings.EMPTY)
    .addTransportAddress(new InetSocketTransportAddress(InetAddress.
    getByName("localhost"), 9300));
QueryBuilder qb= spanOrQuery(
spanTermQuery("content","java"))
    .addClause(spanTermQuery("content","json"))
    .addClause(spanTermQuery("content","jquery"));
SearchResponse response=client.prepareSearch("it-home")
    .setTypes("posts")
    .setSearchType(SearchType.DFS_QUERY_THEN_FETCH)
    .setQuery(qb)
    .setFrom(0)
    .setSize(10)
    .setExplain(true)
    .get();
for (SearchHit hit : response.getHits().getHits()) {
System.out.println(hit.getSourceAsString());
}
client.close();
```

3. spanContainingQuery()

方法 spanContainingQuery()当中也含有一个 spanNearQuery()方法，能够通过两个词项确定一个文本跨度以及一个 spanTermQuery()方法，能够指定跨度当中的第三个词项。在查询时一旦发现前者的匹配项中包含了后者中的匹配项，那么前者的匹配项将作为查询结果被返回。该查询功能相当于 Lucene 中的 spanWithinQuery。代码段 4.34 实现了在词项"gson"和"api"的匹配项中，对含有词项"java"匹配项的查询，前面 spanNearQuery()方法中的数字为 slop 参数，指定了两个词项之间可以存在多少个不匹配的词项。

```
//代码段 4.34: 使用 spanContainingQuery()方法执行查询
//import 语句,略
TransportClient client=new PreBuiltTransportClient(Settings.EMPTY)
    .addTransportAddress(new InetSocketTransportAddress(InetAddress.
    getByName("localhost"), 9300));
QueryBuilder qb=spanContainingQuery(
    spanNearQuery(spanTermQuery("content","json"), 20)
                                              //确定跨度的第一个词项及 slop 参数
    .addClause(spanTermQuery("content","api"))     //确定跨度的第二个词项
    .inOrder(true),
spanTermQuery("content","java"));             //两词项间夹着的词项
SearchResponse response=client.prepareSearch("it-home")
    .setTypes("posts")
    .setSearchType(SearchType.DFS_QUERY_THEN_FETCH)
    .setQuery(qb)
    .setFrom(0)
    .setSize(10)
    .setExplain(true)
    .get();
for (SearchHit hit : response.getHits().getHits()) {
System.out.println(hit.getSourceAsString());
}
client.close();
```

4. spanWithinQuery()

方法 spanWithinQuery()当中含有一个 spanNearQuery()方法，能够通过两个词项确定一个文本跨度以及一个 spanTermQuery()方法，能够指定跨度当中的第三个词项。在查询时一旦发现前者的匹配项中包含了后者中的匹配项，那么后者的匹配项将作为查询结果被返回。该查询功能相当于 Lucene 中的 spanContainingQuery。代码段 4.35 实现了在词项“json”和“api”的匹配项中，对含有词项“java”匹配项的查询。

```
//代码段 4.35: 使用 spanWithinQuery()方法执行查询
//import 语句,略
TransportClient client=new PreBuiltTransportClient(Settings.EMPTY)
    .addTransportAddress(new InetSocketTransportAddress(InetAddress.
    getByName("localhost"), 9300));
```

```
QueryBuilder qb=spanWithinQuery(
    spanNearQuery(spanTermQuery("content","json"), 20)
                                            //确定跨度的第一个词项及 slop 参数
    .addClause(spanTermQuery("content","api"))    //确定跨度的第二个词项
    .inOrder(true),
    spanTermQuery("content","java"));             //两词项间夹着的词项
SearchResponse response=client.prepareSearch("it-home")
    .setTypes("posts")
    .setSearchType(SearchType.DFS_QUERY_THEN_FETCH)
    .setQuery(qb)
    .setFrom(0)
    .setSize(10)
    .setExplain(true)
    .get();
for (SearchHit hit : response.getHits().getHits()) {
System.out.println(hit.getSourceAsString());
}
client.close();
```

4.4.10 特殊查询

1. moreLikeThisQuery()

可以通过 moreLikeThisQuery()查询到与所提供的文本相似的文档，实现方法见代码段 4.36。代码段中定义了不同字段和查询文本的集合，作为参数传入 moreLikeThisQuery()参数中，并在其中使用 minTermFreq()方法和 maxQueryTerms()方法进行设置。其后的 minTermFreq()方法表示信息被查询的最少出现次数，maxQueryTerms()方法表示显示匹配结果的最大条数。

```
//代码段 4.36: 使用 moreLikeThisQuery()执行查询
//import 语句,略
TransportClient client=new PreBuiltTransportClient(Settings.EMPTY)
    .addTransportAddress(new InetSocketTransportAddress(InetAddress.
    getByName("localhost"), 9300));
String[] fields={"title", "content"};                    //查询字段
String[] texts={"现在我们来写一个测试程序"};                //指定要查询的相关内容
Item[] items=null;
QueryBuilder qb=moreLikeThisQuery(fields, texts, items)
```

```
    .minTermFreq(1)           //表示最少出现多少次才能被检出
    .maxQueryTerms(12);       //规定显示结果的最大条数
SearchResponse response=client.prepareSearch("it-home")
    .setTypes("posts")
    .setSearchType(SearchType.DFS_QUERY_THEN_FETCH)
    .setQuery(qb)
    .setFrom(0)
    .setSize(10)
    .setExplain(true)
    .get();
for (SearchHit hit : response.getHits().getHits()) {
System.out.println(hit.getSourceAsString());
}
client.close();
```

Tips: moreLikeThisQuery()方法根据 field、like text、like item 找到一个 document，再找到与这个文档相似的其他文档。其常用的 API 有：

- moreLikeThisQuery(Item[] likeItems)
- moreLikeThisQuery(String[] fields,String[] likeTexts,Item[] likeItems)
- moreLikeThisQuery(String[] likeTexts)
- moreLikeThisQuery(String[] likeTexts,Item[] likeItems)

2. scriptQuery()

方法 scriptQuery()可以通过使用 Script 子句来定制表达式。执行查询时，Script 子句可以生成一个由外部参数计算出的特定字段，插入到原来的查询语句中执行。Script 子句默认使用的脚本语言是 painless。代码段 4.37 演示了对运行内存容量在 2GB 以上的手机信息的查询，其中 scriptQuery()方法传入的脚本信息为默认的 inline 格式。

```
//代码段 4.37: 使用 scriptQuery()执行查询
//import 语句,略
TransportClient client=new PreBuiltTransportClient(Settings.EMPTY)
    .addTransportAddress(new InetSocketTransportAddress(InetAddress.
    getByName("localhost"), 9300));
QueryBuilder qb=scriptQuery(
```

```
    new Script("doc['ram'].value>2")      //直接传入 Script
);
SearchResponse response=client.prepareSearch("yesky")
    .setTypes("cellphone")
    .setSearchType(SearchType.DFS_QUERY_THEN_FETCH)
    .setQuery(qb)
    .setFrom(0)
    .setSize(10)
    .setExplain(true)
    .get();
SearchHit[] hits=response.getHits().getHits();
for (SearchHit hit : hits) {
  System.out.println(hit.getSourceAsString());
}
client.close();
```

4.5 聚合

关于聚合，本书 3.4 节中已给出了较为具体的描述。在 Java 接口的 API 中，聚合只有 metrics 和 bucket 两种形式，并且是像查询一样添加在执行检索的代码中间执行。此外，聚合 API 中还特别提供了专门用于接收聚合结果数据的方法。下面介绍两种聚合的编写方法，限于篇幅，本节对其中部分聚合进行介绍，包括 Metrics aggregations 中的 Min aggregation、Sum aggregation、Stats aggregation、Extended stats Aggregation、Value count aggregation，以及 Bucket aggregation 中的 Terms aggregation、Range aggregation、Histogram aggregation、Date histogram aggregation、Date range aggregation 等。

4.5.1 Metrics 聚合

1. Min aggregation、Sum aggregation

在聚合中可以快捷地完成对最值、求和、均值等的统计。代码段 4.38 完成对指定字段的最小值聚合（若统计最大值，将代码段 4.38 中的 min 字样换成格式一致的 max 即可，这里不再赘述）。核心代码中第一段是构造聚合的过程，执行后将生成该聚合的 RESTful 代码；第二段是执行数据检索的过程，会返回搜索任务的结果集；第三段是获取聚合统计结果的过程，统计值将被赋值到 double 型变量 value 中。

```
//代码段 4.38: 使用 Min aggregation 统计最低价格
//import 语句,略
TransportClient client=new PreBuiltTransportClient(Settings.EMPTY)
     . addTransportAddress ( new  InetSocketTransportAddress ( InetAddress.
     getByName("localhost"), 9300));
MinAggregationBuilder aggregation=
AggregationBuilders
.min("agg")                                               //聚合的名称
.field("price");                                          //执行聚合的字段

SearchResponse sr=client.prepareSearch("yesky")
                                                  //创建 SearchResponse,指定索引文件
     .setTypes("cellphone")                               //指定类型文件
     .addAggregation(aggregation)                         //添加聚合
     .get();

Min agg=sr.getAggregations().get("agg");
double value=agg.getValue();                              //获取聚合统计结果
for (SearchHit hit : sr.getHits().getHits()) {
     System.out.println(hit.getSourceAsString());         //遍历检索结果
}
System.out.println("Minimum price is: "+value);           //输出聚合统计结果
client.close();
```

类似地,sum aggregation 只需在相应类和方法的调用稍加修改即可。代码段 4.39 完成对指定字段的求和聚合(若统计平均值,将代码段 4.39 中的 sum 字样换成格式一致的 avg 即可,不再赘述)。

```
//代码段 4.39: 使用 Sum aggregation 统计总价
//import 语句,略
TransportClient client=new PreBuiltTransportClient(Settings.EMPTY)
    .addTransportAddress(new InetSocketTransportAddress(InetAddress.
    getByName("localhost"), 9300));
SumAggregationBuilder aggregation=       //这里调用 SumAggregationBuilder 类
     AggregationBuilders
         .sum("agg")                     //这里调用 sum()方法
         .field("price");
    SearchResponse sr=client.prepareSearch("yesky")
     .setTypes("cellphone")
```

```
        .addAggregation(aggregation)
        .get();
    Sum agg=sr.getAggregations().get("agg");          //这里调用 Sum 类
    double value=agg.getValue();
    for (SearchHit hit : sr.getHits().getHits()) {
        System.out.println(hit.getSourceAsString());
    }
    System.out.println("Sum price is: "+value);
    client.close();
```

2. Stats aggregation、Extended stats aggregation

Stats aggregation 是一个多值统计，返回值包括计数、最小值、最大值、平均值、求和等。代码段 4.40 演示了对相应字段进行多值统计的方法。

```
//代码段 4.40：使用 Stats aggregation 进行多值统计
//import 语句，略
TransportClient client=new PreBuiltTransportClient(Settings.EMPTY)
    . addTransportAddress ( new  InetSocketTransportAddress ( InetAddress.
    getByName("localhost"), 9300));
StatsAggregationBuilder aggregation=
    AggregationBuilders
        .stats("agg")
        .field("price");
SearchResponse sr=client.prepareSearch("yesky")
    .setTypes("cellphone")
    .addAggregation(aggregation)
    .get();
Stats agg=sr.getAggregations().get("agg");
double min=agg.getMin();              //最小值
double max=agg.getMax();              //最大值
double avg=agg.getAvg();              //平均值
double sum=agg.getSum();              //求和
long count=agg.getCount();            //计数
for (SearchHit hit : sr.getHits().getHits()) {
    System.out.println(hit.getSourceAsString());
}
System.out.println(min+"\t"+max+"\t"+avg+"\t"+sum+"\t"+count);
client.close();
```

Extended stats aggregation 是对一般的 Stats aggregation 的功能扩展，可以在上述输出结果上添加平方和、方差和标准差等指标，参见代码段 4.41。

```
//代码段 4.41：使用 Extended stats aggregation 进行多值统计
//import 语句，略
TransportClient client=new PreBuiltTransportClient(Settings.EMPTY)
    .addTransportAddress(new InetSocketTransportAddress(InetAddress.
    getByName("localhost"), 9300));
ExtendedStatsAggregationBuilder aggregation=
    AggregationBuilders
        .extendedStats("agg")
        .field("price");
SearchResponse sr=client.prepareSearch("yesky")
    .setTypes("cellphone")
    .addAggregation(aggregation)
    .get();
ExtendedStats agg=sr.getAggregations().get("agg");
double min=agg.getMin();                          //与上面的多值统计相同
double max=agg.getMax();
double avg=agg.getAvg();
double sum=agg.getSum();
long count=agg.getCount();
double stdDeviation=agg.getStdDeviation();        //标准差
double sumOfSquares=agg.getSumOfSquares();        //平方和
double variance=agg.getVariance();                //方差
for (SearchHit hit : sr.getHits().getHits()) {
    System.out.println(hit.getSourceAsString());
}
System.out.println(min+"\t"+max+"\t"+avg+"\t"+sum+"\t"+count);
System.out.println(stdDeviation+"\t"+sumOfSquares+"\t"+variance);
client.close();
```

3. Value Count 聚合

Value Count aggregation 是一种单值指标聚合，用来计算文档中某个字段的统计数量。代码段 4.42 实现对该字段执行 Value Count 聚合，统计一批新上市的手机产品的数量。

```
//代码段 4.42：使用 Value Count aggregation 进行计数统计
//import 语句，略
TransportClient client=new PreBuiltTransportClient(Settings.EMPTY)
```

```
    .addTransportAddress(new InetSocketTransportAddress(InetAddress.
    getByName("localhost"), 9300));
ValueCountAggregationBuilder aggregation=
    AggregationBuilders
        .count("agg")
        .field("price");                    //对价格统计(每部手机对应一个价格)
SearchResponse sr=client.prepareSearch("yesky")
    .setTypes("cellphone")
    .addAggregation(aggregation)
    .get();
ValueCount agg=sr.getAggregations().get("agg");
long value=agg.getValue();                  //计数结果
for (SearchHit hit : sr.getHits().getHits()) {
    System.out.println(hit.getSourceAsString());
}
System.out.println("Total number is: "+value);
client.close();
```

4.5.2 Bucket 聚合

1. Terms aggregation

Terms aggregation 用于对指定字段的内容进行分布统计。聚合过程中会动态构建多个 bucket，并对每个 bucket 计算出一个特定的值。代码段 4.43 对某服务器上的不同访问用户使用的不同操作系统进行了统计。

```
//代码段 4.43: 使用 Terms aggregation 对用户操作系统进行归类统计
//import 语句,略
TransportClient client=new PreBuiltTransportClient(Settings.EMPTY)
    . addTransportAddress  ( new  InetSocketTransportAddress  ( InetAddress.
    getByName("localhost"), 9300));
SearchResponse sr=client.prepareSearch("whale")
    .setTypes("log")
    .addAggregation(
AggregationBuilders                     //在执行检索的代码中定义聚合
            .terms("usage")             //聚合的名称
            .field("os")                //指定统计字段
    )
    .get();
```

```
Terms genders=sr.getAggregations().get("usage");      //获取统计结果
for (Terms.Bucket entry : genders.getBuckets()) {
System.out.println(entry.getKeyAsString()+": "+entry.getDocCount());
}
client.close();
```

2. Range aggregation

Range aggregation 基于多个 bucket 完成范围统计，每个 bucket 中定义一组范围，用于统计字段在某个范围的值。在聚合过程中，从每个文档提取的值将针对每个范围进行检查，并且返回"相关"或"匹配"的文档。代码段 4.44 实现了对 log_size 字段分别在三种范围内的数量统计。

```
//代码段 4.44：使用 Range aggregation 进行指定范围的统计
//import 语句，略
//主类定义，略
private static final Logger logger=(Logger) LogManager.getLogger(ClientTest.
class);//log4j2 记录日志
//main()主方法定义，略
TransportClient client=new PreBuiltTransportClient(Settings.EMPTY)
      .addTransportAddress (new InetSocketTransportAddress (InetAddress.
      getByName("localhost"), 9300));
AggregationBuilder aggregation=
    AggregationBuilders
        .range("agg")
        .field("log_size")
        .addUnboundedTo(300.0f)                //指定最大值 300
        .addRange(222.0f, 500.0f)              //指定从 222~500
        .addUnboundedFrom(222.0f);             //指定最小值 222
SearchResponse sr=client.prepareSearch("whale")
    .setTypes("log")
    .addAggregation(aggregation)
    .get();
Range agg=sr.getAggregations().get("agg");
for (Range.Bucket entry : agg.getBuckets()) {
    String key=entry.getKeyAsString();         //范围的类别
    System.out.println(key);
    Number from=(Number) entry.getFrom();      //范围的下界
    System.out.println(from);
    Number to=(Number) entry.getTo();          //范围的上界
    System.out.println(to);
    long docCount=entry.getDocCount();         //计数
```

```
System.out.println(docCount);
    logger.info("key [{}], from [{}], to [{}], doc_count [{}]", key, from, to,
    docCount);        //记录日志
}
client.close();client.close();
```

3. Histogram 聚合

Histogram aggregation 是一种可以根据其返回值(针对数值型或日期型的字段)来获取将来可生成柱状图的聚合数据。代码段 4.45 是计算 log_size 字段在每间隔 1000 个字符长度的统计分布情况。

```
//代码段 4.45：使用 Histogram aggregation 进行柱状图统计
//import 语句,略
//主类定义,略
private static final Logger logger=(Logger) LogManager.getLogger
(ClientTest.class);//log4j2 记录日志
//main()主方法定义,略
TransportClient client=new PreBuiltTransportClient(Settings.EMPTY)
    .addTransportAddress(new InetSocketTransportAddress(InetAddress.
    getByName("localhost"), 9300));
AggregationBuilder aggregation=
    AggregationBuilders
        .histogram("agg")
        .field("log_size")
        .interval(1000);        //固定区间 1000
SearchResponse sr=client.prepareSearch("whale")
    .setTypes("log")
    .addAggregation(aggregation)
    .get();
Histogram agg=sr.getAggregations().get("agg");
for (Histogram.Bucket entry : agg.getBuckets()) {
    Number key=(Number) entry.getKey();
    System.out.println(key);
    long docCount=entry.getDocCount();
    System.out.println(docCount);
    logger.info("key [{}], doc_count [{}]", key, dccCount);
}
client.close();
```

4. Date histogram 聚合

Date histogram aggregation 是一个增强型的专门针对于日期型字段统计的 histogram aggregation，它允许使用 year、month、week、day、hour、minute 等常量作为 interval 属性的取值。在代码段 4.46 中，实现了在 field 中填写一个日期类型的字段名称，在 interval 中写一个步长值，通过 format 参数设置时间格式的方法。

```
//代码段 4.46: 使用 Date histogram aggregation 执行不同时间范围的统计
//import 语句,略
//主类定义,略
private static final Logger logger= (Logger) LogManager.getLogger(ClientTest.
class);//log4j2 记录日志
//main()主方法定义,略
TransportClient client=new PreBuiltTransportClient(Settings.EMPTY)
    .addTransportAddress(new InetSocketTransportAddress(InetAddress.
    getByName("localhost"), 9300));
AggregationBuilder aggregation=
    AggregationBuilders
        .dateHistogram("agg")
        .field("timestamp")
        .dateHistogramInterval(DateHistogramInterval.hours(3));//步长为 3 小时
SearchResponse sr=client.prepareSearch("whale")
    .setTypes("log")
    .addAggregation(aggregation)
    .get();
Histogram agg=sr.getAggregations().get("agg");
for (Histogram.Bucket entry : agg.getBuckets()) {
    DateTime key= (DateTime) entry.getKey();
    String keyAsString=entry.getKeyAsString();
    long docCount=entry.getDocCount();
    logger.info("key [{}],date [{}],doc_count [{}]",keyAsString,key.getYear(),
    docCount);
}
client.close();
```

5. Date range 聚合

Date range aggregations 是专门对于时间类型的字段进行区段统计的聚合。下面的代码段 4.47 介绍了其基本使用方法。

```
//代码段 4.47: 使用 Date range aggregation 进行多值统计
//import 语句,略
//主类定义,略
private static final Logger logger= (Logger) LogManager.getLogger
(ClientTest.class);         //log4j2 记录日志
//main()主方法定义,略
TransportClient client=new PreBuiltTransportClient(Settings.EMPTY)
    . addTransportAddress  ( new  InetSocketTransportAddress  ( InetAddress.
    getByName("localhost"), 9300));
AggregationBuilder aggregation=
    AggregationBuilders
        .dateRange("agg")
        .field("timestamp")
        .format("dd/MM/yyyy HH:mm:ss")
        .addRange("14/12/2016 07:00:00", "14/12/2016 14:00:00");  //指定时间范围
SearchResponse sr=client.prepareSearch("whale")
.setTypes("log")
  .addAggregation(aggregation)
  .get();
Range agg=sr.getAggregations().get("agg");
for (Range.Bucket entry : agg.getBuckets()) {
    String key=entry.getKeyAsString();                      //时间区间
    DateTime fromAsDate=(DateTime) entry.getFrom();         //区间的下界
    DateTime toAsDate=(DateTime) entry.getTo();             //区间的上界
    long docCount=entry.getDocCount();                      //计数
    logger.info("key [{}],from [{}],to [{}],doc_count [{}]",key,fromAsDate,
    toAsDate, docCount);
}
client.close();
```

4.6 对检索结果的进一步处理

4.6.1 控制每页的显示数量及显示排序依据

在上述的诸多例子中多次出现 setFrom()、setSize()、setExplain()子句。这是在搜索结果(例如 prepareSearch)中通过 setFrom(起始检索结果)和 setSize(每页显示结果集)等参数来控制显示数量的一种方案,从而实现对检索结果的分页。同时,也可以通过使用 setExplain(true)参数来设置是不是需要对文档的打分情况进行解释和说明。示例程序如

图 4.8 所示。在图 4.8 下方的控制台可看出,检索结果正常,并给出了文档的排序依据,而这恰好是 setExplain(true)参数的作用。

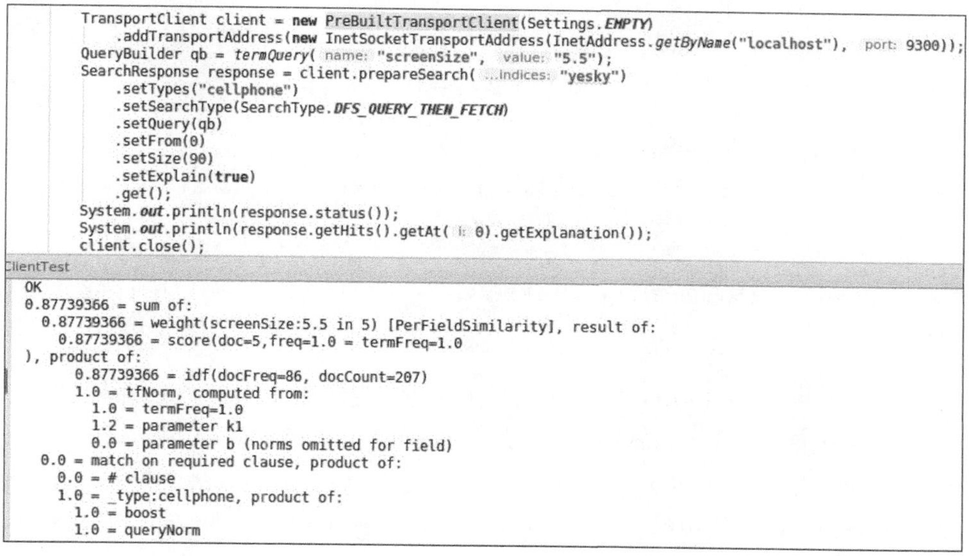

```
TransportClient client = new PreBuiltTransportClient(Settings.EMPTY)
    .addTransportAddress(new InetSocketTransportAddress(InetAddress.getByName("localhost"),  port: 9300));
QueryBuilder qb = termQuery( name: "screenSize",  value: "5.5");
SearchResponse response = client.prepareSearch( ...indices: "yesky")
    .setTypes("cellphone")
    .setSearchType(SearchType.DFS_QUERY_THEN_FETCH)
    .setQuery(qb)
    .setFrom(0)
    .setSize(90)
    .setExplain(true)
    .get();
System.out.println(response.status());
System.out.println(response.getHits().getAt( i: 0).getExplanation());
client.close();
ClientTest
OK
0.87739366 = sum of:
  0.87739366 = weight(screenSize:5.5 in 5) [PerFieldSimilarity], result of:
    0.87739366 = score(doc=5,freq=1.0 = termFreq=1.0
), product of:
      0.87739366 = idf(docFreq=86, docCount=207)
      1.0 = tfNorm, computed from:
        1.0 = termFreq=1.0
        1.2 = parameter k1
        0.0 = parameter b (norms omitted for field)
  0.0 = match on required clause, product of:
    0.0 = # clause
    1.0 = _type:cellphone, product of:
      1.0 = boost
      1.0 = queryNorm
```

图 4.8　检索数据并返回排序依据

4.6.2　基于 scroll 的检索结果及其分页

既然能控制检索结果的显示数量,就能对检索结果进行翻页处理。scroll 不用于实时请求,而是处理大量类似数据,可以用一个语句检索大量甚至所有的结果,这与传统的使用游标查询关系数据库的方法类似。代码段 4.48 演示了基于 scroll 的检索结果及其分页功能的实现,例子中指定了提交的检索字段和关键词。

```
//代码段 4.48: 基于 scroll 的检索结果及其分页
//import 语句,略
TransportClient client=new PreBuiltTransportClient(Settings.EMPTY)
    .addTransportAddress(new InetSocketTransportAddress(InetAddress.
    getByName("localhost"), 9300));
QueryBuilder qb=termQuery("screenSize", "5.5");      //指定字段和关键词
SearchResponse scrollResp=client.prepareSearch()
    .addSort(FieldSortBuilder.DOC_FIELD_NAME, SortOrder.ASC)     //设置排序方式
    .setScroll(new TimeValue(60000))                    //设置上下文过期时间(毫秒)
```

```
    .setQuery(qb)
    .setSize(10).get();         //设置每页结果数量
do {
for (SearchHit hit : scrollResp.getHits().getHits()) {
System.out.println(hit.getSourceAsString());
    }
    scrollResp=client.prepareSearchScroll(scrollResp.getScrollId()).
        setScroll(new TimeValue(60000)).execute().actionGet();
    System.out.println("=================================");
                                                    //每页结果的分割线
} while (scrollResp.getHits().getHits().length !=0);    //如后面没有结果则停止
client.close();
```

在代码 4.48 中，首先，在 termQuery()方法中设置检索字段(screenSize)和检索词("5.5")两个参数，将其赋值给 QueryBuilder 类的静态实例 qb；在使用 scroll 时，client. prepareSearch()方法中不指定 index 和 type 名称，在 setQuery ()方法中传入查询对象实例 qb；后面的 setScroll()方法中的参数是过期时间，程序中设置的是一分钟，一分钟之后该上下文就不存在了，需重新构建 context。就是说，在 setScroll 中设置每一个 scroll context 的存活时间；而 setSize()方法控制每页结果的显示数量。接着，通过循环来遍历结果集中的数据，具体实现是在 for 循环中，使用 response. getHits(). getHits()方法遍历检索结果集并通过在循环体中使用 getSourceAsString()将每一条检索结果集显示出来。在 for 循环之后，代码中使用 scrollResp. getScrollId()来获取此次检索结果的 scrollID。此时，循环中的 client. prepareSearchScroll()方法可以利用获取到的 scrollID 进行二次搜索，并返回结果。代码段 4.38 的执行结果如图 4.9 所示(处理的数据是从程序员论坛中采集到的内容，有关此应用的完整说明及实现方法，详见本书后续的说明)。

```
/967565","phoneName":"苹果iPhone 7 Plus(32GB/全网通)","ram":"3"}
61619","phoneName":"魅族MX6(32GB/全网通)","ram":"4"}
919","phoneName":"金立M6(64GB/全网通)","ram":"4"}
5","phoneName":"努比亚Z11标准版(64GB/全网通)","ram":"6"}
7013","phoneName":"华为Mate 9保时捷限量版(256GB/全网通)","ram":"6"}
534","phoneName":"魅族魅蓝Note 3(32GB/全网通)","ram":"3"}
64020","phoneName":"苹果iPhone 6S Plus(128GB/全网通)","ram":"2"}
7497","phoneName":"魅族魅蓝Note 5(16GB/全网通)","ram":"3"}
8887","phoneName":"魅族魅蓝Note 5(32GB/全网通)","ram":"3"}
3273","phoneName":"荣耀畅玩6X(32GB/全网通)","ram":"3"}

894","phoneName":"OPPO TFphone(64GB/全网通)","ram":"4"}
840","phoneName":"OPPO R9(64GB/全网通)","ram":"4"}
9","phoneName":"乐视乐Pro3(32GB/全网通)","ram":"6"}
```

图 4.9　检索结果集合

4.7 实例

下面介绍一个基于网络爬虫 WebMagic(它是一个无须配置、便于二次开发的爬虫框架)采集新浪新闻数据,并利用 Elasticsearch 完成的信息索引、检索的实例,它主要分 4 个部分:

(1) 使用 WebMagic 定制爬虫,抓取新浪新闻数据。

(2) 在对所获取的新闻信息进行一定的处理后存入 Elasticsearch,并对所抓取的新闻数据建立倒排索引。

(3) 根据用户在前台页面输入的查询关键字,在后台的 Elasticsearch 库的指定字段完成查询。

(4) 传送用户所要检索的新闻信息以及推荐的相关信息到前台。

限于篇幅,这里主要介绍在 Elasticsearch 中索引、检索等内容的实现。

4.7.1 在 Elasticsearch 中建立索引

Elasticsearch 中规定,一般情况下,一个索引被创建之后是不允许修改的。为了确保索引及类型中 mappings 的正确无误,需要在使用爬虫获取新浪新闻数据之前,事先为 Elasticsearch 建立一个 mappings。代码段 4.49 演示了为 news 索引中的 sina 类型手动配置 mappings 的代码。该段代码可以直接放入 head 工具中的复合查询窗口中执行,索引的位置只填写 news 即可。

代码段 4.49: 为 news 索引中的 sina 类型配置 mappings

```
curl -XPUT localhost:9200/news -d'{
  "mappings": {
    "sina": {
      "properties": {
        "url": {
          "type": "text"
        },
        "title": {
          "type": "text",
          "index": "analyzed",
          "analyzer": "ik_max_word"
        },
        "publishTime": {
```

```
          "type": "date",
          "format": "yyyy年MM月dd日 HH:mm"
        },
        "content": {
          "type": "text",
          "index": "analyzed",
          "analyzer": "ik_max_word"
        },
        "tags": {
          "type": "text",
          "index": "analyzed",
          "analyzer": "ik_max_word"
        }
      }
    }
  }
}'
```

4.7.2 连接 Elasticsearch

新建一个名称为 ESClientHelper 的类，目的是完成 Elasticsearch 的 Client 实例化工作。这里采用基于 TransportClient()的方式，可以通过调用 addTransportAddress()方法添加节点，如代码段 4.50 所示。

```
代码段 4.50：基于 TransportClient 的方式初始化 Client
//import 语句，略
public class ESClientHelper {
private static TransportClient client=null;
public static Client getClient() {
        try {
    client=new PreBuiltTransportClient(Settings.EMPTY)
                .addTransportAddress(    //提供 IP 地址和端口号
                    new InetSocketTransportAddress(InetAddress.getByName
                    ("localhost"), 9300));
        } catch (UnknownHostException e) {
    e.printStackTrace();
        }
        return client;                        //返回客户端实例
    }
}
```

4.7.3 信息采集与索引构建

WebMagic 模块分为 Spider、Downloader、PageProcessor、Scheduler、Pipeline 等多个部分。用户可以通过定义相关模块的接口，并将其不同的实现注入主框架类 Spider 来实现相关的信息采集功能。参照其官方网站的介绍，其示意图如图 4.10 所示。其中，Spider 类是爬虫框架的核心组件，其接口调用采用了链式的 API 设计，其他功能全部通过接口注入 Spider 实现；Downloader 负责页面下载（使用了 HttpClientDownloader 下载网页）；PageProcessor 负责页面分析及链接抽取，这里说的页面分析主要指对 HTML 页面的分析，通过编写一个实现 PageProcessor 接口的类可定制数据爬虫，而页面抽取最基本的方式是使用 XPath；Scheduler 负责 URL 去重等管理工作；扩展 Pipeline 可实现抽取结果的持久化（例如序列化到数据库中，甚至将其保存到基于键-值对的缓存中）。

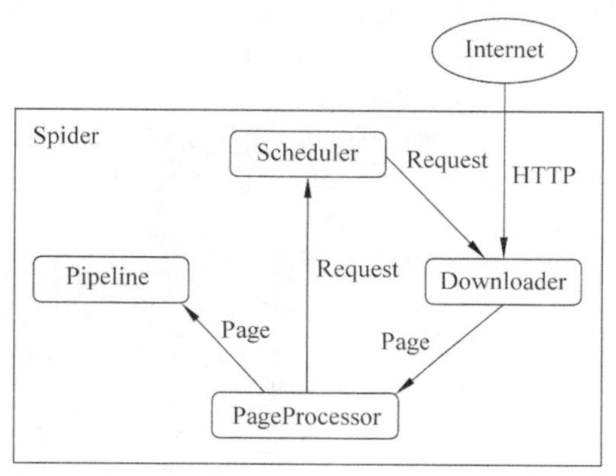

图 4.10 WebMagic 功能示意图

在构建完爬虫后，已达到了从互联网上获取信息的目的，但它们需要持久化到索引文件中。在本章 4.1.1 节中已完成 Elasticsearch 的 Client 实例化工作（让抓取到的数据存储在名为 news 的索引库中）。这里为表述方便，不妨在 head 工具中手动创建名为 news 的索引。在本示例索引库中需要用到的字段和说明如表 4.2 所示。

表 4.2 索引库主要字段说明

字段名	作用及描述	字段名	作用及描述
id	文档编号，由 Elasticsearch 自动生成	content	抓取到新闻的正文内容
title	抓取到的新闻的标题	url	抓取到的新闻的页面 URL
publishTime	抓取到的新闻发布时间	tags	抓取到的新闻的标签

下一步工作是在浏览器中使用开发者工具解析网页（如新浪新闻网页），实现 WebMagic 的 PageProcessor 接口并重写 process()方法，再配合上 XPath 解析式即可获取到相应的新闻标题、URL、正文及标签等，核心实现如代码段 4.51 所示，其中的 page 对象是重写 process()方法时传入的参数，WebMagic 已经写好抽取网页内容的 Page 类，直接实例化作为参数即可，getHtml()以及下面的 getUrl()和 smartContent()也是爬虫框架写好的方法，直接调用即可。

代码段 4.51：实现 PageProcessor 接口解析新闻网页

```
//解析网页得到的新闻 URL
String url=page.getUrl().get();
//解析网页得到的新闻标题
String title= page.getHtml ().xpath ("//h1[@ id= 'artibodyTitle']/text()").
toString();
//解析网页得到的新闻发布时间
String publishTime=page.getHtml().xpath("//span[@ id='navtimeSource']/text
()").toString();
//解析网页得到的新闻正文内容
String content=page.getHtml().xpath("//div[@ id='artibody']/allText()").all
().toString();
//解析网页得到的新闻标签
String tags= page.getHtml ().xpath ("//div[@ class= 'article- keywords']/a/
allText()").all().toString();
```

考虑到处理速度方面的要求，可使用 JSON 数据交换格式。在上面的工作中已经抓取到新闻信息的题目、正文以及存在的标签。为把基于 text 的文本数据转换成 JSON 格式，调用 jsonBuilder()方法把获取的结果集转换为 JSON 格式。之后使用 Gson 类下的 toJson()方法传入相应参数，完成把抓取的数据转换为 JSON 格式并写进数据库的工作，具体方法如代码段 4.52 所示，此例中使用 prepareIndex()方法建立索引，第一个参数 news 为建立的索引名，第二个参数 news 为索引下的 type 名称。

代码段 4.52：使抓取的数据持久化到 Elasticsearch 的索引库中

```
//import 语句,略
ESClientesClient=new ESClient();
Client client=esClient.getclient();//得到与 Elasticsearch 链接的实例
//解析网页的代码,略
Map<String, Object>map=new HashMap<>();
map.put("url", url);
map.put("title", title);
map.put("publishTime", publishTime);
map.put("content", content);
map.put("tags", tags);
String s=new Gson().toJson(map);//把获取的网页内容转换为 JSON 格式
IndexResponse response=client.prepareIndex("news", "sina").setSource(s).get
();
//把上面的 JSON 数据存入 news 索引库中
```

程序执行后，返回到 head 中并刷新，发现库中已添加了 url、title、publishTime、content、tags 等需要抓取数据的列名，这就相当于传统数据库中的各个字段。每个字段下存储的就是抓取的信息，如图 4.11 所示。

查询 5 个分片中用的 5 个. 837 命中. 耗时 0.065 秒

_index	_type	_id	_score ▼	publishTime	title	url
news	sina	AVI_wDncImIKFm7d0C0Z	1	2016年12月29日23:35	俞可平：全球善治需要国际社会合作互信	http://news.sina.com.cn/
news	sina	AVI_wDzIImIKFm7d0C0a	1	2016年12月29日22:33	王长田：IP电影将继续主导未来电影市场	http://news.sina.com.cn/
news	sina	AVI_wEPUImIKFm7d0C0h	1	2016年12月15日21:06	乔青水、宋颖洁：如何发挥社会救助的兜底作用	http://news.sina.com.cn/
news	sina	AVI_wEQ4ImIKFm7d0C0i	1	2016年12月15日21:06	杨山林：危机管理中的政府形象如何塑造	http://news.sina.com.cn/
news	sina	AVI_wAbmImIKFm7d0Czn	1	2017年01月08日19:43	第十八届中纪委第七次全体会议公报发布	http://news.sina.com.cn/
news	sina	AVI_wAXfImIKFm7d0Czm	1	2017年01月08日13:46	外媒刊登"萨德瞄准五星红旗"图片 韩方回应	http://news.sina.com.cn/
news	sina	AVI_wAb_ImIKFm7d0Czo	1	2017年01月08日20:59	中纪委全会审议通过纪检机关监督执纪工作规则	http://news.sina.com.cn/
news	sina	AVI_wAcCImIKFm7d0Czq	1	2017年01月07日17:21	加快新旧动能接续转换 李克强给部长下督战书	http://news.sina.com.cn/
news	sina	AVI_wBPEImIKFm7d0Czy	1	2017年01月08日09:14	俄媒：歼20机群将把美国航母战斗群逼入绝境	http://news.sina.com.cn/
news	sina	AVI_wBV3ImIKFm7d0Cz1	1	2017年01月08日19:19	河北提2017年治霾目标：PM2.5浓度下降6%以上	http://news.sina.com.cn/
news	sina	AVI_wCF0ImIKFm7d0C0A	1	2017年01月07日19:04	北京代市长蔡奇每天第一件事是看空气 十招治霾	http://news.sina.com.cn/
news	sina	AVI_wCNBImIKFm7d0C0D	1	2017年01月08日05:41	土耳其致39人死夜总会枪击案袭击者身份曝光	http://news.sina.com.cn/
news	sina	AVI_wDL8ImIKFm7d0C0Q	1	2017年01月08日07:45	教育部:2020年起所有高校停止省级优秀学生保送	http://news.sina.com.cn/

图 4.11　Index 中的数据

4.7.4　搜索模块的实现

可使用 prepareSearch()方法构造一个检索请求。首先，在 Elasticssearch Client 实例化对象的 prepareSearch()方法和 setTypes()方法里分别设置索引文件和类型文件的名称，在 setSearchType()方法里指定查询的类型。然后在 setQuery()中填入具体查询方法的参数。这里使用 QueryBuilders()方法来构建查询。当然也可在 setPostFilter()方法设置在搜索前需要执行的过滤操作，使用 FilterBuilders()方法构建过滤器。最后在 setFrom()和 setSize()方法中填写要检索库中开始的游标位置和返回结果集的总数，如代码段 4.53 所示。

代码段 4.53：在 news 索引库中检索数据的实现

```
//import 语句,略
Client client=ESClientHelper.getClient();    //调用 ESClientHelper 类的静态实例
QueryBuilder qb=wildcardQuery("title", "*北京*");
SearchResponse response=client.prepareSearch("news")
.setTypes("sina")
    .setSearchType(SearchType.DFS_QUERY_THEN_FETCH)
    .setQuery(qb)
    .setFrom(0)
    .setSize(100)
    .setExplain(true)
```

```
        .get();
    SearchHit[] hits=response.getHits().getHits();
    for (SearchHit hit : hits) {
        System.out.println(hit.getSourceAsString());
    }
    client.close();
```

结合实际需要，这里采用 Elasticsearch 用到的 wildcardQuery()方法。采用"通配符"+"关键词"+"通配符"的形式，可满足用户输入任意关键词也能检索的信息的要求。图 4.12 是当用户搜索关键词"北京"时，在控制台显示的部分结果。

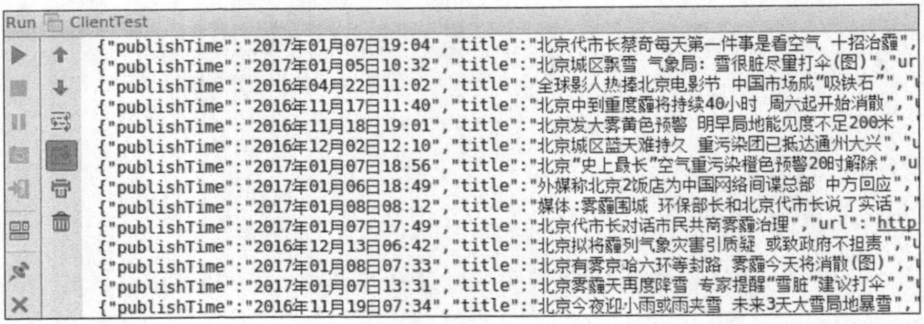

```
Run  ClientTest
{"publishTime":"2017年01月07日19:04","title":"北京代市长蔡奇每天第一件事是看空气 十招治霾",
{"publishTime":"2017年01月05日10:32","title":"北京城区飘雪 气象局: 雪很脏尽量打伞(图)","ur
{"publishTime":"2016年04月22日11:02","title":"全球影人热捧北京电影节 中国市场成"吸铁石"","
{"publishTime":"2016年11月17日11:40","title":"北京中到重度霾将持续40小时 周六起开始消散","
{"publishTime":"2016年11月18日19:01","title":"北京发大雾黄色预警 明早局地能见度不足200米",
{"publishTime":"2016年12月02日12:10","title":"北京城区蓝天难持久 重污染团已抵达通州大兴","u
{"publishTime":"2017年01月07日18:56","title":"北京"史上最长"空气重污染橙色预警20时解除","u
{"publishTime":"2017年01月06日18:49","title":"外媒称北京2饭店为中国网络间谍总部 中方回应","
{"publishTime":"2017年01月08日08:12","title":"媒体:雾霾围城 环保部长和北京代市长说了实话","
{"publishTime":"2017年01月07日17:49","title":"北京代市长对话市民共商雾霾治理","url":"http
{"publishTime":"2016年12月13日06:42","title":"北京拟将霾列气象灾害引质疑 或致政府不担责","
{"publishTime":"2017年01月08日07:33","title":"北京有雾京哈六环等封路 雾霾今天将消散(图)","
{"publishTime":"2017年01月07日13:31","title":"北京雾霾天再度降雪 专家提醒"雪脏"建议打伞","
{"publishTime":"2016年11月19日07:34","title":"北京今夜迎小雨或雨夹雪 未来3天大雪局地暴雪","
```

图 4.12 后台搜索结果

4.7.5 推荐模块的实现

新闻网站往往都有相关新闻推荐功能。这里也可以通过 moreLikeThisQuery()实现，可通过它查询与当前查询的文本相似的文档返回给用户，如代码段 4.54 所示。

代码段 4.54：使用 moreLikeThis()方法实现推荐功能

```
//import 语句,略
TransportClient client=new PreBuiltTransportClient(Settings.EMPTY)
    .addTransportAddress(new InetSocketTransportAddress(InetAddress.
    getByName("localhost"), 9300));
String[] fields={"title", "content"};
String[] texts={"持续性中到重度霾天气过程"};
MoreLikeThisQueryBuilder.Item[] items=null;
QueryBuilder qb=moreLikeThisQuery(fields, texts, items)
    .minTermFreq(1)
    .maxQueryTerms(12);
```

```
SearchResponse response=client.prepareSearch("news")
    .setTypes("sina")
    .setSearchType(SearchType.DFS_QUERY_THEN_FETCH)
    .setQuery(qb)
    .setFrom(0)
    .setSize(30)
    .setExplain(true)
    .get();
for (SearchHit hit : response.getHits().getHits()) {
    System.out.println(hit.getSourceAsString());
}
client.close();
```

与查询相类似，在 moreLikeThisQuery(fields，texts，items)中填入的参数分别是要检索字段的变量名、检索文本的变量名、候选检索项目的变量名。图 4.13 列出的结果是基于一篇关于雾霾防治的新闻推荐的部分结果。

图 4.13　后台推荐结果

4.7.6　聚合模块的实现

在 news 索引库中存储的新闻数据，不同发布时间的新闻数量互不相同。这里可以通过聚合的方法对不同时间的新闻进行统计。代码段 4.55 实现了对 sina 类型中的新闻数据按每月的步长进行数量统计的功能，示例结果如图 4.14 所示。该结果给出了每一个时间段内发表新闻的数量，每一行都包含一个具体日期时间、一个年份和一个该时间范围内的新闻计数。在以后的工作中，这些数据可以用来绘制关于发表新闻数量和时间段的统计图表。

```
//代码段 4.55: 使用 date histogram aggregations 执行不同时间范围的新闻数量统计
//import 语句,略
//主类定义,略
private static final Logger logger=(Logger) LogManager.getLogger
(ClientTest.class);//log4j2 记录日志
//main()主方法定义,略
TransportClient client=new PreBuiltTransportClient(Settings.EMPTY)
    .addTransportAddress(new InetSocketTransportAddress(InetAddress.
    getByName("localhost"), 9300));
AggregationBuilder aggregation=
    AggregationBuilders
        .dateHistogram("agg")
        .field("publishTime")
        .dateHistogramInterval(DateHistogramInterval.MONTH);    //步长为 1 个月
SearchResponse sr=client.prepareSearch("news")
    .setTypes("sina")
    .addAggregation(aggregation)
    .get();
Histogram agg=sr.getAggregations().get("agg");
for (Histogram.Bucket entry : agg.getBuckets()) {
    DateTime key=(DateTime) entry.getKey();
    String keyAsString=entry.getKeyAsString();
    long docCount=entry.getDocCount();
    logger.info("key [{}],date [{}],doc_count [{}]",keyAsString,key.getYear(),
    docCount);
}
client.close();
```

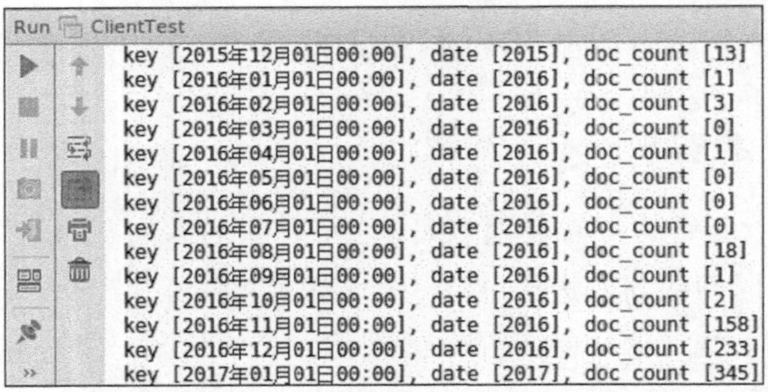

```
Run  ClientTest
key [2015年12月01日00:00], date [2015], doc_count [13]
key [2016年01月01日00:00], date [2016], doc_count [1]
key [2016年02月01日00:00], date [2016], doc_count [3]
key [2016年03月01日00:00], date [2016], doc_count [0]
key [2016年04月01日00:00], date [2016], doc_count [1]
key [2016年05月01日00:00], date [2016], doc_count [0]
key [2016年06月01日00:00], date [2016], doc_count [0]
key [2016年07月01日00:00], date [2016], doc_count [0]
key [2016年08月01日00:00], date [2016], doc_count [18]
key [2016年09月01日00:00], date [2016], doc_count [1]
key [2016年10月01日00:00], date [2016], doc_count [2]
key [2016年11月01日00:00], date [2016], doc_count [158]
key [2016年12月01日00:00], date [2016], doc_count [233]
key [2017年01月01日00:00], date [2017], doc_count [345]
```

图 4.14　聚合的结果

4.8　扩展知识与阅读

众所周知，中文词法分析是中文信息处理的基础与关键。在Java客户端程序设计全文检索程序时，往往需要指定词法分析器，限于篇幅，本章未对analyze部分进行讲述。文献[高凯，2010]对低版本Lucene的analyze部分进行了说明；文献[张华平，2014]对汉语词法分析(包括网络语言分析、新特征语言抽取、自动分类、自动聚类、自动摘要、关键词抽取)等进行了详细的分析，并给出了算法实现。文献[罗刚，2014]也对相关技术实现进行了说明。有关Maven的背景资料，可以参阅文献[许晓斌，2011]。

4.9　本章小结

本章给出了在Java客户端实现Elasticsearch提供的部分功能的方法，包括简单的信息检索、统计等内容。在Java等客户端可以基于Elasticsearch提供的功能，实现对应的信息处理等操作。总的来说，Elasticsearch部分功能的Java客户端实现一般需要如下步骤：首先，通过Maven引入依赖JAR包，在pom.xml中加入对Elasticsearch的依赖；第二，实例化Elasticsearch Client；第三，进行query查询，查询形式有多种，可以通过QueryBuilders来构建和组合它们，以及通过AggregationBuilders来构建和执行聚合。最后，如果需要，可以设定分页查询。其中一种方式是指定from/size；另外一种方式是使用scroll/size，可以用scrollID继续往下查询，但是这种分页机制必须在设定的缓存时间内查询。

Chapter 5

Elasticsearch 配置与集群管理

> "Elasticsearch comes with reasonable defaults for most settings. Before you set out to tweak and tune the configuration, make sure you understand what are you trying to accomplish and the consequences. The primary way of configuring a node is via the elasticsearch.yml file. This template lists the most important settings you may want to configure for a production cluster."——elasticsearch.yml

基于 Elasticsearch，可以完成很多和信息存储、检索等相关的问题。本章将对 Elasticsearch 的配置、集群管理等进行说明，并对提高索引和查询效率的策略进行简述。通过对本章的学习，能达到更好地配置和使用 Elasticsearch 的目的。

5.1 Elasticsearch 部分基本配置及其说明

Elasticsearch 的大多数配置信息位于{es_home}/config/elasticsearch.yml 文件中，所有配置都可使用环境变量。另一个是日志配置文件{es_home}/config/log4j2.properties，它对日志进行配置，其设置按普通 log4j2 配置文件来设置即可。

Elasticsearch.yml 负责设置服务器的默认状态，Elasticsearch 的大多数配置在该配置文件中完成。参考文献[Open，2014a][子猴博客，2014]，本节给出针对 elasticsearch.yml 的部分配置设置信息，包括：

（1）集群名称 cluster.name：例如"cluster.name：elasticsearch"。设置好以后，会自动发现在同一网段下的节点，如果在同一网段下有多个集群，可用这个属性来区分不同的集群。

（2）节点名称 node.name：Elasticsearch 启动时会自动创建节点名称，但也可在 node.name 中配置，例如"node.name："Franz Kafka""。指定节点名称有助于利用 API 访问具体的节点。虽然默认的集群启动时会给每个节点初始化一个名称，但仍然建议在这里手动设置节点名称。

(3) 节点是否为 master 主节点：每个节点都可被配置成为主节点，默认值为 true，如"node. master：true"。在 node. master：true 中进行设置，目的是指定该节点是否有资格被选举成为 node，默认集群中的第一台机器为 master，如果这台机器宕机就会重新选举 master。

(4) 设置节点是否存储数据：默认值为 true，即设置 node. data 的值为"node. data：true"。如果希望节点只是一个 master 但不存储数据，则应当设置为代码段 5.1 所示的属性(注：的#标记后的文字是注释说明)。

```
#代码段 5.1: 设置节点是 master 但不存储数据
node.master: true
node.data: false
```

如果希望节点只存储数据但不是一个 master，则应当设置为代码段 5.2 所示的属性。

```
#代码段 5.2: 设置节点不作为 master 但存储数据
node.master: false
node.data: true
```

如果既不希望该节点为一个 master 也不想它存储数据，则应该设置为代码段 5.3 所示的属性。对部分相关配置的说明如下：

```
#代码段 5.3: 设置节点既不是 master 也不存储数据
node.master: false
node.data: false
```

(1) node. attr. rack 设置机架编号，如"r1"。

(2) 可在 node. max_local_storage_nodes 中设置一台机器能运行的最大节点数目。

(3) 设置配置文件的存储路径：path. conf：/path/to/conf，默认是 Elasticsearch 根目录下的 config 文件夹。

(4) 设置分配给当前节点的索引数据所在的位置：可在配置文件的 path. data：/path/to/data 中进行设置，默认是 Elasticsearch 根目录下的 data 文件夹，可以选择包含一个以上的位置，用逗号隔开，这样使得数据在文件级别可跨越位置，在创建时就有更多的自由路径可供选择。

(5) 设置日志文件所在位置：可在 path. logs：/path/to/logs 中进行设置，默认是 Elasticsearch 根目录下的 logs 文件夹。

(6) 设置绑定的 IP 地址，可以是 IPv4 或 IPv6 的，默认为 0.0.0.0。默认情况下

Elasticsearch 使用 0.0.0.0 地址，并为 HTTP 传输开启 9200～9300 端口，为节点到节点的通信开启 9300～9400 端口。也可自行设置 IP 地址，可在配置文件的 network. bind_host 和 network. publish_host 中进行设置。

(7) 设置节点与其他节点交互的 TCP 端口，默认是 9300，可在配置文件的 transport. tcp. port 中进行设置。

(8) 设置是否压缩 TCP 传输时的数据，默认为 false，可在配置文件的 transport. tcp. compress 中进行设置。

(9) 设置为 HTTP 传输监听定制的端口，默认是 9200，可在配置文件的 http. port 中进行设置。

(10) 设置是否使用 HTTP 协议对外提供服务，默认为 true，可在配置文件的 http. enabled 中进行设置。

(11) 设置内容的最大长度，默认是 100MB，可在配置文件的 http. max_content_length 中进行设置。

(12) 设置参数来保证集群中的节点可以知道其他 *N* 个有 master 资格的节点，默认为 1。对于较大的集群来说，可以将该值设置为（具有 master 资格的节点数/2）+1，可在配置文件的 discovery. zen. minimum_master_nodes 中进行设置。

(13) 设置集群中自动发现其他节点时 ping 连接超时时间，默认为 3s，即 3 秒，对于比较差的网络环境可以提高该值来防止自动发现时出错，可在配置文件的 discovery. zen. ping _timeout 中进行设置。

(14) 设置集群中 *N* 个节点启动时进行数据恢复，默认为 1，可在配置文件的 gateway. recover_after_nodes 中进行设置。

(15) 设置初始化数据恢复进程的超时时间，默认是 5 分钟：可在配置文件的 gateway. recover_after_time 中进行设置。

(16) 设置这个集群中节点的数量，默认为 2，一旦这 *N* 个节点启动，就会立即进行数据恢复，可在 gateway. expected_nodes 中进行设置。

(17) 初始化数据恢复时并发恢复线程的个数，默认为 4，可在配置文件的 cluster. routing. allocation. node_initial_primaries_recoveries 中进行设置。

(18) 设置添加删除节点或负载均衡时并发恢复线程的个数，默认为 4，可在配置文件的 cluster. routing. allocation. node_concurrent_recoveries 中进行设置。

(19) 设置数据恢复时限制的带宽，如 100MB，默认为 0（即无限制），可在配置文件的 indices. recovery. max_bytes_per_sec 中进行设置。

(20) 设置集群中 master 节点的初始列表，可通过这些节点来自动发现新加入集群节点：discovery. zen. ping. unicast. hosts：["host1","host2:port","host3[portX-portY]"]。

> Tips：在 Elasticsearch 5.0 及后续版本中，形如 number_of_shards、number_of_replicas 这样的索引级配置不允许在节点配置文件中写入，相应地应使用 RESTful Index API 来更新所有节点的配置。关于这部分的执行方法参见本书相关章节的内容。

5.2 索引和查询效率的优化

Elasticsearch 的索引是基于倒排索引机制完成的。从索引优化的角度出发，在建立索引时，要考虑到影响索引速度的因素：

- shard 数量。
- 节点数量。
- 索引操作(如合并、优化，索引写操作等)。
- 磁盘 I/O 次数及速度。

从提高效率的角度出发，可以从以下几点来考虑提高索引工作效率：

- Client 端减少频繁的连接并提高效率(如在可能的前提下使用 TCP 长连接，采用多线程机制，建立连接池等)。
- 尽量减少索引大小(索引前预处理、过滤等)。
- 合理规划映像。
- 合理使用分词。

从查询优化的角度来说，可以从合理规划 index 和 shard 策略入手来提高查询效率。

除了上述策略外，路由选择也是经常要用到的。由于 Elasticsearch 的信息往往分布在不同的 shards 中，因此在搜索时，大多数情况下需要遍历所有 shards 分片以便能检索到相关信息。其实，在某些情况下，如果能指定特定的 shards(即显式地指定路由)，有时是能够提高检索效率的。可以在存储数据时，为每个文档自定义一个_routing 值，来代替其 id，在查询、删除、更新数据时只需给出相同的_routing 值即可。在 Elasticsearch 中，对同样的 id 会得到同样的哈希值，因此特定用户的所有文档会被放置在一个分片上。在检索时，利用哈希值就只需一个分片而非遍历所有分片。如下代码段 5.4 所示是在索引文件 information 下的 share 类型文件中，加入新数据时指定_routing 的方法。

```
//代码段 5.4: _routing 参数的使用
curl -XPUT localhost:9200/information/share/6?routing=user1&refresh=true -d
'{
    "title": "This is a document"
}'
```

使用_routing 参数来查询该条数据的代码如下：

```
curl-XGET 'localhost:9200/information/share/6?rcuting=user1'
```

5.3 监控集群状态

通过 HTTP 接口方式监控集群状态，例如：http://localhost:9200/_cluster/health?pretty，可以观察到当前集群系统的健康状况。图 5.1 和图 5.2 分别是针对两个不同的 Elasticsearch 集群系统的健康状况。对一个 Elasticsearch 集群系统来说，其 status 的取值可以有如下几种：

- Green：当 Elasticsearch 能够根据配置分配所有分片和副本时，如图 5.1 所示。
- Yellow：主分片已经分配完毕，已经做好可以处理请求的准备，但是某些副本尚未完成分配。例如当只有一个节点却同时有多个副本时，因为尚无其他节点来放置这些副本，因此其状态值可能就是 yellow，如图 5.2 所示。

```
{
  "cluster_name" : "elasticsearch",
  "status" : "green",
  "timed_out" : false,
  "number_of_nodes" : 2,
  "number_of_data_nodes" : 2,
  "active_primary_shards" : 40,
  "active_shards" : 80,
  "relocating_shards" : 0,
  "initializing_shards" : 0,
  "unassigned_shards" : 0,
  "delayed_unassigned_shards" : 0,
  "number_of_pending_tasks" : 0,
  "number_of_in_flight_fetch" : 0,
  "task_max_waiting_in_queue_millis" : 0,
  "active_shards_percent_as_number" : 100.0
}
```

图 5.1　健康的 green 集群状态

```
{
  "cluster_name" : "elasticsearch",
  "status" : "yellow",
  "timed_out" : false,
  "number_of_nodes" : 1,
  "number_of_data_nodes" : 1,
  "active_primary_shards" : 40,
  "active_shards" : 40,
  "relocating_shards" : 0,
  "initializing_shards" : 0,
  "unassigned_shards" : 40,
  "delayed_unassigned_shards" : 40,
  "number_of_pending_tasks" : 0,
  "number_of_in_flight_fetch" : 0,
  "task_max_waiting_in_queue_millis" : 0,
  "active_shards_percent_as_number" : 50.0
}
```

图 5.2　亚健康的 yellow 集群状态

- Red：集群目前尚未准备就绪，可能至少一个主分片没有准备好。

通过在 Elasticsearch 集群 IP 地址后加上/_cluster/health?pretty 参数，再加上 &level=indices(例如，http://localhost:9200/_cluster/health?pretty&level=indices，如图 5.3 所示)，或者 &level=indices 参数(例如，http://localhost:9200/_cluster/health?pretty&level=shards，如图 5.4 所示)，可以返回更加详细的集群状态信息。图 5.4 不仅有索引 indices 的更加详细的信息，还有其分片 shards 的状态信息。

类似地，也可以监控节点状态，它可以告诉我们集群在工作过程中发生了什么。和监控集群状态类似，只需在 URL 后给出相应节点的信息，例如如果监控 master 节点(master 是已在 elasticsearch.yml 中命名的节点名称)，只需在 url 后的/_nodes 参数后添加节点名称

```
{
  "cluster_name" : "elasticsearch",
  "status" : "green",
  "timed_out" : false,
  "number_of_nodes" : 2,
  "number_of_data_nodes" : 2,
  "active_primary_shards" : 40,
  "active_shards" : 80,
  "relocating_shards" : 0,
  "initializing_shards" : 0,
  "unassigned_shards" : 0,
  "delayed_unassigned_shards" : 0,
  "number_of_pending_tasks" : 0,
  "number_of_in_flight_fetch" : 0,
  "task_max_waiting_in_queue_millis" : 0,
  "active_shards_percent_as_number" : 100.0,
  "indices" : {
    "news" : {
      "status" : "green",
      "number_of_shards" : 5,
      "number_of_replicas" : 1,
      "active_primary_shards" : 5,
      "active_shards" : 10,
      "relocating_shards" : 0,
      "initializing_shards" : 0,
      "unassigned_shards" : 0
    },
    "weibo" : {
      "status" : "green",
      "number_of_shards" : 5,
      "number_of_replicas" : 1,
      "active_primary_shards" : 5,
      "active_shards" : 10,
      "relocating_shards" : 0,
      "initializing_shards" : 0,
      "unassigned_shards" : 0
    },
```

图 5.3 增加参数 level=indices 返回的集群信息

```
{
  "cluster_name" : "elasticsearch",
  "status" : "green",
  "timed_out" : false,
  "number_of_nodes" : 2,
  "number_of_data_nodes" : 2,
  "active_primary_shards" : 40,
  "active_shards" : 80,
  "relocating_shards" : 0,
  "initializing_shards" : 0,
  "unassigned_shards" : 0,
  "delayed_unassigned_shards" : 0,
  "number_of_pending_tasks" : 0,
  "number_of_in_flight_fetch" : 0,
  "task_max_waiting_in_queue_millis" : 0,
  "active_shards_percent_as_number" : 100.0,
  "indices" : {
    "news" : {
      "status" : "green",
      "number_of_shards" : 5,
      "number_of_replicas" : 1,
      "active_primary_shards" : 5,
      "active_shards" : 10,
      "relocating_shards" : 0,
      "initializing_shards" : 0,
      "unassigned_shards" : 0,
      "shards" : {
        "0" : {
          "status" : "green",
          "primary_active" : true,
          "active_shards" : 2,
          "relocating_shards" : 0,
          "initializing_shards" : 0,
          "unassigned_shards" : 0
        },
        "1" : {
          "status" : "green",
          "primary_active" : true,
          "active_shards" : 2,
```

图 5.4 增加参数 level=shards 返回的集群信息

及拟查询的统计信息即可，如 http://localhost:9200/_nodes/Master/stats/os,jvm?pretty，如图 5.5 所示。可以直接指明的部分可用标记信息如下：

- indices：获得分片大小、文件数量、索引的创建和删除时间、搜索执行时间、字段缓存大小、数据合并与清缓存等信息。
- fs：获得文件系统信息、数据文件路径、可用磁盘空间信息、读/写状态等信息。
- http：获得 HTTP 连接信息。
- jvm：获得 Java 虚拟机的内存、垃圾回收、缓冲池、加载/未加载类的数量等信息。
- os：获得服务器的负载、内存使用情况、虚拟内存使用情况等统计信息。
- process：获得进程的内存开销、CPU 使用情况、打开文件描述符等统计信息。
- thread_pool：获得分配给不同操作的线程状态信息。
- transport：获得关于传输模块发送和接收数据的信息。
- breaker：获得 field data 断路器的统计信息。

```
{
  "_nodes" : {
    "total" : 2,
    "successful" : 2,
    "failed" : 0
  },
  "cluster_name" : "cyElasticsearch",
  "nodes" : {
    "vmsTg0WWSriiKm2hoAUq0g" : {
      "timestamp" : 1484362871649,
      "name" : "Master",
      "transport_address" : "127.0.0.1:9301",
      "host" : "127.0.0.1",
      "ip" : "127.0.0.1:9301",
      "roles" : [
        "master",
        "data",
        "ingest"
      ],
      "attributes" : {
        "rack" : "Rack1"
      },
      "os" : {
        "timestamp" : 1484362871650,
        "cpu" : {
          "percent" : 9,
          "load_average" : {
            "1m" : 0.82,
            "5m" : 0.52,
            "15m" : 0.4
          }
        },
        "mem" : {
          "total_in_bytes" : 16732037120,
          "free_in_bytes" : 7361789952,
          "used_in_bytes" : 9370247168,
          "free_percent" : 44,
          "used_percent" : 56
        },
```


图 5.5　节点状态信息

- discovery：获得第三方集群的统计信息。
- ingest：获得 ingest 预处理的统计信息。

5.4　控制索引分片与副本分配

集群中的索引可能由多个分片构成，且每个分片可能拥有多个副本。通过将一个单独的索引分成多个分片，可以有效处理由于文件太大而不能在一个单一机器上运行的大型索引的问题。由于每个分片可以有多个副本，通过将副本分配到多个服务器上可以处理更高的查询负载。为了进行分片和副本分配操作，Elasticsearch 需要确定将这些分片和副本放在集群的什么地方，即需要确定每个分片和副本分配到哪一个服务器/节点之上[Rafal,2015]。可以对一个索引指定每个节点上的最大分片。例如，如果希望 baike 索引在每个节点有两个分片，可以运行代码段 5.5 的命令。

```
//代码段 5.5: 指定每个节点上的最大分片
curl -XPUT 'localhost:9200/baike/_settings' -d '{
  "index.routing.allocation.total_shards_per_node" : 2
}'
```

这个属性可以放置在 elasticsearch.yml 文件中，或使用上面的命令在活动索引上更新[Rafa,2015]，也可以手动移动分片和副本。可以使用 Elasticsearch 提供的 RESTful 代码_cluster/reroute 进行控制。假设有三个节点：node1、node2 和 node3，Elasticsearch 在第一个节点 node1 上分配了 baidu 索引的两个分片，假设希望将第二个分片移动到第二个节点 node2 上，并在第三个节点 node3 上创建副本，可以采用如代码段 5.6 所示的方式。

```
//代码段 5.6: 移动分片分配
curl-XPOST 'localhost:9200/_cluster/reroute' -d ' {
  "commands": [
    {
      "move": {                    //移动分片
        "index": "baidu",          //待移动的索引文件
        "shard":1,                 //指定希望移动的分片个数
        "from_node": "node1",      //指定源节点
        "to_node": "node2"         //指定目的节点
      }
    },
    {
      "allocate_replica": {
        "index": "baidu",          //待创建副本的索引文件
        "shard": 1,                //指定希望创建副本的分片个数
        "node": "node3"            //创建副本的节点
      }
    }
  ]
}'
```

如果希望取消一个正在进行的分配过程，可以通过运行 cancel 命令来指定希望取消分配的索引、节点以及分片，如代码段 5.7 所示。

```
//代码段 5.7: 取消分片分配
curl-XPOST 'localhost:9200/_cluster/reroute' -d ' {
  "commands": [
    {
```

```
      "cancel": {              //取消操作
        "index": "baidu",      //索引文件
        "shard": 1,            //指定拟取消在 node1 上的 baidu 索引的第 1 个分片的分配
        "node": "node1"        //指定取消在哪个节点的操作
      }
    }
  ]
}'
```

另外，还可以将一个未分配的分片分配到一个指定的节点上。假定 baike 索引上有一个编号为 1 的分片尚未分配，现希望将其分配到 node2 上，可使用代码段 5.8 的方式来实现。

```
//代码段 5.8: 分配分片
curl-XPOST 'localhost:9200/_cluster/reroute' -d ' {
  "commands": [
    {
      "allocate": {              //分配分片
        "index": "baidu",        //索引文件
        "shard": 1,              //指定拟分配分片的编号
        "node": "node2"          //指定将分片分配到哪个节点
      }
    }
  ]
}'
```

5.5 集群管理

下面以某个实际环境中的集群管理为例，介绍内存配置等方面的内容。集群硬件采用四台戴尔 PowerEdge R720 机架服务器，操作系统选用 Ubuntu 16.04，Elasticsearch 版本选用 5.0。

首先，在每台机器安装好 Elasticsearch 并手动安装好 X-Pack 插件（详细介绍参见本书第 8 章）、中文分词器等必要插件（可能需要在 elasticsearch.yml 中完成配置）。

以后台启动的方式，分别运行每台机器上装有 X-Pack 插件的 Elasticsearch，并运行

Kibana(详细介绍参见本书第 7 章)。进入 Kibana 中的 Monitoring 界面(即之前版本中的 Marvel),单击"Elasticsearch"面板中的"Overview"链接,进入 Elasticsearch 的监控界面。在上方统计数据一栏中显示默认内存大小是 4GB,通常无法满足实际需要。此时需要修改 config 目录下的 jvm. options 中默认的参数"-Xms2g"和"-Xmx2g"来控制运行内存大小。修改完成后重启 Elasticsearch,再次进入 Monitoring 界面,从 Memory 的值可以看出修改已经生效,集群占用的总内存量上限为 32GB(之前为 4GB),如图 5.6 所示。

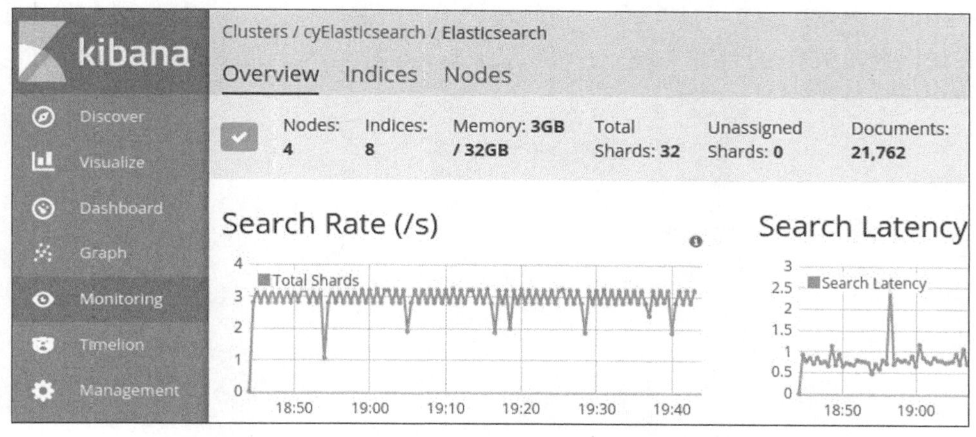

图 5.6 修改后的 Elasticsearch 内存占用大小

Tips: 在 Linux/Ubuntu 系统中,配置 Elasticsearch 默认的运行内存大小时,既可以使用上文所述的方法,也可以在 bin 目录下的 Elasticsearch 程序(可用 gedit 等文本编辑工具打开)中将 ES_JAVA_OPTS="-Xms8g -Xmx8g"取消注释,并根据实际情况修改其数值,然后将 config 目录下 jvm. options 文件中的"-Xms2g"和"-Xmx2g"参数注释掉,并重启 Elasticsearch。

5.6 扩展知识与阅读

文献[Rafal,2015]给出了路由选择方法、索引别名及其用途方面的叙述,给出了监控集群状态与健康状况的 API 的使用方法,并对常用的集群诊断工具进行了简介。同时,对一些问题的处理(如为什么靠后页面中的结果会比较慢,控制集群再平衡,验证查询等)也给出了建议。

5.7 本章小结

本章首先从配置文件方面介绍了 Elasticsearch 的基本配置。虽说默认的配置文件已经能够应付大多数情况，但了解有关 YML 配置文件的来龙去脉，还是很有必要的。除此之外，本章介绍了提高索引和查询效率的策略（如介绍了_routing 参数的使用），这在有些情况下是有用的。通过监控集群状态，可以使管理员了解集群的整体运行情况，这对及时发现可能存在的问题是很有必要的。而手动控制索引分片与副本分配，能更有效地调节集群状态，在很多情况下可能也是必须的。

Chapter 6

第6章

基于 Logstash 的日志处理

> "Logstash is an open source data collection engine with real-time pipelining capabilities. Logstash can dynamically unify data from disparate sources and normalize the data into destinations of your choice. Cleanse and democratize all your data for diverse advanced downstream analytics and visualization use cases. While logstash originally drove innovation in log collection, its capabilities extend well beyond that use case. Any type of event can be enriched and transformed with a broad array of input, filter, and output plugins, with many native codecs further simplifying the ingestion process. Logstash accelerates your insights by harnessing a greater volume and variety of data."——https://www.elastic.co/guide/en/logstash/current/introduction.html

随着大数据、大型综合网站以及 Web 2.0 技术的普及，越来越多的软件开发者需要处理海量的日志信息。网络日志分析旨在帮助网络管理员或搜索引擎开发者提升网络管理质量，提高搜索性能。例如，对于网络搜索日志而言，其记录的主要数据包括用户 ID、查询关键词、网页点击行为、行为发生时间和用户 IP 地址等信息。通过对日志的挖掘分析，可以挖掘用户的搜索模式，理解用户的搜索意图，进而在网站建设、信息推荐、个性化服务等方面向用户提供更好的服务。不论是搜索系统，还是广告或推荐系统，都越来越多地使用甚至依赖日志信息来帮助提升系统性能。另一方面，日志往往分散在各种服务/设备上，不同的服务可能会有不同种类的日志。日志数据集的共享机制也是工业界和学术界共同努力的方向。一般来说，日志数量巨大，共享并非易事。例如搜索引擎 Bing 一天的搜索日志占用的磁盘存储超过 TB 级别[廖振,2015]。人们期望不必通读日志，不必理解日志中的数据格式，就能从日志中挖掘出想要的隐藏在海量日志背后的知识。对于通常的日志处理技术而言，目前日志信息缺乏某种统一的格式，每个应用程序或设备都可以有自己的日志记录格式，这些数据格式众多，表达方式不同（如对时间戳的表示形式各异），从而导致对日志的搜索与挖掘很困难。对这些非中心化的海量日志信息而言，如何高效处理、挖掘其中的信息，变得越来越重要。通常采用的解决办法是在中央系统上由专门的日志服务器收集日志，这样可帮助用户通过 SSH 方式在多台服务器之间浏览查找信息。传统的日志系统接入周期较长，有时不是任何字段都可以搜索到，且处理速度比较慢，而且统计数据一般是预先聚合好的，无法按需实时计算，如果新增加一个分析维度，往往也要进行二次开发。当日志信息量越来越大时，从快速增长的海量日志数据流中提取所需信息，并将其与其他事件进行关联，可能将变得比较困难。

Elastic Stack 中的 Logstash 是一个能有效进行日志处理的工具，可以对日志进行收集、分析。Logstash 本身并不产生日志，它只是一个内置分析和转换工具的日志管理工具，是一个接收、处理、转发日志的“管道”。不同于分离的代理端或主机端，Logstash 可配置单一的代理端并与其他开源软件结合，以实现不同的功能。

Logstash 处理事件一般有三个阶段：输入 inputs，过滤 filters，输出 outputs。输入 inputs 产生事件。过滤 filters 修改这些事件。输出 outputs 将其转换输出到其他地方。输入 inputs 和输出 outputs 均支持 codecs，而 codecs 使得能够编码或解码数据。在输入和输出阶段，可以对进入或退出 Logstash 的数据进行编码或解码；在过滤阶段对日志进行分析、过滤。可见，Logstash 不但可以接受多种格式的日志输入，还可以解析日志，也可以将多种格式的日志输出到不同的目的地。例如，Logstash 可以将日志收集在一起交给 Elasticsearch，用 Elasticsearch 进行自定义搜索，并借助 Kibana 来进行分析结果的展示。

6.1 概述

提供几百种插件的 Logstash 可以方便地从几乎任何数据源中处理各种日志数据。经过转换，数据可变换为各种日志数据类型，也能方便地采用二次开发的插件，完善个性化处理。Logstash 5. x 和 Elasticsearch 5. x 是兼容的，提供离线插件安装、性能监控等，并且支持 Filebeat(安装在服务器上作为代理来解析和传输特定目录中日志文件的程序)。

图 6.1 引用了在官方网站上介绍 Logstash 的示意图。输入部分包括 tcp、file、syslog、kafka、rabbitmq(一种可复用的消息队列)、redis、stdin、twitter 等格式的数据；过滤部分包括 grok(使用模式匹配的数据抽取)、date(从字段中解析时间戳等)、csv、geoip(通过来访者的 IP 能定位其地理位置等信息)、kv 键值对、ruby 等；输出部分包括存储(如存储在 elasticsearch、mongodb、s3、file 中)、通知(如警报系统工具 pagerduty、开源的网络监视工具 nagios、提供分布式系统监视以及网络监视功能的 zabbix、email 等)、消息队列(如 tcp、kafka、redis、rabbitmq、syslog 等)。编码部分用于对数据流进行某种格式化处理，如 json、msgpack、plain 等，它可作为输入、输出流中的一部分，帮助分割或格式化数据。

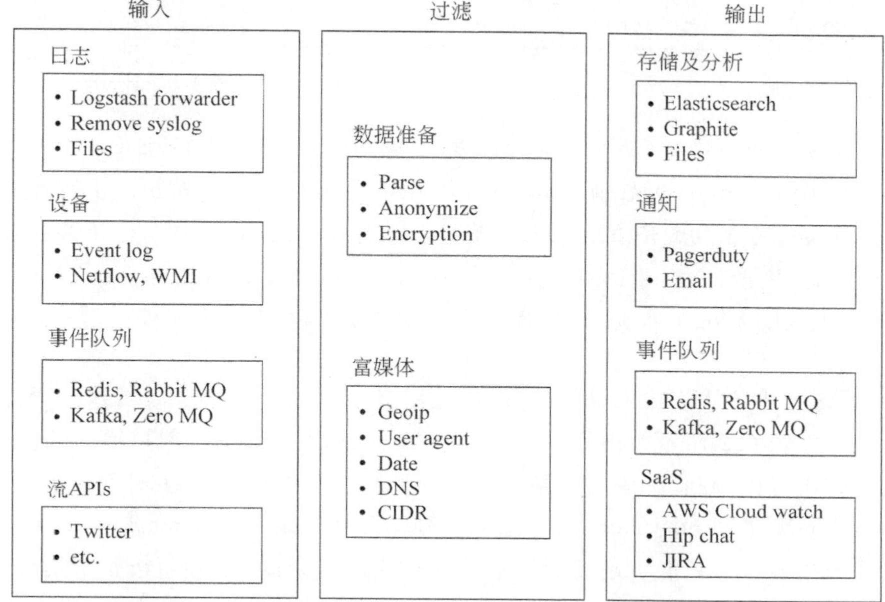

图 6.1 Logstash 输入、过滤、输出部分的示意图

为此，一般需要创建一个含有定义输入、输出等内容的配置文件，可以在文件内写入数据来源和目的地以及是否对日志数据进行某种格式转换等，并在启动 Logstash 时指定拟采用配置文件的名称。

代码段 6.1 给出 Logstash 的一种简易的配置文件，其设置的数据输入为从键盘输入的信息，输出的信息也在屏幕上显示（注：按照 Logstash 配置文件的规定，涉及 Logstash 和 Kibana 相关配置文件中的代码采用 # 标注的方式，# 后的文字是说明）。

```
#代码段 6.1: 在 Logstash 的配置文件中设置数据来源和输出目的地
input {           #数据来源地
    stdin{}       #stdin 是标准输入文件
}
output {          #输出目的地
    stdout{}      #stdout 是标准输出文件
}
```

在 Linux 或其他基于 Linux 的系统上可使用下面的命令，启动 bin 目录下的配置文件（这里是 conf.conf 文件）。这里的启动参数-f 的作用是指定一个 Logstash 配置文件，此例为 conf.conf。

```
./logstash -f ./conf.conf
```

> Tips：如果在 Windows 系统上运行此命令，则 Logstash 命令后面应首先加上 agent 参数作为 Logstash 的一个基础代理，如 logstash agent -f conf. conf。-f 参数意即"文件"，即使用指定的配置文件来运行 Logstash。运行 Logstash 还可以使用其他参数：-e 参数的作用是"执行"，如 logstash agent -e 'input {stdin{}} output{stdout{}}'。除此之外，还有-t、-l、-w、-p、-v 等参数，具体作用可参阅官方文档，在此不再赘述。

之后，系统会等待用户输入，用户可以通过键盘来输入一些字符。输入完毕之后，屏幕上会出现如类似图 6.2 所示的内容（其中的"hello world"字符串是用户输入的测试内容）。从返回的内容中可以看到，其输出结果中包含了用来标记事件的发生时间的@timestamp、标记事件发生在哪里的 hostname（注：图 6.2 测试环境中的 hostname 是 yuecy-N53SN）和使用者输入的内容。如果能看到类似的结果，则说明 Logstash 已经可以正常运行了。

```
yuecy@yuecy-N53SN:~$ cd /usr/logstash-5.0.0/bin
yuecy@yuecy-N53SN:/usr/logstash-5.0.0/bin$ ./logstash -f ./conf.conf
Sending Logstash logs to /usr/logstash-5.0.0/logs which is now configured via lo
g4j2.properties.
The stdin plugin is now waiting for input:
[2016-10-27T11:31:27,923][INFO ][logstash.pipeline        ] Starting pipeline {"
id"=>"main", "pipeline.workers"=>4, "pipeline.batch.size"=>125, "pipeline.batch.
delay"=>5, "pipeline.max_inflight"=>500}
[2016-10-27T11:31:27,958][INFO ][logstash.pipeline        ] Pipeline main starte
d
[2016-10-27T11:31:28,049][INFO ][logstash.agent           ] Successfully started
 Logstash API endpoint {:port=>9600}
hello world
2016-10-27T03:31:33.347Z yuecy-N53SN hello world
```

图 6.2　Logstash 运行界面

> Tips：Logstash 用{}来定义区域，支持常用的数据类型。Logstash 的 DSL——例如区域、注释、数据类型（布尔值、字符串、数值、数组、哈希）、条件判断、字段引用等——是 Ruby 风格的。

6.2　Input：处理输入的日志数据

可以把 Logstash 近似看成是一个对日志信息进行处理的"黑箱"或"管道"。由于日志数据的来源可以是多种多样的，因此可在 Logstash 中的 input 部分设置对不同来源的数据进行处理的方法。

> Tips：Logstash 可以多个不同的数据源作为日志输入端，如可以配置 beats、cloudwatch、couchdb_changes、drupal_dblog、elasticsearch、eventlog、exec、file、ganglia、gelf、gemfire、generator、github、graphite、heartbeat、heroku、http、http_poller、imap、irc、jdbc、jmx、kafka、kinesis、log4j、lumberjack、meetup、pipe、puppet_facter、rabbitmq、rackspace、redis、relp、rss、s3、salesforce、snmptrap、sqlite、sqs、stdin、stomp、syslog、tcp、twitter、udp、unix、varnishlog、websocket、wmi、xmpp、zenoss、zeromq 等多种来源的数据作为输入。通过使用过滤机制，可以允许编程人员修改、操纵这些数据和事件。限于篇幅，本章只对部分插件的可用参数、配置和命令进行简介。

6.2.1 处理基于 file 方式输入的日志信息

修改代码段 6.1，通过 file 方式，可以从指定的文件中读取数据并输入到 Logstash。基于这一特性，可以监控某些程序的日志文件(要求这些日志文件的格式是以行来组织的)。例如，可以修改代码段 6.1 为如下内容(见代码段 6.2)。

```
#代码段 6.2: Logstash 的形式化配置文件,设计基于 file 方式读取指定文件
input {
  file {
    codec=>...                    #可选项,默认是 plain,可通过这个参数设置编码方式
    discover_interval=>...        #可选项,指 Logstash 隔多久去检查被监听的路径下是
                                   否有新文件,默认 15s
    exclude=>...                  #可选项,不想被监听的文件可在这里指定
    path=>...                     #必选项,指定需处理的文件路径
    sincedb_path=>...             #可选项,如果不想用默认的 $ HOME/.sincedb*,可在
                                   这里定义文件到其他位置
    sincedb_write_interval=>...   #可选项,指 Logstash 每隔多久写一次 sincedb 文件,
                                   默认 15s
    start_position=>...       #可选项,["beginning", "end"]的其中之一,指 Logstash 从
                               什么位置开始读取文件数据,默认为 end,如要导入原有数据,
                               将其设定改成 beginning,Logstash 就从头开始读取
    stat_interval=>...        #可选项,指 Logstash 隔多久检查一次被监听文件状态是否有
                               更新,默认 1s
```

```
        tags=>...#可选项
        type=>...#可选项
        #其他选项,略
    }
}
```

依照这种方式，这里给出一个配置文件实例，见图 6.3。在这里指定了待处理的日志文件的路径(其中的参数 start_position 设为 beginning，意为从该文件的头开始处理)。输出目的地包括 Elasticsearch，在图 6.4 中显示文件内容已经输出到 Elasticsearch 的索引中。

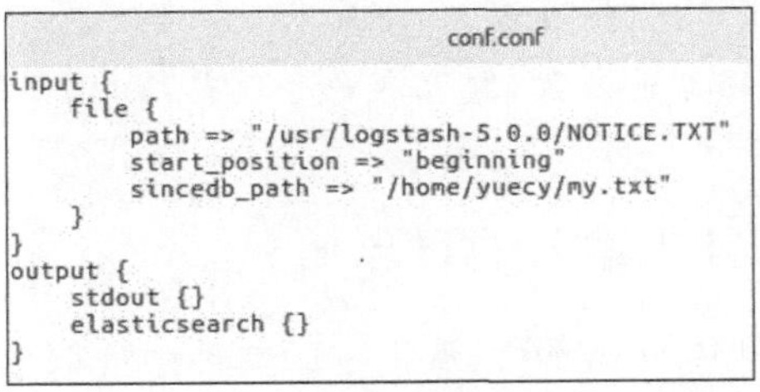

```
conf.conf
input {
    file {
        path => "/usr/logstash-5.0.0/NOTICE.TXT"
        start_position => "beginning"
        sincedb_path => "/home/yuecy/my.txt"
    }
}
output {
    stdout {}
    elasticsearch {}
}
```

图 6.3　conf.conf 配置文件

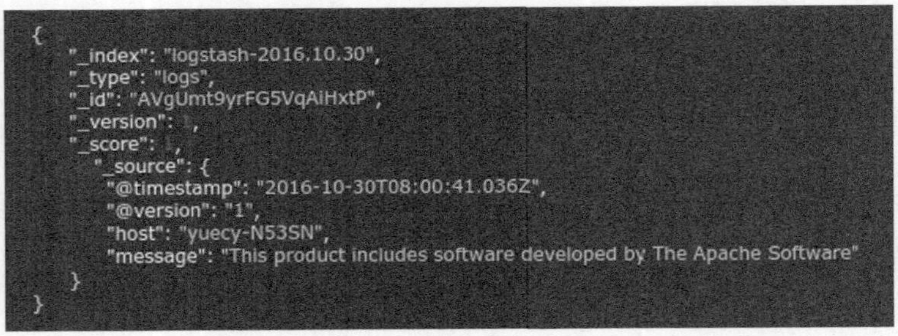

```
{
    "_index": "logstash-2016.10.30",
    "_type": "logs",
    "_id": "AVgUmt9yrFG5VqAiHxtP",
    "_version": 1,
    "_score": 1,
      "_source": {
        "@timestamp": "2016-10-30T08:00:41.036Z",
        "@version": "1",
        "host": "yuecy-N53SN",
        "message": "This product includes software developed by The Apache Software"
    }
}
```

图 6.4　输出到 Elasticsearch 中的文件信息

6.2.2　处理基于 generator 产生的日志信息

Generator 可产生指定的或随机的数据流，代码段 6.3 给出在 input 段中使用 generator 的方法，数据输出则是用 stdout()方法在屏幕上输出，实际效果如图 6.5 所示(图 6.5 的左侧是配置文件，请注意这里的 lines 和 count 的用法，图 6.5 的右侧是实际执行效果)。

```
#代码段 6.3: Logstash 的形式化配置文件,设计基于 generator 的日志输入
input {
  generator {
```

```
    codec=>...          #可选项，默认 plain
    count=>...          #可选项，默认 0,可设置发送多少次,默认不限制
    lines=>...          #可选项,可以数组格式顺序发送
    message=>...        #可选项,可写成指定字符串,默认 Hello World!
    tags=>...           #可选项,标记日志,可用于后续处理工作
    threads=>...        #可选项，默认 1,可以设置用来发送日志信息的线程数
    type=>...           #可选项,默认是 string 类型
  }
}
```

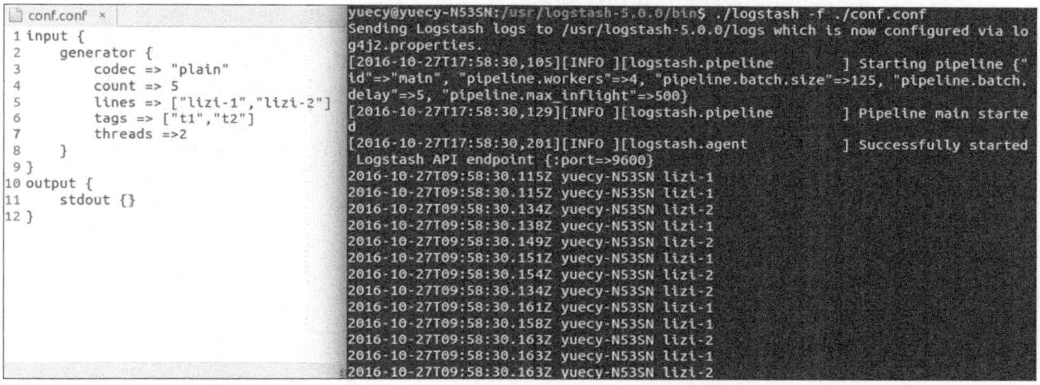

```
conf.conf
input {
    generator {
        codec => "plain"
        count => 5
        lines => ["lizi-1","lizi-2"]
        tags => ["t1","t2"]
        threads =>2
    }
}
output {
    stdout {}
}
```

```
yuecy@yuecy-N53SN:/usr/logstash-5.0.0/bin$ ./logstash -f ./conf.conf
Sending Logstash logs to /usr/logstash-5.0.0/logs which is now configured via log4j2.properties.
[2016-10-27T17:58:30,105][INFO ][logstash.pipeline        ] Starting pipeline {"id"=>"main", "pipeline.workers"=>4, "pipeline.batch.size"=>125, "pipeline.batch.delay"=>5, "pipeline.max_inflight"=>500}
[2016-10-27T17:58:30,129][INFO ][logstash.pipeline        ] Pipeline main started
[2016-10-27T17:58:30,201][INFO ][logstash.agent           ] Successfully started Logstash API endpoint {:port=>9600}
2016-10-27T09:58:30.115Z yuecy-N53SN lizi-1
2016-10-27T09:58:30.115Z yuecy-N53SN lizi-1
2016-10-27T09:58:30.134Z yuecy-N53SN lizi-2
2016-10-27T09:58:30.138Z yuecy-N53SN lizi-1
2016-10-27T09:58:30.149Z yuecy-N53SN lizi-2
2016-10-27T09:58:30.151Z yuecy-N53SN lizi-1
2016-10-27T09:58:30.154Z yuecy-N53SN lizi-2
2016-10-27T09:58:30.134Z yuecy-N53SN lizi-2
2016-10-27T09:58:30.161Z yuecy-N53SN lizi-1
2016-10-27T09:58:30.158Z yuecy-N53SN lizi-1
2016-10-27T09:58:30.163Z yuecy-N53SN lizi-2
2016-10-27T09:58:30.163Z yuecy-N53SN lizi-1
2016-10-27T09:58:30.163Z yuecy-N53SN lizi-2
```

图 6.5　基于 generator 的日志输入及实际输出

6.2.3　处理基于 log4j 的日志信息

通过在 Logstash 的配置文件的 input 部分配置有关 log4j 的部分，可将 log4j 的日志信息通过 TCP Socket，从 socket appender 输出到 Logstash 里。代码段 6.4 给出了在 Logstash 端处理基于 log4j 的日志信息的配置文件情况。

```
#代码段 6.4: Logstash 的形式化配置文件,设计基于 log4j 的日志输入
input {
  log4j {
    codec=>...     #可选项,默认 plain
    host=>...      #可选项,默认 0.0.0.0
    mode=>...     #string 类型的可选项,是["server", "client"]其中之一,默认"server"
    port=>...      #可选项,默认 4560
    tags=>...      #可选项,标记日志,可用于后续处理工作
```

```
    type=>...          #可选项,默认 string 类型
  }
}
```

下面的代码段 6.5 给出了处理基于 log4j 日志数据的方法。首先，要在 Java 程序中添加 log4j 的 JAR 包并进行设置，如图 6.6 所示，以便将在 log4j 中输出的信息作为 Logstash 的日志数据输入流。其次，使用 log4j 的 JAR 包中提供的功能，设计有关处理日志信息的 Java 应用程序，实现代码如代码段 6.5 所示。

```
//代码段 6.5: 在 Java 应用程序中设计处理日志数据的方法
import org.apache.log4j.Logger;                //添加相应的包
//添加其他的包文件,略
public class HelloLiZi {
    private static Logger LOG=Logger.getLogger(HelloLiZi.class);
    public static void main(String[] args) {
    for(int i=0;i<=100;i+=3)
        LOG.info("example---"+i);
    }
}
```

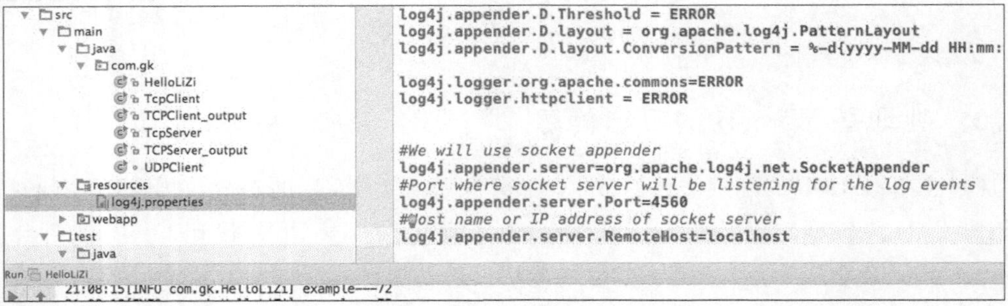

图 6.6 设置 log4j 的相关属性

Tips：套接字输出(socket appender)用于将日志数据通过 TCP 协议发送给远程服务器，socket appender 会与远程服务器建立 Socket 连接并将信息封装为 LoggingEvent 对象，串行化后发送给对方，输出类为 org. apache. log4j. net. SocketAppender，如图 6.6 所示。

运行程序后，将基于 log4j 产生的输出数据作为 Logstash 的输入信息。图 6.7 是经过 Logstash 后的输出信息。

```
bin — java -XX:+UseParNewGC -XX:+UseConcMarkSweepGC -Djava.awt
           "path" => "com.gk.HelloLiZi",
       "priority" => "INFO",
    "logger_name" => "com.gk.HelloLiZi",
         "thread" => "main",
          "class" => "?",
           "file" => "?:?",
         "method" => "?",
           "host" => "127.0.0.1:52613"
}
{
        "message" => "example---99",
       "@version" => "1",
     "@timestamp" => "2016-10-07T13:08:42.216Z",
      "timestamp" => 1475845722215,
           "path" => "com.gk.HelloLiZi",
       "priority" => "INFO",
    "logger_name" => "com.gk.HelloLiZi",
         "thread" => "main",
          "class" => "?",
           "file" => "?:?",
         "method" => "?",
           "host" => "127.0.0.1:52613"
}
```

图 6.7 经过 logstash 后的输出信息

6.2.4 处理基于 redis 的日志信息

Logstash 也可从 redis 实例中获取日志。通过在 Logstash 的配置文件中使用 redis 部分，可以将 redis 中的日志信息输出到 Logstash 里。

> Tips：redis 是一个 key-value 存储系统，支持存储的 value 类型包括 string、list、set、hash 等。为了保证效率，数据都是缓存在内存中。

代码段 6.6 给出了在 Logstash 端的配置文件情况。需要说明如下几点：

- data_type：在配置文件中通过设定它来指定 Logstash 即将处理的 redis 数据源是 list 形式的还是 channel 或 patten_channel 形式的。
- key：由于 redis 是一个基于 key-value 的存储系统，因此在进行数据处理时，要设定数据的 key。如果 data_type 选择的是 list 形式，这个 key 就是这个 list 的名字；如果 data_type 选择的是 channel 形式，这个 key 就是这个 channel 的名字。redis 相当于消息的发布方，而 Logstash 则是订阅消息的一方。

```
#代码段 6.6: Logstash 形式化配置文件,配置 redis 输入数据流
input {
  redis {
    add_field=>...              #hash,可选项,默认 {}
    batch_count=>...            #number,可选项,默认 1
    codec=>...                  #codec,可选项,默认 json
    data_type=>...              #string,可选项,是["list", "channel", "pattern_
                                 channel"]其中之一
    db=>...                     #number,可选项,默认 0
    host=>...                   #可选项,默认 127.0.0.1
    key=>...                    #string,可选项
    password=>...               #可选项
    port=>...                   #可选项,默认 6379
    tags=>...                   #可选项,标记日志,可用于后续处理工作
    threads=>...                #number (可选), 默认 1
    timeout=>...                #number (可选), 默认 5
    type=>...                   #可选项,默认 string 类型
  }
}
```

下面给出基于 redis 的日志数据应用实例。首先安装配置好 redis(不再赘述步骤)，启动 redis 服务器端，在 redis 配置文件中设置服务器端密码、端口号等(默认端口号 6379)。启动服务端后，可使用客户端测试。当确保 redis 正常启动以后，可在 redis 端设置日志数据流。

1. 测试基于 list 的日志数据流

首先测试基于 list 的日志数据流。图 6.8 给出 Logstash 的配置文件，图左侧的数值表示行号，其中第 6 行指明输入的数据是来源自 redis 的基于 list 的数据；第 9 行指明 key 值是“msg”；第 10 行指明此 redis 服务器端密码是“123456”；其他的采用默认值即可。

> Tips：在 logstash 2. x 以及之前的版本中，图 6.8 中第 5 行配置信息 codec 的默认值为 plain；而在 logstash 5. 0 版本中，codec 的默认值变为 json，但仍可以将其配置成 codec=>“plain”。

在尚未启动 Logstash 前，可先测试一下 redis 的运行情况。在图 6.9 左侧图中的第一条命令是启动 redis 客户端，之后通过 rpush 命令向名为“msg”的 list 中插入了三个 value

```
input {
    redis {
        # add_field => ... # hash，可选项，默认{}
        batch_count => 2 # number，可选项，默认1
        # codec => ... # 可选项，默认是"json"
        data_type => "list" # 可选字符串，["list","channel","pattern_channel"]
        # db => ... # number，可选项，默认0
        host => "127.0.0.1" # 可选项，默认0.0.0.0
        key => "msg" # string，可选项
        password => "123456" # 可选项
        # port => ... # 可选项，默认6379
        # tags => ... # 可选项，标记日志，可用于后续处理工作
        # threads => ... # number(可选)，默认：1
        # timeout => ... # number(可选)，默认：5
        # type => ... # 可选项，默认是string类型
    }
}
output {
    stdout {}
}
```

图 6.8 Logstash 的配置

(分别是“hello”“world”“Logstash”)，从图 6.9 的左图可以看出，它们分别顺序地插入到了名称为“msg”的 list 中。

> Tips：rpush key value [value ...]是 redis 的命令，作用是将一个或多个值 value 插入到列表 key 的表尾(最右边)。

之后，启动 Logstash，则在图 6.9 的右侧可以看到 redis 中的数据(即 msg 中的“hello”“world”“Logstash”等字符串)已经通过 Logstash 显示在屏幕上，此时 msg 这个 list 中的数据流被清空。之后，通过 rpush 命令输入新的字符串“Redis”(注：此时 msg 这个 list 中的数据流数量是 1 条)。由于此时 Logstash 已启动，因此这个输入的数据(即“Redis”字符串)会

```
yuecy@yuecy-N53SN:/usr/redis-3.2.3/src$ ./redis-cli
127.0.0.1:6379> rpush msg "hello"
(integer) 1
127.0.0.1:6379> rpush msg "world"
(integer) 2
127.0.0.1:6379> rpush msg "Logstash"
(integer) 3
127.0.0.1:6379> rpush msg "Redis"
(integer) 1
127.0.0.1:6379> lrange msg 0 -1
(empty list or set)
127.0.0.1:6379>
```

```
yuecy@yuecy-N53SN:/usr/logstash-5.0.0/bin$ ./logstash -f
Sending Logstash logs to /usr/logstash-5.0.0/logs which i
g4j2.properties.
[2016-10-28T16:20:25,831][INFO ][logstash.inputs.redis
identity=>"redis://@127.0.0.1:6379/0 list:msg"}
[2016-10-28T16:20:25,852][INFO ][logstash.pipeline
id"=>"main", "pipeline.workers"=>4, "pipeline.batch.size"
delay"=>5, "pipeline.max_inflight"=>500}
[2016-10-28T16:20:25,885][INFO ][logstash.pipeline
d
[2016-10-28T16:20:25,985][INFO ][logstash.agent
 Logstash API endpoint {:port=>9600}
2016-10-28T08:20:26.002Z %{host} hello
2016-10-28T08:20:26.007Z %{host} world
2016-10-28T08:20:26.008Z %{host} Logstash
2016-10-28T08:20:38.354Z %{host} Redis
```

图 6.9 redis 端的数据情况(左图)及基于 list 方式的 Logstash 处理后的结果(右图)

经 Logstash 显示在屏幕上(如图 6.9 右图所示)。此时,redis 端的名为 msg 的这个 list 中的数据流被清空(可使用 lrange msg 0 -1 命令查看这个 msg 中的 value 情况,如图 6.9 左图倒数第三行所示。结果显示这个 list 为空,如图 6.9 左图倒数第二行所示),因为数据流已经由 Logstash 这个管道流向了屏幕端(如图 6.9 右图倒数第一行所示)。

2. 测试基于 channel 的日志数据流

基于消息订阅机制,在 redis 中也可使用 publish channel message 命令,将信息 message 发送到指定的频道 channel。修改图 6.8 的第 6 行代码,改为输入数据来源自 redis 的基于 channel 的数据,其他的采用默认值或者类似于图 6.8 中的设置即可。

> Tips: redis 通过 publish 命令向给定的频道发布信息,返回值为接收到信息的订阅者数量。

之后,启动 Logstash。在 redis 的客户端通过 publish 命令向名为 msg 的这个 channel 发布信息,如图 6.10 左图所示。此例中,第一次发布的消息是字符串“China”,下方显示的数字 1 表示有一个订阅者(注:这个订阅者就是 Logstash,如图 6.10 右侧所示,这个输入到 channel 的信息已经由 Logstash 订阅到并显示到屏幕)。同理,可依次在 redis 端发布“Japan”“USA”等字符串(即消息,如图 6.10 左图第 5 行和第 7 行所示),它们分别经由 Logstash 这个管道显示在屏幕上,如图 6.10 右图倒数第 2 行和倒数第 1 行所示。

```
yuecy@yuecy-N53SN:~$ cd /usr/redis-3.2.3/src
yuecy@yuecy-N53SN:/usr/redis-3.2.3/src$ ./redis-cli
127.0.0.1:6379> publish msg "China"
(integer) 1
127.0.0.1:6379> publish msg "Japan"
(integer) 1
127.0.0.1:6379> publish msg "USA"
(integer) 1
127.0.0.1:6379>
```

```
yuecy@yuecy-N53SN:~$ cd /usr/logstash-5.0.0/bin
yuecy@yuecy-N53SN:/usr/logstash-5.0.0/bin$ ./logstash -f
Sending Logstash logs to /usr/logstash-5.0.0/logs which is
g4j2.properties.
[2016-10-28T18:21:01,202][INFO ][logstash.inputs.redis
identity=>"redis://@127.0.0.1:6379/0 channel:msg"}
[2016-10-28T18:21:01,221][INFO ][logstash.pipeline
id"=>"main", "pipeline.workers"=>4, "pipeline.batch.size"=
delay"=>5, "pipeline.max_inflight"=>500}
[2016-10-28T18:21:01,250][INFO ][logstash.pipeline
d
[2016-10-28T18:21:01,279][INFO ][logstash.inputs.redis
=>"msg", :count=>1}
[2016-10-28T18:21:01,337][INFO ][logstash.agent
 Logstash API endpoint {:port=>9600}
2016-10-28T10:21:39.624Z %{host} China
2016-10-28T10:21:47.197Z %{host} Japan
2016-10-28T10:21:52.557Z %{host} USA
```

图 6.10 Redis 端的数据情况(左图)及基于 channel 方式的 Logstash 处理后的结果(右图)

6.2.5 处理基于 stdin 方式输入的信息

这里处理基于 stdin 输入方式来得到的日志信息。Logstash 可以获取标准输入流,这也是本章开头在入门介绍中使用的方法(如代码段 6.1 所示),这里不再赘述。

6.2.6 处理基于 TCP 传输的日志数据

Logstash 可以从 TCP Socket 中获取日志数据。像 stdin 和 file 方法一样，这里假定每一行是一个日志。

> Tips：TCP 是因特网中的传输层协议，使用三次握手协议建立连接。当主动方发出 syn 连接请求后，等待对方回答 syn+ack，并最终确认对方的 syn 执行 ack。

代码段 6.7 给出基于 TCP 传输到输入端的 Logstash 的配置文件。

```
#代码段 6.7：Logstash 形式化配置文件，处理基于 tcp 传输的日志数据
input {
  tcp {
    add_field=>...                #hash，可选项，默认{}
    codec=>...                    #可选项，默认 line
    host=>...                     #可选项，默认 0.0.0.0
    mode=>...             #必须是["server", "client"]其中之一，可选项，默认是 server
    port=>...                     #必选项，端口号，需和通信的另一端的端口号匹配
    ssl_cert=>...                 #一个可用的文件系统路径，可选项
    ssl_enable=>...               #boolean，可选项，默认 false
    ssl_key=>...                  #一个可用的文件系统路径，可选项
    ssl_key_passphrase=>...       #密码，可选项，默认 nil
    ssl_verify=>...               #boolean，可选项，默认 true
    tags=>...                     #array，可选项
    type=>...                     #string，可选项
  }
}
```

1. 将 Logstash 的 input 部分作为 Client 模式

首先，设计 Java 应用程序并使之充当 Server 端(用于发送信息的程序实现方法如代码段 6.8 所示)。作为 Client 端的 Logstash 则基于 TCP 协议，接收来自这个 Server 端传来的信息并显示之。

```
//代码段 6.8：Java 应用程序(Server 端)
import java.io.*;
import java.net.ServerSocket;
import java.net.Socket;
```

```
public class TcpServer {
    public static void main(String[] args) throws IOException,Interrupted_
    Exception {
        ServerSocket serverSocket=new ServerSocket(5656);   //设定端口号
        for(int i=0;i<=3;i++){        //循环 4 次,结果如图 6.12 下图所示
            Socket socket=serverSocket.accept();          //阻塞等待消息
            OutputStream outputStream=socket.getOutputStream();
            outputStream.write(("Welcome, logstash"+i).getBytes());
            outputStream.close();
             Thread.slppe(999999);
            socket.close();
        }
        serverSocket.close();
    }
}
```

其次，设计 Logstash 端的配置如图 6.11 所示，注意这里的第 4 行 mode 是设定 Logstash 作为 client；第 5 行指定的端口号要和代码段 6.8 中 ServerSocket serverSocket＝new ServerSocket(5656)语句设置的端口号匹配。

```
conf.conf ×
1 input {
2     tcp {
3         host => "localhost" # string (可选), 默认:"0.0.0.0"
4         mode => "client" # 指定Logstash是Client模式
5         port => 5656 # 要和Server端指定的端口号匹配
6     }
7 }
8 output {
9     stdout {}
10 }
```

图 6.11　Logstash 配置

最后，依次启动 Java 应用程序（即启动 Server 端，如图 6.12 上图所示）、Logstash（即开启 Client 端，如图 6.12 下图所示）。按照代码段 6.8 中的设计思路，Server 端发送指定的字符串，可看到由 Server 端发出的信息已经经过 Logstash 这个管道流向了屏幕（即 Client 端，如图 6.12 下图所示）。

2. 将 Logstash 的 input 部分作为 Server 模式

首先，设计 Java 应用程序并使之作为 Client 端（如代码段 6.9 所示），将 Logstash 的 input 部分作为 Server 模式。

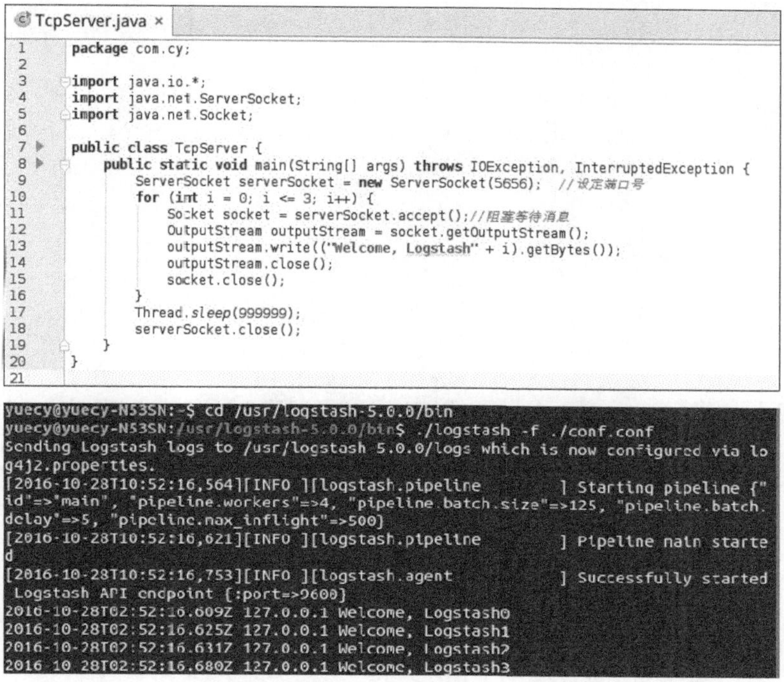

```
TcpServer.java ×
package com.cy;

import java.io.*;
import java.net.ServerSocket;
import java.net.Socket;

public class TcpServer {
    public static void main(String[] args) throws IOException, InterruptedException {
        ServerSocket serverSocket = new ServerSocket(5656);  //设定端口号
        for (int i = 0; i <= 3; i++) {
            Socket socket = serverSocket.accept();//阻塞等待消息
            OutputStream outputStream = socket.getOutputStream();
            outputStream.write(("Welcome, Logstash" + i).getBytes());
            outputStream.close();
            socket.close();
        }
        Thread.sleep(999999);
        serverSocket.close();
    }
}
```

```
yuecy@yuecy-N53SN:~$ cd /usr/logstash-5.0.0/bin
yuecy@yuecy-N53SN:/usr/logstash-5.0.0/bin$ ./logstash -f ./conf.conf
Sending Logstash logs to /usr/logstash 5.0.0/logs which is now configured via lo
g4j2.properties.
[2016-10-28T10:52:16,564][INFO ][logstash.pipeline        ] Starting pipeline {"
id"=>"main", "pipeline.workers"=>4, "pipeline.batch.size"=>125, "pipeline.batch.
delay"=>5, "pipeline.max_inflight"=>500}
[2016-10-28T10:52:16,621][INFO ][logstash.pipeline        ] Pipeline main starte
d
[2016-10-28T10:52:16,753][INFO ][logstash.agent           ] Successfully started
 Logstash API endpoint {:port=>9600}
2016-10-28T02:52:16.609Z 127.0.0.1 Welcome, Logstash0
2016-10-28T02:52:16.625Z 127.0.0.1 Welcome, Logstash1
2016-10-28T02:52:16.631Z 127.0.0.1 Welcome, Logstash2
2016-10-28T02:52:16.680Z 127.0.0.1 Welcome, Logstash3
```

图 6.12　Server 端设置(上图)及 Client 端输出(下图)

```
//代码段 6.9: Java Client 端设计
import java.io.*;
import java.net.InetAddress;
import java.net.Socket;
public class TcpClient {
    public static void main(String[] args) {
        DataoutputStream dos=null;
        BufferedReader brNet=null;
        BufferedReader brKey=null;
        Socket s=null;
        try {
            //建立 Socket
            s=new Socket(InetAddress.getByName("localhost"), 5656);
            InputStream ips=s.getinputStream();
            OutputStream ops=s.getoutputStream();
            brKey=new BufferedReader(new inputStreamReader(System.in));
            dos=new DataOutputStream(ops);
```

```
            brNet=new BufferedReader(new inputStreamReader(ips));
            while (true) {
                String strWord=brKey.readLine();
                dos.writeBytes(strWord+System.getProperty("line.separator"));
                if (strWord.equalsIgnoreCase("quit"))
                    break;
                else
                    System.out.println(strWord);
            }
        }
//后略
```

其次，设计 Logstash 端的配置信息，如图 6.13 所示，注意这里的第 4 行是设定 Logstash 作为 Server；第 5 行指定的端口号要和代码段 6.9 中的 new Socket(InetAddress.getByName("localhost"),5656)设置相匹配。

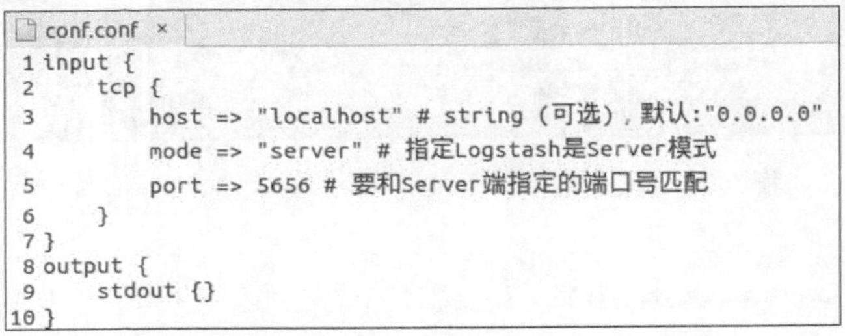

```
conf.conf ×
1 input {
2     tcp {
3         host => "localhost" # string (可选), 默认:"0.0.0.0"
4         mode => "server" # 指定Logstash是Server模式
5         port => 5656 # 要和Server端指定的端口号匹配
6     }
7 }
8 output {
9     stdout {}
10 }
```

图 6.13　Logstash 配置

最后，依次启动 Logstash(开启 Server 端)、启动作为 Client 端的 Java 应用程序。在 Client 端输入一些字符(如图 6.14 左侧所示)，它们会经由 Logstash 这个管道输送到屏幕上显示，如图 6.14 右侧所示。可见，在图左侧输入的字符会经 Logstash 在屏幕上显示。

```
Run TcpClient
/usr/jdk/j
hello
hello
gaoshen
gaoshen
```

```
2016-10-28T03:04:59.813Z 127.0.0.1 GET / HTTP/1.1
2016-10-28T03:04:59.817Z 127.0.0.1 Host: localhost:5656
2016-10-28T03:04:59.817Z 127.0.0.1 Connection: keep-alive
2016-10-28T03:04:59.818Z 127.0.0.1 Cache-Control: max-age=0
2016-10-28T03:04:59.818Z 127.0.0.1 Upgrade-Insecure-Requests: 1
2016-10-28T03:04:59.819Z 127.0.0.1 User-Agent: Mozilla/5.0 (X11; Linux x86_64) A
ppleWebKit/537.36 (KHTML, like Gecko) Ubuntu Chromium/51.0.2704.79 Chrome/51.0.2
704.79 Safari/537.36
2016-10-28T03:04:59.819Z 127.0.0.1 Accept: text/html,application/xhtml+xml,appli
cation/xml;q=0.9,image/webp,*/*;q=0.8
2016-10-28T03:04:59.820Z 127.0.0.1 Accept-Encoding: gzip, deflate, sdch
2016-10-28T03:04:59.820Z 127.0.0.1 Accept-Language: zh-CN,zh;q=0.8
2016-10-28T03:04:59.821Z 127.0.0.1
2016-10-28T03:05:00.606Z 127.0.0.1 hello
2016-10-28T03:05:07.949Z 127.0.0.1 gaoshen
```

图 6.14　运行结果

6.2.7 处理基于 UDP 传输的日志数据

和基于 TCP 的信息传输过程类似，Logstash 也可从 UDP Socket 中获取数据。代码段 6.10给出在 Logstash 配置文件中配置基于 UDP 传输数据流的方法，图 6.15 给出了实际的 Logstash 配置。

> Tips：UDP 是用户数据报协议，是一个简单的面向数据报的运输层协议。由于 UDP 在传输数据报前不用在客户和服务器之间建立连接且没有超时重发等机制，故而传输速度相对较快。

#代码段 6.10：基于 UDP 的 Logstash 形式化配置文件

```
input {
  udp {
    add_field=>...              #hash (可选), 默认{}
    buffer_size=>...            #number (可选), 默认 8192
    codec=>...                  #codec (可选), 默认 plain
    host=>...                   #string (可选), 默认 0.0.0.0
    port=>...                   #number (必选)
    queue_size=>...             #number (可选), 默认 2000
    tags=>...                   #array (可选)
    type=>...                   #string (可选)
    workers=>...                #number (可选), 默认 2
  }
}
```

```
conf.conf ×
input {
    udp {
        host => "localhost" # string (可选), 默认:"0.0.0.0"
        port => 5656 # 要和client端指定的端口号匹配
    }
}
output {
    stdout {}
}
```

图 6.15 基于 UDP 的 Logstash 配置文件

为验证运行效果，这里设计了基于 Java 的应用程序（如代码段 6.11 所示。注意 Java 应用程序中的端口号应和 Logstash 配置文件中的端口号一致）。依次启动 Logstash 和 Java 应用程序 UDPClient，实际运行效果如图 6.16 所示。从图中可看出，输入的信息（图 6.16 的左部）以 UDP 的方式经过 Logstash 这个管道显示在屏幕上（图 6.16 的右部）。

```
//代码段 6.11: 测试程序
import java.io.*;
import java.net.*;
class UDPClient {
    public static void main(String[] args) throws IOException {
        DatagramSocket client=new DatagramSocket();
        InetAddress addr=InetAddress.getByName("localhost");
        int port=5656;
        while (true) {
            byte[] send=new BufferedReader(new inputStreamReader(System.
            in)).readLine().getBytes();
            DatagramPacket sendPacket
                    =new DatagramPacket(send, send.length, addr, port);
            client.send(sendPacket);
        }
    }
}
```

```
Run UDPClient
/usr/jdk/jdk1.8.0_77/
hello
world
this is an example

[2016-10-28T11:14:44,756][INFO ][logstash.agent
 Logstash API endpoint {:port=>9600}
2016-10-28T03:15:47.634Z 127.0.0.1 hello
2016-10-28T03:15:52.651Z 127.0.0.1 world
2016-10-28T03:16:01.577Z 127.0.0.1 this is an example
```

图 6.16　基于 UDP 的信息输入处理

6.3　codecs: 格式化日志数据

在 Logstash 中，codecs(源自 coder/decoder 两个单词的首字母缩写)部分可用于格式化日志数据。codecs 可使得 Logstash 更方便地与其他自定义数据格式的产品共存，如 graphite(开源的存储图形化展示的组件)、fluent、netflow、collectd(守护进程，是一种收集系统性能和提供各种存储方式来存储不同值的机制)，以及使用 msgpack、json 等通用数据格式的其他产品。

Tips: codecs 有针对 avro、cef、cloudfront、cloudtrail、collectd、compress_spooler、dots、edn、edn_lines、es_bulk、fluent、graphite、gzip_lines、json、json_lines、line、msgpack、multiline、netflow、nmap、oldlogstashjson、plain、rubydebug、s3_plain 等多种数据来源的插件，可格式化相应的数据。

本节主要介绍对 json、plain 等的用法。

6.3.1 JSON 格式

可利用 codecs 机制来解析 JSON 格式的日志数据(如 JSON 流式数据是以"\n"来分割的,可参考 json_lines 方式)。代码段 6.12 所示是 codecs 可采用的字符集形式。

```
#代码段 6.12: Logstach 形式化配置文件,使用 codecs
input {
  file {
    codec=>json {
      charset=>... #string,必须是 ["ASCII-8BIT", "Big5", "Big5-HKSCS", "Big5-UAO", "CP949", "Emacs-Mule", "EUC-JP", "EUC-KR", "EUC-TW", "GB18030", "GBK", "ISO-8859-1", "ISO-8859-2", "ISO-8859-3", "ISO-8859-4", "ISO-8859-5", "ISO-8859-6", "ISO-8859-7", "ISO-8859-8", "ISO-8859-9", "ISO-8859-10", "ISO-8859-11", "ISO-8859-13", "ISO-8859-14", "ISO-8859-15", "ISO-8859-16", "KOI8-R", "KOI8-U", "Shift_JIS", "US-ASCII", "UTF-8", "UTF-16BE", "UTF-16LE", "UTF-32BE", "UTF-32LE", "Windows-1251", "GB2312", "IBM437", "IBM737", "IBM775", "CP850", "IBM852", "CP852", "IBM855", "CP855", "IBM857", "IBM860", "IBM861", "IBM862", "IBM863", "IBM864", "IBM865", "IBM866", "IBM869", "Windows-1258", "GB1988", "macCentEuro", "macCroatian", "macCyrillic", "macGreek", "macIceland", "macRoman", "macRomania", "macThai", "macTurkish", "macUkraine", "CP950", "CP951", "stateless-ISO-2022-JP", "eucJP-ms", "CP51932", "GB12345", "ISO-2022-JP", "ISO-2022-JP-2", "CP50220", "CP50221", "Windows-1252", "Windows-1250", "Windows-1256", "Windows-1253", "Windows-1255", "Windows-1254", "TIS-620", "Windows-874", "Windows-1257", "Windows-31J", "MacJapanese", "UTF-7", "UTF8-MAC", "UTF-16", "UTF-32", "UTF8-DoCoMo", "SJIS-DoCoMo", "UTF8-KDDI", "SJIS-KDDI", "ISO-2022-JP-KDDI", "stateless-ISO-2022-JP-KDDI", "UTF8-SoftBank", "SJIS-SoftBank", "BINARY", "CP437", "CP737", "CP775", "IBM850", "CP857", "CP860", "CP861", "CP862", "CP863", "CP864", "CP865", "CP866", "CP869", "CP1258", "Big5-HKSCS:2008", "eucJP", "euc-jp-ms", "eucKR", "eucTW", "EUC-CN", "eucCN", "CP936", "ISO2022-JP", "ISO2022-JP2", "ISO8859-1", "CP1252", "ISO8859-2", "CP1250", "ISO8859-3", "ISO8859-4", "ISO8859-5", "ISO8859-6", "CP1256", "ISO8859-7", "CP1253", "ISO8859-8", "CP1255", "ISO8859-9", "CP1254", "ISO8859-10", "ISO8859-11", "CP874", "ISO8859-13", "CP1257", "ISO8859-14", "ISO8859-15", "ISO8859-16", "CP878", "CP932", "csWindows31J", "SJIS", "PCK", "MacJapan", "ASCII", "ANSI_X3.4-1968", "646", "CP65000", "CP65001", "UTF-8-MAC", "UTF-8-HFS", "UCS-2BE", "UCS-4BE", "UCS-4LE", "CP1251", "external", "locale"]其中之一 (可选), 默认: "UTF-8"
    }
  }
}
```

下面给出 codecs 和 output 一起使用的例子。图 6.17 的 Logstash 配置文件给出在 output 中指定的数据格式为 JSON，之后运行 Logstash，则用户输入的字符串就会以 JSON 格式显示出来，如图 6.18 所示。图中所示为分别输入了“helloworld”字符串和“this is an example”字符串后的情况，从图中反馈的信息可以看出，输入的字符串都被解析为 JSON 格式的数据了。

```
conf.conf ×
input {
    stdin{

    }
}
output {
    stdout {codec => json}
}

```

图 6.17　Logstash 配置文件

```
yuecy@yuecy-N53SN:/usr/logstash-5.0.0/bin$ ./logstash -f ./conf.conf
Sending Logstash logs to /usr/logstash-5.0.0/logs which is now configured via lo
g4j2.properties.
The stdin plugin is now waiting for input:
[2016-10-28T11:25:38,118][INFO ][logstash.pipeline        ] Starting pipeline {"
id"=>"main", "pipeline.workers"=>4, "pipeline.batch.size"=>125, "pipeline.batch.
delay"=>5, "pipeline.max_inflight"=>500}
[2016-10-28T11:25:38,146][INFO ][logstash.pipeline        ] Pipeline main starte
d
[2016-10-28T11:25:38,193][INFO ][logstash.agent           ] Successfully started
 Logstash API endpoint {:port=>9600}
helloworld
{"@timestamp":"2016-10-28T03:25:45.601Z","@version":"1","host":"yuecy-N53SN","me
ssage":"helloworld"}this is an example
{"@timestamp":"2016-10-28T03:25:50.941Z","@version":"1","host":"yuecy-N53SN","me
ssage":"this is an example"}
```

图 6.18　实际运行效果

如果采用 json_lines，则可解析按行分割的 JSON 格式的日志数据。代码段 6.13 是 Logstash 配置文件，它给出了在 UDP 输入模式下的 json_lines 的用法。

```
#代码段 6.13: 在 UDP 输入模式中采用 codecs 的配置文件
input {
  udp {
    port=>1234
    codec=>json_lines {
    charset=>...            #string (可选), 默认: "UTF-8"
    }
  }
}
```

6.3.2　rubydebug 格式

这个解析器会使用 ruby awesome print 库来解析日志格式。图 6.19 给出 Logstash 的配置信息，注意这里设置的输入信息是 JSON 格式的(因此从键盘输入信息时应采用 JSON 格式)；而数据输出格式则采用 rubydebug 方式。图 6.20 是实际运行效果，注意图中第 1 行是输入 JSON 格式的数据，而从第 3 行开始可以看到输出了带有相应格式的输出信息。

```
conf.conf ×
input {
    stdin{codec => json}
}
output {
    stdout {codec => rubydebug}
}
```

图 6.19　Logstash 配置

```
{"name":"gaokai","age":17}
{
    "@timestamp" => 2016-10-28T03:33:04.504Z,
          "name" => "gaokai",
      "@version" => "1",
          "host" => "yuecy-N53SN",
           "age" => 17
}
```

图 6.20　实际效果

6.3.3　plain 格式

这是一个空的解析器，其解析格式可以由使用者自行指定。代码段 6.14 给出当 Logstash 输入源是文件的情况下，通过 codec 进行格式转换的方法。图 6.21 给出实际效果。从图中可见，输出字符串的部分不带任何格式。

```
//代码段 6.14: Logstash 输出采用 plain
input {
    stdin{ }
}
output {
    stdout{
        codec=>"plain"
    }
}
```

```
yuecy@yuecy-N53SN:~$ cd /usr/logstash-5.0.0/bin
yuecy@yuecy-N53SN:/usr/logstash-5.0.0/bin$ ./logstash -f ./conf.conf
Sending Logstash logs to /usr/logstash-5.0.0/logs which is now configured via lo
g4j2.properties.
The stdin plugin is now waiting for input:
[2016-10-28T18:45:29,149][INFO ][logstash.pipeline        ] Starting pipeline {"
id"=>"main", "pipeline.workers"=>4, "pipeline.batch.size"=>125, "pipeline.batch.
delay"=>5, "pipeline.max_inflight"=>500}
[2016-10-28T18:45:29,165][INFO ][logstash.pipeline        ] Pipeline main starte
d
[2016-10-28T18:45:29,218][INFO ][logstash.agent           ] Successfully started
 Logstash API endpoint {:port=>9600}
hello
2016-10-28T10:46:17.140Z yuecy-N53SN hello
```

图 6.21　基于 plain 的实际效果

6.4 基于 filter 的日志处理与转换

在基于 Logstash 的日志处理中，往往要处理多种不同的日志信息，如 Apache 服务器日志、Postfix 日志（是 Wietse Venema 在 IBM 的 GPL 协议之下开发的一种邮件传输代理软件）、Java 应用程序或和某种特定应用相关的日志信息等[Turnbull,2015]。截至目前，已经介绍了如何让 Logstash 直接处理各种来源的日志数据，但尚未利用、抽取、过滤这些数据中可能蕴含的一些元数据信息。例如，对于如下的 Apache 服务器日志信息来说，就包含了 IP 地址、时间戳、HTTP 方法、HTTP 响应模式等诸多信息。

```
186.4.131.228--[20/Dec/2012:20:34:08 -0500] "GET /2012/12/new-product/ HTTP/
1.0"200 10902
            "http://www.example.com/20012/12/new-product/"
    "Mozilla/5.0 (Windows; U; Windows NT 5.1; pl; rv:1.9.1.3) Gecko/20090824
    Firefox/3.5.3"
```

对上述日志来说，如果不做任何解析处理，而是一股脑地将这些信息统统塞给 Logstash，那么即使经过 Logstash 处理，使用者可能也不清楚其中各个部分所代表的含义。其实，Logstash 提供的 filter 机制可以方便地按照用户要求解析日志信息，如果需要抽取、分析、计算这些可能的元信息，可以利用 Logstash 中的 filter 机制完成相应的功能。

> Tips：filter 有针对 aggregate、alter、anonymize、cidr、cipher、clone、collate、csv、date、de _ dot、dissect、dns、drop、elapsed、elasticsearch、environment、extractnumbers、fingerprint、geoip、grok、i18n、json、json _ encode、kv、metaevent、metricize、metrics、mutate、oui、prune、punct、range、ruby、sleep、split、syslog _ pri、throttle、tld、translate、urldecode、useragent、uuid、xml、yaml、zeromq 等多种来源数据的插件，可过滤分析相应的数据。

限于篇幅，本章只对 filter 中的 JSON filter、grok filter、kv filter 等进行简介。

6.4.1 JSON filter

如果日志数据源是 JSON 格式的，则利用 filter，可将其扩展成一个编程人员所需要的数据结构。代码段 6.15 给出在 filter 中使用 JSON 格式的方法。

```
#代码段 6.15: Logstash 形式化配置文件,用于解析并处理 JSON 格式的数据为指定的数据结构
filter {
  json {
    add_field=>...           #hash (可选项), 默认{}
    add_tag=>...             #array (可选项), 默认[]
    periodic_flush=>...      #boolean (可选项), 默认 false
    remove_field=>...        #array (可选项), 默认[]
    remove_tag=>...          #array (可选项), 默认[]
    source=>...              #string (必选项)
    target=>...              #string (可选项)
  }
}
```

这里对代码段 6.15 中的部分内容解释如下：

- add_field：值类型为 hash，默认为空。设置后就会增加指定的字段到这个事件。
- add_tag：值类型为数组，默认为空。若执行成功，会增加一个 tags。
- periodic_flush：值类型为布尔，默认为 false。定期调用过滤器的清缓存方法，可选。
- remove_field：值类型为数组，默认是空，若执行成功则删除一个 field。
- source：值类型为字符串，默认为未设置。

代码段 6.16 给出 Logstash 的配置信息。在 input、output 部分中间的 filter 部分嵌入了对 JSON 数据的解析方法，这里的 filter 里面的 source=>是指要让这个"json filter"去解析哪个字段里面的 JSON 数据，例如，source=>"message"是让 json filter 去解析 message 这个字段里面的 JSON 数据，换句话说，就是欲处理的 JSON 数据放在哪个字段里。图 6.22 给出了实际的运行结果。当用户从键盘输入 JSON 格式的数据后，Logstash 的 filter 会对输入信息进行加工处理。在此例中，用户输入的字符串是{"name"："lily"，"age"：13}，经处理后返回的结果显示在图 6.22 下方。

```
#代码段 6.16: 基于 JSON filter 的 Logstash 配置
input {
    stdin{ }
}
filter {
    json {
        source=>"message"
    }
}
output {
    stdout { codec=>"rubydebug" }
}
```

```
{"name":"lily","age":13}
{
    "@timestamp" => 2016-10-28T03:53:26.109Z,
      "@version" => "1",
          "host" => "yuecy-N53SN",
          "name" => "lily",
       "message" => "{\"name\":\"lily\",\"age\":13}",
           "age" => 13
}
```

图 6.22　对 JSON 格式数据的 filter 处理结果

6.4.2　grok filter

grok 是一个数据结构化工具。利用它，只需要通过简单定义，就可将文本格式的字符串转换成为具体的结构化的数据。其实，Logstash 默认带有上百个 grok 变量，可以直接使用或者稍微改写成自己的新的 grok。grok filter 适合对 syslog、Apache log 等可读日志的解析。代码段 6.17 给出基于 grok filter 的 Logstash 配置信息，其中 add_field 等的含义同上，不再赘述。

```
#代码段 6.17: 基于 grok filter 的 Logstash 形式化配置文件
filter {
  grok {
    add_field=>...                  #hash(可选项),默认{}
    add_tag=>...                    #array(可选项),默认[ ]
    break_on_match=>...             #boolean(可选项),默认 true
    keep_empty_captures=>...        #boolean(可选项),默认 false
    match=>...                      #hash (可选项),默认{}
    named_captures_only=>...        #boolean(可选项),默认 true
    overwrite=>...                  #array(可选项),默认[ ]
    patterns_dir=>...               #array(可选项),默认[ ]
    patterns_files_glob=>...        #string(可选项), 默认 *
    periodic_flush=>...             #boolean(可选项), 默认 false
    remove_field=>...               #array(可选项),默认[ ]
    remove_tag=>...                 #array(可选项),默认[ ]
    tag_on_failure=>...             #array(可选项),默认["_grokparsefailure"]
    tag_on_timeout=>...             #string(可选项),默认_groktimeout
    timeout_millis=>...             #number(可选项),默认 2000
  }
}
```

作为实例，代码段 6.18 给出一个基于 grok filter 的 Logstash 配置实例，注意如下代码：

```
match=>[ "message", "%{IP:client} %{WORD:method} %{URIPATHPARAM:request}
%{NUMBER:bytes} %{NUMBER:duration}" ]
```

其中，第一个参数指定要匹配哪个字段(此例是指明要匹配 message 字段)；第二个参数要匹配一组以空格(由%表示)分开的字符串并对它们分别指定一个名字，此例包括如下几项：

- 对数据类型 IP 指定其变量名为 client。
- 对数据类型 WORD 指定其变量名为 method。
- 对 uri 路径参数 URIPATHPARAM 指定其变量名为 request。
- 对数据类型 NUMBER 指定其变量名为 bytes。
- 对数据类型 NUMBER 指定其变量名为 duration。

在此基础上，Logstash 可将用户输入的内容进行解析。

```
#代码段 6.18: 基于 grok filter 的 Logstash 配置实例
input {
    stdin{ }
}
filter {
    grok {
        path=>"/log.txt"
        match=>[ "message", "% {IP:client} % {WORD:method} % {URIPATHPARAM:
        request} % {NUMBER:bytes} % {NUMBER:duration}" ]
    }
}
output {
    stdout { codec=>rubydebug }
}
```

例如，当处理如下日志信息 55.3.244.1 GET /index.html 15824 0.043 时，按照代码段 6.18中的 Logstash 配置文件 conf.conf 进行解析，会得到如图 6.23 所示的结果(注：图中第一行是用命令方式启动 Logstash，第二行是待处理的字符串，后面大括号中的内容是解析后的结果)。

```
yuecy@yuecy-N53SN:/usr/logstash-5.0.0/bin$ ./logstash -f ./conf.conf
Sending Logstash logs to /usr/logstash-5.0.0/logs which is now configured via lo
g4j2.properties.
The stdin plugin is now waiting for input:
[2016-10-28T12:03:00,067][INFO ][logstash.pipeline        ] Starting pipeline {"
id"=>"main", "pipeline.workers"=>4, "pipeline.batch.size"=>125, "pipeline.batch.
delay"=>5, "pipeline.max_inflight"=>500}
[2016-10-28T12:03:00,096][INFO ][logstash.pipeline        ] Pipeline main starte
d
[2016-10-28T12:03:00,170][INFO ][logstash.agent           ] Successfully started
 Logstash API endpoint {:port=>9600}
55.3.244.1 GET /index.html 15824 0.043
{
      "duration" => "0.043",
       "request" => "/index.html",
    "@timestamp" => 2016-10-28T04:03:22.899Z,
        "method" => "GET",
         "bytes" => "15824",
      "@version" => "1",
          "host" => "yuecy-N53SN",
        "client" => "55.3.244.1",
       "message" => "55.3.244.1 GET /index.html 15824 0.043"
}
```

图 6.23　基于 Grok filter 的处理结果

6.4.3　kv filter

kv filter 用于对诸如 key-value 这种键值对数据进行解析。代码段 6.19 给出基于 kv filter 的 logstash 配置，其中 field_split 这个参数是用来设置分隔符的，代码 kv { field_split=> "&?" }的含义是说明字符串分割的标记是 & 或者?。例如，从图 6.24 中用户输入的日志字符串 http://www.baidu.com/s?wd=%E4%B8%AD%E5%9B%BD&rsv_spt=1&issp=1&f=8&rsv_bp=0&rsv_idx=2&ie=utf-8&tn=SE_hldp01550_7zn76813&rsv_enter=1&rsv_sug3=2&rsv_sug1=1&rsv_sug2=0&inputT=2950&rsv_sug4=2951&rsv_sug=2 可清楚地看到，经过 Logstash 的处理后，已经得到以 & 或? 分割的子字串。对应地，图 6.24 给出了基于该配置信息的 Logstash 处理结果。

```
#代码段 6.19：基于 kv filter 的 Logstash 配置
input {
    stdin { }
}
filter {
    kv {
        field_split=>"&?"
    }
}
```

```
output {
    stdout {
        codec=>rubydebug
    }
}
```

```
http://www.baidu.com/s?wd=%E4%B8%AD%E5%9B%BD&rsv_spt=1&issp=1&f=8&rsv_bp=0&rsv_i
dx=2&ie=utf-8&tn=SE_hldp01550_7zn76813&rsv_enter=1&rsv_sug3=2&rsv_sug1=1&rsv_sug
2=0&inputT=2950&rsv_sug4=2951&rsv_sug=2
{
       "rsv_spt" => "1",
        "inputT" => "2950",
             "f" => "8",
      "rsv_sug4" => "2951",
      "rsv_sug3" => "2",
      "rsv_sug2" => "0",
      "rsv_sug1" => "1",
       "message" => "http://www.baidu.com/s?wd=%E4%B8%AD%E5%9B%BD&rsv_spt=1&issp
=1&f=8&rsv_bp=0&rsv_idx=2&ie=utf-8&tn=SE_hldp01550_7zn76813&rsv_enter=1&rsv_sug3
=2&rsv_sug1=1&rsv_sug2=0&inputT=2950&rsv_sug4=2951&rsv_sug=2",
        "rsv_bp" => "0",
            "wd" => "%E4%B8%AD%E5%9B%BD",
     "rsv_enter" => "1",
    "@timestamp" => 2016-10-28T06:13:46.846Z,
       "rsv_sug" => "2",
          "issp" => "1",
      "@version" => "1",
          "host" => "yuecy-N53SN",
            "tn" => "SE_hldp01550_7zn76813",
       "rsv_idx" => "2",
            "ie" => "utf-8"
}
```

图 6.24 基于 kv filter 的处理结果

从图 6.24 中还可以看出，解析出的查询字符串 wd 是在输入的 URL 字符串中表现的模式(在图中显示为%E4%B8%AD%E5%9B%BD)，而并非用户在键盘输入的可以识别的中文字符串(注：这里应该是用户输入的“中国”二字)。为解决上述问题，只需要在配置文件中添加 urldecode 部分即可，详见代码段 6.20，基于该配置代码的 Logstash 处理结果如图 6.25 所示。比较图 6.24 和图 6.25 可清楚地看到，图 6.25 已经顺利解析出 wd 中隐含的内容了。

```
#代码段 6.20：基于 kv filter 和 urldecode 的 Logstash 配置
input {
    stdin{ }
}
filter {
    kv {
        field_split=>"&?"          #说明字符串分割的标记是 & 或者?
    }
    urldecode {
```

```
            field=>wd          #说明解码字段是 wd
        }
    }
    output {
        stdout {
            codec=>rubydebug
        }
    }
```

```
{
         "rsv_spt" => "1",
          "inputT" => "2950",
               "f" => "8",
        "rsv_sug4" => "2951",
        "rsv_sug3" => "2",
        "rsv_sug2" => "0",
        "rsv_sug1" => "1",
         "message" => "http://www.baidu.com/s?wd=%E4%B8%AD%E5%9B%BD&rsv_spt=1&issp=1&f=8&rsv_bp=0&rsv_idx=2&ie=utf-8&tn=SE_hldp01550_7zn76813&rsv_enter=1&rsv_sug3=2&rsv_sug1=1&rsv_sug2=0&inputT=2950&rsv_sug4=2951&rsv_sug=2",
          "rsv_bp" => "0",
              "wd" => "中国",
       "rsv_enter" => "1",
      "@timestamp" => 2016-10-28T06:24:14.317Z,
         "rsv_sug" => "2",
            "issp" => "1",
        "@version" => "1",
            "host" => "yuecy-N535N",
              "tn" => "SE_hldp01550_7zn76813",
         "rsv_idx" => "2",
              "ie" => "utf-8"
}
```

图 6.25 基于 kv filter 和 urldecode 的处理结果

Tips：urldecode 是对字符串进行解码，其返回值是已解码的字符串。其编码规则一般是这样的：数字和字母不变，空格变为"+"号，其他字符被编码，例如"中国"二字的编码形式为%E4%B8%AD%E5%9B%BD(在每个字节前加%)。

6.5 output: 输出日志数据

截至目前，已经对 Logstash 中的 inputs、codecs、filters 等进行了简述。在 Logstash 配置文件的 output 部分，可以使用 stdout 来把经由 Logstash 处理的日志传送到显示器上输出。当然，在设置输出时，也可以在 stdout 中同时设置 codec，如代码段 6.20 所示。其实，当 Logstash 处理完日志数据后，不仅可以在显示器上显示，也可根据需要使用

Elasticsearch、email、redis、file 等插件来完成输出。

> Tips：Logstash 可以将处理之后的数据使用 boundary、circonus、cloudwatch、csv、datadog、datadog_metrics、elasticsearch、email、exec、file、ganglia、gelf、google_bigquery、google_cloud_storage、graphite、graphtastic、hipchat、http、influxdb、irc、jira、juggernaut、kafka、librato、loggly、lumberjack、metriccatcher、mongodb、nagios、nagios_nsca、newrelic、opentsdb、pagerduty、pipe、rabbitmq、rackspace、redis、redmine、riak、riemann、s3、sns、solr_http、sqs、statsd、stdout、stomp、syslog、tcp、udp、webhdfs、websocket、xmpp、zabbix、zeromq 等插件进行输出。

本节介绍输出日志数据文件的方法。

6.5.1 将处理后的日志输出到 Elasticsearch 中

通过设置 Logstash 的 output 配置中的 Elasticsearch 部分（见代码段 6.21），可使用 Elasticsearch 作为处理日志的接收端。这种方式可以将收集到的日志通过 HTTP 接口存放到 Elasticsearch 中。代码段 6.21 给出 Logstash 配置文件中的 output 输出部分的设置。

```
#代码段 6.21: Logstash 形式化配置文件中的 output 输出部分
output {
  elasticsearch {
    codec=>...                    #codec(可选), 默认 plain
    document_id=>...              #string(可选)
    flush_size=>...               #number(可选), 默认 500
    hosts=>...                    #array(可选)Elasticsearch 服务器的 host 列表,默认是
                                   数组["127.0.0.1"]
    idle_flush_time=>...          #number(可选), 默认: 1
    index=>...                    #string(可选), 默认 "logstash-% {+YYYY.MM.dd}"
    manage_template=>...          #boolean(可选), 默认 true
    password=>...                 #password(可选)
    template=>...                 #a valid filesystem path(可选)
    template_name=>...            #string(可选), 默认 logstash
    template_overwrite=>...       #boolean(可选), 默认 false
    user=>...                     #string(可选)
    workers=>...                  #<<,>>类型(可选), 默认 1
  }
}
```

代码段 6.22 给出一个完整的 Logstash 配置文件实例，实际运行效果如图 6.26 所示。

```
#代码段 6.22: Logstash 配置文件，用 Elasticsearch 作为日志接收端
input {
    stdin{ }
}
output {
    elasticsearch {                     #通过 HTTP 的方式将数据传输到 Elasticsearch 中
        hosts=>["localhost"]            #指定数组形式的 hosts 列表
    }
    stdout{}
}
```

之后，依次启动 Elasticsearch、Logstash，可在控制台输入部分字符。根据代码段 6.22 中的设置，输入的信息既可显示在屏幕上，也存入了 Elasticsearch 中，图 6.26 所示是将数据发往 Elasticsearch 索引文件后的结果。

查询 5 个分片中用的 5 个. 2 命中. 耗时 0.005 秒

_index	_type	_id	_score ▼	@timestamp	@version	host	message
logstash-2016.10.28	logs	AVgLoe5BceYw3hebzDcv	1	2016-10-28T14:11:49.443Z	1	yuecy-N53SN	goodluck
logstash-2016.10.28	logs	AVgLofkhceYw3hebzDcw	1	2016-10-28T14:11:53.619Z	1	yuecy-N53SN	lizi

图 6.26　存入 Elasticsearch 的信息

6.5.2　将处理后的日志输出至文件中

Logstash 也可以将收集到的日志（经处理后）输出到一个指定的文件中（可以用域中的一些值作为文件名或者路径名称）。在代码段 6.23 的 Logstash 配置文件中指定用文件作为日志接收端。

```
#代码段 6.23: Logstash 形式化配置文件，用 file 作为日志接收端
output {
    file {
        codec=>...                      #codec(可选), 默认 json_lines
        flush_interval=>...             #number(可选), 默认 2
        gzip=>...                       #boolean(可选), 默认 false
        path=>...                       #string(必选), 待存放文件的路径
        workers=>...                    #number(可选), 默认 1
    }
}
```

作为实例,代码段6.24给出一个完整的Logstash配置文件。其中,field_split这个参数是用来设置分隔符的(注:由于这里给出的日志字符串是用户输入的URL,因此这里是指定&或?作为分隔符),urldecode是对字符串进行URL解码,其含义不再赘述。给出的URL字符串经过Logstash处理后,存入到指定的文件中,如图6.27所示。

```
#代码段 6.24:用指定路径的文件来存放处理以后的日志信息
input {
  stdin { }
}
filter {
  kv {
    field_split=>"&?"
  }
  urldecode {
field=>wd
  }
}
output {
  file {
    path=>"/log.txt"
    codec=>json
  }
  stdout {
    codec=>plain
  }
}
```

log.txt ×
{"rsv_spt":"1","inputT":"2950","f":"8","rsv_sug4":"2951","
rsv_idx":"2","rsv_sug3":"2","rsv_sug2":"0","rsv_sug1":"1","message":"http://
www.baidu.com/s?wd=%E4%B8%AD%E5%9B%BD&rsv_spt=1&issp=1&f=8&rsv_bp=0&
rsv_idx=2&ie=utf-8&tn=SE_hldp01550_7zn76813&rsv_enter=1&rsv_sug3=2&rsv_sug1=1&
rsv_sug2=0&inputT=2950&rsv_sug4=2951&rsv_sug=2","rsv_bp":"0","wd":"中
国","rsv_enter":"1","@timestamp":"2016-10-28T13:33:40.973Z","rsv_sug":"2","issp":
"1","@version":"1","host":"yuecy-N53SN","tn":"SE_hldp01550_7zn76813","ie":"utf-8"}

图6.27 处理后的日志信息存入文件中

6.5.3 将处理后的部分日志输出到csv格式的文件中

通过对启动配置文件的设置,也可以将收集到的日志以csv格式输出到指定的文件中。代码段6.25中给出Logstash配置文件中有关使用csv插件输出的部分。

```
#代码段 6.25: Logstash 形式化配置文件，用 csv 作为日志接收端
output {
  csv {
    codec=>...                  #codec(可选), 默认 plain
    csv_options=>...            #hash(可选), 默认 {}
    fields=>...                 #array(必选), 指定 csv 中各个域的名称
    flush_interval=>...         #number(可选), 默认 2
    gzip=>...                   #boolean(可选), 默认 false
    path=>...                   #string(必选), 指定输出的 csv 文件路径
    workers=>...                #number(可选), 默认 1
  }
}
```

代码段 6.26 给出一个完整的 Logstash 配置文件，从中可以看出，在对输入的日志字符串进行 kv filter、urldecode 等处理后，将解析的部分字段结果(如@timestamp、host、wd 等部分)存入指定的文件中，结果如图 6.28 所示。

```
#代码段 6.26: Logstash 配置文件，用 csv 作为日志接收端
input {
  stdin { }
}
filter {
  kv {
    field_split=>"&?"
  }
  urldecode{
    field=>wd
  }
}
output {
  csv{
    path=>"/log.txt"
    fields=>["@timestamp","host","wd"]
  }
  stdout {
    codec=>plain
  }
}
```

```
log.txt ×
1 2016-10-28T10:58:20.108Z yuecy-N53SN 中国
```

图 6.28 处理后的部分日志信息存入文件中

6.5.4 将处理后的日志输出到 redis 中

和输入 redis 中的日志信息类似，Logstash 也可以从 redis 实例中获取日志信息。通过在 Logstash 的配置文件的 output 部分使用 redis 插件，可以将处理之后的日志信息输出到 redis 中。代码段 6.27 给出 Logstash 配置文件中有关 output 中 redis 插件部分的实现方法。

```
#代码段 6.27: Logstash 形式化配置文件，有关 output 中 redis 的部分
output {
  redis {
    batch=>...                      #boolean(可选), 默认 false
    batch_events=>...               #number(可选), 默认 50
    batch_timeout=>...              #number(可选), 默认 5
    codec=>...                      #codec(可选), 默认 plain
    congestion_interval=>...        #number(可选), 默认 1
    congestion_threshold=>...       #number(可选), 默认 0
    data_type=>...                  #string, ["list", "channel"]的其中之一(可选)
    db=>...                         #number(可选), 默认 0
    host=>...                       #array(可选), 默认 ["127.0.0.1"]
    key=>...                        #string(可选)
    password=>...                   #password(可选)
    port=>...                       #number(可选), 默认 6379
    reconnect_interval=>...         #number(可选), 默认 1
    shuffle_hosts=>...              #boolean(可选), 默认 true
    timeout=>...                    #number(可选), 默认 5
    workers=>...                    #number(可选), 默认 1
  }
}
```

代码段 6.28 给出 Logstash 配置文件中 data_type 的基于 list 的完整例子。

```
#代码段 6.28: Logstash 配置文件
input {
  stdin { }
}
```

```
output {
  redis {
    data_type=>"list"              #可选参数有 list 和 channel 等
    host=>["127.0.0.1"]
    key=>"example1"                #给定的列表 key 的名称,这里是一个示例字符串
    password=>123456               #对应于 redis 的密码
  }
}
```

依次启动 redis 的 Server 端和 Client 端。基于代码段 6.28 的配置文件启动 Logstash。在 Logstash 控制台输入测试字符串，切换到 redis 的 Client 端，输入 lrange example1 0 -1（注意，这里的示例字符串“example1”要和代码段 6.28 中的 key 值匹配）。

> Tips：redis 中的语句 lrange key ＜start＞ ＜stop＞的作用是返回列表 key 中在指定区间内的元素，区间以偏移量 start 和 stop 指定，参数 start 和 stop 都是从 0 开始，0 表示列表的第 1 个元素，1 表示列表的第 2 个元素，-1 表示列表的最后元素，-2 表示列表的倒数第二个元素。

代码段 6.28 给出 Logstash 配置文件中基于 list 的完整例子。和在 input 中的情况类似，如将这里的 data_type＝＞ "list"改换成 data_type＝＞ "channel"，则输出信息会以 channel 的方式注入到 redis 中，图 6.29 给出基于 channel 的 redis 输出结果。请注意在测试时要用 subscribe 命令，且其后的 channel 名称应和在 Logstash 中定义的相匹配（例子中使用的 channel 示例名称为 example2，如图 6.29 左图所示）。

> Tips：redis 中的语句 subscribe channel [channel ...]用于订阅给定的一个或多个频道的信息。例如输入 subscribe msg chat_room，可能会返回如下信息：
>
> 1）"subscribe　　"＃返回值的类型，表示订阅成功
>
> 2）"msg"　　＃订阅的频道名字
>
> 3）(integer)1　　＃目前已订阅的频道数量

6.5.5 将处理后的部分日志通过 UDP 协议输出

在 Logstash 配置文件的 output 部分可以使用 UDP 的方式，将日志通过网络发送到另外一台主机上。代码段 6.29 给出部分基于 UDP 方式输出文件的 Logstash 配置文件信息。

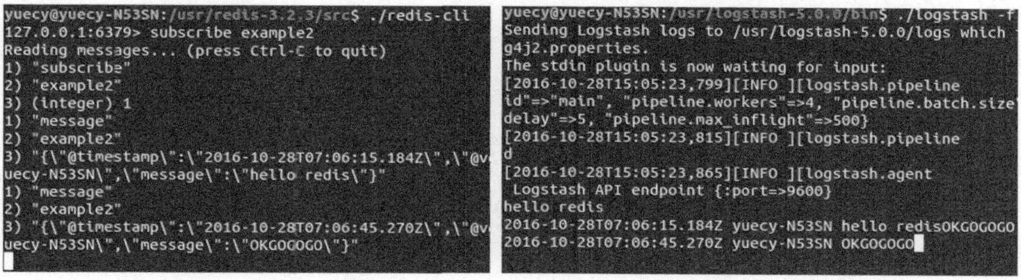

```
yuecy@yuecy-N53SN:/usr/redis-3.2.3/src$ ./redis-cli
127.0.0.1:6379> subscribe example2
Reading messages... (press Ctrl-C to quit)
1) "subscribe"
2) "example2"
3) (integer) 1
1) "message"
2) "example2"
3) "{\"@timestamp\":\"2016-10-28T07:06:15.184Z\",\"@v
uecy-N53SN\",\"message\":\"hello redis\"}"
1) "message"
2) "example2"
3) "{\"@timestamp\":\"2016-10-28T07:06:45.270Z\",\"@v
uecy-N53SN\",\"message\":\"OKGOGOGO\"}"
```

```
yuecy@yuecy-N53SN:/usr/logstash-5.0.0/bin$ ./logstash -f
Sending Logstash logs to /usr/logstash-5.0.0/logs which
g4j2.properties.
The stdin plugin is now waiting for input:
[2016-10-28T15:05:23,799][INFO ][logstash.pipeline
id"=>"main", "pipeline.workers"=>4, "pipeline.batch.size
delay"=>5, "pipeline.max_inflight"=>500}
[2016-10-28T15:05:23,815][INFO ][logstash.pipeline
d
[2016-10-28T15:05:23,865][INFO ][logstash.agent
 Logstash API endpoint {:port=>9600}
hello redis
2016-10-28T07:06:15.184Z yuecy-N53SN hello redisOKGOGOGO
2016-10-28T07:06:45.270Z yuecy-N53SN OKGOGOGO
```

图 6.29　日志以 channel 形式输出到 redis 中(左图为 redis 输入端,右图为 Logstash 输出端)

```
#代码段 6.29: Logstash 形式化配置文件
output {
  udp {
    codec=>...              #codec(可选), 默认 json
    host=>...               #string(必选)
    port=>...               #number(必选)
    workers=>...            #number(可选), 默认 1
  }
}
```

代码段 6.30 给出完整的 Logstash 配置文件内容。

```
#代码段 6.30: Logstash 配置文件
input {
  stdin { }
}
output {
  udp {
    host=>"127.0.0.1"
    port=>5656
  }
}
```

为测试效果,代码段 6.31 给出 UDPClient(即传输数据的接收端)的 Java 实现。

```
#代码段 6.31: UDPClient
import java.io.*;
import java.net.*;
class UDPClient {
```

```
    public static void main(String[] args) throws IOException {
        InetAddress addr=InetAddress.getByName("localhost");
        int port=5656;        //这个端口号设置要和 Logstash 配置文件中的端口号一致
        DatagramSocket client=new DatagramSocket(port,addr);
        while (true) {
            byte[] recvBuf=new byte[100];
            DatagramPacket recvPacket=new DatagramPacket(recvBuf, recvBuf.
            length);
            client.receive(recvPacket);
            String recvStr=new String(recvPacket.getData(), 0,recvPacket.
            getLength());
            System.out.println("收到:"+recvStr);
        }
    }
}
```

实际运行效果如图 6.30 所示。在图 6.30 中的上图中是输入的信息,经过 Logstash 这个基于 UDP 的输出"管道"后,处理之后的信息如图 6.30 的下图所示。

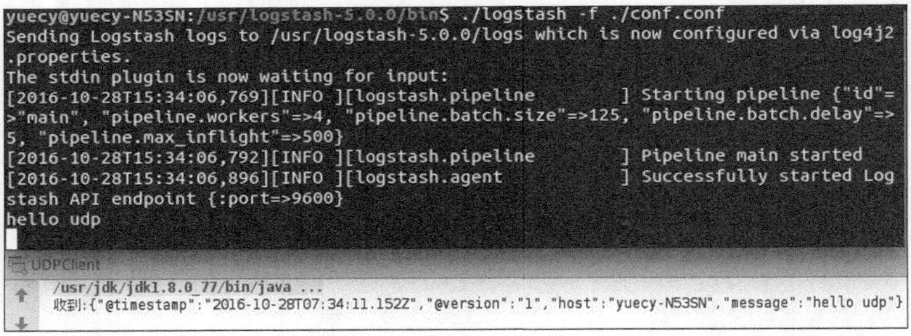

```
yuecy@yuecy-N53SN:/usr/logstash-5.0.0/bin$ ./logstash -f ./conf.conf
Sending Logstash logs to /usr/logstash-5.0.0/logs which is now configured via log4j2
.properties.
The stdin plugin is now waiting for input:
[2016-10-28T15:34:06,769][INFO ][logstash.pipeline        ] Starting pipeline {"id"=
>"main", "pipeline.workers"=>4, "pipeline.batch.size"=>125, "pipeline.batch.delay"=>
5, "pipeline.max_inflight"=>500}
[2016-10-28T15:34:06,792][INFO ][logstash.pipeline        ] Pipeline main started
[2016-10-28T15:34:06,896][INFO ][logstash.agent           ] Successfully started Log
stash API endpoint {:port=>9600}
hello udp

UDPClient
/usr/jdk/jdk1.8.0_77/bin/java ...
收到:{"@timestamp":"2016-10-28T07:34:11.152Z","@version":"1","host":"yuecy-N53SN","message":"hello udp"}
```

图 6.30 日志经 UDP 方式输出

6.5.6 将处理后的部分日志通过 TCP 协议输出

Logstash 可以将处理后的日志从 TCP Socket 中输出。代码段 6.32 给出 Logstash 的 output 中有关 TCP 的设置。

```
#代码段 6.32: Logstash 形式化配置文件(有关 output 设置)
output {
  tcp {
    codec=>...              #codec(可选), 默认 json
```

```
    host=>...  string(必选)
    mode=>...          #string, ["server", "client"]的其中之一(可选), 默认 client
    port=>...                  #number(必选)
    reconnect_interval=>...    #number(可选), 默认 10
    workers=>...               #number(可选), 默认 1
  }
}
```

将处理后的部分日志通过 TCP 协议输出，又分为如下两种情况：

1. 将 Logstash 的 output 作为 Client 端

首先，设计 Java 应用程序并使之作为 Server 端，作为 Client 端的 Logstash 则基于 TCP 协议发送处理之后的日志信息到 Server 端。TCP Server 端的代码如代码段 6.33 所示。

```
//代码段 6.33: TCP Server 端的设计
import java.io.*;
import java.net.ServerSocket;
import java.net.Socket;
public class TCPServer_output {
    public static void main(String[] args) throws IOException {
    ServerSocket serverSocket=new ServerSocket(5656);
        Socket socket=serverSocket.accept();
        InputStream inputStream=socket.getInputStream();
        while (true) {
            byte[] buf=new byte[1024];
            int len=inputStream.read(buf);
            System.out.println(new String(buf, 0, len));
        }
    }
}
```

其次，设计 Logstash 端的配置文件如代码段 6.34 所示，注意这里是设定 Logstash 作为 Client；端口号要和代码段 6.33 中的 ServerSocket serverSocket = new ServerSocket (5656)设置匹配。

```
#代码段 6.34: Logstash 配置文件
input {
  stdin{}
}
```

```
output {
  stdout { codec=>rubydebug }
  tcp{
    host=>"localhost"
    port=>5656
    mode=>"client"
  }
}
```

最后，依次启动 Java 应用程序（启动 Server 端）、Logstash（开启 Client 端）。按照代码段 6.33 中的设计思路，Server 端接收在 Logstash 端得到的日志信息。在图 6.31 上部的控制台是 Logstash 端（Client 端），这里用输入的字符“123456”模拟为传输到 Logstash 的日志信息，它们会被传递到 Server 端显示（见图 6.31 的下部）。

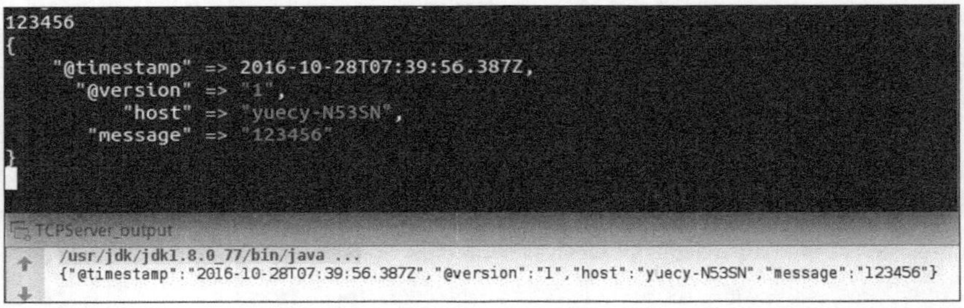

```
123456
{
    "@timestamp" => 2016-10-28T07:39:56.387Z,
      "@version" => "1",
          "host" => "yuecy-N53SN",
       "message" => "123456"
}
```

```
TCPServer_output
/usr/jdk/jdk1.8.0_77/bin/java ...
{"@timestamp":"2016-10-28T07:39:56.387Z","@version":"1","host":"yuecy-N53SN","message":"123456"}
```

图 6.31　日志经 TCP 方式输出（Logstash 作为 Client 端）

2. 将 Logstash 的 output 作为 Server 端

为验证 Logstash 的 output 作为 Server 端的运行效果，这里设计 Java 应用程序并使之作为 Client 端，如代码段 6.35 所示。

```
//代码段 6.35: TCP Client 端的设计
import java.io.*;
import java.net.InetAddress;
import java.net.Socket;
public class TCPClient_output {
    public static void main(String[] args) {
        DataOutputStream dos=null;
        BufferedReader brNet=null;
        BufferedReader brKey=null;
        Socket s=null;
```

```
        try {
            //建立 Socket
            s=new Socket(InetAddress.getByName("localhost"), 5656);
            InputStream ips=s.getInputStream();
            while (true) {
                byte[] buf=new byte[1024];
                int len=ips.read(buf);
                System.out.println(new String(buf, 0, len));
            }
    //后略
```

Logstash 端 output 的配置如代码段 6.36 所示，注意这里设定 Logstash 作为 Server，port 端口号要和代码段 6.35 中的设置 Socket(InetAddress.getByName("localhost"), 5656)匹配。

```
#代码段 6.36: Logstash 的 output 端配置文件
input {,
  stdin{}
}
output {
  stdout { codec=>rubydebug }
  tcp{
    host=>"localhost"
    port=>5656
    mode=>"server"
  }
}
```

依次启动 Logstash(开启 Server 端)、Client 端的 Java 应用程序。在控制台输入一些字符，用它们来模拟得到的日志信息，它们会经由 Logstash 这个管道以 TCP 协议方式输送并显示，如图 6.32 所示。在图 6.32 上部的控制台 Logstash 端输入的字符"hello"(server 端)，会传递到图 6.32 下方显示(Client 端，见图 6.32 的下部)。

6.5.7 将收集到的日志信息传输到自定义的 HTTP 接口中

可以使用 HTTP 接口的方式，将收集到的日志信息传送到自定义的 HTTP 接口中。代码段 6.37 给出的 Logstash 配置文件中设定了如何通过 HTTP 接口接收由 Logstash 传送的日志信息。

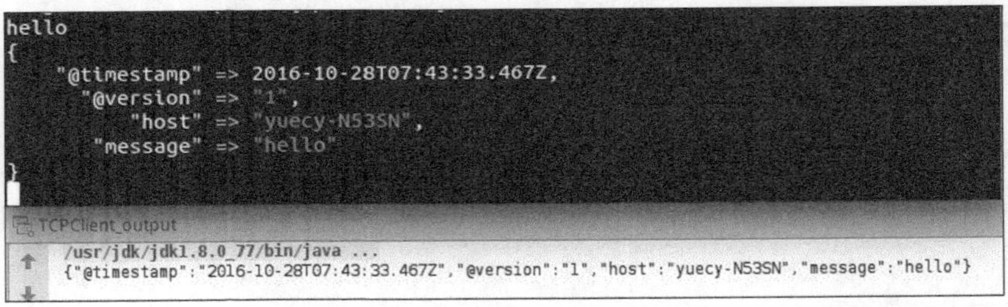

```
hello
{
    "@timestamp" => 2016-10-28T07:43:33.467Z,
      "@version" => "1",
          "host" => "yuecy-N53SN",
       "message" => "hello"
}
TCPClient_output
/usr/jdk/jdk1.8.0_77/bin/java ...
{"@timestamp":"2016-10-28T07:43:33.467Z","@version":"1","host":"yuecy-N53SN","message":"hello"}
```

图 6.32　日志经 TCP 方式输出(Logstash 作为 Server 端)

```
#代码段 6.37: Logstash 形式化配置文件,用 HTTP 接口作为日志接收端
output {
  http {
    codec=>...              #codec(可选), 默认 plain
    content_type=>...       #string(可选)
    format=>...             #string, ["json", "form", "message"]的其中之一(可选),
默认 json
    headers=>...            #hash(可选)
    http_method=>...        #string, ["put", "post", "patch", "delete", "get", "
head"]的其中之一(必选)
    mapping=>...            #hash(可选)
    message=>...            #string(可选)
    url=>...                #string(必选)
    workers=>...            #number(可选), 默认: 1
  }
}
```

6.6　扩展知识与阅读

redis 是一个高性能的 key-value 数据库,它在很大程度上补偿了 memcached 这类 key-value 存储的不足,在部分场合可以对关系数据库起到很好的补充作用。有关 redis 的背景知识及操作,可参阅文献[李子骅,2013][黄健宏,2014]。使用 log4j,可以控制日志信息输送的目的地;也可以控制每一条日志的输出格式,定义每一条日志信息的级别等。在得到日志流以后,可以进行更进一步的分析。文献[王继民,2014]给出了互联网用户查询日志挖掘及其应用研究领域的主要技术、方法与实证研究成果。文献[李志义,2015]采用了众多流行的数据挖掘算法,如利用 k-means 算法进行信息聚类和网页自动抽取,利用贝叶斯分类器实现信息过滤与分类,将智能 Web 算法与网站优化有机地结合起来等。

6.7 本章小结

Logstash 架构专为收集、分析和存储日志所设计。它自身的组件架构支持通过代理对不同服务器的日志流进行管理，并最终传送至存储系统中。本章对 Logstash 的主要功能——日志输入输出、过滤处理等进行了说明，并给出了测试与应用实例。由于在 Logstash 中所有的工具都是可安装、可配置以及可管理的，因此，也便于和其他应用对接。将 Elasticsearch、Logstash、Kibana、Beats 等结合起来使用，能有效应对大数据搜索与挖掘方面的应用需求，具有广阔的应用与开发前景。

第7章

Chapter 7

基于 Kibana 的数据分析可视化

"Kibana is an open source analytics and visualization platform designed to work with Elasticsearch. You use kibana to search, view, and interact with data stored in Elasticsearch indices. You can easily perform advanced data analysis and visualize your data in a variety of charts, tables, and maps. Kibana makes it easy to understand large volumes of data. Its simple, browser-based interface enables you to quickly create and share dynamic dashboards that display changes to Elasticsearch queries in real time. Setting up kibana is a snap. You can install kibana and start exploring your Elasticsearch indices in minutes — no code, no additional infrastructure required."——https://www.elastic.co/guide/en/kibana/current/introduction.html

在对大数据进行分布式索引、检索，对用户日志进行存储和处理后，亟需一个信息可视化工具来对挖掘结果进行展示。Kibana 是 Elastic Stack 家族中使用 Elasticsearch、Logstash 分析结果的基于 Web 的可视化工具，可以帮助汇总、分析和搜索重要数据日志并提供友好的图形界面。例如通过 histogram 面板，配合不同条件的多个查询，可以对一个事件给出从多个不同维度的组合统计结果，并给出不同的时间序列走势；通过 Kibana 的交互式界面，可以很快将异常事件或事件范围缩小。Kibana 是用 HTML 和 JavaScript 构建的。对于 Elasticsearch 用户而言，它极易上手。Kibana 支持强大的 Lucene query string 语法，能利用 Elasticsearch 的过滤、统计功能。本章以前述章节中提到的 Logstash 日志中的数据可视化为目的，介绍 Kibana 5.0 在可视化方面的实际使用。

7.1 Kibana 概述

Kibana 是为协同 Elasticsearch 工作而设计的开源数据分析和可视化展示平台。用户可以通过 Kibana 与 Elasticsearch 索引中的数据进行交互，执行数据检索、数据浏览等任务，在 Kibana 中可以轻松地完成高级数据分析，以及生成各类统计图、表格、地图等多种形式的可视化展示。Kibana 能够让用户很容易理解大数据，拥有便捷易用、基于浏览器的交互界面，能够通过快速创建和分享动态仪表板，方便地将 Elasticsearch 中执行查询的情况展示到用户面前。

安装 Kibana 的过程十分简单。在安装 Kibana 之后很短的时间内，无须编写任何代码，也不需要任何底层支持，即可对 Elasticsearch 分片中的数据进行操作和管理。本章将对 Elastic Stack 中 Kibana 5.0 的 Discover、Visualize、Dashboard、Timelion、Management 和 Dev Tools 六个组件进行介绍。

7.2 安装 Kibana

Elastic Stack 官网的 Kibana 产品页面（链接为 https://www.elastic.co/downloads/kibana）提供了 Kibana 在不同平台的安装包。首先，根据当前系统平台的实际需要，从 Elastic 官网下载 Kibana（本章以 Kibana 5.0 为例），下载后将其解压。在 config 文件夹中的 kibana.yml 配置文件中，可以配置和 Kibana 连接的 Elasticsearch 信息（默认连接本机的 9200 端口，而 Kibana 运行在 5601 端口。如不修改配置文件，则使用默认配置）。进入 Kibana 主目录中的 bin 文件夹下运行 Kibana。运行后，在浏览器地址栏中输入 http://localhost:5601/来访问 Kibana 的前端界面，图 7.1 为未经任何实际应用的 Kibana 初始前端界面。

> Tips：Kibana 的正常工作需要依赖 Elasticsearch 中存储的数据作为数据源，原则上应事先确保：①Elasticsearch 正在运行；②Elasticsearch 中已有 index；③index 中已经存有数据。如果 Kibana 启动时并没有检测到任何可用的 Elasticsearch 连接，那么即使能够启动 Kibana 并访问前端页面，其状态也将变为“red”，数据检索和分析等进一步的处理工作通常也无法执行。

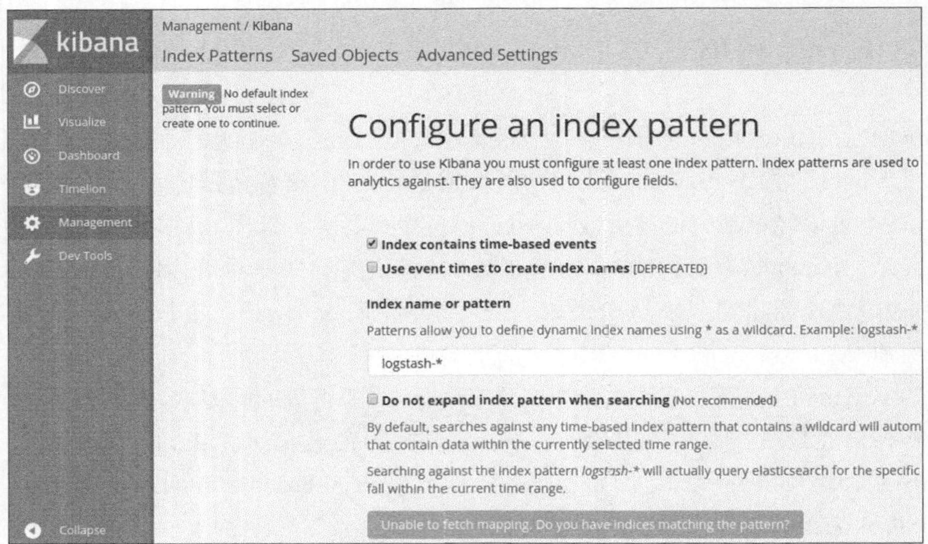

图 7.1 Kibana 初始前端界面

7.3 使用 Management 管理配置

Management 可以用来管理 Kibana 的运行时配置，包括对 index 的初始和进一步设置、调整 Kibana 自身运行状态的高级设置，以及配置 Kibana 中存储的检索、可视化展示、仪表板等 objects。在 Kibana 前端界面左侧单击 Management 导航按钮，即可跳转到 Management 界面，使用效果如图 7.2 所示。本节将对 index pattern 的添加、高级设置、已保存 object 等功能进行介绍。

7.3.1 添加 index pattern

Kibana 的数据检索、分析和展示能力，要借助来自 Elasticsearch 的数据源才能得以发挥。首先，要向 Kibana 中引入 index pattern。在 Management 界面中，可以在中间的输入框中输入要添加的 index 名称（注意：输入的名称必须与 Elasticsearch 存储的 index 名称一致）。Management 允许用户使用类似 wildcard 即通配符查询的形式来指定 index 名称，即在输入的内容当中可以加入通配符“ * ”（例如，logstash- * 表示前缀为“logstash-”的所有名称）。例如，若希望使用某个 index 中的时间戳来做基于不同时间点的数据统计，那么可以在填写 index 名称的同时，勾选上面的“Index contains time-based events”选项，此时 Kibana 将读取对应 index 的信息，并列出其中包含时间戳的所有字段。完成填写和勾选操作后，如

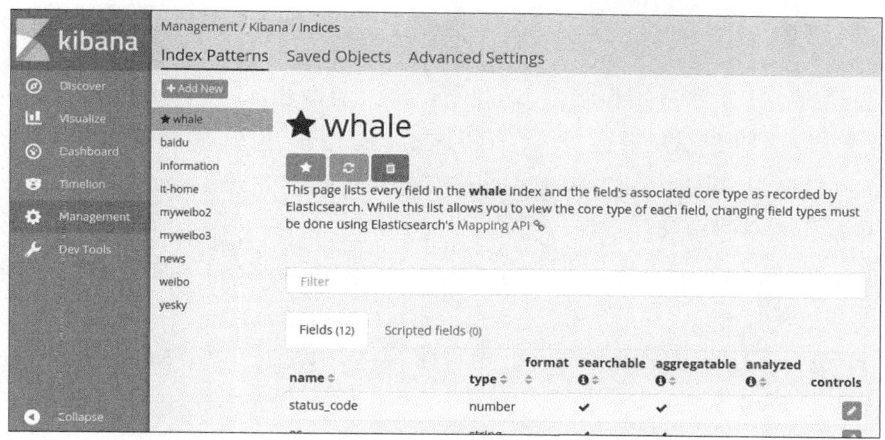

图 7.2　Management 界面

果填写的信息正确，输入框下方将会显示带有时间戳的字段名称，并且下方的按钮将会变成可用的 Create(创建)按钮，如图 7.3 所示。

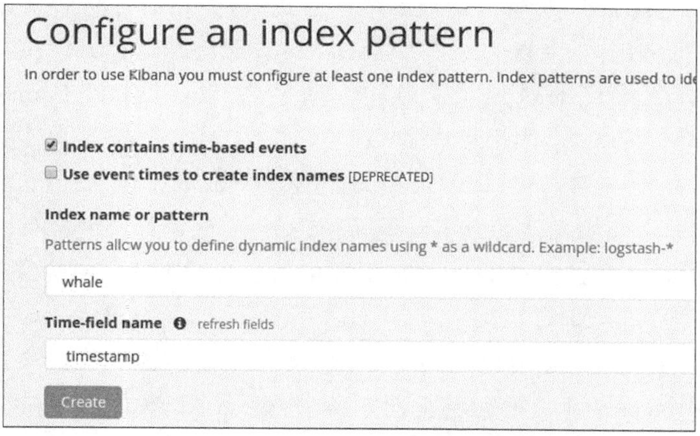

图 7.3　界面下方出现可用的创建按钮

按下 Create 按钮后，界面中将出现该 index 的基本信息，其中 index 名称下方有三个操作按钮，它们的作用如下：按下左侧的★按钮，可将该 index 设置为默认 index；按下中间的⟳按钮，可刷新下面的字段列表；按下右侧的🗑按钮，可将该 index 从界面中移除。

添加至少一个 index pattern 之后，可以看到界面左侧为 index pattern 的列表，右侧为选中的 index 的基本信息。单击界面左上方的 +Add New 按钮，可以添加更多 index pattern，具体操作方法同上，不再赘述。

7.3.2 高级设置

高级设置页面提供了直接控制 Kibana 运行状态的设置项，通过直接编辑这些设置项，可以实现更改日期格式，指定默认 index pattern，设置小数数值精度等功能。在 Management 界面中，单击“Advanced Settings”链接即可跳转至高级设置界面中。下面对高级设置中的设置项进行介绍。

- query:queryString:options：关于 Lucene 中 query string 分析器的设置项，默认为{ "analyze_wildcard": true }。
- sort:options：关于 Elasticsearch 中排序排序参数的设置项，默认为{ "unmapped_type": "boolean" }。
- dateFormat：用于显示统一格式的日期时间，默认为 MMMM Do YYYY，HH:mm:ss. SSS。
- dateFormat：tz：Kibana 中使用的时区。默认为 browser，即沿用浏览器的时区设置。
- dateFormat:scaled：设置时间戳的数据格式，格式化的时间信息必须介于 ISO8601 标准规定的范围内，默认为[["","HH:mm:ss. SSS"],["PT1S","HH:mm:ss"],["PT1M","HH:mm"],["PT1H","YYYY-MM-DD HH:mm"],["P1DT","YYYY-MM-DD"],["P1YT","YYYY"]]。
- dateFormat:dow：规定一周的第一天，默认为 Sunday(星期日)。
- defaultIndex：指定默认的 index，默认值为 null，该设置项可删除。
- defaultColumns：指定在 Discover 页面中默认显示 index 中的哪些列(即字段)，默认为_source，即全部自定义字段。
- metaFields：以数组形式指定 index 中 _source 字段以外的其他字段，即 Elasticsearch 自动生成的元字段，Kibana 在显示文档数据时，将这些字段与_source 字段合并进行显示，默认为_source，_id，_type，_index，_score。
- discover:sampleSize：指定在 Discover 界面中显示数据的行数，默认为 500。
- doc_table:highlight：指定是否允许在 Discover 界面及已保存的检索面板中高亮搜索结果，默认为 true。
- courier:maxSegmentCount：Kibana 发送请求到 Elasticsearch 时，会将请求分段发送，以减小每段请求信息的长度。该设置项指定每个分段的长度，默认为 30。
- fields:popularLimit：指定显示最热字段的最大数量，默认为 10。
- histogram:barTarget：指定当 date histogram 使用了自动时间间隔时，Kibana 尝试生成条形统计图中条带的数量，默认为 50。

- histogram:maxBars：指定上个设置项的最大值，默认为 100。
- visualization:tileMap:maxPrecision：指定在 tile map 中显示的最大 geoHash 精度，7 表示高，10 表示很高，12 为最大值，默认为 7。
- visualization:tileMap:WMSdefaults：关于支持 tile map 的 wms map server 的默认属性，默认为{ "enabled": false,"url": "https://basemap. nationalmap. gov/arcgis/services/ USGSTopo/MapServer/WMSServer","options": { "version": "1. 3. 0","layers": "0","format": "image/png","transparent": true,"attribution": "Maps provided by USGS","styles": "" } }。
- visualization:colorMapping：将可视化中的某个值映射到指定的颜色，默认为{"Count":"#6eadc1"}。
- visualization:loadingDelay：指定在查询时将可视化界面变暗之前等待的时间，默认为 2s。
- csv:separator：指定导出数据的分隔符字符串，默认为“,”。
- csv:quoteValues：指定是否引用导出的信息，默认为 true。
- history:limit：在具有历史数据的字段中，指定显示历史数据的数量，默认 10。
- shortDots:enable：指定可视化界面中是否将较长的字段名以简短的形式显示，例如将 foo. bar. baz 简化为 f. b. baz，默认为 false。
- truncate:maxHeight：指定表格中单元格的最大高度，设置为 0 以禁用截断功能，默认为 115。
- indexPattern:fieldMapping:lookBack：指定最近匹配到 index pattern 的数量，来查询包含时间戳的 index pattern 中字段的 mapping，默认为 5。
- format:defaultTypeMap：指定默认的字段类型映射，如果某个字段未匹配到指定的映射，那么该字段使用“_default_”映射，默认为{ "ip": { "id": "ip","params": {} },"date": { "id": "date","params": { } },"number": { "id": "number","params": {} },"boolean": { "id": "boolean","params": {} },"_source": { "id": "_source","params": {} },"_default_": { "id": "string","params": {} } }。
- format:number:defaultPattern：指定“number”(数字)格式默认的数值型格式，默认为 0,0.[000]。
- format:bytes:defaultPattern：指定“bytes”(字节)格式默认的数值型格式，默认为 0,0.[000]b。
- format:percent:defaultPattern：指定“percent”(百分数)格式默认的数值型格式，默认为 0,0.[000]%。
- format:currency:defaultPattern：指定“currency”(货币)格式默认的数值型格式，默

认为（$0,0.[00]）。

- savedObjects:perPage：指定已保存的 object 列表中每页的 object 数量，默认为 5。
- timepicker:timeDefaults：Kibana 中默认的时间过滤器配置，默认为{"from":"now-15m","to":"now","mode":"quick"}。
- timepicker:refreshIntervalDefaults：时间过滤器默认的刷新间隔，默认为{"display":"Off","pause":false,"value":0}。
- dashboard:defaultDarkTheme：指定新创建的面板是否使用暗色调主题，默认为false。
- filters:pinnedByDefault：指定过滤器是否应被固定为具有全局状态，默认为 false。
- notifications:banner：以横幅的形式面向全体用户定制临时公告，支持 Markdown 格式。
- notifications:lifetime:banner：指定临时公告的显示时长，单位为毫秒(ms)，设置为无穷大将禁用公告横幅，默认为 3000000。
- notifications:lifetime:error：指定错误报告的显示时长，单位为毫秒(ms)，设置为无穷大将禁用公告横幅，默认为 300000。
- notifications:lifetime:warning：指定警告的显示时长，单位为毫秒(ms)，设置为无穷大将禁用公告横幅，默认为 10000。
- notifications:lifetime:info：指定通知信息的显示时长，单位为毫秒(ms)，设置为无穷大将禁用公告横幅，默认为 5000。
- timelion:showTutorial：指定在用户进入 timelion 时，默认是否显示教程，默认为false。
- timelion:es.timefield：指定在使用.es()方法时，默认包含时间戳的字段名，默认为@timestamp。
- timelion:es.default_index：指定在使用.es()方法时，默认在 Elasticsearch 中搜索的 index 名称，默认为_all。
- timelion:target_buckets：指定在使用自动间隔大小时，获取 bucket 的数量，默认为 200。
- timelion:max_buckets：指定单个 datasource 返回 bucket 的最大数量，默认为 2000。
- timelion:default_columns：指定 timelion 表中默认的列数，默认为 2。
- timelion:default_rows：指定 timelion 表中默认的行数，默认为 2。
- timelion:graphite.url：指定 graphite 监控系统主机的 URL 地址，默认为 https://www.hostedgraphite.com/UID/ACCESS_KEY/graphite，该设置项现处在试验

阶段。

- timelion:quandl.key：指定 quandl 金融和经济数据网站 www.quandl.com 的 API key，默认为 someKeyHere，该设置项现处在试验阶段。
- state:storeInSessionStorage：为防止 URL 链接过长导致某些浏览器无法正常处理，可以将 URL 的一部分存储在服务器 session 中，该设置项用于指定是否开启这一功能，默认为 false。
- discover:aggs:terms:size：指定 Discover 中，在聚合中词项的最大长度，默认为 20，该设置项可删除。

> Tips：对以上设置项的修改，将会对 Kibana 的性能造成明显的影响，有可能会造成难以排查的问题。当某个设置项不填写任何内容保存时，其值会恢复默认设置。如果其他设置项需要这里的设置，那么恢复默认将造成配置不兼容。另外，对于某个设置项的删除操作是不可逆的，操作将永久生效。

7.3.3 管理已保存的检索、可视化和仪表板

在 Management 中，单击上方的“Saved Objects”链接，可以跳转至各种已保存 object 的管理界面，如图 7.4 所示。管理内容分为仪表板、检索和可视化（分别对应页面中的 Dashboards、Searches、Visualizations）。在该界面中每一种内容可以显示 100 条信息，其余部分可以在界面上方的“Filter”（过滤器）输入框中通过输入部分 object 名称过滤得到。

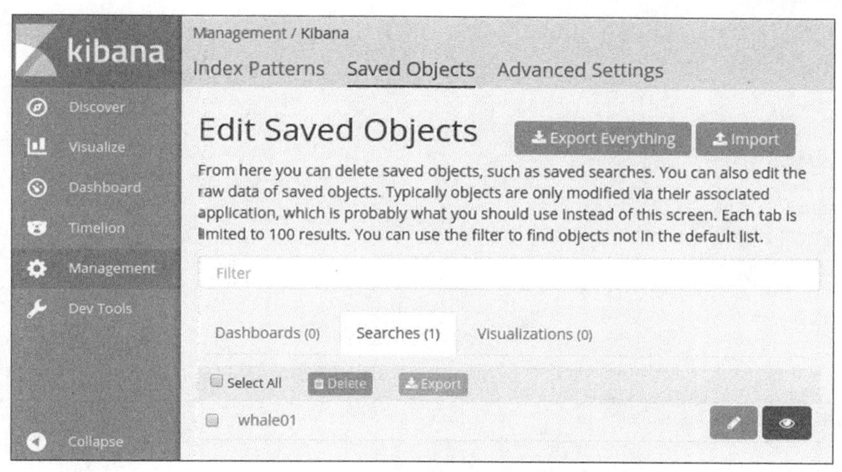

图 7.4 已保存 objects 管理界面

在每种 object 列表中，左侧为保存的 object 名称，右侧为编辑按钮和查看按钮，单击左侧的 object 名称或右侧按钮，可以跳转至该 object 的编辑界面；单击右侧按钮，可以跳转至该 object 的内容页面。在列表中单击最左侧勾选项 Select All，可以将保存的 object 选中；单击列表顶部的 Delete（删除）按钮，可以将选中的 object 删除；单击 Export（导出）按钮，可以将选中的 object 导出并以 JSON 格式的文件保存到本地。

Management 在屏幕的最上方还提供了输出所有 object 的 Export Everything（导出所有）按钮和导入外部保存 object 的 Import（导入）按钮。该管理界面功能十分简单易用，本节不再赘述。

7.4 使用 Discover 执行查询

在 Kibana 前端界面左侧单击 Discover 导航按钮即可跳转到 Discover 界面，使用效果如图 7.5 所示。本节将对时间过滤器的设置、数据查询、字段过滤、查看文档数据、查看统计信息等功能进行介绍。Discover 提供了交互式的查询界面，可以在添加过的 index pattern 中查询索引文件中全部文档的信息。在界面中还提供了执行查询语句，执行查询结果过滤，查看文档全部数据，显示相关统计数据等功能。当 index pattern 中带有时间戳字段时，查询界面上方将会显示柱状统计图。

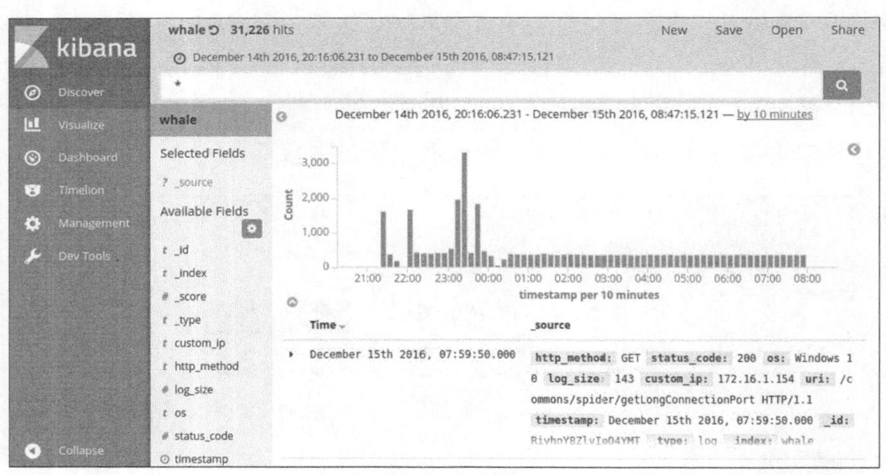

图 7.5 Discover 界面

7.4.1 设置时间过滤器

对于带有时间戳的文档而言，时间过滤器能够在某个时间段内统计文档中的数据。进入 Discover 中的查询页面时，默认加载最近 15min 内的统计数据。如要更改时间段，可以按下界面右上角的时间选择工具按钮⊙，界面上方将会弹出时间选择工具界面。选择时间段的方式主要有三种方式：在给定的常用时间段中快速选择，设置相对于当前的起始时间，从起始和终止日历中设置绝对时间间隔。

按下左侧的 Quick（快捷选择）按钮可以转到快速选择界面，界面中提供了 28 种常用时间段，包括截止目前的各种时间跨度、类似上周或上个月的特定时间跨度等。该界面中的选项可以最快速度划定时间段并完成统计。在选择时间跨度之后，还可以在 Discover 查询界面中的柱状图中多次通过鼠标左键拖曳的方式，来圈出更精确的时间范围。如图 7.6 所示，图中矩形的阴影区域即为鼠标拖曳出的时间范围。此外，将鼠标指针放在柱状图中任意一个小格上，均会显示出该位置详细的时间和统计信息。如果单击该位置，统计图将会展开为这一单位时间跨度内更详细数据的统计图。

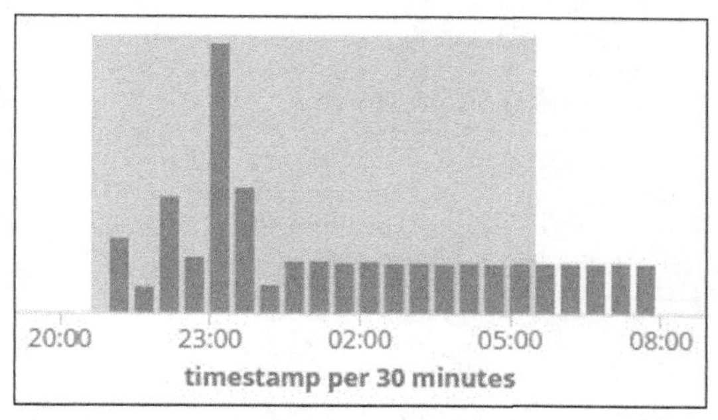

图 7.6 在柱状图上直接拖曳来划定精确的时间范围

按下左侧的 Relative（距今相对时间）按钮，可以转到相对时间设置界面。该界面中可以设置历史上的一个时间点，从而划定距今的时间跨度。界面中给出了小到分钟、大到年的 7 种不同的时间单位，如有特殊需要，还可以勾选四舍五入到已选择时间单位的选项。

按下左侧的 Absolute（绝对时间段）按钮，可以转到绝对时间跨度的设置界面。该界面提供了两个日历型时间拾取器，用来为两个时间输入框选择准确的起止日期时间，从而组成一个特定的时间跨度。另外，每个时间输入框的下方均给出了要求的 SimpleDateFormat 时间格式。在终止时间输入框上方还提供了设置当前时间的 Set To Now 按钮，按下这一按钮可以将终止时间设置为当前时间。

：按下浏览器的后退按钮，可以撤销 Kibana 中最近的操作。

7.4.2 在 index pattern 中执行搜索

Discover 界面上方为用户提供了一个搜索输入框，其右侧带有一个执行搜索的 按钮，用来在当前显示的索引文件中执行各类搜索任务。搜索框中填入的表达式应符合 Elasticsearch 中 query string query 的格式，表 7.1 展示了 query string query 格式查询表达式的一些实际例子。

表 7.1 query string query 格式查询的实际例子

输入表达式	表达式含义
os:Linux	检索字段 os 中带有关键词 Linux 的文档内容
os:"Linux"	检索字段 os 中带有精确词项 Linux 的文档内容
os:(Linux OR Windows 10)	检索字段 os 中带有关键词 Linux 或关键词 Windows 10 的文档内容
Win?ows *	通配符?代表任意一个字符，* 代表零到任意多个任意字符。这里检索包含有 Win 开头，中间带有一个任意字符，后面接 ows 和任意后续内容的文档内容
log_size:[300 TO 500]	检索字段 log_size 中文档长度为 300～500 的文档内容
log_size:[400 TO *]	检索字段 log_size 中文档长度在 400 以上的文档内容
log_size:[300 TO 600] AND os:"Linux"	检索字段 log_size 中文档长度为 300～600，并且字段 os 中带有精确词项 Linux 的文档内容

Kibana 提供了保存查询结果的功能。在查询出结果之后，单击界面上方的 Save 按钮，为当前要保存的查询起一个名字，即可将该结果保存。如要将已保存的查询打开，也可以单击界面上方的 Open 按钮，将会列出之前保存的所有查询，单击查询的名称即可显示出查询结果。要执行一个新的查询，可以单击界面上方的 New 按钮。

随着越来越多的文档添加到当前的 index pattern 中，Discover 界面中的查询结果可能需要更新。如果用户需要实时更新查询结果，可以单击界面右上角的时间选择工具按钮，界面上方展开时间设置面板后，在时间选择工具按钮左侧会出现一个自动刷新按钮 Auto-refresh。按下这一按钮，时间设置面板中会给出从 5 秒钟到 1 天的 12 种刷新间隔时间长度，以及一个 Off(关闭)按钮。单击其中一个时间长度后，将以此处设定的时间间隔定时刷新，同时右上方的自动刷新按钮变为暂停按钮。如果要停止刷新，可以按下暂停按钮，或者直接将自动刷新设置为关闭状态。

7.4.3 字段过滤

加载过 index pattern 后，Discover 界面左侧提供了当前索引文档中的字段列表，由"Selected Fields"(已选字段)和"Available Fields"(可用字段)两部分组成，并且可用字段中会将经常被选中的字段指定为"Popular"(常用字段)，如图 7.7 所示。在任意一个字段名上面单击，其下方将会展开该字段统计数量最高的前五种内容，如图 7.8 所示。

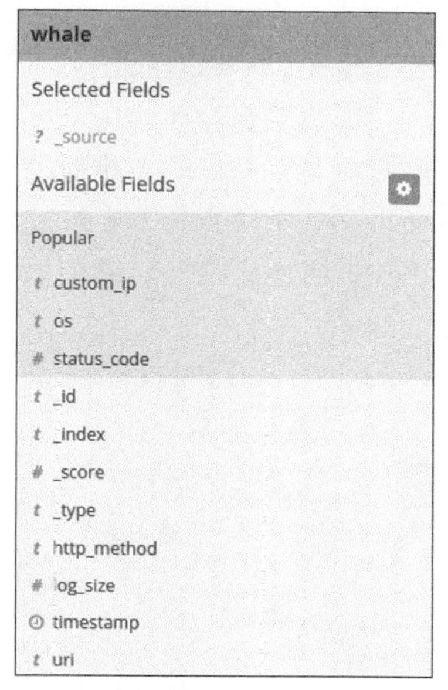

图 7.7 当前索引中的字段列表

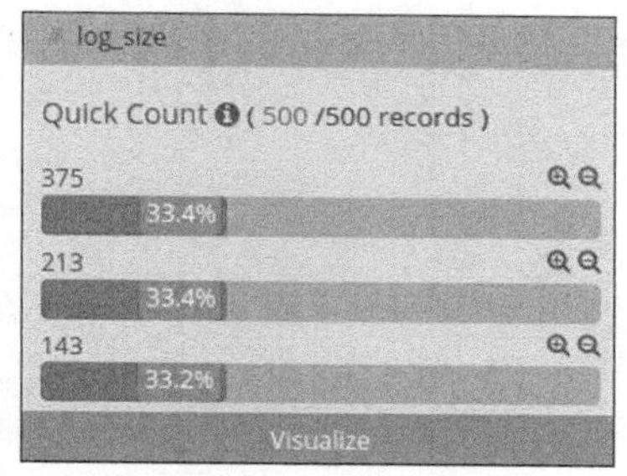

图 7.8 字段内容的统计数据

在每一行统计数据右侧各有两个过滤器按钮和。按下按钮，可以将已选择的字段和内容作为精确的检索条件执行检索，该条件也将以过滤器标签的形式显示在搜索输入框下方；按下按钮，则会将该数据从总体数据中排除。将鼠标放置在标签上，标签将显示出 5 种操作按钮，标签中的 5 种操作按钮分别为启动/禁用按钮、固定按钮、检索/排除转换按钮、移除按钮和编辑按钮，如图 7.9 所示。

图 7.9 当前索引中的字段

按下按钮，可以在不删除该过滤器标签的情况下禁用该过滤器功能，禁用时该标签将显示为斜纹背景，再次按下即可重新启用；按下按钮，可以使该标签在界面发生跳转时仍与检索保持联系。例如当转到可视化界面时，被固定的标签将继续在新的界面中起作用，但是检索内容不包含过滤器标签指定字段的情况除外；按下按钮，可以实现上面所述的添加条件到检索当中，或排除性检索的转换功能；按下按钮，可以将当前过滤器标签移除；按下按钮，可以对当前过滤器的执行代码进行编辑，以及为该标签定义别名，别名将替换形如图 7.9 左侧标签中的文字。

如果要从界面中部的文档内容列表中添加过滤器，可以单击任意一条文档左侧的三角形按钮▶，可将当前文档内容展开。展开后即可如上文所述使用过滤器按钮和来进行相应的检索或排除操作。此外，按下右侧的 * 按钮，可以添加一个设置该列是否存在的过滤器标签，标签用法同上。

7.4.4 查看文档数据

在每次查询时，Discover 界面中部均会显示前 500 条文档数据，默认每条数据均显示_source 字段，即全部自定义添加的字段。用户也可以在 Management 中设置 discover：sampleSize 属性来修改默认显示文档的数量。按下任意一条文档开头的 ▸ 按钮展开后，即可查看该文档所包含的详细信息（包括“Table”和“JSON”两种形式），如图 7.10（Table 格式）和图 7.11（JSON 格式）所示。

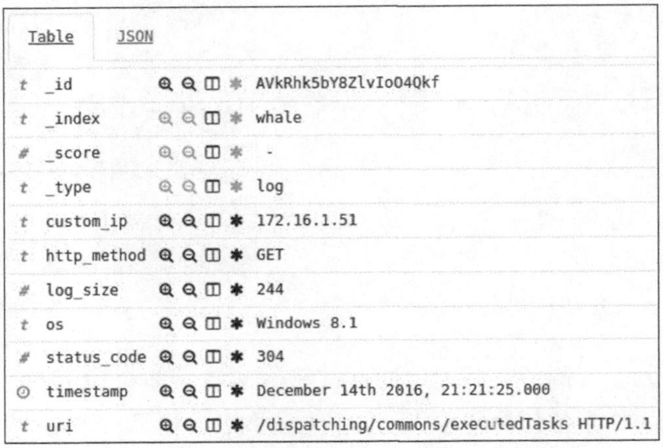

Table JSON

t	_id	AVkRhk5bY8ZlvIo04Qkf
t	_index	whale
#	_score	-
t	_type	log
t	custom_ip	172.16.1.51
t	http_method	GET
#	log_size	244
t	os	Windows 8.1
#	status_code	304
⊙	timestamp	December 14th 2016, 21:21:25.000
t	uri	/dispatching/commons/executedTasks HTTP/1.1

图 7.10 当前索引中的字段

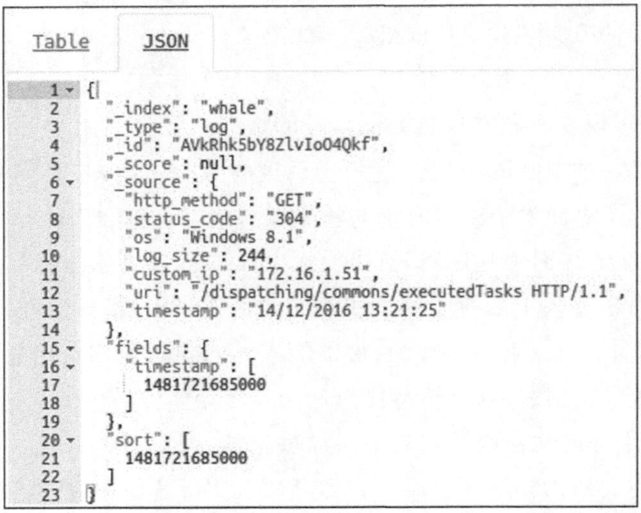

Table JSON

```
{
  "_index": "whale",
  "_type": "log",
  "_id": "AVkRhk5bY8ZlvIo04Qkf",
  "_score": null,
  "_source": {
    "http_method": "GET",
    "status_code": "304",
    "os": "Windows 8.1",
    "log_size": 244,
    "custom_ip": "172.16.1.51",
    "uri": "/dispatching/commons/executedTasks HTTP/1.1",
    "timestamp": "14/12/2016 13:21:25"
  },
  "fields": {
    "timestamp": [
      1481721685000
    ]
  },
  "sort": [
    1481721685000
  ]
}
```

图 7.11 当前索引中的字段

如需对文档内容进行排序，可以通过在文档内容列表的表头按下向上或向下的三角形按钮来完成，重复点按该按钮即为在正序和倒序之间切换。

如上文所述，加载过 index pattern 后的 Discover 界面左侧提供了当前索引文档中的字段列表。默认所有字段全部显示在可用字段中。当鼠标指针放置在任意一个字段上面时，列表右侧均会出现一个 add 按钮，如图 7.12 所示。按下该按钮，则当前指定的字段将显示在已选字段中，同时界面中每个文档的详细信息将只保留已选字段的内容。在展开的文档详细信息中，按下◫按钮，可以设置所有文档信息只保留当前选定字段信息，重复点按该按钮，即可将所有文档恢复原状。此外，有些字段还具有在表头点按向左或向右箭头的按钮来调整取值的功能，以及点按✖按钮将该字段移除的功能，不再赘述。

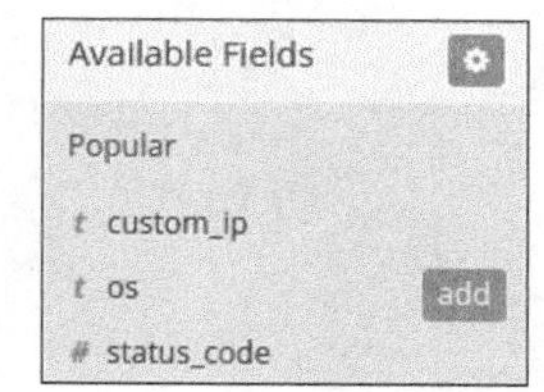

图 7.12 字段列表中的 add 按钮

7.5 使用 Visualize 创建统计图表

Visualize 提供了从 Elasticsearch 分片中创建数据可视化统计图表的功能。这些可视化统计图表基于对 Elasticsearch 的查询，同时可以使用一系列聚合，以便从数据中提取和处理有用的信息。所有这些查询的结果都能以统计图表的形式展示在仪表板中，从而便于用户获得数据的变化趋势。要创建数据可视化统计图表，可以通过处理在 Discover 中已保存的检索，或建立新的查询来执行。在 Kibana 前端界面左侧单击 Visualize 导航按钮，即可跳转到 Visualize 界面，使用效果如图 7.13 所示。本节将对可视化统计图表的创建进行介绍。

单击 Kibana 界面左侧的 Visualize 导航按钮进入 Visualize 后，界面中会列出 9 种形式的统计图表，分别为面积图、数据表、折线图、Markdown 格式文本解析器部件、数值统计、饼图、瓦片地图、时间序列和条形统计图。界面右侧也提供了直接打开已保存的可视化统计图表的功能。选择任意一个类型，即可转到 index pattern 选择页面。在这里选择需要创建统计图表的数据所在的 index pattern，可以通过选择界面中列出的 index pattern 名称，执行新的查询来获取数据，也可以通过选择之前已保存的检索来直接获取数据。这两种方式分别位于界面的左右两边。接下来只需为统计图标指定各个坐标轴上的数据，即可生成统计图表。各类可视化统计图表的创建方法大致相似。下面以数值统计（Metric）和条形统计图（Vertical bar chart）为例，对基本的统计图表生成方法进行介绍。

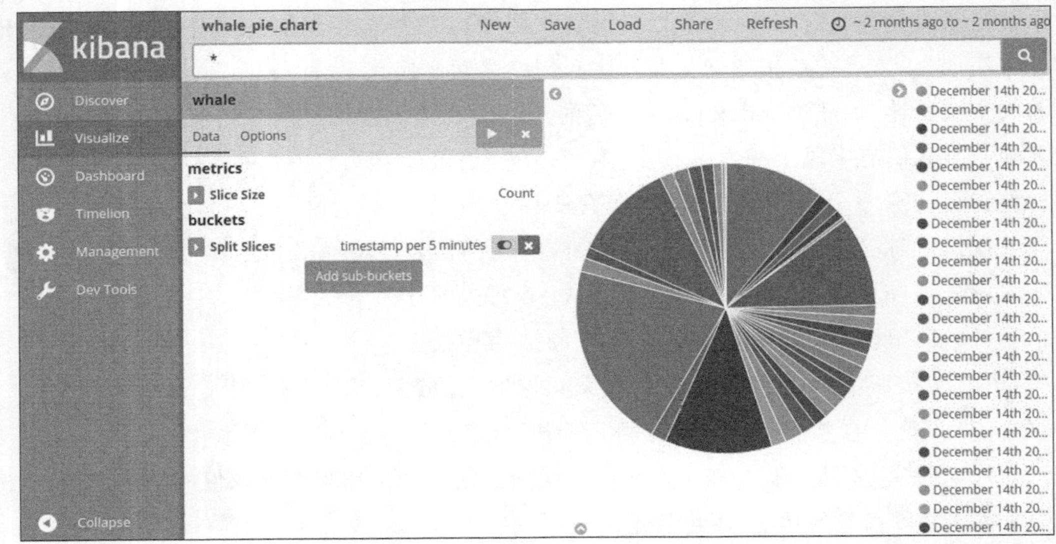

图 7.13　Visualize 界面

在 Visualize 界面中，单击“Metric”选项，进入 index pattern 选择界面。在列表中选择一个索引文件或已保存的检索，即可转到可视化创建界面中。界面左侧是可视化数据的设置部分，在这里设置统计图表的参数后，可视化效果可以展示在界面右侧区域中，如图 7.14 所示。

图 7.14　创建 Metric 统计图表

每一种统计图表的数据均来源于界面左侧的聚合。按下聚合左侧的▶按钮，可以对该聚合的类型、字段、别名等属性进行详细的设置。单击图 7.14 下面的 Add metrics 按钮，可以添加新的聚合；单击上方的执行按钮▶，可以在界面右侧显示出统计图表的效果。

在 Metric 的创建过程中，每一项可视化的聚合统计只需指定单个数据项即可生成。在开始创建时，界面中默认提供了对文档中所有内容的数量统计（即 count 聚合）。在图 7.14 中，第二个聚合是一个新加入的聚合，指定了聚合类型为平均值（average），指定字段为日志长度 log_size，并为该聚合设置了别名“Average size”。按下▶按钮，即可看到类似图中右侧的效果。另外，单击上方的“Options”标签，可以设置统计数据的字体大小。

下面创建一个条形统计图，在界面上方单击 New（新建）按钮，创建一个新的统计图表。选择“Vertical bar chart”选项，然后选择一个 index pattern，进入统计图的创建界面。在左侧可视化数据的设置项中可看出，每一种可视化的聚合统计需要两种数据项才可以生成，两种数据分别用来表示统计图的 X 轴和 Y 轴。对于 Y 轴的设置与上文提到的方法相同。X 轴的设置可以选择“X-Axis”（X 轴）作为 bucket 类型，接着选择适当类型的聚合（如“Date Histogram”表示按时期时间来统计条形统计图所需的数据），最后设置字段和时间间隔即可，如图 7.15 所示。聚合设置完毕之后，按下▶按钮，即可生成条形统计图。在界面右侧提供了为不同 Y 轴聚合统计数据设置不同颜色的功能，在任意一种聚合的图例上单击，其下方会展开调色板，如图 7.16 所示，此时可以对该图例设置颜色。在左侧数据设置部分上方单击“Options”标签，可以对条形图中的竖条显示模式、图例位置及是否显示动态数据提示等属性进行设置。生成条形统计图如图 7.17 所示。

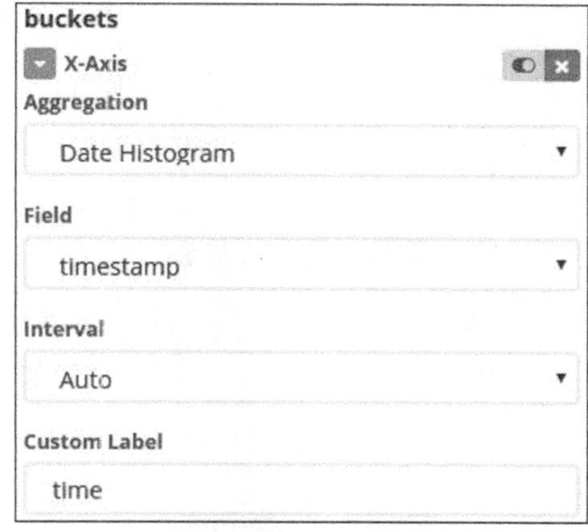

图 7.15　设置 X 轴聚合

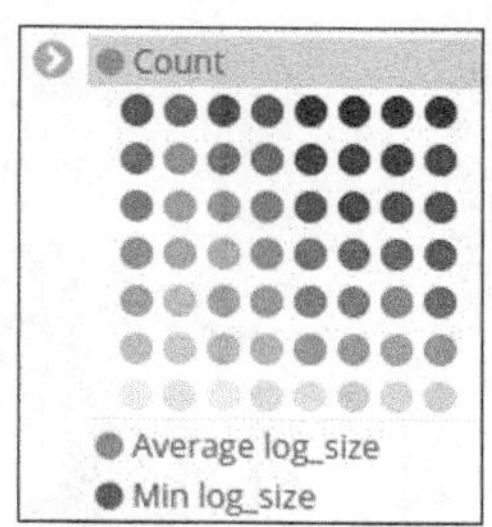

图 7.16　设置不同聚合统计的颜色

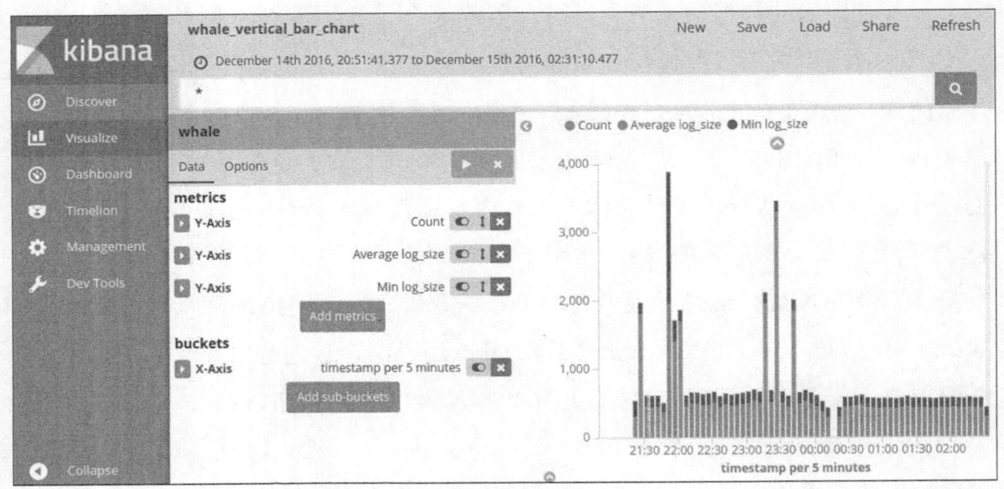

图 7.17　生成条形统计图

7.6　使用 Dashboard 创建动态仪表板

Dashboard 提供了集中显示已保存的一系列可视化统计图表的功能。在其界面中可以整理各种统计图表并调整它们的大小。同其他程序生成的 object 一样，动态仪表板也可以被保存、加载和分享。在 Kibana 前端界面左侧单击 Dashboard 导航按钮，即可跳转到 Dashboard 界面，使用效果如图 7.18 所示。本节将对动态仪表板的创建、加载和分享等功能进行介绍。

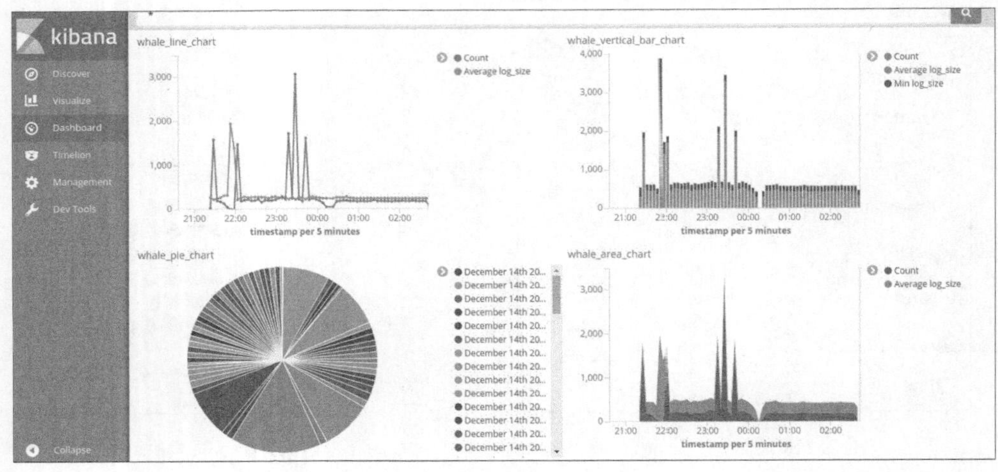

图 7.18　Dashboard 界面

7.6.1 创建新的动态仪表板

Dashboard 界面中提供了和 Discover 类似的时间选择器和检索输入框，可通过它实现对 Elasticsearch 中数据的预先查询，以满足仪表板上各种可视化统计图表的需要。在界面上方单击 Add 按钮，即可在已保存的可视化统计图表或检索结果中选择要添加到仪表板上的 object。选择任意一个 object 名称，该 object 可出现在界面下方，如图 7.19 所示。

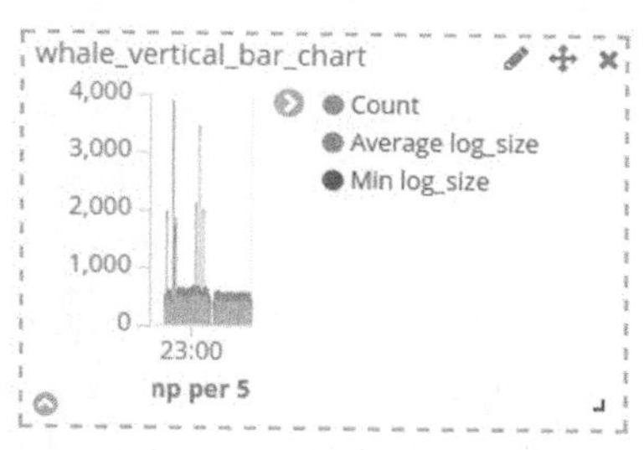

图 7.19 新加入的仪表板

> Tips：Kibana 为 Dashboard 提供了亮色调和暗色调两种不同的主题风格，在界面上方单击 Options 按钮，勾选其中的“Use dark theme”选项即可将界面转换为暗色调风格。该设置也可以在 Management 的高级设置界面中进行设置，将 dashboard：defaultDarkTheme 项设置为“true”即可转换暗色调风格。

在加入新的仪表板后，可以对其执行编辑、移动、移除以及查看详细数据和改变大小等操作。按下 ✎ 按钮，可以转到 Visualize 中，对该可视化统计图表进行编辑；按下并拖曳 ✥ 按钮，可以移动该仪表板到其他位置；按下 ✖ 按钮，可以将该仪表板移除。此外，按下左下角的 ⌃ 按钮，可以查看构成该统计图表的各类统计数据，其中每个字段都提供了排序功能；按下并拖曳右下角的 ⌟ 按钮，可以改变该仪表板的大小。

如需保存一组动态仪表板，可以单击界面上方的 Save 按钮，输入当前动态仪表板的名称。如要将时间当前设置好的时间范围信息一并保存，可以勾选“Store time with dashboard”选项，最后按下 Save 按钮即可。

7.6.2 打开已保存的动态仪表板

在 Dashboards 界面中，要打开之前保存的动态仪表板，单击界面上方的 Open 按钮，直接点选动态仪表板的名称即可。如果列表中的项目过多，可以在上方的过滤器中输入部分名称来进行过滤。

如要对动态仪表板进行管理，例如执行导入、导出、删除等操作，可以单击界面右侧的“Manage dashboards”链接，界面即转到 Management 界面中，在该界面方可对已保存的动态仪表板执行各种管理操作。

7.6.3 分享动态仪表板

动态仪表板的分享可以通过两种方式来完成。在 Dashboard 界面中打开一个动态仪表板，单击界面上方的 Share 按钮，可以通过直接复制分享面板中提供的 URL 链接，或复制<iframe>标记嵌入网页前端代码中，来分享动态仪表板给其他用户。查看分享的动态仪表板的用户需要拥有 Kibana 的访问权限，方可查看。

在面板右侧提供了分享动态仪表板当前状态的链接。这样的链接直接记录了仪表板中的状态信息，与原仪表板相互独立。考虑到有些浏览器在访问超长 URL 时可能会出现错误，面板中同时提供了复制相应的短链接的功能，访问时可以解析成原始的 URL。

7.7 使用 Timelion 创建时间线

Timelion 提供了一种基于时间线、为不同数据来源显示出统计曲线的功能。用户可通过编写较为简单的查询表达式来检索基于时间序列的数据。针对较为复杂的计算问题，如“每位唯一身份的用户在一段时间内访问页面的数量”等，生成可视化的统计结果。在 Kibana 前端界面左侧单击 Timelion 导航按钮，即可跳转到 Timelion 界面，使用效果如图 7.20 所示。本节将对编写查询表达式生成时间线的方法进行介绍。

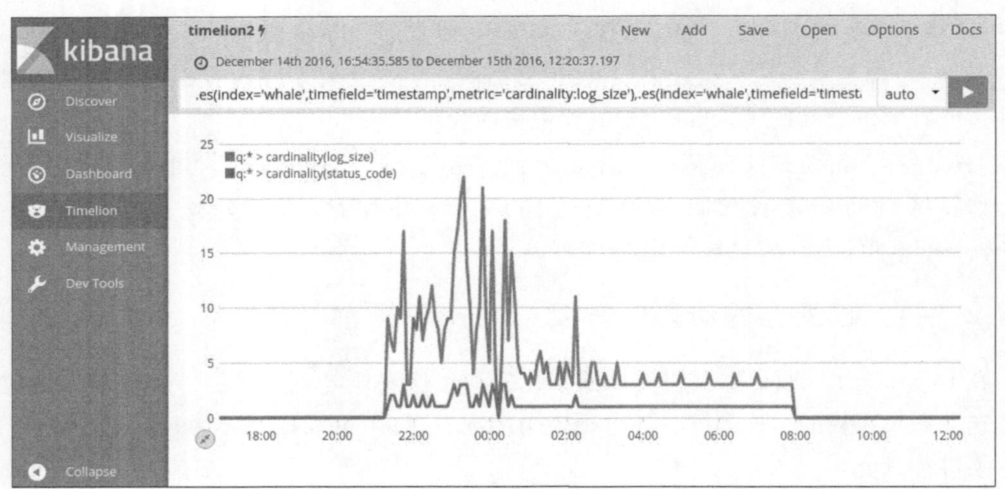

图 7.20 Timelion 界面

时间线的生成通过在界面上方输入框中编写 Timelion 表达式来完成。Kibana 内置了 Timelion 表达式语言。单击界面上方的 Docs 按钮可以查看该语言的使用说明，如图 7.21 所示。在用户编写表达式的过程中，程序中会自动弹出相关提示。

New　Add　Save　Open　Options　Docs　Last 15 minutes

.es

auto

.es() Pull data from an elasticsearch instance (Data Source)

Argument Name	Accepted Types	Information
q	*string, null*	Query in lucene query string syntax
metric	*string, null*	An elasticsearch single value metric agg, eg avg, sum, min, max or cardinality, followed by a field. Eg "sum:bytes", or just "count"
split	*string, null*	An elasticsearch field to split the series on and a limit. Eg, "hostname:10" to get the top 10 hostnames
index	*string, null*	Index to query, wildcards accepted
timefield	*string, null*	Field of type "date" to use for x-axis
kibana	*boolean, null*	Respect filters on Kibana dashboards. Only has an effect when using on Kibana dashboards

图 7.21　Timelion 表达式及其提示

Timelion 表达式语言以英文句点开头，以一种类似高级语言编程中方法（函数）调用的格式来书写，例如图 7.21 中的.es()。如果要在时间线上添加另一条曲线，需要将两段英文句点开头的 Timelion 表达式分别写出来，以逗号隔开。有些表达式是带有参数的，这里的参数是写在括号中的，格式为：参数名='表达式'，参数之间用逗号隔开。以.es()为例，如要统计索引文件 whale 中 log_size 的数量，那么表达式应为.es(index='whale',timefield='timestamp',metric='cardinality:log_size')。其中 index 参数指定了数据来自索引文件 whale；timefield 参数指定了带有时间戳的字段为 timestamp；metric 参数指定了具体的查询表达式是针对 log_size 字段，使用字段中的基数来统计。该统计生成的时间线如图 7.22 所示。

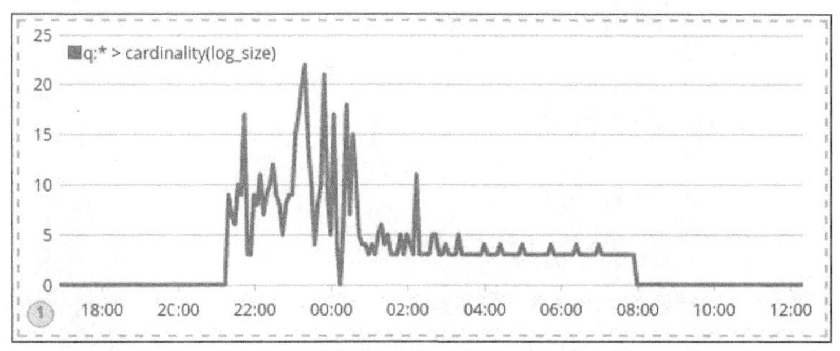

图 7.22　对 log_size 字段的统计结果时间线

Timelion 与 Dashboard 使用方法十分相似，在 Visualize 中也可以创建时间线。Timelion 同样支持对图中面板的移除、改变位置等功能，添加了全屏放大显示的功能。界面中也支持新建、添加、保存、打开面板等常用功能。除.es()表达式以外，还有更多Timelion表达式可供使用。限于篇幅，这里主要对Kibana中有关Elasticsearch的部分进行介绍，对于其他内容，读者可以自行研究。

7.8 使用Dev Tools执行命令行

Kibana 5.0的Dev Tools界面中目前仅包含一个Console插件，该插件提供了通过RESTful API与Elasticsearch进行交互的界面。Console的界面由两部分组成，左侧的部分是RESTful命令行编辑器，右侧则为结果响应面板。在Kibana前端界面左侧单击Dev Tools导航按钮，即可跳转到Dev Tools中的Console插件界面，使用效果如图7.23所示。本节将对Console的使用方法、快捷键、设置等进行介绍。

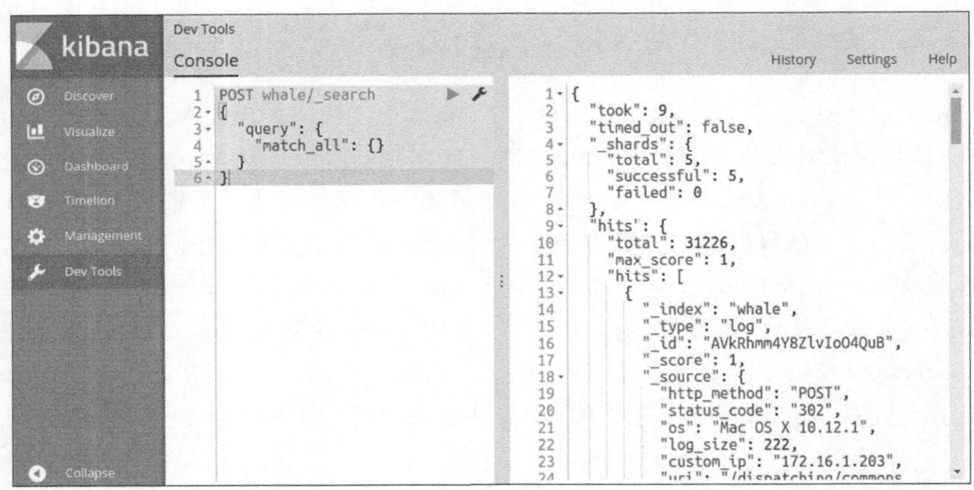

图7.23 Dev Tools中的Console界面

7.8.1 在Console中执行命令

在本书的第2章和第3章中，对于Elasticsearch的操作是在终端和可视化工具Head中执行的，终端中使用的是curl语法，Head工具的复合查询页面中可以直接在输入框中指定查询的索引和类型。而在Kibana的Console中的命令行编辑器支持类似curl的语法格式。不同的是，命令行头部直接由HTTP方法和要查询的索引、类型等信息构成，命令的主体也不需要放进-d后面的参数中。以查询索引文件whale中全部文档信息为例，下面的代码段7.1是curl语法的查询命令。

```
//代码段 7.1: 使用终端执行 curl 语法的查询命令
curl -XGET "http://localhost:9200/_search" -d '
{
  "query": {
    "match_all": {}
  }
}'
```

下面的代码段 7.2 则为 Console 中支持的语法。

```
//代码段 7.2: 在 Kibana 中以 Console 插件支持的语法执行查询命令
GET /_search
{
  "query": {
    "match_all": {}
  }
}
```

在编写命令行的同时，编辑器会为当前编写的代码自动设置缩进。在写入具体内容时，编辑器中也会弹出代码提示的列表。Console 中支持多段命令批量执行，既可以将其中两段或更多的命令选中来批量执行，也可以将光标放置在其中一段上，按下右侧执行按钮单独执行。在图 7.24 中包含三段命令，其中光标位置在第三段上，带有执行按钮和工具按钮的 action menu 跟随光标定位在第三段命令右侧。

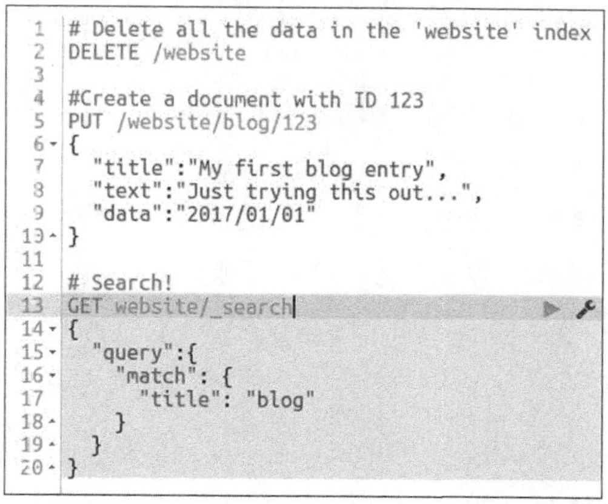

```
# Delete all the data in the 'website' index
DELETE /website

#Create a document with ID 123
PUT /website/blog/123
{
  "title":"My first blog entry",
  "text":"Just trying this out...",
  "data":"2017/01/01"
}

# Search!
GET website/_search
{
  "query":{
    "match": {
      "title": "blog"
    }
  }
}
```

图 7.24　编辑器可以执行多段命令，当前选中第三段

Action menu 右侧的按钮提供了"Auto indent"(自动缩进)功能。当光标所在段的

代码格式不整齐时，将光标定位到该段代码头部，按下该按钮可以将代码梳理成缩进格式良好的代码。如果当前代码已经是格式良好的代码，则再次按下按钮，可以将代码的主体压缩为单行，如图 7.25 所示。

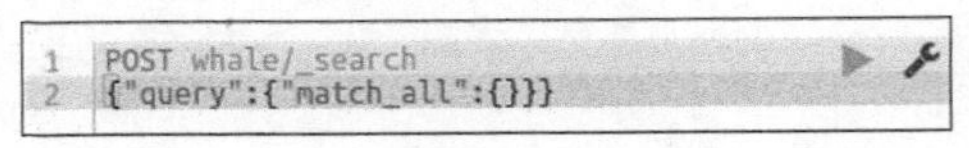

图 7.25　压缩成单行的命令

Console 会自动保存最近的 500 条成功执行的命令行。单击界面上方的 History 按钮，界面中将会显示历史记录面板，其中左侧是历史执行记录列表。选中其中一条并按下 Apply 按钮，可以将当前选中的命令添加到当前光标所在位置。按下 Clear 按钮，则会将历史记录清除。

7.8.2　Console 的快捷键

Console 中的编辑器支持快捷键功能，在编写命令行时使用相应快捷键，有助于提高编写的效率。在这一点上，Console 比 Head 使用起来更加方便。下面是一组用于常规编辑的组合键：

- Ctrl＋I：自动将光标所在的命令梳理为缩进格式良好的代码，或将格式良好的代码压缩为单行。
- Ctrl＋Space：弹出自动完成代码的提示列表。
- Ctrl＋Enter：执行命令。
- Ctrl＋↑/↓：将光标向上或向下跳到某段命令的开头或结尾。
- Alt＋L：将光标所在的命令折叠为一个图标，或从图标恢复为原来的代码。

在 Console 中的编辑器弹出代码提示的同时，另外三种按键可以用来进行提示框内部的操作。

- 方向键↑/↓：在提示列表中的不同项目之间进行选择。
- Tab 或 Enter：选择当前提示代码，自动完成编写。
- Esc：关闭提示框。

> Tips：单击 Dev Tools 界面右上角的 Help 按钮，界面中会显示关于 RESTful API 和快捷键的使用说明。上述快捷键仅为常规键盘布局下的按键设置，使用说明当中还提到了关于 Mac 键盘布局中的 Command 键和 Option 键，Mac 用户详见 Help 面板中的使用说明。

7.8.3 Console 的配置

单击界面右上方的 Settings 按钮，界面中会显示 Console 的设置面板，可以设置界面中代码和结果的字号大小、是否允许换行，以及自动完成编写的功能。

此外，在 Kibana 的配置文件{kibana_home}/config/kibana.yml 中可以对 Console 进行配置，下面对三种配置项进行介绍。

console.enabled：指定是否启用 Dev Tools 界面中的 Console 插件，默认为 true。

console.proxyFilter：指定用来验证 Console 中执行的命令行的一系列正则表达式。如果不匹配，命令将不会执行，默认为.*。

例如，配置 Console 只允许连接到本地(localhost)的配置如代码段 7.3 所示。

```
//代码段 7.3: 在 kibana.yml 中配置只允许连接到本地
console.proxyFilter:
    -^https?://(localhost|127\.0\.0\.1|\[::0\]).*
```

console.proxyConfig：指定 Console 执行命令相关的一系列配置，包括主机名和端口、SSL 配置、超时时限等。下面的代码段 7.4 是一个例子。

```
//代码段 7.4: 在 kibana.yml 中配置 proxyConfig
console.proxyConfig:
  -match:
      host: "*.internal.org"          #允许以 internal.org 结尾的域名
      port: "{9200..9299}"            #允许 9200~9299 范围的端口号
    ssl:
      ca: "/opt/certs/internal.ca"
  -match:
      protocol: "https"
    ssl:
      verify: false                   #不进行校验,任何认证都会通过
  -timeout: 180000                    #超时时限以 ms 为单位,表示 3min
```

7.9 网站性能监控可视化应用的设计与实现

作为应用示例，基于本书前面介绍的基于 Logstash 的网站操作日志，本节介绍基于 Kibana 的网站性能监控可视化应用的设计与实现。

7.9.1 概述

实验数据集来源自 Elasticsearch 中索引文件名为 whale 类型文件为 logs 的数据文件，该索引文件主要字段及其存储的实际数据示例如图 7.26 所示。这里的各个字段的含义如其名称的英文所示，在此不再赘述。拟用 Kibana 实现网站日志数据统计，以条形统计图、数据表、饼图、时间线和统计数值等形式展示出来。

```
"_index": "whale",
"_type": "log",
"_id": "AVkRhmm4Y8ZlvIoO4QuB",
"_score": 1,
"_source": {
  "http_method": "POST",
  "status_code": "302",
  "os": "Mac OS X 10.12.1",
  "log_size": 222,
  "custom_ip": "172.16.1.203",
  "uri": "/dispatching/commons/initTask HTTP/1.1",
  "timestamp": "14/12/2016 13:27:02"
```

图 7.26　日志文件示例

7.9.2 使用 Visualize 实现可视化

目前在许多新媒体网站中均使用 Markdown 来快速创建美观简洁的文字内容，拥有一个 Markdown 创建的文字板块可以使说明性文字排版整洁、一目了然。在 Visualize 界面中选择“Markdown widget”，并在左侧编辑区域填写 Markdown 格式的信息，如代码段 7.5 所示。

```
//代码段 7.5：填写 Markdown 格式的文本信息
#Whale                      （一级标题）
###数据分析可视化展示        （三级标题）
* 条形统计图                 （无序列表）
* 数据表
* 饼图
* 时间线
* 统计数值
```

填写之后按下▶按钮，即可在界面右侧得到如图 7.27 所示的可视化展示结果。单击屏幕上方的保存按钮，将该可视化结果保存。

接下来使用条形统计图来展示用户访问服务器的网络状态码 status_code 字段的数据。在 Visualize 界面中选择“Vertical Bar Chart”选项，在界面左侧已有的 Y-Axis 中的

Aggregation 下拉列表中选择“Percentile Ranks”选项，来统计 status_code 不同数值的占比。在 Values 中添加四个数值，分别为 200、302、304 和 404（这只是当前 Whale 索引文件中的内容，读者需要根据自己的数据文件实际内容来确定）。下面添加 X-Axis 聚合，Aggregation 选择“Date Histogram”，Field 为 timestamp，Interval 指定间隔为自动即可。在 Options 标签中，设置 Bar mode 为 Percentage，展示各部分竖条占比。按下 ▶ 按钮后，界面右侧将会生成如图 7.28 所示的条形统计图。单击屏幕上方的保存按钮，将该可视化结果保存。

Whale

数据分析可视化展示

- 条形统计图
- 数据表
- 饼图
- 时间线
- 统计数值

图 7.27 Markdown 部件可视化结果

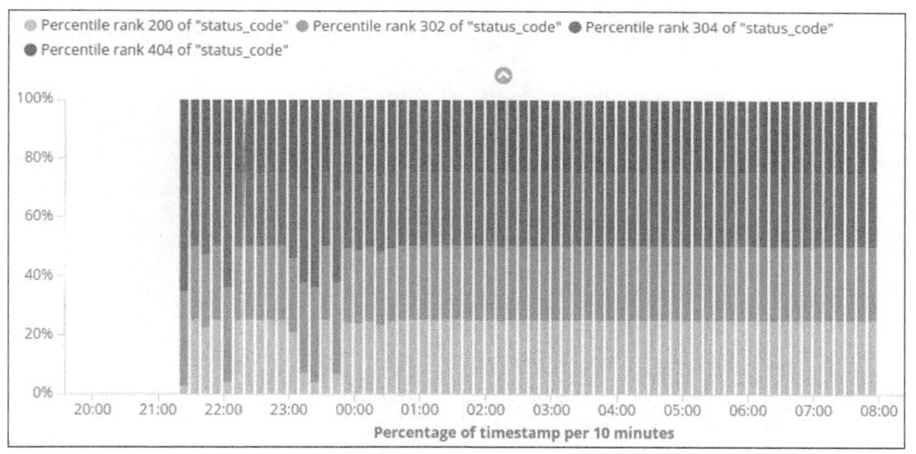

图 7.28 Vertical Bar Chart 可视化结果

下面使用数据表对用户访问服务器的网络状态数据进行数值统计。在 Visualize 界面中选择“Data Table”选项，左侧靠上的 Metric 保持 Count 聚合不变，下方添加一个 Split Rows 聚合，Aggregation 选择“Terms”，Field 选择网络状态码“status_code”，Order By 选择“Term”，Order 为“Desending”，Size 填写 4（因为数据中仅包含 4 种状态码）。将 Options 标签中的 Per page 设置为 4，以避免表格下方出现大面积空白。按下 ▶ 按钮，界面右侧将出现如图 7.29 所示的数据表格。单击屏幕上方的保存按钮，将该可视化结果保存。

不同的用户在访问服务器时使用的操作系统各不相同，这里使用饼图对用户使用的操作系统名称进行统计，并展示各种操作系统的占比。在 Visualize 界面中选择“Pie Chart”选项，左侧靠上的 Slice Size 保持 Count 聚合不变，下方的 Buckets 添加一个 Split Slices 聚合，将其 Aggregation 设置为“Terms”。Field 选择操作系统名称字段“OS”，Order By 选择

status_code: Descending	Count
404	3
304	200
302	8,731
200	22,292

Export: Raw Formatted

图 7.29 Data Table 可视化结果

“Term”,Order 为“Descending”,Size 填写 6(因为数据中仅包含 6 种操作系统名称)。按下▶按钮,界面右侧将出现如图 7.30 所示的饼图。单击屏幕上方的保存按钮,将该可视化结果保存。

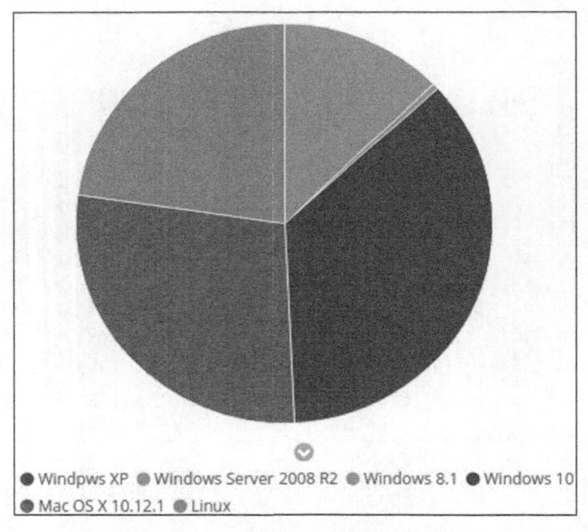

图 7.30 Pie Chart 可视化结果

下面使用时间线来统计和展示服务器日志的分时数据量,以及用户访问服务器的网络状态码走势。在 Visualize 界面中的输入框中输入关于日志记录长度的字段 log_size 以及网络状态码字段 status_code 的查询表达式,如代码段 7.6 所示。

```
//代码段 7.6: 在 Timelion 界面填写查询表达式
.es(index='whale',timefield='timestamp',metric='cardinality:log_size'),.es
(index='whale',timefield='timestamp',metric='cardinality:status_code')
```

按下▶按钮,查看界面中时间线是否出现起伏。如果时间线仍为直线,可以尝试单击界面右上角的时间选择器，选择一个更大的时间范围。时间线上出现起伏之后，可以使用鼠标左键拖曳划过起伏的部分，使得时间轴上的时间段缩小，将起伏部分占满屏幕。操作成功的情况下，界面右侧将出现如图 7.31 所示的曲线。单击屏幕上方的保存按钮，将该可视化结果保存为 Dashboard 面板。

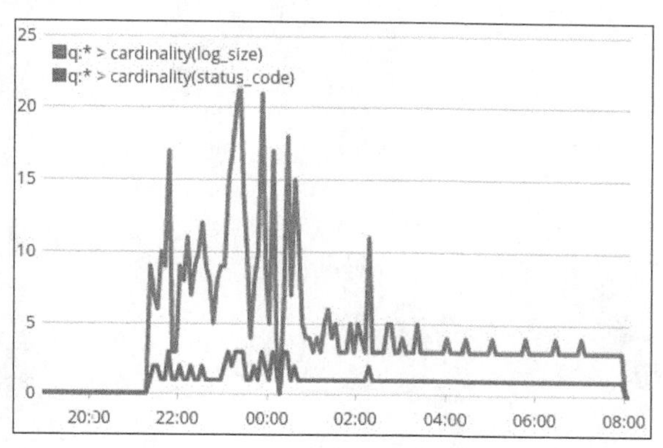

图 7.31 Timelion 可视化结果

最后使用 Metric 来统计服务器日志分时数据量的平均值和最大值。在 Visualize 界面中选择“Metric”选项，将左侧已有的 Metric 聚合展开，Aggregation 中的聚合类型改为“Average”聚合，Field 选择“log_size”，然后添加一个新的 Metric，Aggregation 选择“Max”，Field 仍选择“log_size”。在 Options 标签中，将字号修改为 50pt。按下▶按钮，界面右侧将出现如图 7.32 所示的统计数值。单击屏幕上方的保存按钮，将该可视化结果保存。

图 7.32 Metric 可视化结果

7.9.3 使用 Dashboard 整合可视化结果

单击 Kibana 界面左侧的 Dashboard 导航按钮，进入 Dashboard 界面。单击界面上方的 Add 按钮，逐个将上面创建好的 6 种可视化统计图表添加到动态仪表板中，并通过拖曳每一种可视化面板上的✥按钮和⌟按钮来调整其位置和大小，Dashboard 将为每一个面板自动调整位置和大小，使所有面板在界面中对齐。全部操作完成后，单击屏幕上方的保存按钮，勾选保存时间的选项，将该动态仪表板保存。可视化展示的最终效果如图 7.33 所示。

单击界面上方的 Options 按钮，勾选“Use dark theme”选项，可以将界面切换至暗色调

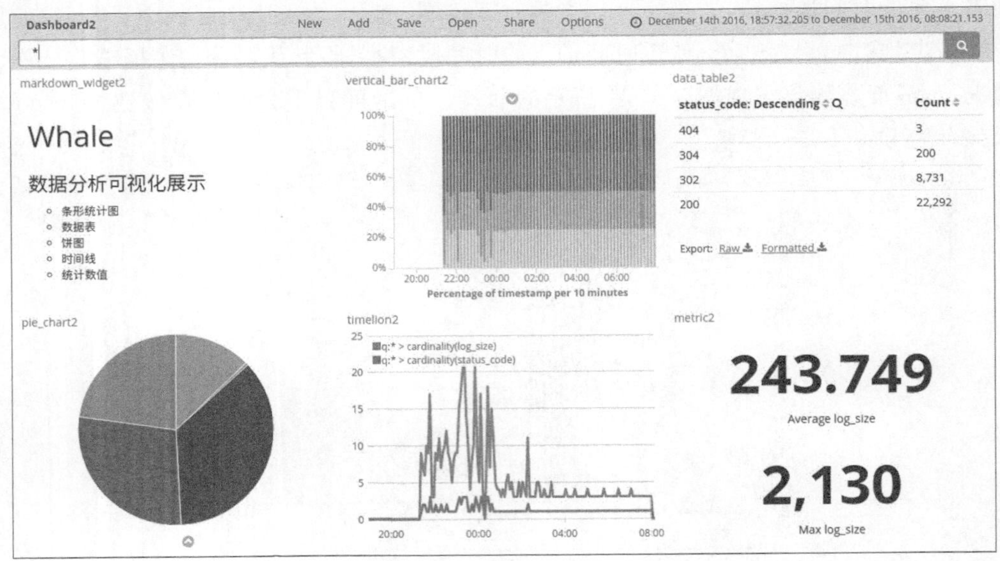

图 7.33　可视化展示最终效果

主题。切换后的动态仪表板展示效果如图 7.34 所示。

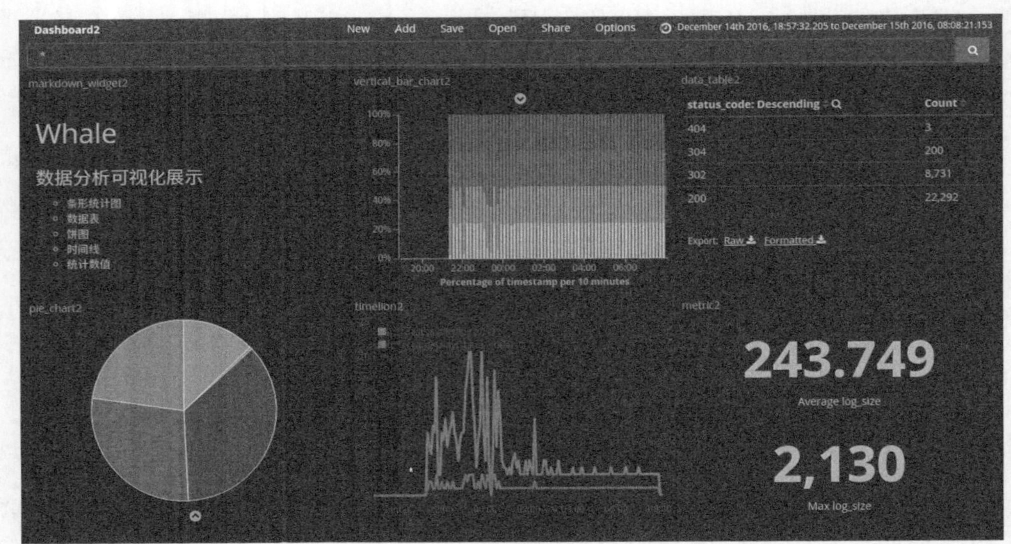

图 7.34　暗色调主题的可视化展示效果

7.10 扩展知识与阅读

信息可视化技术是利用计算机实现对抽象数据的可视化表示，以此来增强人们对抽象信息的感知。它不仅在揭示信息资源的广度与深度上有很大优势，而且能够将隐藏在信息资源内部的复杂、抽象的信息以直观的方式呈现给用户。它可以利用人们对可视模式快速识别的能力，将数据信息转化为视觉形式，形象化地揭示数据深层次的联系、趋势等。近年来，信息可视化的研究已经引起了科研人员的密切关注，在理论模型和有用技术方面已取得了较大进展，并在 IEEE 系列会议、信息可视化和人机交互相关会议（如 SIGGRAPH、ACM PVG、ACM SIGCHI 等）发表了一些重要的研究成果。为了建立数据的可视映射，有的文献提出了可视化参考模型来描述原始数据、数据表格、可视化架构和视图之间的转换关系，以及用户根据任务通过人机界面进行数据变换、可视化映射、视图变换等操作。

基于 Kibana 的信息可视化能够完成对信息的显示处理，相对来说比较简单和易于上手，这也是 Kibana 广为流行的原因之一。除 Kibana 外，还有一些免费开源方案可用来支撑数据可视化应用，如 D3. js、Gephi 等。已有的一些可视化工具软件包括：①D3. js，是一个强调网页标准的用来创建数据可视化的 Javascript 库，使用 HTML、SVG 和 CSS，可以让使用者以数据驱动的方式操作 DOM，可绑定任意数据到 DOM，可创建交互式 SVG 条形图，可从数据集里产生 HTML 表格，并提供多种组合和插件来增强兼容性。②Gephi，是一个能在 Windows、Linux 和 Mac OS 系统上运行的开源程序，用于可视化地探索数据，其插件更加个性化。③R Project，是在 UNIX、Windows 和 Mac OS 上运作的统计计算软件，可用于数据处理、计算和图表展示，是用于即时分析的集成工具。④Prefuse 软件包为 Javascript 提供了可视化框架；而 Prefuse Flare 工具包为 Adobe Flashplayer 等提供了可视化和动画化工具，能完成数据建模、数据交互化和可视化，为各种视觉布局进行数据结构优化，支持动画、动态搜索和数据库连接。对于一般用户而言，很多可视化模型的使用门槛较高。可视化的工具还包括 Excel、Google Spreadsheets、Tableau 等。从学术界来说，为了建立数据的可视映射，需要建立可视化参考模型，用来描述原始数据、数据表格、可视化架构和视图之间的转换关系，以便用户根据任务通过人机界面进行数据变换、可视化映射、视图变换等操作。相关资料可以参阅文献[周宁，2005]。

7.11 本章小结

Kibana 是为 Logstash 和 Elasticsearch 等组件提供的日志可视化分析的 Web 工具，可使用它对日志进行高效的可视化、分析等各种操作。在已经具备的基于 Logstash 日志的数据基础上，本章对 Kibana 的数据检索、可视化统计图表、动态仪表板、时间线和开发工具的一般配置进行了介绍，并以 Logstash 日志为例，介绍了基于 Kibana 的可视化实现。通过 Kibana 提供的交互式界面，可以对索引文件中的文档数据有一个宏观的理解，也可以很快将异常时间或者事件范围缩小到很短的时间范围内。

Chapter 8

第8章 基于 X-Pack 的系统运行监控

"X-Pack is an Elastic Stack extension that bundles security, alerting, monitoring, reporting, and graph capabilities into one easy-to-install package. While the X-Pack components are designed to work together seamlessly, you can easily enable or disable the features you want to use. Prior to Elasticsearch 5.0.0, you had to install separate Shield, Watcher, and Marvel plugins to get the features that are bundled together in X-Pack. With X-Pack, you no longer have to worry about whether or not you have the right version of each plugin"——https://www.elastic.co/guide/en/x-pack/5.0/xpack-introduction.html.

在 Elasticsearch 2.x 及更早的版本中，其自身可以集成 Head、Marvel、Shield、Watcher、Reporting、Graph 等多种插件。升级到 5.0 版本之后，第三方 Head 工具不再以插件的形式集成(有关 Head 的内容详见本书第 2 章的介绍)。对于 Marvel、Shield、Watcher、Reporting、Graph 等插件，Elastic 官方推出了新的 X-Pack 插件取而代之。X-Pack 插件包含了 Security(即之前版本中的 Shield)、Monitoring(即之前版本中的 Marvel)、Alerting and Notification 以及 Graph 等功能，本章将对这些插件的使用方法进行介绍。

8.1 X-Pack 概述

在 Elasticsearch 5.0 版本之前，各种插件如 Shield、Watcher、Marvel 等，需要分别进行安装和使用。在 Elasticsearch 5.0 版本发布之后，这些插件全部集成在独立的 X-Pack 插件中。X-Pack 是 Elastic Stack 的扩展，集成 Security 插件、Alerting 插件、Monitoring 插件、Reporting 插件和 Graph 插件于同一个软件包中，安装起来也格外简便。X-Pack 可以与 Elasticsearch 和 Kibana 无缝对接协同工作，其中的部分组件也可以根据实际需要随时启用或禁用。X-Pack 的出现，消除了各种插件因版本不一致等问题而产生的烦恼，只需使 X-

Pack 程序包的版本与 Elasticsearch 保持一致，即可正常使用。

8.2 安装 X-Pack

X-Pack 需要 Elasticsearch 和 Kibana 双方均进行相应安装，安装方法如下：

首先下载 Elastic 官方发布的 X-Pack 软件包，可以通过两种方法来获取：

（1）通过在终端中输入命令来完成。进入 Elasticsearch 的 bin 目录，并使用终端执行命令./elasticsearch-plugin install x-pack，程序将会自动进行安装。

（2）访问 Elastic 官网 https://artifacts.elastic.co/downloads/packs/x-pack/x-pack-5.x.x.zip下载软件包，注意链接中的"5.x.x"是软件包的版本号，该版本号应该与当前已安装的 Elasticsearch 版本一致（这里使用的是 X-Pack 5.0.0 版本）。下载完毕后，不要将 ZIP 文件解压，直接进入 Elasticsearch 的 bin 目录，在终端中执行以下命令：

```
./elasticsearch-plugin install file:///软件包的绝对路径/x-pack-5.x.x.zip
```

安装过程中，X-Pack 会请求附加权限，以便 Watcher 可以发送电子邮件通知，这可能会带来某些安全隐患。安装 Elasticsearch 时的终端界面如图 8.1 所示。

```
cy@cy-N53SN:/usr/elasticsearch-5.0.0/bin$ ./elasticsearch-plugin install file://
/usr/x-pack-5.0.0.zip
-> Downloading file:///usr/x-pack-5.0.0.zip
[=================================================] 100%
@@@@@@@@@@@@@@@@@@@@@@@@@@@@@@@@@@@@@@@@@@@@@@@@@@@@@@@@@@@@@
@     WARNING: plugin requires additional permissions     @
@@@@@@@@@@@@@@@@@@@@@@@@@@@@@@@@@@@@@@@@@@@@@@@@@@@@@@@@@@@@@
* java.lang.RuntimePermission accessClassInPackage.com.sun.activation.registries
* java.lang.RuntimePermission getClassLoader
* java.lang.RuntimePermission setContextClassLoader
* java.lang.RuntimePermission setFactory
* java.security.SecurityPermission createPolicy.JavaPolicy
* java.security.SecurityPermission getPolicy
* java.security.SecurityPermission putProviderProperty.BC
* java.security.SecurityPermission setPolicy
* java.util.PropertyPermission * read,write
* java.util.PropertyPermission sun.nio.ch.bugLevel write
* javax.net.ssl.SSLPermission setHostnameVerifier
See http://docs.oracle.com/javase/8/docs/technotes/guides/security/permissions.h
tml
for descriptions of what these permissions allow and the associated risks.

Continue with installation? [y/N]y
-> Installed x-pack
cy@cy-N53SN:/usr/elasticsearch-5.0.0/bin$
```

图 8.1　为 Elasticsearch 安装 X-Pack 插件

在 Kibana 中安装 X-Pack 插件时，进入 Kibana 的 bin 目录，在终端中执行以下命令即可安装。安装过程的终端界面如图 8.2 所示。

```
./kibana-plugin install file:///软件包的绝对路径/x-pack-5.x.x.zip
```

执行命令后，启动 Elasticsearch 和 Kibana 即可。

```
cy@cy-N53SN:/usr/kibana-5.0.0-linux-x86_64/bin$ ./kibana-plugin install file:///
usr/x-pack-5.0.0.zip
Attempting to transfer from file:///usr/x-pack-5.0.0.zip
Transferring 72364732 bytes....................
Transfer complete
Retrieving metadata from plugin archive
Extracting plugin archive
Extraction complete
Optimizing and caching browser bundles...
Plugin installation complete
cy@cy-N53SN:/usr/kibana-5.0.0-linux-x86_64/bin$
```

图 8.2 为 Kibana 安装 X-Pack 插件

> Tips：这里的"file:///路径"的写法是一种特定的协议书写格式，由"file://"和"/路径"组成。在上面的路径中，提供文件的绝对路径。

要对 X-Pack 进行更新，应该先卸载旧版本的插件，再重新安装最新版本的插件。卸载 X-Pack 需要在终端执行如下命令：

```
bin/elasticsearch-plugin remove x-pack
bin/kibana-plugin remove x-pack
```

卸载插件后重启 Elasticsearch 和 Kibana 即可。

8.3 Security 插件与安全性

X-Pack 中的 Security 插件可以实现集群安全和数据的密码保护，其中包括多种安全机制，如通信加密、基于角色的访问控制、IP 过滤以及 Client 访问的安全机制等。本节将对加入 X-Pack 插件后 Kibana 的部分安全功能，以及与安全集群的交互操作方法进行介绍。

8.3.1 身份验证机制与用户管理

为实现集群安全，需要集群中的每一个节点上均安装对应版本的 X-Pack 插件。默认情况下，用户认证机制是开启的，安装 X-Pack 插件后再访问 Kibana 时，界面将不会直接显示 Kibana 界面，而是多了一个用户登录页面（如图 8.3 所示）。除非设置匿名访问，否则用户需要输入登录信息，完成身份认证后方可进入 Kibana 的操作界面。

X-Pack 中的 Security 插件内置了两个账号：一个是超级管理员账号，名为"elastic"，拥有对集群的完全访问权限；另一个名为"kibana"。两个账号的初始密码均为"changeme"（Elastic 官方借此提示用户在使用时应该将默认密码改为新密码）。两个账号修改密码的 curl 代码如代码段 8.1 和代码段 8.2 所示。

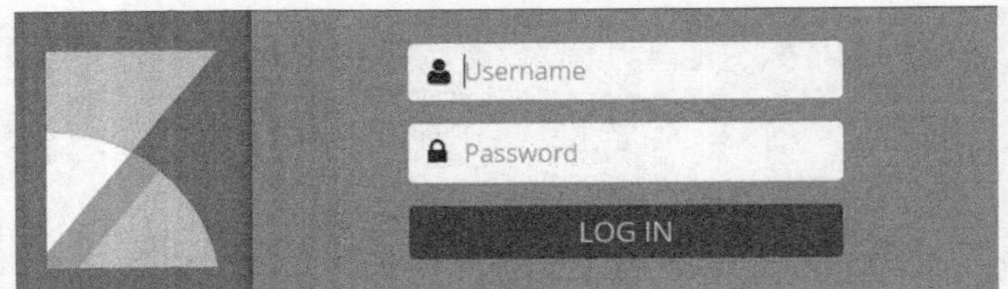

图 8.3　Kibana 中出现的登录界面

```
//代码段 8.1: 修改超级管理员账号 elastic 的密码
curl -XPUT -u elastic 'localhost:9200/_xpack/security/user/elastic/_password
' -d '{
  "password" : "elasticpassword"          //设置新密码
}'
```

```
//代码段 8.2: 修改账号 kibana 的密码
curl -XPUT -u elastic 'localhost:9200/_xpack/security/user/kibana/_password'
-d '{
  "password" : "kibanapassword"          //设置新密码
}'
```

在 Kibana 前端界面中也提供了修改用户密码的功能。登录到 Kibana 之后，单击左侧导航栏下方的用户名，界面右侧即显示对当前用户的管理功能，其中可以设置用户的电子邮件地址以及修改密码。按下 Change password 按钮，即可在弹出的文本框中修改密码，如图 8.4 所示。

> Tips：在为内置账号 kibana 修改密码的同时，需要在{kibana_home}/config 目录下的配置文件 kibana.yml 中进行配置，在文件末尾添加“elasticsearch.password：新密码”。

安装 X-Pack 插件后，Management 程序多了 Elasticsearch 管理选项。管理员账户可以通过这里提供的功能来管理用户。在 Elasticsearch 管理选项中单击“Users”链接，即可跳转至系统中的用户管理页面来查看系统中所有用户列表。界面上方写有“Filter...”的输入框，可以用来对现有用户进行过滤查找。单击其中一个用户的用户名，即可转到该用户的详细信息页面，页面中包括用户名、密码修改链接、用户权限等信息。

要添加新用户，可以在用户管理页面中按下 New user 按钮。在新用户创建页面中，分

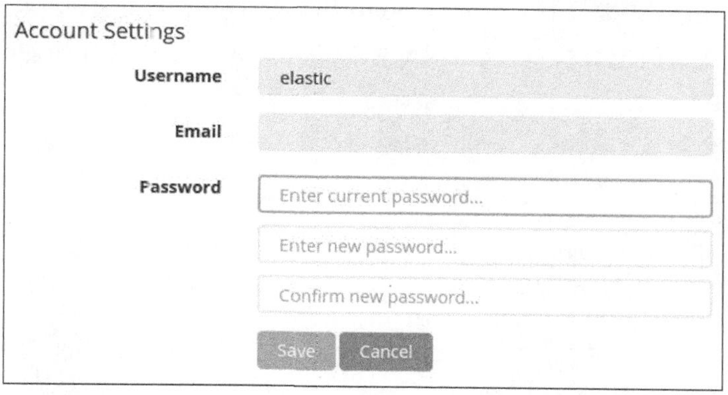

Account Settings

Username　elastic

Email

Password　Enter current password...

Enter new password...

Confirm new password...

Save　Cancel

图 8.4　设置用户信息和修改密码

别填写用户名、密码、确认密码、用户全名和电子邮件地址，并单击下方的“Add a role...”，为新用户设置权限（这里的权限可以添加多个），最后按下 Save 按钮保存即可，如图 8.5 所示。已添加的新用户将出现在用户列表中，单击任意一个用户名即可查看用户的详细信息和权限，也可以修改用户信息。在界面右上角按下 Delete 按钮可以将该用户删除；按下 Save 按钮可以保存对当前用户信息的修改。

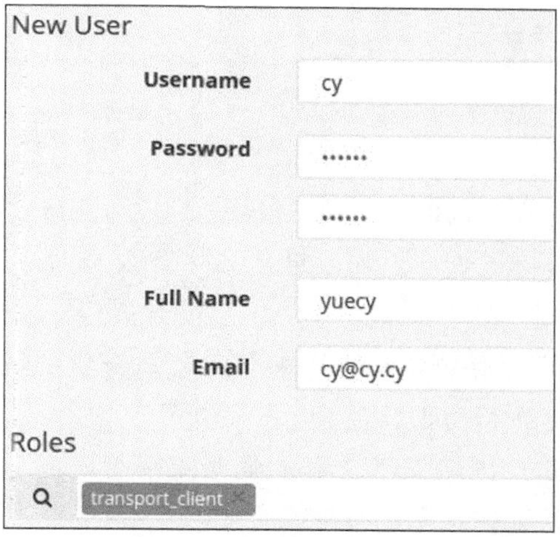

New User

Username　cy

Password　••••••

••••••

Full Name　yuecy

Email　cy@cy.cy

Roles

transport_client

图 8.5　添加新用户并设置权限

8.3.2　匿名访问

当程序接收到的用户请求中不包含任何用户认证信息时，该请求就会被识别为“匿名请求”。默认情况下，程序会拒绝匿名请求，并返回包含状态码 401 的认证错误信息。如果要启用匿名访问的功能，需要在{es_home}/config 目录的配置文件 elasticsearch.yml 中添加下面代码段 8.3 所示的配置信息，这一项配置相当于对没有身份认证的部分操作给予认可。

```
//代码段 8.3: 通过 elasticsearch.yml 配置文件启用匿名访问
xpack.security.authc:
  anonymous:
    username: anonymous_user
    roles:kibana_user, transport_client        //指定用户访问权限
    authz_exception: true
```

其中，“username”指定了匿名用户的用户名，如果不指定，那么默认用户名为“_es_anonymous_user”；“roles”指定了匿名用户的访问权限，如果不指定，则一切匿名访问将会被拒绝并返回认证错误信息；“authz_exception”指定了当匿名用户执行权限之外的请求时的处理策略(默认为 true。当该项配置为 true 时，如果匿名用户不具备当前操作所需的权限，程序将返回状态码 403 并且不会提示用户进行身份认证；如果将该项配置为 false 且匿名用户执行了权限之外的操作，则程序会返回状态码 401，并提示用户进行身份认证方可执行操作)。

8.3.3 基于域的用户认证

Security 插件内置了 5 种称为“域”的用户身份认证服务，分别为 native、ldap、active_directory、pki 和 file。

native：用户信息存储在专门的 Elasticsearch 索引中，该域支持以用户名和密码的方式来验证用户身份。如果 elasticsearch.yml 配置文件中没有对该域的配置，那么该域默认可用。

ldap：通过使用外部轻量目录访问协议来验证用户身份的域。此域中，用户可以输入用户名、密码等认证信息来进行身份验证。

active_directory：通过使用外部活动目录服务器来验证用户身份的域。此域中，用户可以输入用户名、密码等认证信息来进行身份验证。

pki：通过使用公钥基础设施来验证用户身份的域。这样的域可以与 SSL/TLS 协同工作，并通过客户端的 x.509 证书的标识名来识别用户。

file：用户信息存储在 Elasticsearch 集群每个节点的文件中。该域支持以用户名、密码等认证信息来进行身份验证。

除以上 5 种域之外，Security 插件还支持自定义域。不同的域被通过 elasticsearch.yml 配置文件组织在一个域链当中，下面的代码段 8.4 展示了配置文件中的配置信息。

```
//代码段 8.4: elasticsearch.yml 中的域链
xpack.security.authc:
  realms:
    file:
      type: file
      order: 0              #第 1 个验证
    native:
      type: native
      order: 1              #第 2 个验证
    ldap1:
      type: ldap
      order: 2              #第 3 个验证
      enabled: false
      url: 'url_to_ldap1'
      ...
    ldap2:
      type: ldap
      order: 3              #第 4 个验证
      url: 'url_to_ldap2'
      ...
    ad1:
      type: active_directory
      order: 4              #第 5 个验证
      url: 'url_to_ad'
    authz_exception: true
```

在这段配置信息中，type 表示域认证的类型，order 表示不同的域认证的顺序，enabled 表示是否在域链中启用该域的认证。列表的顺序决定了访问域的顺序。认证过程中，Security 逐个对链中的域进行访问并尝试认证。一旦某一次认证通过，那么用户的操作就会被认为通过了身份认证。如果当前域未通过认证，那么程序将访问下面的域，直到该段配置信息末尾。如果全部域均未通过认证，那么用户操作就会被认定为身份认证失败，程序将返回包含状态码 401 的认证错误信息。下面以 native 域用户身份认证为例，对域的配置进行介绍。

在 elasticsearch.yml 配置文件中，在 xpack.security.authc.realms 命名空间中配置 native 类型，代码段 8.5 展示的是将 native 域设为链中首个认证的域的方法。

```
//代码段 8.5: 配置 native 域
xpack:                      //开头四行为命名空间
  security:
```

```
    authc:
      realms:
        native1:
          type: native          //指定域类型为 native
          order: 0              //指定认证顺序
```

配置完成后重启 Elasticsearch，该域配置即生效。在配置信息中，除上述的 type、order、enabled 属性外，还有如下三个属性可供配置。

cache.ttl：指定用户信息缓存的生命周期时长。在指定的时间内，用户的信息会被缓存。该项可以通过使用标准 Elasticsearch 时间单位指定，默认为 20m。

cache.max.users：指定缓存用户信息的最大数量，默认为 100000。

cache.hash.algo：指定用于缓存用户信息的散列算法。

8.3.4 基于角色的访问权限配置

Security 插件会为每一个用户（包括匿名用户）分配默认的用户角色，用户角色决定了用户可以在程序中执行的操作。Security 插件内置了 7 种用户角色，分别为 superuser、kibana_user、monitoring_user、remote_monitoring_agent、reporting_user、ingest_user 和 transport_client。这些用户角色由一组固定的特权组成，其组成不能被更改。

superuser：拥有对整个集群中所有索引和数据完全控制权限，此外还可以管理用户和角色，该角色用户可以扮演任何其他用户角色。出于该角色的特殊性，将该角色分配给用户时要格外谨慎。

kibana_user：拥有访问 Kibana 的最低权限，能够访问 Kibana 中的分片并监视集群。

monitoring_user：拥有访问 Monitoring 的最低权限而非 Kibana 的访问权限，能够监视集群中的索引。该角色的用户应同时被分配 kibana_user 角色。

remote_monitoring_agent：拥有从远程 Monitoring 程序向当前集群写入数据的最低权限。

reporting_user：拥有访问 Reporting 程序的特定权限而非 Kibana 的访问权限，能够访问 Reporting 的分片。该角色用户应同时被分配 kibana_role 角色和访问生成报告所需数据的角色。

ingest_user：拥有对所有 index 和 pipeline 配置的管理权限，但不能创建分片。

transport_client：拥有从 Java Transport Client 段访问集群的权限，能够获取集群节点中的信息。该用户角色在使用 Transport Client 时分配。

在 Kibana 中的 Management 界面中，单击页面上方的“Roles”标签即可查看系统中的用户角色列表。单击任意一个角色可以转到详细信息页面，包括用户角色的名称、在集群中的特权、指定的用户和指定的分片等信息。

在本章的8.3.1节中，已经添加过一个名为“cy”的transport_client权限用户(如图8.5所示)，然而用户cy无权对Monitoring进行访问，因为cy没有被授予monitoring_user和kibana_user角色的权限。下面就以授权访问Monitoring为例，登录elastic超级管理员账户，在Management程序中添加一个新的用户monitor，为其分配monitoring_user和kibana_user两种用户角色的权限，使其有权访问Monitoring程序。

在用户列表页面右上方单击New user按钮。在添加用户界面中，为新用户起一个名字(这里为“monitor”)，接着设置用户的密码、全名和电子邮件地址。在下方的用户角色选择部分，为该用户指定“monitoring_user”和“kibana_user”(如图8.6所示)。按 Save 按钮保存即可。退出登录，使用账号monitor登录到Kibana，单击界面左侧Monitoring程序的导航按钮，会发现该用户可以进入Monitoring程序进行操作。单击其他未授权给该用户的导航按钮，则程序中会显示出拒绝访问的信息。

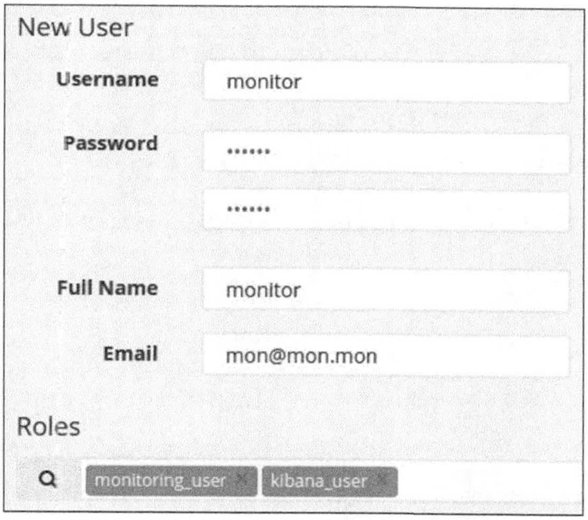

图8.6　新用户授权Monitoring程序访问权限

在为用户分配角色的基础上，也可以创建新的用户角色，以便将特定的权限授权给用户。这里仍以授权访问Monitoring为例，创建一个单独的用户身份。

首先登录elastic超级管理员账户，创建一个新的用户角色monitor_admin，在角色列表页面右上方按下New role按钮，可以添加一个新的自定义用户角色。例如设定用户名为“monitoring_user”拥有“monitor”特权，下方指定了该用户角色能够访问的索引，以及对数据执行的操作方式，如图8.7所示。其中索引指定了“.marvel-es-*”、“.monitoring-*”和“.kibana*”；对数据的访问特权包括“manage”、“read”、“index”和“delete”，实际上这些正是“monitoring_user”和“kibana_user”两种用户角色中特权的并集。按 Save 按钮将该用户角色保存。

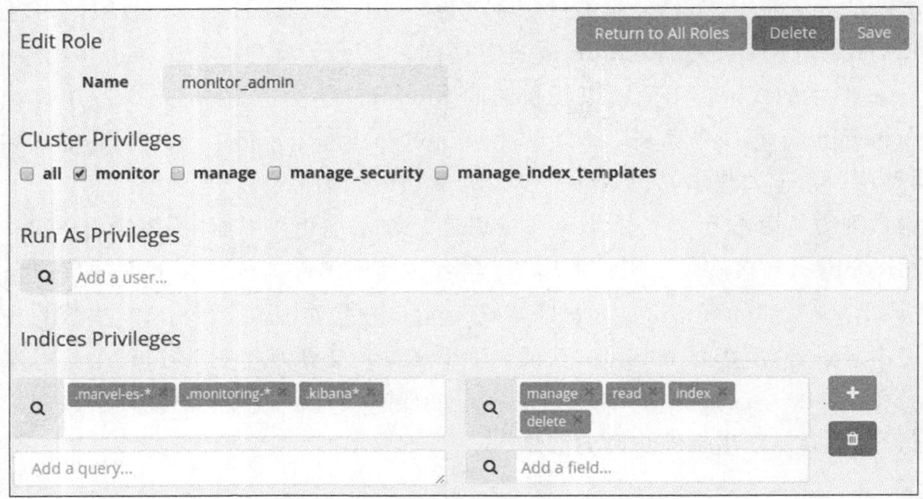

图 8.7 添加拥有 Monitoring 程序访问权限的独立用户角色

转到用户管理列表页面，单击用户“monitor”的用户名，将其用户角色改为自定义的“monitor_admin”，按下 Save 按钮保存用户设置。退出账号，使用 monitor 账号登录后，单击界面左侧导航按钮 Monitoring 即可再次访问 Monitoring，这一次的用户权限与上文中设置的相同。

8.3.5 IP 过滤

Security 插件的另一项安全功能是限制访问的 IP 地址（包括节点或 TransportClient 以及正在连接到集群中的节点等），能够被过滤的还有主机、域名和子网等。当某个节点的 IP 地址配置在黑名单中，该节点到 Elasticsearch 的连接仍会被允许，但连接后立刻就会切断，其发出的请求也不会执行。IP 过滤功能可以通过在 elasticsearch.yml 配置文件中添加允许访问和拒绝访问的 IP 地址实现，这两种设置项分别为 xpack.security.transport.filter.allow 和 xpack.security.transport.filter.deny，配置完成后重启 Elasticsearch 即可。

> Tips：Elasticsearch 并不是为公网的访问而设计的，Security 插件中拥有 IP 过滤和其他安全机制，不代表其能抵御来自公网的安全风险。Elastic 官方建议用户不要将程序对公网开放。

代码段 8.6 实现了对特定的两个 IP 地址的过滤。

```
//代码段 8.6: 对特定 IP 地址进行过滤
xpack.security.transport.filter.allow: "192.168.0.1"
xpack.security.transport.filter.deny: "192.168.0.0/24"
```

在配置中可以使用关键字_all 来指出明确指定的 IP 地址之外的其余所有 IP 地址。代码段 8.7 实现了允许一组 IP 地址的访问,并拒绝其他所有 IP 地址访问的配置。

```
//代码段 8.7: 允许一组 IP 地址访问,拒绝其余 IP 地址
xpack.security.transport.filter.allow:[ "192.168.0.1", "192.168.0.2", "192.
168.0.3", "192.168.0.4" ]
xpack.security.transport.filter.deny: _all
```

配置中还支持 IPv6 的格式,如代码段 8.8 所示。

```
//代码段 8.8: 对 IPv6 地址进行过滤
xpack.security.transport.filter.allow: "2001:0db8:1234::/48"
xpack.security.transport.filter.deny: "1234:0db8:85a3:0000:0000:8a2e:0370:
7334"
```

> Tips: IPv6 地址长度 4 倍于 IPv4 地址,表达起来的复杂程度也是 IPv4 地址的 4 倍。IPv6 地址的基本表达方式是 X:X:X:X:X:X:X:X,其中 X 是一个 4 位十六进制整数。每个地址包括 8 个整数。某些 IPv6 地址中可能包含一长串的 0,此时允许用空隙来表示这一长串的 0。如地址 2000:0:0:0:0:0:0:1 可以表示为:2000::1;0:0:0:0:0:0:10.0.0.1 可以表示为::10.0.0.1。::等同于 IPv4 的 0.0.0.0(全 0),而::1 则等同于 127.0.0.1(本机地址)。

当 DNS 解析可用时,可以指定主机名来进行过滤,如代码段 8.9 所示。

```
//代码段 8.9: 对主机名进行过滤
xpack.security.transport.filter.allow: localhost
xpack.security.transport.filter.deny: '*.google.com'
```

在某些情况下,禁用 IP 过滤功能可以小幅提升系统性能。禁用 IP 过滤也是在 elasticsearch.yml 配置文件中配置的。例如,如果要禁用 Transport 协议的 IP 过滤而启用 HTTP 协议的 IP 过滤,那么按照代码段 8.10 所示的配置信息完成配置即可。

```
//代码段 8.10: 启用或禁用 IP 过滤
xpack.security.transport.filter.enabled: false
xpack.security.http.filter.enabled: true
```

当运行在云主机这样高动态 IP 的环境时，进行以上配置时可能很难了解具体要过滤的 IP 地址。这时可以使用 Cluster Update API 对正在运行的集群更新配置，而不必修改配置文件并重启节点。代码段 8.11 使用 curl 实现了对 IP 过滤配置的动态更新。

```
//代码段 8.11: 动态更新 IP 过滤
curl -XPUT localhost:9200/_cluster/settings -d '{
    "persistent" : {
        "xpack.security.transport.filter.allow" : "172.16.0.0/24"
    }
}'
```

类似地，对 IP 过滤功能的禁用也可以动态执行，如代码段 8.12 所示。

```
//代码段 8.12: 动态禁用 IP 过滤
curl -XPUT localhost:9200/_cluster/settings -d '{
    "persistent" : {
        "xpack.security.transport.filter.enabled" : false
    }
}'
```

8.3.6 带有身份认证的 TransportClient

Security 插件支持面向 Java 的 TransportClient 的安全性，能创建到 Elasticsearch 的安全连接。要实现这样的安全连接，需要具备两个前提条件：拥有一个带有 transport_client 用户角色的 Kibana 用户，在开发平台的 library 中添加 XPackClient 的依赖 JAR 包。

在用户角色列表中单击 transport_client，在其详细信息中可以发现，该用户角色对索引和访问特权的设置都是空的，这将导致分配该角色的用户在执行查询时没有足够的访问权限。Java 程序指定权限不足的用户认证信息，在执行时将会报错。要拥有足以执行查询角色的用户，可以登录超级管理员账号 elastic，在用户角色列表中添加一个新的用户角色，这里设定用户名为“transport_admin”，在集群特权中勾选“monitor”和“manage”，在界面下方的索引中指定“ * ”(代表任何索引)，右侧的特权指定“all”(代表全部特权)。设置完成后按下 Save 按钮保存用户角色。转到用户列表中，将用户 cy 的用户角色“transport_client”移除，添加刚创建的“transport_admin”即可。

至于 XPackClient 依赖，可以像之前章节使用 TransportClient 时使用 Maven 导入依赖那样，在 pom. xml 配置文件中添加配置，如下面的代码段 8.13 所示。

```
//代码段 8.13：使用 Maven 获取 XPackClient 依赖
<project ...>
<repositories>
<!--添加 Elasticsearch 库 -->
<repository>
<id>elasticsearch-releases</id>
<url>https://artifacts.elastic.co/maven</url>
                                              //指定镜像的网络地址为 Elastic 官网
<releases>
<enabled>true</enabled>
</releases>
<snapshots>
<enabled>false</enabled>
</snapshots>
</repository>
     ...
</repositories>
  ...
<dependencies>
<!--添加 X-Pack 依赖 JAR 包 -->
<dependency>
<groupId>org.elasticsearch.client</groupId>   //pom.xml 中要添加的配置信息
<artifactId>x-pack-transport</artifactId>     //依赖 JAR 包名称
<version>5.0.0</version>                       //此处的版本要与 X-Pack 一致
</dependency>
     ...
</dependencies>
  ...
</project>
```

除此之外，也可以通过访问 Elastic 官网直接获取依赖 JAR 包，然后导入开发平台的 library 中。获取依赖 JAR 包资源链接为：https://artifacts. elastic. co/maven/org/elasticsearch/client/ x-pack-transport/5. x. x/x-pack-transport-5. x. x. jar(其中，“5. x. x”是代替 X-Pack 实际的版本号)，将两个版本号修改为当前版本即可直接获取依赖 JAR 包。

加入了 X-Pack 之后的 TransportClient 程序的写法略微不同于第 4 章 4.1.2 节中介绍的程序

代码。首先，初始化 Client 的类由 PreBuiltTransportClient 变为 PreBuiltXPackTransportClient；其次，初始化过程中传入的 Settings 类型参数不再为空，而是指定了身份认证的相关信息。下面的代码段 8.14 实现了经过身份认证的 TransportClient 客户端访问 Elasticsearch 索引并查询文档数据的功能。其中，"cluster. name"后面的参数为集群的名称，"xpack. security. user"后面的参数为 Security 插件中指定具有访问 TransportClient 权限的用户名和密码，书写格式为"用户名:密码"。

```
//代码段 8.14: 使用带有身份认证的 TransportClient 查询文档数据
import org.elasticsearch.xpack.client.PreBuiltXPackTransportClient;
//其他 import 语句,略
public class ClientTest {
private static final Logger logger= (Logger) LogManager.getLogger
(ClientTest.class);
public static void main (String[] args) throws IOException, ExecutionException,
InterruptedException{
  TransportClient client=newPreBuiltXPackTransportClient(Settings.builder()
        .put("cluster.name", "cyElasticsearch")    //指定集群名称
        .put("xpack.security.user", "cy:123456")   //指定拥有访问权限的用户
        .build())
        .addTransportAddress(
new InetSocketTransportAddress(InetAddress.getByName("localhost"), 9300));
    QueryBuilder qb=matchAllQuery();
    SearchResponse response=client.prepareSearch("yesky")
        .setTypes("cellphone")
        .setSearchType(SearchType.DFS_QUERY_THEN_FETCH)
        .setQuery(qb)
        .setFrom(0)
        .setSize(10)
        .setExplain(true)
        .get();
SearchHit[] hits=response.getHits().getHits();
for (SearchHit hit : hits) {
     System.out.println(hit.getSourceAsString());
        }
  client.close();
  }
}
```

> Tips：上面代码中，认证信息是以明文形式传输的。如要进行更高加密级别的传输，可以使用 SSL 加密等其他形式的配置，详见 Elastic 官网有关内容的详细介绍。

8.3.7 带有身份认证的 RESTful 命令

由于 Security 插件安全性的作用，之前在终端中使用的 curl 命令不再直接执行，没有身份认证信息的命令将直接被拒绝。要使用 curl 执行带有身份认证的命令，需要在命令中间加入--user 参数（注意这个参数以两个横线开头），后面跟“用户名：密码”格式的身份认证信息。下面的代码段 8.15 演示了添加新索引“idx”的命令。

```
//代码段 8.15：使用带有身份认证的 curl 命令
curl --user cy:123456 -XPUT 'localhost:9200/idx'
```

8.4 使用 Monitoring 监控系统运行状态

X-Pack 中的 Monitoring 组件能够完成在 Kibana 中对 Elasticsearch 执行监控的任务。通过 Monitoring 可以查看集群健康度和实时性能，并对集群、索引和节点的各项指标进行分析。此外，Kibana 自身的性能也可以通过 Monitoring 来监控。从 X-Pack 被安装到集群中起，Monitoring 即运行在每一个节点上并开始在 Elasticsearch 中收集数据。在 Kibana 中安装 X-Pack 之后，监控数据可以通过一组定制仪表板来查看。本节将对 Monitoring 插件的使用和配置进行介绍。

8.4.1 系统运行状态监控

使用拥有 Monitoring 访问权限的用户（如超级管理员用户 elastic 或上文中创建的 monitor 等）登录到 Kibana，单击左侧导航栏中的 Monitoring 导航按钮访问 Monitoring 系统运行状态监控页面。程序中的初始界面包含两个仪表板，分别用于显示 Elasticsearch 和 Kibana 的各项运行指标，如图 8.8 所示。

在各自的面板上方均为对应的状态标志，在 Elasticsearch 节点数不足以分配所有分片时，其状态会显示黄色的⚠标志；当集群中加入新的节点，所有分片全部分配之后，状态标志即变为绿色的✔标志。

在 Elasticsearch 面板中单击“Overview”链接，可以查看 Elasticsearch 中的全部性能指标，如图 8.9 所示。界面上方列出了集群中的节点数、索引数、占用内存大小、总分片数量、

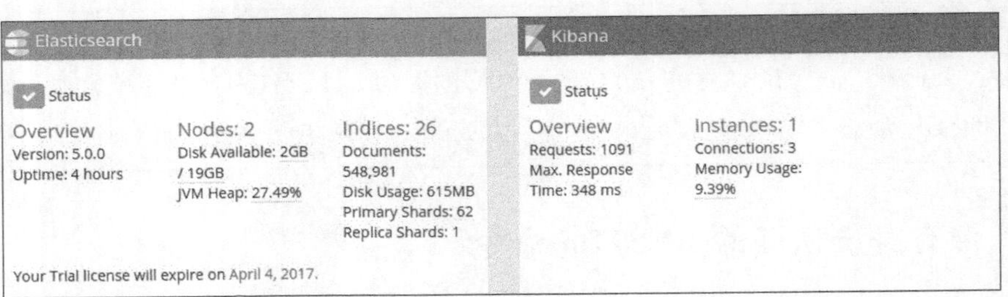

图 8.8　Elasticsearch 和 Kibana 运行指标数据

未分配分片数、存储文档数量、数据存储大小、更新次数和版本号等。界面中部绘制了四种折线统计图，分别实时统计系统中的搜索和索引速率（每秒）、搜索和索引延迟（每毫秒）。

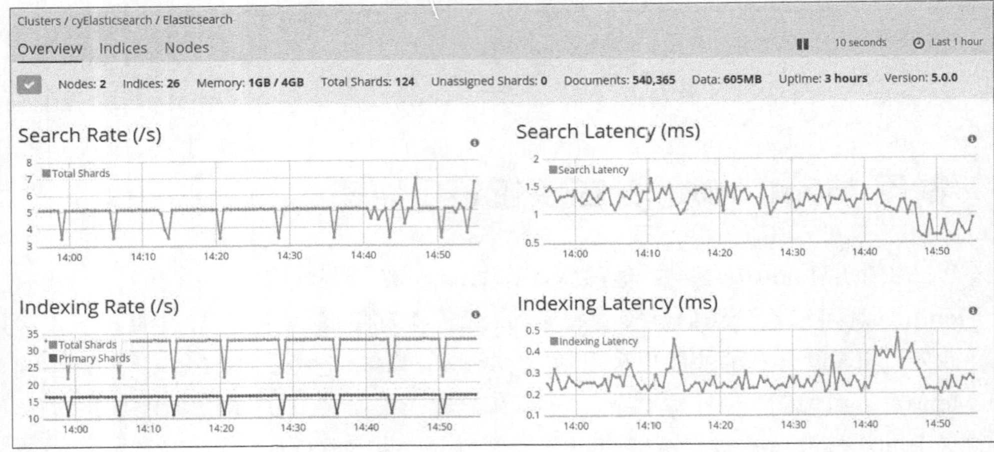

图 8.9　Elasticsearch 集群概况

单击界面上方的“Indices”标签可以转到所有已存储索引的列表页面，列表中还包含每个索引中存储的文档数、数据存储量大小、索引速率、搜索速率和未分配分片数等信息，如图 8.10 所示。

在任意一个索引上单击，可以查看该索引在一定时间范围内的 6 项指标，分别为索引内存（每 KB）、搜索速率（每秒）、索引速率（每秒）、索引大小（每 MB）、文档数量和平均分片数量，如图 8.11 所示。

返回 Elasticsearch 运行状态监控页面，在界面上方单击“Nodes”标签，可以查看已开启的节点占用系统资源的情况与趋势，相应指标有 CPU 使用率、Java 虚拟机内存、平均负载、磁盘可用空间和分片分配数量等，如图 8.12 所示。图中左侧的“Master”字样为节点名称，这样的名称是之前在 elasticsearch.yml 中配置好的，每一个节点名称下方都显示有系统分配的端口地址。在中间每一项数据下，都标有各自的最大值和最小值。

Indices　Filter Indices　9 of 9　Show system indices

Name	Document Count	Data	Index Rate	Search Rate	Unassigned Shards
baidu	838	21.5 MB	0 /s	0 /s	0
information	4	66.8 KB	0 /s	0 /s	0
it-home	503	10.0 MB	0 /s	0 /s	0
myweibo2	0	1.6 KB	0 /s	0 /s	0
myweibo3	5	37.7 KB	0 /s	0 /s	0
news	837	15.3 MB	0 /s	0 /s	0
weibo	5	45.4 KB	0 /s	0 /s	0
whale	31.2k	17.9 MB	0 /s	0 /s	0
yesky	210	436.3 KB	0 /s	0 /s	0

图 8.10　索引列表

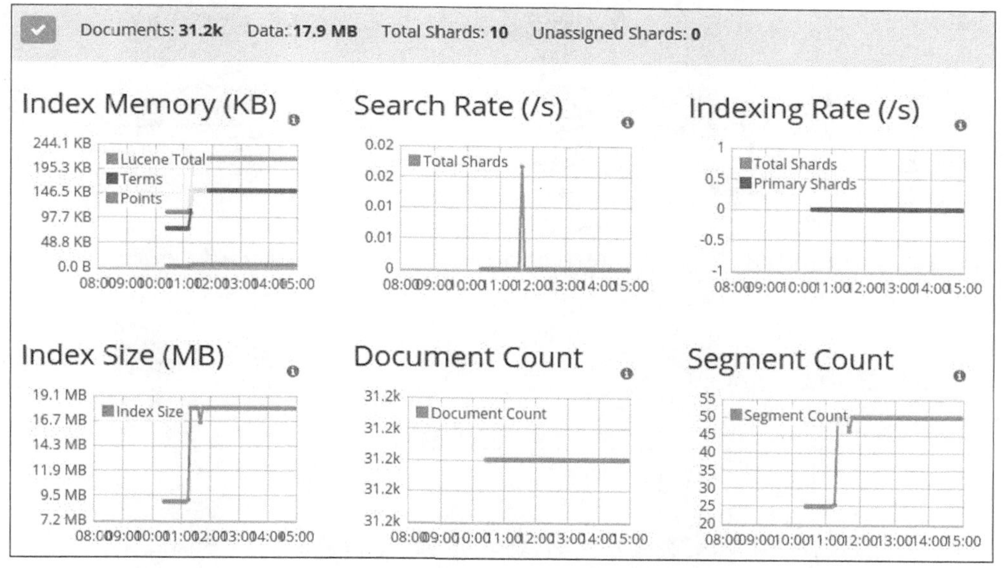

图 8.11　索引中的 6 项指标

单击任意一个节点的名称，可以查看该节点的 6 项指标的实时统计数据，包括延迟（每毫秒）、Java 虚拟机堆大小（每 GB）、索引内存（每 MB）、CPU 使用率、系统负载和平均分片数量等。同时，界面上方多了当前节点所占端口和节点类型（即主节点或从节点）两项信息，如图 8.13 所示。

与 Elasticsearch 的监控数据相似，Kibana 同样以折线图的形式来监控运行状态。返回 Monitoring 程序主界面，在 Kibana 面板中单击“Overview”链接，即可查看 Kibana 的各项

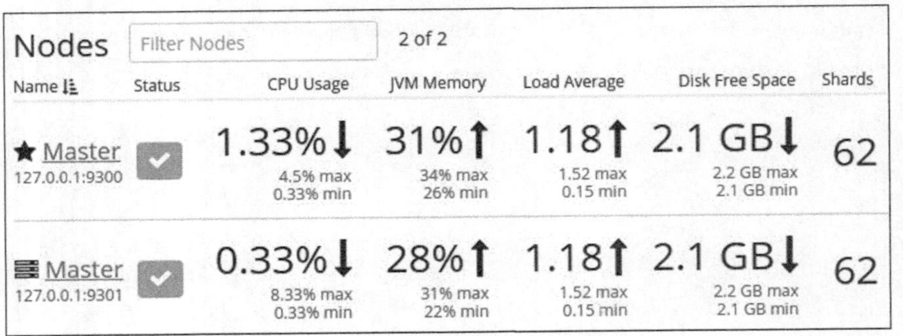

图 8.12　占用系统资源的情况与趋势

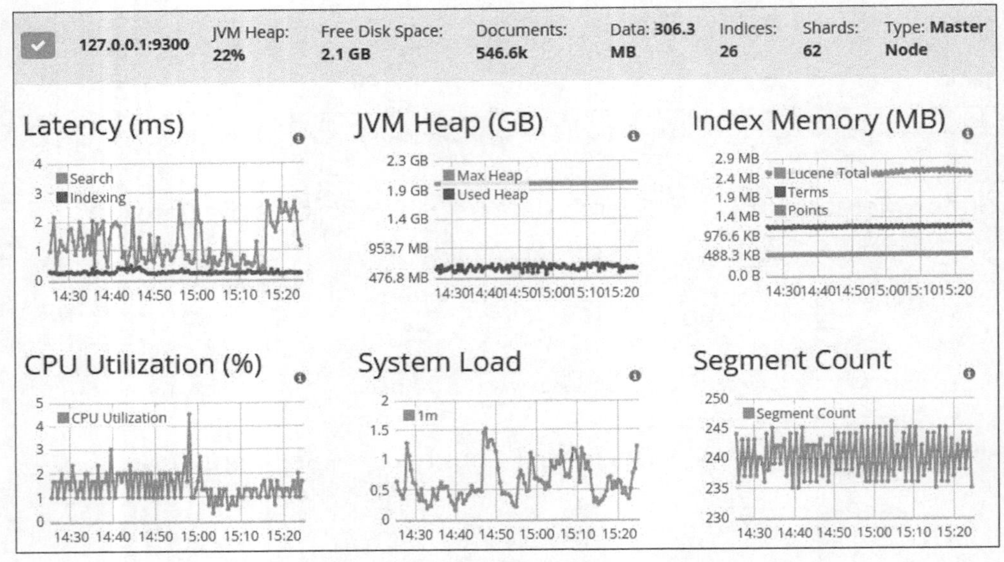

图 8.13　节点的 6 项指标的实时统计数据

性能指标，包括运行实例数量、收到请求数、链接数、最长相应时间以及内存占用量等，界面中部显示两种折线统计图，分别为客户端请求数量和客户端响应时间，如图 8.14 所示。

在界面上方单击“Instances”链接，可以查看 Kibana 运行实例的有关数据，包括运行状态、内存占用大小、平均负载、请求数，以及平均和最长响应时间等，如图 8.15 所示。

单击左侧“cy-N53SN”名称，可以查看该实例相关的 6 项指标，分别为客户端请求、客户端响应时间（每毫秒）、HTTP 连接数、占用内存大小（每 GB）、系统负载和事件循环延迟（每毫秒），如图 8.16 所示。界面上方还显示了当前实例所占的端口、操作系统可分配内存大小和当前程序版本。

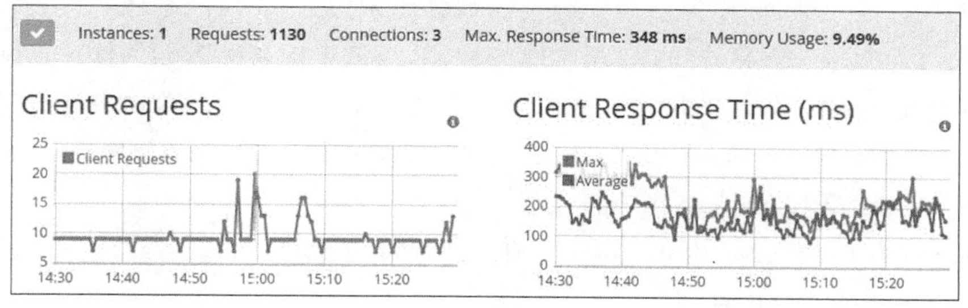

图 8.14　Kibana 运行概况

Kibana	Filter Instances	1 of 1			
Name	Status	Memory Size	Load Average	Requests	Response Times
cy-N53SN localhost:5601	✓	135.19 MB	0.31	3	47 ms avg 86 ms max

图 8.15　Kibana 运行实例数据

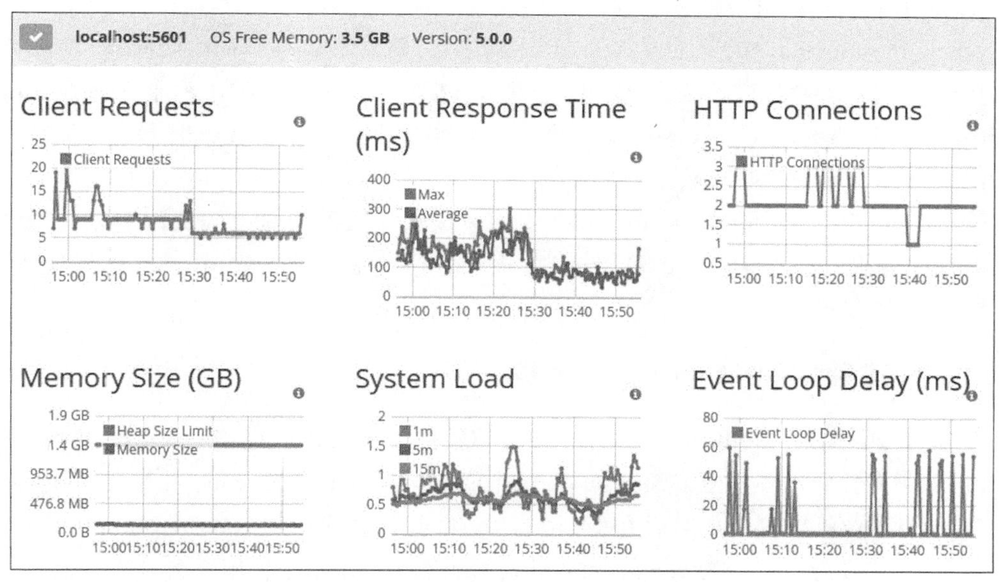

图 8.16　Kibana 运行实例 6 项指标

8.4.2　配置 Monitoring

在默认的使用条件下，Monitoring 程序将每隔 10 秒钟从全部索引中收集数据，并存储在本地。在实际使用过程中，可以对 Monitoring 程序进行配置，指定要监控的特定索引，向其他独立的集群导出数据，以及配置专门存储数据的索引等。另外，其他配置还包括可以指定程序多长时间收集一次数据、配置超时时间限制、设置本地存储数据的保留期限等。这些配置均需要通过在 elasticsearch.yml 中添加配置信息来完成。下面对部分配置进行说明。

xpack.monitoring.collection.cluster.state.timeout：指定收集集群状态信息的超时时长，默认为 10min（即 10 分钟）。

xpack.monitoring.collection.cluster.stats.timeout：指定收集集群统计信息的超时时长，默认为 10min（即 10 分钟）。

xpack.monitoring.collection.indices：指定程序收集的数据存储在哪些索引中，默认为全部索引。指定索引时需要将不同的索引名以逗号隔开，例如 test1、test2、test3，可以在书写索引名时使用通配符 *（例如 logstash-*），也可以使用＋号或－号来保留或排除索引（例如＋test*，－test3）。

xpack.monitoring.collection.index.stats.timeout：指定收集索引统计数据的超时时长，默认为 10min（即 10 分钟）。

xpack.monitoring.collection.indices.stats.timeout：指定收集全部索引统计数据的超时时长，默认为 10min（即 10 分钟）。

xpack.monitoring.collection.interval：指定程序收集数据样本的时间间隔，默认为 10s（即 10 秒钟）。如果将该设置项修改，需要同时在 kibana.yml 中添加配置项 xpack.monitoring.min_interval_seconds，并将该项的值设置为与 elasticsearch.yml 中相同的值（设为－1 表示临时禁用收集数据的功能）。

xpack.monitoring.history.duration：设置程序保存数据的索引的保留期限，超过期限的索引将被自动删除，默认为 7d（即 7 天）。该设置项被限定最小值为 1 天，以保证监控的有效性。该项不能被禁用。

8.4.3 搭建独立的 Monitoring 集群

X-Pack 支持远程 Monitoring 端连接和存储数据。要在独立的 Monitoring 集群存储数据，首先需要在独立的集群上安装相同版本的 Elasticsearch 和 Kibana，并为集群上每个节点安装对应版本的 X-Pack。然后在 Monitoring 集群中创建一个 remote_monitor_user 角色的用户（例如设定用户名为 remote_monitor），并保证 Kibana 实例连接到 Monitoring 集群上。

Monitoring 程序使用 HTTP Exporter 来将数据指标传输到 Monitoring 集群。这样的配置需要在提供数据的集群中的 elasticsearch.yml 配置文件中添加配置信息（如代码段 8.16 所示）。添加配置后重启 Elasticsearch 即可。

```
//代码段 8.16: 配置提供数据集群的 HTTP Exporter
xpack.monitoring.exporters:
    id1:                                       #定义远程 Exporter 名称
      type: http                               #指定传输方式为 HTTP
      host: ["http://es-mon-1:9200", "http://es-mon2:9200"]     #指定主机列表
      auth.username: remote_monitor            #指定具有该权限的用户
      auth.password: changeme                  #指定用户的密码
```

下面为 Monitoring 集群的 Kibana 配置集群的连接信息。首先，在提供数据的集群中创建一个拥有 Kibana 访问权限的用户（即同时拥有 kibana_user 和 monitoring_user 两种角色的用户，例如设定用户名为 kibana_monitor）。之后，在 Monitoring 集群的 kibana. yml 配置文件中，添加配置信息（如代码段 8.17 所示）。添加配置后，启动 Kibana。

```
//代码段 8.17: 配置提供数据集群的 Exporter
xpack.monitoring.elasticsearch.url: "http://es-mon-1:9200"
                                                #指定 Monitoring 集群的地址
xpack.monitoring.elasticsearch.username: "kibana-monitor"      #指定用户名
xpack.monitoring.elasticsearch.password: "changeme"            #指定密码
```

可以在提供数据的集群中的 elasticsearch. yml 配置文件中添加如下配置信息来启用数据传输功能，配置的示例如代码段 8.18 所示。

```
//代码段 8.18: 启用 Exporter 的数据传输功能示例
xpack.monitoring.exporters:
  my_lccal:                          #定义本地 Exporter
type: local
  my_remote:                         #定义远程 Exporter
type: http
host: [ "10.1.2.3", ... ]
auth:
username: my_username
password: changeme
    connection:                      #连接相关参数
timeout: 6s
      read_timeout: 60s
ssl: ...                             #TLS/SSL 相关配置参数,略
proxy:
```

```
  base_path: /some/base/path       #为发出的请求添加路径以协同 proxy 工作,可选
headers:                           #以键值对的形式添加请求头
  My-Proxy-Header: abc123
  My-Other-Thing:[ def456, ... ]
index.name.time_format: YYYY-MM    #设置时间格式作为后缀
```

8.5 Alerting 插件与异常事件警报

在集群的实际使用过程中，可能会遇到数据的变动或运行中的异常现象。这就需要对诸如磁盘使用情况等进行监控。例如，如果在接下来的几天里，某些节点的磁盘剩余空间即将耗尽，那么系统会发出警告；或者在监控 Elasticsearch 的过程中，如果某些节点与集群断开连接，或查询吞吐量超出预期范围，那么系统应向管理员发出通知。使用 Alerting 插件可完成对上述类似情况的监视。X-Pack 推出了用来创建、管理和测试“监视器”的 API，监视器可被触发并执行多个预警通知操作。监视器由 schedual、query、condition 和 actions 模块构成。

schedual：用于执行查询和判断条件的调度程序。

query：作为 condition 的输入而运行的查询。监视器支持完整的 Elasticsearch 查询语言与聚合。

condition：用于判断是否运行 actions 的条件，这里可以使用简单查询条件，也可以使用 scripting 来构建更为复杂的查询条件。

actions：一个或多个操作。例如发送邮件，利用 webhook 软件向第三方系统推数据，索引查询结果等。

监视器会在 Elasticsearch 专门的索引中记录下完整的历史记录，其中包含每次监视器触发的时间、查询结果的记录、是否符合条件以及程序执行了何种操作等信息。本节将对 Alerting 插件通过 RESTful 和 Java 程序两种方式进行配置的方法进行介绍。

8.5.1 通过 RESTful 方式设置监视器

在通过 RESTful 方式设置检索器时，对监视器的设置包括对 trigger、input、condition、transforms 和 actions 五个部分的配置。其中，trigger 是每个监视器中都会带有的设置项，仅 schedule trigger 一种，决定了监视器被触发的时间，例如每隔 10 秒钟触发一次；input 为监视器载入监视系统有效负载提供数据，分为 simple、search、http 和 chain 四种，如对 Elasticsearch 索引的检索等；condition 对监视器的操作是否执行进行控制，分为 always、never、compare、array compare 和 script，如果不指定 condition，那么默认设置为 always；

transforms 是一个可选项，为监视器操作的执行准备数据结果，分为 search、script 和 chain 三种；actions 指定当符合条件时执行何种操作，分为 email、webhook、index、logging、hipchat、slack、pagerduty 和 jira 等八种。

以检测系统中 404 错误信息并报告给第三方集群和管理员为例，下面的代码段 8.19 演示了通过 Kibana 中的 Dev Tools 向系统中添加监视器来检测系统错误信息的功能。

```
//代码段 8.19: 添加监视器监视索引中的错误信息
PUT _xpack/watcher/watch/log_errors
{
  "metadata" : {                    #为监视器附加静态的元数据,可选
    "color" : "red"
  },
  "trigger" : {
    "schedule" : {
      "interval" : "10s"            #指定监视器每 10 秒钟触发一次
    }
  },
  "input" : {
    "search" : {                    #input 使用 search 方式
      "request" : {
        "indices" : "whale",        #指定索引文件
        "body" : {
          "size" : 0,
          "query" : { "match" : { "status_code" : "404" } }
                                    #指定在 status_code 字段中检索错误信息
        }
      }
    }
  },
  "condition" : {                   #condition 使用 compare 方式,
    "compare" : { "ctx.payload.hits.total" : { "gt" : 5 }}
                                    #当检索出 5 条以上错误时执行操作
  },
  "transform" : {                   #符合条件时为执行操作准备数据,可选
    "search" : {                    #transform 使用 search 方式
       "request" : {
          "indices" : "whale",      #指定索引文件
          "body" : {
            "query" : { "match" : { "status_code" : "404" } }
                                    #在 status_code 字段中检索错误信息
```

```
          }
        }
      }
    },
    "actions" : {
      "my_webhook" : {                    #将错误信息报告给第三方集群
        "webhook" : {                     #此处使用 webhook 方式
          "method" : "POST",
          "host" : "第三方主机名",
          "port" : 9200,
          "path" : "/{{watch_id}}",
          "body" : "Encountered {{ctx.payload.hits.total}} errors"
        }
      },
      "email_administrator" : {           #将错误以电子邮件形式报告管理员
        "email" : {                       #此处使用 email 方式
          "to" : "管理员电子邮件地址",
          "subject" : "Encountered {{ctx.payload.hits.total}} errors",
          "body" : "Too many error in the system, see attached data",
          "attachments" : {
            "attached_data" : {
              "data" : {
                "format" : "json"
              }
            }
          },
          "priority" : "high"
        }
      }
    }
  }
```

在上面的代码中，要实现发送邮件的功能，需要在 elasticsearch. yml 配置文件中配置收发邮件双方的电子邮件账户信息，如代码段 8.20 所示。程序运行后，管理员邮箱中将可能收到来自 Alerting 插件的电子邮件，如图 8.17 所示。

```
//代码段 8.20：在 elasticsearch.yml 中配置电子邮件账户信息
xpack.notification.email.account:
work:
```

```
profile: qq
    email_defaults:
      from:<email>        #<email>替换为管理员电子邮件地址
smtp:
auth: true
      starttls.enable: true
host: smtp.qq.com
port: 587
      user:<username>     #<username>替换为自己的邮箱账号
      password:<password> #<password>替换为自己的邮箱密码
```

主题	时间↓	大小
404 recently encountered	36秒前	1.3K
Encountered 6 errors - Too many error in the system, see attached data	1分钟前	5.1K

图 8.17　来自 Alerting 插件的电子邮件

通过下面代码段 8.21 中的命令，可以查看被检测到的相关错误的历史记录。

```
//代码段 8.21: 添加监视器监视索引中的错误信息
GET .watcher-history* /_search?pretty
{
  "query" : {
    "bool" : {
      "must" : [
        { "match" : { "result.condition.met" : true }},
        { "range" : { "result.execution_time" : { "to" : "now" }}}
      ]
    }
  }
}
```

要检索程序中的监视器，可以执行如代码段 8.22 所示的命令，该命令检索程序中前 10 个监视器的信息。

```
//代码段 8.22: 检索前 10 个监视器的信息
GET .watches/_search
{
  "size" : 100
}
```

要删除一个监视器，可以执行如代码段 8.23 所示的命令。

```
//代码段 8.23: 删除监视器
DELETE _xpack/watcher/watch/log_errors        #log_errors 是监视器的名字
```

8.5.2 通过 Java 程序设置监视器

X-Pack 插件中提供了名为 WatcherClient 的 Java 类库，添加了对于实现对本地监视器的支持。前面已经提到过关于获取 XPackClient 依赖的方法，在此基础上使用 PUT Watch API，编写 Java 代码实现对监视器的设置，使用 schedule trigger 每分钟触发一次监视器，使用 search input 来获取状态码为 404、出现在最近 5 分钟内的信息。使用 condition 判定是否有文档数据被检索到，一旦发现符合条件的数据，action 则发送电子邮件给管理员，如代码段 8.24 所示。

```
//代码段 8.24: 编写 Java 程序来设置监视器
TransportClient client=newPreBuiltXPackTransportClient(Settings.builder()
   .put("cluster.name", "cyElasticsearch")
   .put("xpack.security.user", "cy:123456")
   .build())
   .addTransportAddress(new InetSocketTransportAddress(InetAddress.
getByName("localhost"), 9300));
XPackClient xpackClient=newXPackClient(client);
WatcherClient watcherClient=xpackClient.watcher();
WatchSourceBuilder watchSourceBuilder=WatchSourceBuilders.watchBuilder();
//设置触发器
watchSourceBuilder.trigger(TriggerBuilders.schedule(Schedules.cron("0 0/1 *
* * ?")));
//为 input 创建检索
SearchRequest request=Requests.searchRequest("whale").source(searchSource()
   .query(boolQuery()
   .must(matchQuery("status_code","404"))
.filter(rangeQuery("timestamp").gt("{{ctx.trigger.scheduled_time}}"))
   .filter(rangeQuery("timestamp").lt("{{ctx.execution_time}}"))
   ));
//创建检索输入
SearchInput input=newSearchInput(new WatcherSearchTemplateRequest(
new String[]{"whale"}, null, SearchType.DEFAULT,
   WatcherSearchTemplateRequest.DEFAULT_INDICES_OPTIONS,
```

```
new BytesArray(request.source().toString())), null, null, null);
//设置输入
watchSourceBuilder.input(input);
//设置触发条件
watchSourceBuilder.condition (new ScriptCondition (new Script ("ctx.payload.
hits.total>1")));
//为发送电子邮件的操作创建邮件模板
EmailTemplate.Builder emailBuilder=EmailTemplate.builder();
emailBuilder.to("电子邮件地址");
emailBuilder.subject("404 recently encountered");
EmailAction.Builder emailActionBuilder = EmailAction. builder (emailBuilder.
build());
//创建 action
watchSourceBuilder.addAction("email_someone", emailActionBuilder);
PutWatchResponse putWatchResponse=watcherClient.preparePutWatch("my-
watch")
   .setSource(watchSourceBuilder)
   .get();
//程序最后关闭 Client
client.close();
```

编写代码时，使用静态导入的 builder 可以简化和压缩代码。PutWatchResponse 类的使用如代码段 8.25 所示。

```
//代码段 8.25：简化的 PutWatchResponse 类使用
PutWatchResponse putWatchResponse2 = watcherClient. preparePutWatch ( " my -
watch")
     .setSource(watchBuilder()
     .trigger(schedule(cron("0 0/1 *  *  * ?")))
     .input(searchInput(new WatcherSearchTemplateRequest(new String[]
       {"whale"},
       null, SearchType.DEFAULT,
       WatcherSearchTemplateRequest.DEFAULT_INDICES_OPTIONS,searchSource()
           .query(boolQuery()
              .must(matchQuery("status_code", 404))
              .filter(rangeQuery("timestamp").gt("{{ctx.trigger.scheduled_time}}"))
              .filter(rangeQuery("timestamp").lt("{{ctx.execution_time}}"))
           ).buildAsBytes())))
```

```
    .condition(compareCondition("ctx.payload.hits.total", CompareCondition.Op.
GT, 1L))
    .addAction("email_someone", emailAction(EmailTemplate.builder()
        .to("电子邮件地址")
        .subject("404 recently encountered"))))
    .get();
```

要检索一个监视器，可以使用 GET Watch API，如代码段 8.26 所示。

```
//代码段 8.26：检索一个监视器
GetWatchResponse getWatchResponse=watcherClient.prepareGetWatch("my-
watch").get();
XContentSource source=getWatchResponse.getSource();
Map<String, Object>map=source.getAsMap();
```

要删除一个监视器，可以使用 DELETE Watch API。删除监视器后，索引文件.watches 中有关该监视器的所有文档信息将会消失，该监视器将无法再执行，但是该监视器运行的历史记录将会保留。代码段 8.27 实现了将 id 为"my-watch"的监视器删除的功能。

```
//代码段 8.27：删除一个监视器
DeleteWatchResponse deleteWatchResponse=watcherClient.prepareDeleteWatch("
my-watch").get();
```

8.6 Reporting 与报告生成

X-Pack 插件为 Kibana 的可视化提供了生成报告的功能，报告中可以包含 Kibana 中的 Dashboard、Visualize 等程序可视化统计图表和已保存的检索。本节将对 Reporting 插件的使用和配置等进行介绍。

8.6.1 在程序中生成报告

要使用 Reporting 手动生成报告，需要先使用一个拥有 reporting_user 角色的用户登录到 Kibana。此时可以直接使用 elastic 这样的超级管理员用户，也可以利用 elastic 用户创建一个专门的新用户，分配 reporting_user 角色、kibana_user 角色和访问生成报告所需数据的角色。

Kibana 中安装 X-Pack 后，对于一些可视化相关的程序如 Dashboard、Visualize 和已保存的检索，在其界面上方会出现一个 Reporting 按钮，按下这个按钮可以进行 PDF 文档生成、分享链接生成等操作，如图 8.18 所示。

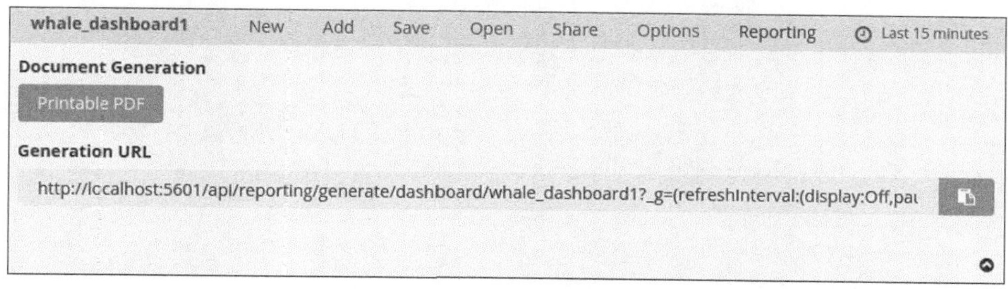

图 8.18　在界面上方展开 Reporting 面板

在面板中按下 Printable PDF 按钮，程序会将当前打开的可视化统计图表加入生成 PDF 的队列，其进度可以在 Management 程序中 Kibana 部分的“Reporting”中查看，如图 8.19 所示，列表中每一行代表一个任务。生成完毕后，右侧会给出下载按钮，按下该按钮即可获取生成好的 PDF 文档。

Generated Reports

Filter Reports: ☑ Only show my reports

Document	Added	Status	Actions
Dashboard2 dashboard	2017-03-14 @ 9:27 AM elastic	completed 2017-03-14 @ 9:27 AM	

图 8.19　生成 PDF 文档

8.6.2　通过监视器自动生成报告

上文中提到的监视器，可以用来在这里自动生成报告。在图 8.18 中，“Generation URL”处的链接可以用来请求报告的内容。在不同的程序中，链接的格式分为三种。下面给出三种链接的格式。

Dashboard 程序报告：/api/reporting/generate/dashboard/<dashboard-id>&sync

Visualize 程序报告：/api/reporting/generate/visualization/<visualization-id>&sync

已保存的检索报告：/api/reporting/generate/search/<saved-search-id>&sync

其中，<xxx-id>指的是各自的 object 名称。链接中使用参数“_g”来指定可视化应限定的时间间隔。下面以每小时生成检索的报告为例，利用监视器发送电子邮件给管理员，如代码段 8.28 所示。

```
//代码段 8.28: 自动生成报告,并发送电子邮件给管理员
PUT _xpack/watcher/watch/search_report
{
  "trigger": {
    "schedule": {
      "interval": "1h"                          #每隔 1 小时触发一次
    }
  },
  "actions": {
    "email_admin": {
      "email": {
        "to": "'管理员用户名称<电子邮件地址>'",     #指定管理员的电子邮件地址
        "subject": "Monitoring Report",
        "attachments": {
          "search_report.pdf": {                #指定输出文件名
            "http": {
              "content_type": "application/pdf",
              "request": {
                "method": "POST",
                "headers": {
                  "kbn-xsrf": "reporting"
                },
                "read_timeout": "300s",         #设置生成超时时长为 300s
                "url": "http://localhost:5601/api/reporting/generate/search/
                whale?_g=(time:(from:now-1d% 2Fd,mode:quick,to:now))&sync"
                                                #Reporting 生成链接
              }
            }
          }
        }
      }
    }
  }
}
```

上面的代码中使用了发送邮件的功能，此处应参照代码段 8.20 所示的配置信息，在 elasticsearch.yml 中配置好电子邮件账户。此外，请求报告的时间间隔应大于报告生成的时间间隔，必要时应适当增加请求报告的时间间隔；报告生成的时间间隔默认为 300s，如果

由于某些原因，例如报告中的信息较为复杂，或生成报告的计算机运行较慢导致常规生成时间超过 300s，那么应该在 elasticsearch.yml 配置文件中调整超时时长。

8.7　使用 Graph 探索数据关联

X-Pack 中的 Graph 能够对 Elasticsearch 索引中的数据进行分析，并为用户展示不同数据之间的关联，这有利于发现海量数据中哪些数据之间的关联最有意义。了解这些信息后，用户可以在欺诈检测、信息推荐等多个领域对数据潜在的作用进行挖掘。本节将对 Graph 插件的使用进行介绍。

在 Graph 中，一个图表示 Elasticsearch 索引中一组相关信息的网络。其中，文档数据中的每个词项为一个节点，两个词项之间的联系为一条边。Elasticsearch 为 Graph 提供用来生成边的聚合，可在所有数据中寻找最有意义的关联；Graph API 利用 Elasticsearch 的相关性评分和排序工具检索和分析数据。

在 Kibana 中，单击左侧导航栏中的 Graph 导航按钮即可进入 Graph。刚进入时，整个页面几乎是空白的，只有上方提供了选择索引、字段和输入查询条件的文本框等功能，如图 8.20 所示。

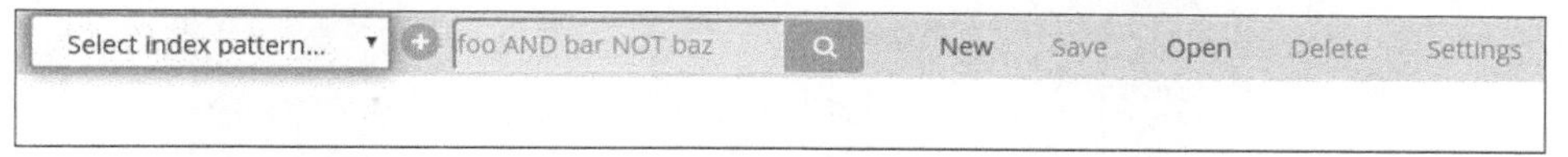

图 8.20　Graph 插件初始界面

首先，在左边的 index pattern 列表中选择一个索引。这里应注意，如果需要某个索引出现在列表中，应事先在 Management 中的 index pattern 中添加。此处选择了“whale”，随后右侧添加字段的⊕按钮变为可用，如图 8.21 所示。

图 8.21　选择索引后，字段添加按钮可用

按下⊕按钮，选择一个或多个字段。这里选择了 os、status_code 和 timestamp 三个字段，并将每个“Max terms per hop”属性设为 10。此时，后面的查询条件输入框变为可用。该输入框支持 Lucene 中的查询语法（例如 query string 等）。在其中输入“*”表示查询全部内容，如图 8.22 所示。

按下右侧的查询按钮，界面中即出现如图 8.23 所示的 Graph，它是由点和边组成的图。图中每个点都是文档中的词项，图中的连线显示了它们之间的关联。

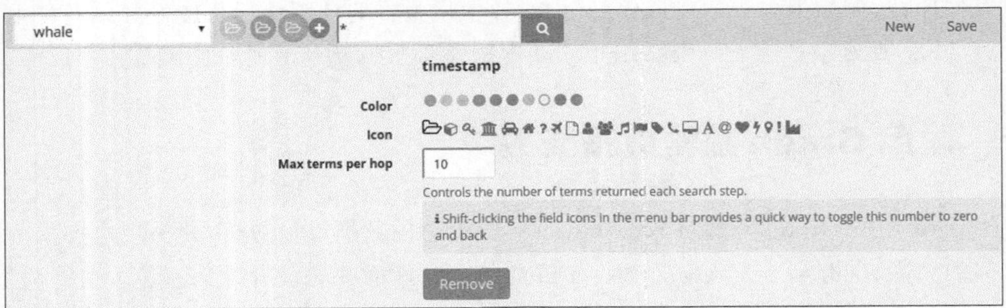

图 8.22　填写全部信息

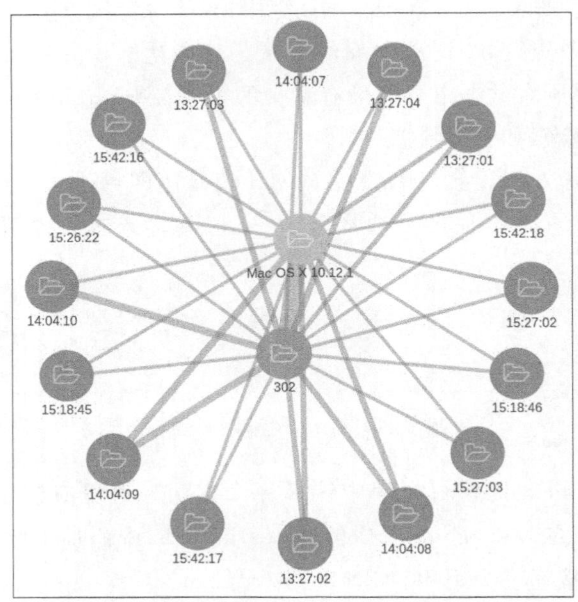

图 8.23　创建的 Graph

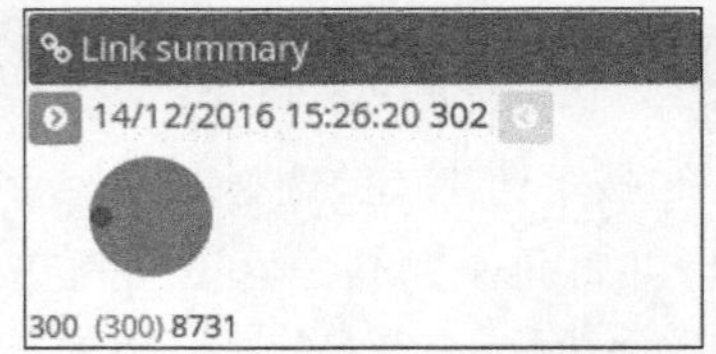

图 8.24　两点间的关联数据

单击图 8.23 中的任意一条边，可以查看两端点数据之间的关联，如图 8.24 所示。图中上方的“14/12/2016 15:26:20”为 timestamp 字段的数据；“302”为 status_code 中的数据。两端的按钮可以实现将该侧点向另一侧合并。中间的韦恩图中两个圆形的大小和相对位置描述了两点的数量和包含关系。下方左侧的数字 300 表示索引中包含词项“14/12/2016 15:26:20”的文档数；右侧的数字 8731 表示索引中包含词项“302”的文档数；中间括号中的数字 300 表示索引中同时包含两种词项的文档数。

8.8 扩展知识与阅读

应用软件系统的运行维护往往是较为耗时和枯燥的工作。过去的工作人员需要密切关注众多服务器主机的运行状况，在一些条件并不优越的工作条件下，需要通过外置的计算机(例如笔记本电脑通过实体接线来连接服务器)了解单台服务器主机的运行数据，并判断其运行状况。在另一些较好的条件下，工作人员可以开发或从其他企业购买成熟的软件系统运行监控管理系统或运维服务。这些以往的工作模式无疑加大了工作人员的工作强度，同时在很大程度上抬高了软件服务开发、运行和维护的成本，降低了工作人员的工作效率。针对上述问题，Elastic 官方推出的运行监控插件 X-Pack 能够从应用系统层面上对数据进行监视和问题预判，可以有效地缓解工作人员运维工作繁琐、难度大的问题，同时也大大节省了传统方式开发或购进运行监控管理系统的开销。

8.9 本章小结

本章对 X-Pack 五种插件的使用及配置方法进行了描述，内容涉及安全性配置和权限管理，监控集群的运行状态，利用监视器在系统即将出现异常之时触发预警操作，为可视化统计图表和检索生成 PDF 报告，以及通过绘制 Graph 来挖掘数据之间的潜在关联等多个部分。X-Pack 的加入，可以为 Kibana 的运行提供信息安全和运行维护的保障，同时也为各种可视化结果的序列化操作和对数据中潜在可用信息的挖掘提供了便利。作为之前版本中各类插件的统一封包，X-Pack 与 Kibana 的无缝整合，加强了系统的完整性，从而大大提升了用户体验。

## Chapter 9

基于 Beats 的数据解析传输

"The beats are open source data shippers that you install as agents on your servers to send different types of operational data to Elasticsearch. Packetbeat, Filebeat, Metricbeat, and Winlogbeat are a few examples of Beats. Packetbeat is a network packet analyzer that ships information about the transactions exchanged between your application servers. Filebeat ships log files from your servers. Metricbeat is a server monitoring agent that periodically collects metrics from the operating systems and services running on your servers. Winlogbeat ships Windows event logs."——https://www.elastic.co/guide/en/beats/libbeat/5.0/beats-reference.html.

Beats 是 Elastic 官方推出的一套开源工具，用于将服务器端不同类型的数据进行解析和转换，并传输到 Elasticsearch。数据既可以直接传输给 Elasticsearch，也可以通过 Logstash 处理后送入 Elasticsearch。在开源社区中，众多第三方企业、工具或协议均拥有自己的专属 Beats，例如 amazonbeat、apachebeat、httpbeat、mongobeat、mysqlbeat、redisbeat、springbeat、twitterbeat、udpbeat 等。Elastic 官网也针对自家的软件产品开发了 Beats 工具，如 Elasticbeat、logstashbeat 等。参照 Elastic 官网资料，Beats 与 Elastic Stack 之间数据传输的示意图如图 9.1 所示。

Elastic 官方推出了四种通用 Beats 工具：Packetbeat、Filebeat、Metricbeat 和 Winlogbeat。Packetbeat 是在应用服务器间传输事务信息的分析器，完成网络数据包传输；Filebeat 从服务器端传送日志文件，完成日志文件数据传输；Metricbeat 是服务器监控代理程序，分时段采集服务器上操作系统和服务的各项指标；Winlogbeat 负责传输 Windows 事件日志。Elastic 官方还推出了 libbeat 运行库，使用 Golang 语言编写，所有的 Beats 工具均使用 libbeat 提供的 API 接口，执行传输数据到 Elasticsearch，配置数据的输入，以及实现日志记录等任务。

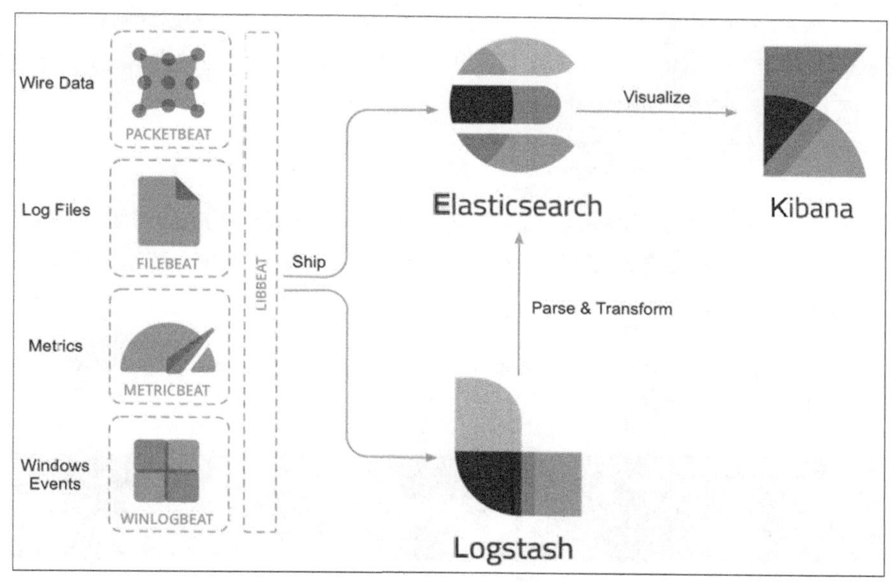

图 9.1 Beats 与 Elastic Stack 间数据传输的示意图

限于篇幅,本章只对四种通用 Beats 工具(即 Packetbeat、Filebeat、Metricbeat、Winlogbeat)的安装使用及可视化展示方法进行简要介绍。

9.1 基于 Packetbeat 的网络数据包传输

9.1.1 概述

Packetbeat 是一种实时网络数据包传输分析工具,可用来与 Elasticsearch 共同构建一套应用程序监控和性能分析系统。Packetbeat 的主要功能包括捕获应用服务器间网络信息流通量,对应用层的数据(如 HTTP,MySQL 或 Redis 等)进行解码,关联请求和响应,以及对每种事务中有价值的输出字段进行记录等。Packetbeat 能够嗅探服务器间网络通路,并直接将相关事务信息存入 Elasticsearch 中,这将有利于用户对网络信息流通量和日志信息进行分析,也便于用户关注后端程序出现的漏洞或性能缺陷,以完成快速修复。

9.1.2 安装

在安装 Packetbeat 之前,需要确保 Elastic Stack 相关产品 Elasticsearch、Logstash(可选)和 Kibana 已经完成安装和配置(Elasticsearch 提供数据的存储和索引功能,Logstash 负责将数据插入到 Elasticsearch 中,Kibana 提供前端可视化展示界面)。

接下来下载和安装 Packetbeat。以 64 位 Ubuntu 系统为例，首先确保 libpcap 公用库准备就绪，在终端中执行如下命令来安装 libpcap0.8（注：如该公用库已安装，将会输出 libpcap0.8 已经是最新版的通知）。

```
sudo apt-get install libpcap0.8
```

使用下面的 curl 命令，从 Elastic 官网获取 Packetbeat 的 DEB 格式安装包（其中“5.x.x”代表匹配当前Elastic Stack 产品的统一版本，这里使用的版本是 5.0.0）。获取 Packetbeat 安装包的过程如图 9.2 所示。

```
curl -L -O https://artifacts.elastic.co/downloads/beats/packetbeat/
packetbeat-5.x.x-amd64.deb
```

```
cy@cy-N53SN:~$ curl -L -O https://artifacts.elastic.co/downloads/beats/packetbea
t/packetbeat-5.0.0-amd64.deb
  % Total    % Received % Xferd  Average Speed   Time    Time     Time  Current
                                 Dload  Upload   Total   Spent    Left  Speed
 30 9606k   30 2927k    0     0   100k      0  0:01:35  0:00:29  0:01:06  194k
```

图 9.2　获取 Packetbeat 安装包

最后，使用下面的终端命令解包并安装 Packetbeat，安装过程如图 9.3 所示。

```
sudo dpkg -i packetbeat-5.x.x-amd64.deb
```

```
cy@cy-N53SN:~$ sudo dpkg -i packetbeat-5.0.0-amd64.deb
[sudo] cy 的密码:
正在选中未选择的软件包 packetbeat。
(正在读取数据库 ... 系统当前共安装有 217243 个文件和目录。)
正准备解包 packetbeat-5.0.0-amd64.deb  ...
正在解包 packetbeat (5.0.0) ...
正在设置 packetbeat (5.0.0) ...
正在处理用于 systemd (229-4ubuntu16) 的触发器 ...
正在处理用于 ureadahead (0.100.0-19) 的触发器 ...
ureadahead will be reprofiled on next reboot
cy@cy-N53SN:~$
```

图 9.3　安装 Packetbeat

Tips：这里使用的 DEB 安装包是 Debian Linux 的一种安装格式，能够使用系统自带的包管理器直接自动安装。使用 DEB 包安装应用程序，比其他安装方式更为便捷易用。

9.1.3　配置

使用 DEB 包执行安装后，Packetbeat 默认存储在/etc/init.d 目录下，Packetbeat 配置文件 packetbeat.yml 默认存放于/etc/packetbeat 目录下，Packetbeat 的各项指标可以在该

文件中进行配置。下面简要介绍一些配置项及其功能。

Packetbeat. interfaces. device：指定安装 Packetbeat 的服务器端向何种设备收发信息。如果需要向任何设备均收发信息，该项可设置为"any"；如果需要指定特定设备，该项可设置为设备编号，设备编号可以通过在/etc/init. d 目录中执行终端命令 sudo packetbeat. sh -devices 查询设备列表来获取，如图 9.4 所示。在程序输出的结果中，开头的数字即为设备编号。

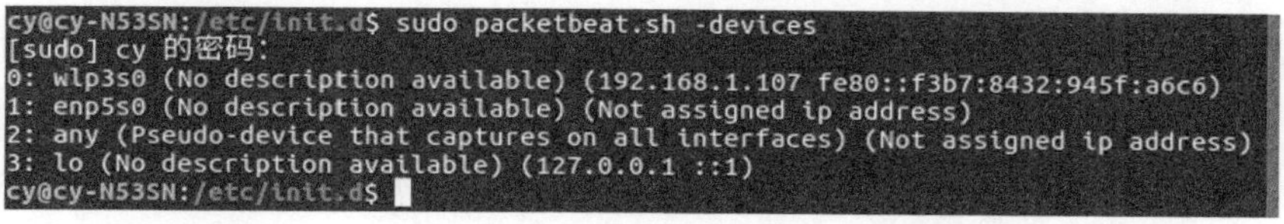

```
cy@cy-N53SN:/etc/init.d$ sudo packetbeat.sh -devices
[sudo] cy 的密码:
0: wlp3s0 (No description available) (192.168.1.107 fe80::f3b7:8432:945f:a6c6)
1: enp5s0 (No description available) (Not assigned ip address)
2: any (Pseudo-device that captures on all interfaces) (Not assigned ip address)
3: lo (No description available) (127.0.0.1 ::1)
cy@cy-N53SN:/etc/init.d$
```

图 9.4 获取设备列表

在配置文件中的协议配置部分可设置每一种协议的端口号，以便 Packetbeat 对其进行识别。如需配置某些标准之外的端口号，也应添加到配置文件中。代码段 9.1 是各类协议和软件产品的端口设置示例。

```
//代码段 9.1：各类协议和工具端口配置
packetbeat.protocols.dns:
ports: [53]
include_authorities: true
include_additionals: true
packetbeat.protocols.http:
ports: [80, 8080, 8081, 5000, 8002]
packetbeat.protocols.memcache:
ports: [11211]
packetbeat.protocols.mysql:
ports: [3306]
packetbeat.protocols.pgsql:
ports: [5432]
packetbeat.protocols.redis:
ports: [6379]
packetbeat.protocols.thrift:
ports: [9090]
packetbeat.protocols.mongodb:
ports: [27017]
packetbeat.protocols.cassandra:
ports: [9042]
```

Packetbeat 要将数据送入 Elasticsearch，需要指定 Elasticsearch 的 IP 和端口信息。下面的代码段 9.2 为 packetbeat.yml 配置文件中指定 Elasticsearch 的 IP 和端口信息的实现方法。

```
//代码段 9.2:配置 Packetbeat 输出到 Elasticsearch
output.elasticsearch:
  hosts: ["localhost:9200"]              #指定 IP 和端口号
```

9.1.4 加载索引模板

在 Elasticsearch 中，索引模板用来定义对索引和类型的设置，同时可定义各种文档字段的映射，以决定字段的各项属性。在 Packetbeat 中也有类似的索引模板，默认以 JSON 格式保存在/etc/packetbeat 文件夹中，文件名为 packetbeat.template.json。Packetbeat 成功连接 Elasticsearch 后，将会自动加载这一模板。如果需要让 Packetbeat 加载其他索引模板，可在 packetbeat.yml 配置文件中修改 template.name 和 template.path 配置，如代码段 9.3 所示。

```
//代码段 9.3: 修改加载索引模板的配置信息
output.elasticsearch:
  hosts: ["localhost:9200"]                    #指定 IP 和端口号
  template.name: "packetbeat"                  #指定模板名称
template.path: "packetbeat.template.json"      #指定模板文件路径
template.overwrite: false                      #指定是否覆盖
```

当这段配置信息中的 template.overwrite 配置为 false 时，即使索引中已存在模板，已有模板也不会被覆盖。如需要覆盖，则应将 template.overwrite：false 修改为 template.overwrite：true。如禁用自动加载模板，可不执行代码段 9.3 所示的配置信息(将其注释掉即可)。

> Tips：在 Logstash 的 output 被启用的情况下，自动加载索引模板的功能是不支持的。

如果需要手动禁用自动加载模板功能，可执行代码段 9.4 所示的终端命令。

```
//代码段 9.4: 禁用自动加载索引模板功能
curl -XPUT 'http://localhost:9200/_template/packetbeat' -d@/etc/p
acketbeat/packetbeat.template.json
```

如在加载索引模板前已使用过 Packetbeat 向 Elasticsearch 传输数据，那么索引文件中可能存在过时数据。在新模板被加载时，可执行代码段 9.5 所示命令删除旧数据，并以此来强制 Kibana 在可视化过程中使用新数据。

```
//代码段 9.5：删除索引文件中的旧数据
curl -XDELETE 'http://localhost:9200/packetbeat-*'
```

9.1.5 启动和关闭

在终端中使用如下命令来启动 Packetbeat。启动后，终端界面将会输出如图 9.5 所示的日志信息。

```
sudo /etc/init.d/packetbeat start
```

```
cy@cy-N53SN:~$ sudo /etc/init.d/packetbeat start
[sudo] cy 的密码:
[ ok ] Starting packetbeat (via systemctl): packetbeat.service.
cy@cy-N53SN:~$
```

图 9.5 启动 Packetbeat

Packetbeat 启动后，即开始获取服务器端网络流通数据。此时可以尝试利用下面代码段 9.6 所示的 curl 命令来创建一个简单的 HTTP 请求，以便其能被 Packetbeat 获取。执行代码段 9.7 所示的命令，可查验该数据是否已被获取到 Elasticsearch 中。

```
//代码段 9.6：创建网络访问数据
curl http://www.elastic.co/>/dev/null
```

```
//代码段 9.7：验证 packetbeat 获取数据的功能
curl -XGET 'http://localhost:9200/packetbeat-*/_search?pretty'
```

如需关闭 Packetbeat，可以在终端执行如下命令，此时终端界面将输出如图 9.6 所示的日志信息。

```
sudo /etc/init.d/packetbeat stop
```

```
cy@cy-N53SN:~$ sudo /etc/init.d/packetbeat stop
[sudo] cy 的密码:
[ ok ] Stopping packetbeat (via systemctl): packetbeat.service.
cy@cy-N53SN:~$
```

图 9.6 关闭 Packetbeat

9.1.6 使用 Kibana 进行展示

Packetbeat 运行时，会将收集到的数据存入 Elasticsearch 中的以“packetbeat-日期”命名的索引中，此时可在 Kibana 界面中单击 Management 导航按钮，在 index pattern 界面中添加这样的索引文件。在索引名称的输入框中填写“packetbeat-＊”，之后在 Time-field name 输入框中选择“@timestamp”字段，即可按下 Create 按钮添加相关索引，如图 9.7 所示。

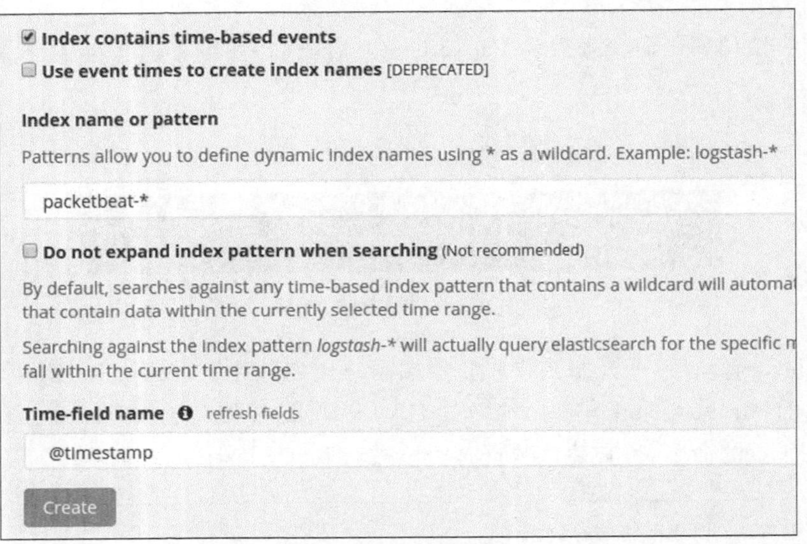

图 9.7 添加 index pattern

接下来，可以创建各种可视化统计图表，对索引中的数据进行展示。Kibana 中可视化统计图表的创建方法在本书第 7 章已介绍过，利用其中的方法，可以将 Packetbeat 获取的各类数据进行可视化展示，如图 9.8 所示，分别对网络流通量、传输状态、最大网络数据包发送量、DNS 请求统计和服务器间 IP 统计等信息进行了展示。其中左侧两个统计图带有时间轴，显示出了网络流通量以及网络数据包收发量的峰值随时间的变化情况；中间两个统计表显示了数据包和各种 DNS 服务请求的统计数量；右侧上方的饼图展示了各种网络请求成功和失败的数量，而下方的饼图展示了不同 IP 之间数据传输的占比。

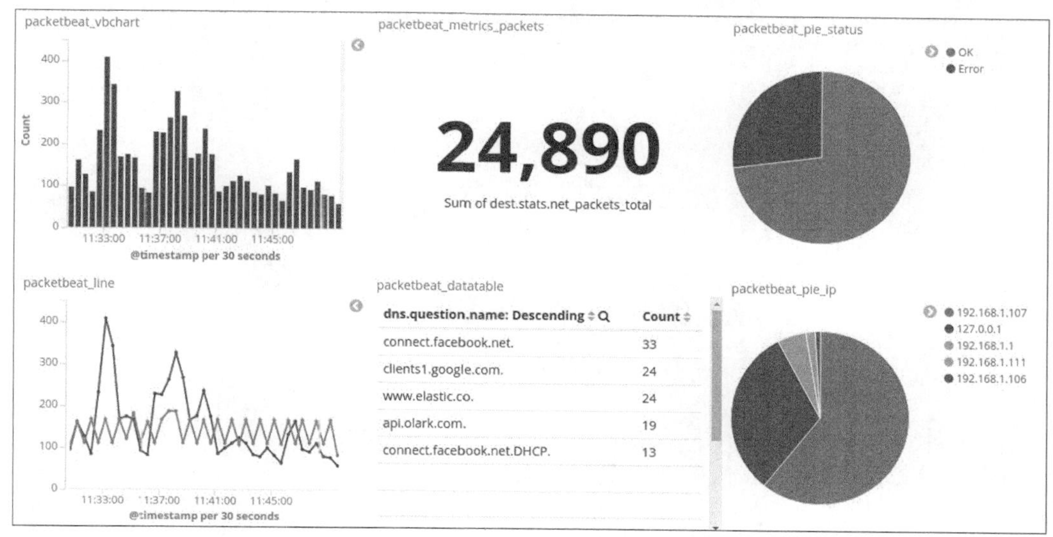

图 9.8　可视化展示

9.2　基于 Filebeat 的日志传输

9.2.1　概述

Filebeat 负责在服务器端传输日志数据，能够对存储日志文件的目录或特定日志文件进行监控，并将数据信息传送到 Elasticsearch 或 Logstash 中。

Filebeat 以一种"探测并传输"的方式工作。程序启动后，将会创建一个或多个探测器(harvester)在特定位置探测日志文件信息并获取日志内容。每一个新发现的日志内容均会被发送给 spooler 处理程序，该程序将对每一个事件进行聚合，并将聚合之后的数据发送给预先配置好的输出端(如 Elasticsearch、Logstash、Kafka 或 Redis 等)。图 9.9 为 Filebeat 的数据处理流程示意图。

9.2.2　安装和配置

安装 Filebeat 之前，需要确保 Elastic Stack 相关软件 Elasticsearch、Logstash(可选)和 Kibana 已经完成安装和配置。在本章 9.1.2 节中已介绍了 libpcap0.8 软件的安装，下面直接使用该软件执行下面的第一个命令。从 Elastic 官网获取 Filebeat 的 DEB 安装包，其中版本号"5.x.x"表示版本号。获取安装包之后，在终端执行第二行命令解压并安装 Filebeat。

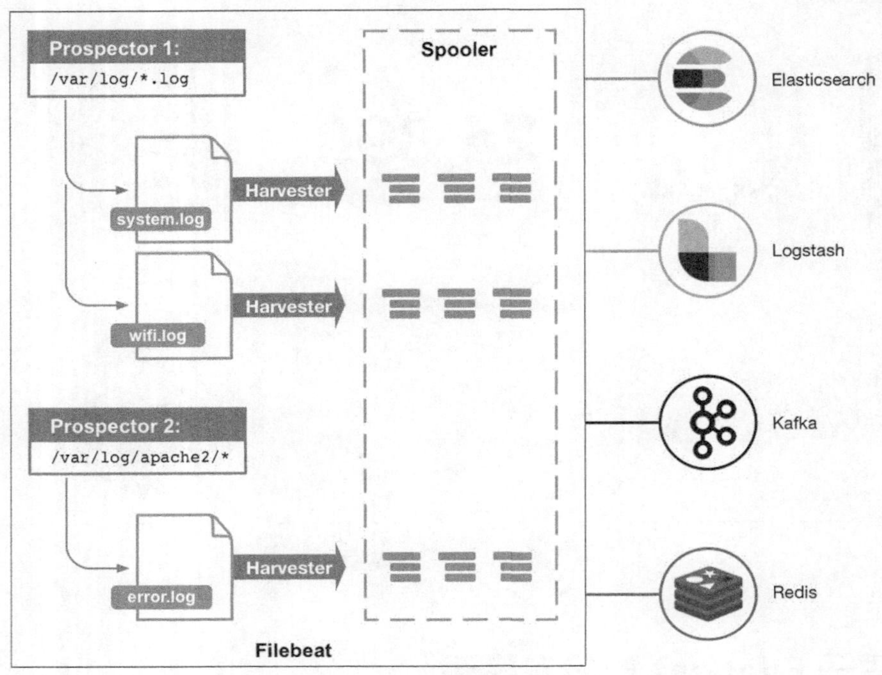

图 9.9　Filebeat 数据处理流程示意图

```
curl -L -O https://artifacts.elastic.co/downloads/beats/filebeat/filebeat-5.x.x-amd64.deb
sudo dpkg -ifilebeat-5.x.x-amd64.deb
```

Filebeat 程序默认存储于/etc/init. d 目录下，其配置文件 filebeat. yml 默认保存在/etc/filebeat 文件夹中。在 filebeat. yml 配置文件中，可以对要收集的日志信息所在的路径进行配置。下面的代码段 9.8 演示了在配置文件中使用通配符指定一个或多个日志文件路径的方法。

```
//代码段 9.8: 使用通配符指定日志文件路径
filebeat.prospectors:
-input_type: log
paths:
    -/var/log/*.log                              //指定系统日志路径
    -/usr/elasticsearch-5.0.0/logs/*             //指定 Elasticsearch 日志路径
```

如果让 Filebeat 将数据送入 Elasticsearch，可以在 filebeat. yml 中添加代码段 9.9 所示的配置信息，以便指定 Elasticsearch 的 IP 和端口。

```
//代码段 9.9: 配置 Filebeat 输出到 Elasticsearch
output.elasticsearch:
  hosts: ["localhost:9200"]          #指定 IP 和端口号
```

如果需要让 Logstash 额外处理收集自 Filebeat 的数据，那么应在 filebeat. yml 配置文件中添加一段指定 Logstash 的 IP 地址和端口号的配置信息，如代码段 9.10 所示，同时不执行上面代码段 9.9 所示的 Elasticsearch 的配置信息（将其注释掉）。

```
//代码段 9.10: 配置 Filebeat 输出到 Logstash
output.logstash:
  hosts: ["localhost:5044"]          #指定 IP 和端口号
```

：Logstash 默认占用 5044 端口。

Filebeat 的索引模板 filebeat. template. json 默认存放在/etc/filebeat 文件夹中，在输出数据到 Elasticsearch 的功能被启用的情况下，Filebeat 启动时会自动加载默认模板。如果需要加载另一种模板，则需要在 filebeat. yml 配置文件中修改相关配置，如代码段 9.11 所示。

```
//代码段 9.11: 修改加载索引模板的配置信息
output.elasticsearch:
hosts: ["localhost:9200"]
  template.name: "filebeat"                     #模板名称
template.path: "filebeat.template.json"         #模板文件路径
template.overwrite: false                       #禁用覆盖
```

如果 Elasticsearch 索引中已经存在一个模板，那么默认不允许将已有的模板覆盖。将上面代码段 9.11 最后一行的 template. overwrite: false 修改为 template. overwrite: true 即可启用覆盖功能。如果要手动禁用自动加载模板功能，可在终端执行代码段 9.12 所示的 curl 命令。

```
//代码段 9.12: 禁用自动加载索引模板功能
curl - XPUT 'http://localhost: 9200/_ template/filebeat ' - d @/etc/filebeat/
filebeat.template.json
```

代码段 9.13 所示的命令可以用来删除旧数据，并以此来强制 Kibana 在可视化过程中使用新数据。

```
//代码段 9.13：删除索引文件中的旧数据
curl -XDELETE 'http://localhost:9200/filebeat-*'
```

9.2.3 启动和关闭

在终端中使用如下命令来启动 Filebeat。启动后，终端界面将会输出如图 9.10 所示的日志信息。

```
sudo /etc/init.d/filebeat start
```

```
cy@cy-N53SN:~$ sudo /etc/init.d/filebeat start
[sudo] cy 的密码：
[ ok ] Starting filebeat (via systemctl): filebeat.service.
cy@cy-N53SN:~$
```

图 9.10　启动 Filebeat

Filebeat 启动后即开始从预先在配置文件中配置好的位置获取日志信息，并传输到 Elasticsearch 中。如需关闭 Packetbeat，可以在终端执行如下命令，此时终端界面将输出如图 9.11 所示的日志信息。

```
sudo /etc/init.d/filebeat stop
```

```
cy@cy-N53SN:~$ sudo /etc/init.d/filebeat stop
[ ok ] Stopping filebeat (via systemctl): filebeat.service.
cy@cy-N53SN:~$
```

图 9.11　关闭 Filebeat

9.2.4 使用 Kibana 进行展示

在 Kibana 的 Management 中添加一个新的 index pattern，在过滤索引文件名称的输入框中填写“filebeat-*”来匹配所有由 Filebeat 创建的索引，然后在下面的“Time-field name”选择“@timestamp”，最后按下 Create 按钮即可添加 Filebeat 相关索引。在 Discover 界面中，可以通过查询来查看目前所有文档数据的统计情况，如图 9.12 所示。

使用条形统计图、折线统计图、饼图和数值统计等不同的可视化统计图表，对索引文档中不同时段的日志记录数量统计信息进行可视化展示，并将所有可视化结果添加到一个动态仪表板中，如图 9.13 所示。图中的信息表明了在不同的时间段，Filebeat 会占用系统资源传输各种日志信息。其中，左侧的两个统计图表显示了在一定的时间段内，日志文件数据被获取和传送的数据量，以及在更小的时间范围内传输日志数据的统计量；中间上方的时间

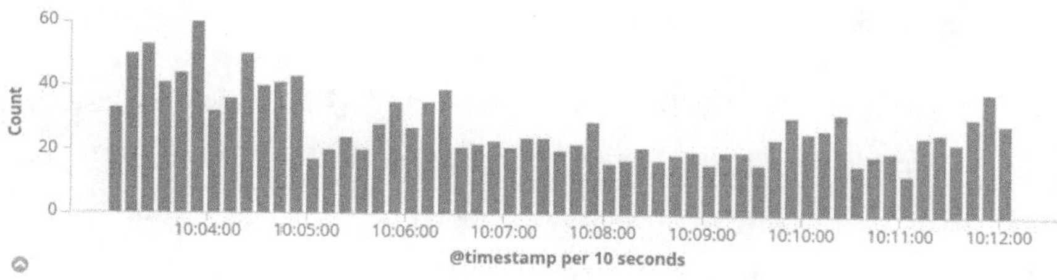

图 9.12 日志数据统计

线表示 Filebeat 占用系统资源传输数据大致集中于哪些时间点；中间下方的数据指标表示 Filebeat 采集到的日志信息数量；右侧的两个饼图显示了不同时间采集到的各类日志信息的统计量。

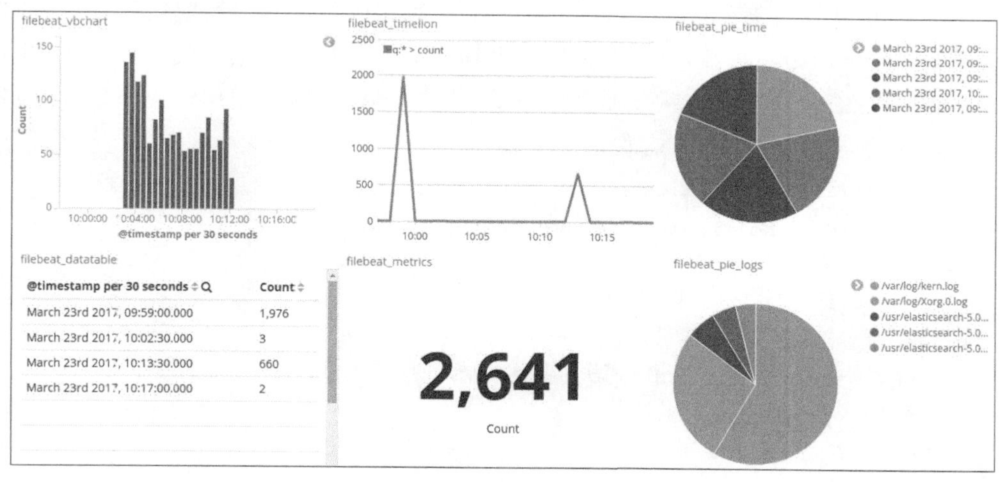

@timestamp per 30 seconds	Count
March 23rd 2017, 09:59:00.000	1,976
March 23rd 2017, 10:02:30.000	3
March 23rd 2017, 10:13:30.000	660
March 23rd 2017, 10:17:00.000	2

图 9.13 可视化展示

9.3 基于 Metricbeat 的系统指标数据传输

9.3.1 概述

Metricbeat 是一种轻量级的系统数据指标和统计信息采集器，能够分时段采集服务器上操作系统或正在运行的服务程序中的指标和统计数据。Metricbeat 通过收集数据的方式来监控服务器以及 Apache、HAProxy、MongoDB、MySQL、Nginx、PostgreSQL、Redis、System 和 Zookeeper 等服务的运行状况。Metricbeat 可以将收集到的数据直接传输到 Elasticsearch 中，也可以将数据发送给 Logstash、Redis 或 Kafka 等。

9.3.2 安装和配置

安装 Metricbeat 之前，需要确保 Elastic Stack 相关软件产品 Elasticsearch、Logstash（可选）和 Kibana 已经完成安装和配置。在终端运行下面第一行命令，从 Elastic 官网获取 Metricbeat 的 DEB 安装包（其中版本号"5. x. x"在这里是 5.0.0）。获取安装包之后，在终端执行第二行命令，完成解压并安装 Metricbeat。

```
curl -L -O https://artifacts.elastic.co/downloads/beats/metricbeat/
metricbeat-5.x.x-amd64.deb
sudo dpkg -i metricbeat-5.x.x-amd64.deb
```

Metricbeat 程序默认存储于/etc/init. d 目录下，其配置文件 metricbeat. yml 默认保存在/etc/metricbeat 文件夹中。在 metricbeat. yml 配置文件中，可以对"模块"（module）进行定制，以收集特定的指标数据，每一个模块当中均定义有一个指标集。代码段 9.14 演示了使用系统运行状态模块来采集服务器系统中 CPU 使用情况、内存使用情况、网络吞吐量等数据指标，以及进程的相关统计信息。

```
//代码段 9.14: 为 Metricbeat 配置 system 模块
metricbeat.modules:
-module: system            #指定模块的名称
metricsets:
    -cpu                   #指定模块中具体要采集的指标
    -filesystem
    -memory
    -network
    -process
  enabled: true            #指定是否启用该模块
  period: 10s              #指定采集时间间隔
processes: ['.*']          #指定进程,这里使用通配符,表示所有进程
cpu_ticks: false           #指定是否采集 CPU 时钟频率
```

如果让 Metricbeat 将数据送入 Elasticsearch，可以在 metricbeat. yml 中添加代码段 9.15 所示的配置信息，指定 Elasticsearch 的 IP 地址和端口号。

```
//代码段 9.15: 配置 Metricbeat 输出到 Elasticsearch
output.elasticsearch:
  hosts: ["localhost:9200"]          #指定 IP 地址和端口号
```

Metricbeat 的索引模板 metricbeat. template. json 默认存放在/etc/metricbeat 文件夹中。在输出数据到 Elasticsearch 的功能被启用的情况下，Metricbeat 启动时会自动加载默认的模板。如需加载另一种模板，则需在 metricbeat. yml 配置文件中修改相关配置，如代码段 9.16 所示。

```
//代码段 9.16：修改加载索引模板的配置信息
output.elasticsearch:
hosts: ["localhost:9200"]
  template.name: "metricbeat"
template.path: "metricbeat.template.json"
template.overwrite: false
```

如果 Elasticsearch 索引中已经存在一个模板，则默认不允许将已有的模板覆盖。将上面代码段 9.16 最后一行的 template. overwrite：false 修改为 template. overwrite：true，即可启用覆盖的功能。要手动禁用自动加载模板的功能，可以在终端执行代码段 9.17 所示的 curl 命令。

```
//代码段 9.17：禁用自动加载索引模板功能
curl -XPUT 'http://localhost:9200/_template/metricbeat' -d@/etc/metricbeat/
metricbeat.template.json
```

代码段 9.18 所示的命令可以用来删除旧数据，并以此来强制 Kibana 在可视化过程中使用新数据。

```
//代码段 9.18：删除索引文件中的旧数据
curl -XDELETE 'http://localhost:9200/metricbeat-*'
```

9.3.3 启动和关闭

在终端中使用如下命令来启动 Metricbeat。启动后，终端界面将会输出如图 9.14 所示的日志信息。

```
sudo /etc/init.d/metricbeatstart
```

```
cy@cy-N53SN:~$ sudo /etc/init.d/metricbeat start
[sudo] cy 的密码:
[ ok ] Starting metricbeat (via systemctl): metricbeat.service.
cy@cy-N53SN:~$
```

图 9.14 启动 Metricbeat

Metricbeat 启动后，即开始采集服务器端操作系统或服务程序的相应数据指标并传输到 Elasticsearch 中。此时可以执行下面代码段 9.19 所示的 curl 命令，验证服务器端的统计数据是否已被传输到 Elasticsearch 中。

```
//代码段 9.19：测试 Metricbeat 的采集和传输功能
curl -XGET 'http://localhost:9200/metricbeat-*/_search?pretty'
```

如需关闭 Metricbeat，可以在终端执行如下命令，此时终端界面将输出如图 9.15 所示的日志信息。

```
sudo /etc/init.d/metricbeatstop
```

```
cy@cy-N53SN:~$ sudo /etc/init.d/metricbeat stop
[sudo] cy 的密码:
[ ok ] Stopping metricbeat (via systemctl): metricbeat.service.
cy@cy-N53SN:~$
```

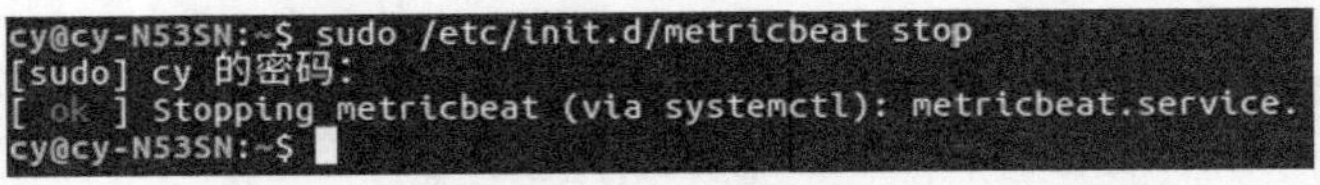

图 9.15 关闭 Metricbeat

9.3.4 使用 Kibana 进行展示

在 Kibana 的 Management 中，添加一个新的 index pattern。在过滤索引文件名称的输入框中填写“metricbeat-*”来匹配所有由 metricbeat 创建的索引，然后在下面的“Time-field name”选择“@timestamp”。按下 Create 按钮，即可添加 Metricbeat 相关索引，如图 9.16 所示。

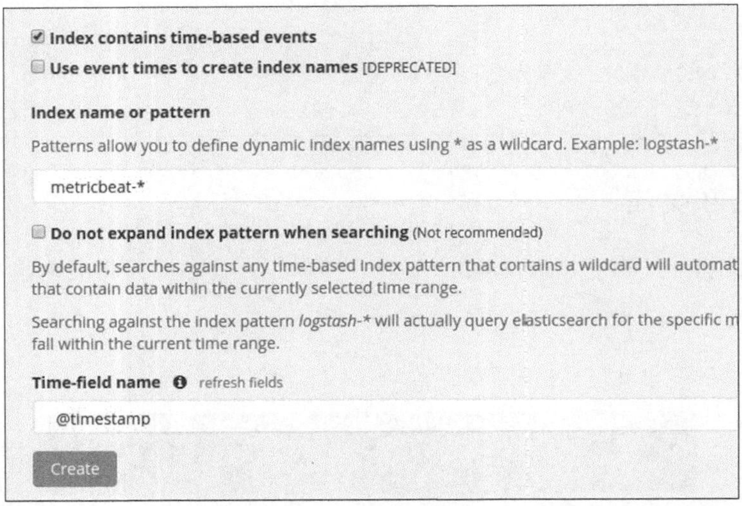

图 9.16 添加 index pattern

使用条形统计图、面积图、饼图和数值统计等不同的可视化统计图表，对索引文档中的数据指标总量、用户名和进程状态、进程名称、挂载设备名称等统计信息进行可视化展示，并将所有可视化结果添加到一个动态仪表板中，如图 9.17 所示。图中的信息表明了各类系统运行指标数据在总体中的统计量和占比，其中，左上方第一个统计数据表示采集到索引中的系统指标总数；中间上方的统计表显示了不同状态的用户产生的相关数据的统计数量；下方前两个统计图反映了不同时间以及不同程序所产生的数据指标统计；右侧两个饼图对不同进程和不同设备产生的数据指标占比进行了统计。

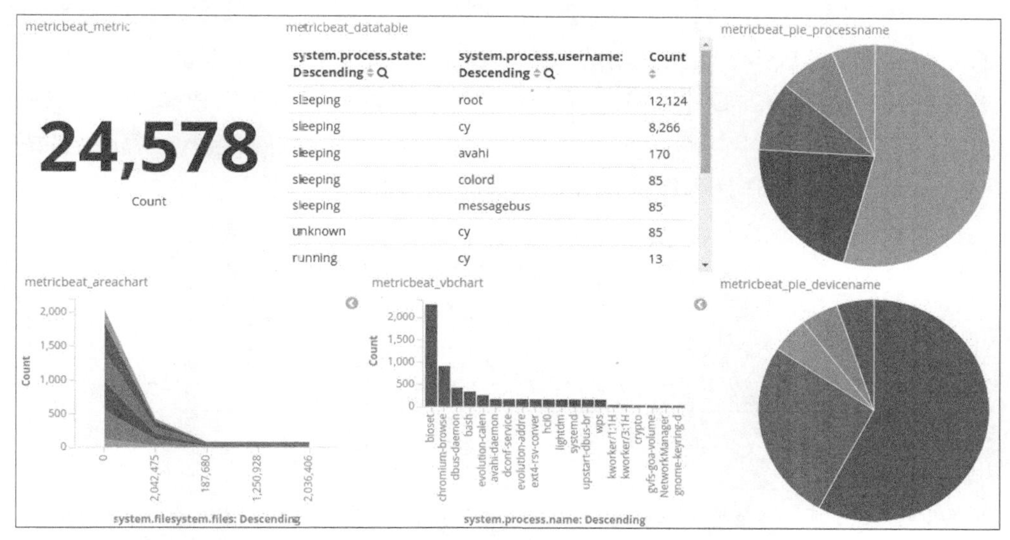

图 9.17　可视化展示

9.4　基于 Winlogbeat 的 Windows 事件日志数据传输

9.4.1　概述

Winlogbeat 是一种 Windows 服务程序，运行于 Windows XP 及后续版本的操作系统中，负责向 Elasticsearch 或 Logstash 中传送 Windows 事件日志数据。Winlogbeat 可以对系统中的新事件进行监视，使用 Windows API，从一个或多个事件日志中读取数据，根据用户实现配置好的规则对事件信息进行过滤，之后将事件数据传输至配置好的输出端，如 Elasticsearch 或 Logstash。每一种事件日志的读取位置信息将被持久化到磁盘中，以便 Winlogbeat 重新启动后恢复事件日志位置信息。Winlogbeat 可以从正在运行的操作系统中捕获任何类型的事件数据，例如应用程序事件、硬件事件、安全性事件和系统事件等。

9.4.2 安装

Winlogbeat 是运行在 Windows 系统中的服务程序。安装 Winlogbeat 之前，需确保 Windows 中已完成 Elastic Stack 相关软件产品 Elasticsearch、Logstash(可选)和 Kibana 的安装和配置。首先，访问 Elastic 官网中 Winlogbeat 下载页面(相应的网页链接为 https://www.elastic.co/downloads/beats/winlogbeat)，获取 Winlogbeat 程序的 ZIP 包。此时用户需要根据正在使用的 Elastic Stack 相关软件版本(即 Elasticsearch 等程序版本)和当前 Windows 系统总线位宽(即 32 位或 64 位)来获取对应版本的 Winlogbeat。如果上面链接打开的页面中提供的版本与正在使用的版本不对应，那么应在页面中单击"past release"，转到历史版本获取页面，在页面中间的产品名称和版本下拉列表中分别选择"Winlogbeat"和对应版本(这里使用的版本是 5.0.0，如图 9.18 所示)。筛选出对应版本的程序后，按下右侧的 Download 按钮，并选择程序位宽，即可下载程序 ZIP 包。

图 9.18 筛选对应版本的 Winlogbeat

下载 ZIP 包之后，将其解压到 C:\Program Files 目录中，并将解压之后的文件夹重命名为"Winlogbeat"。以管理员身份运行 Windows PowerShell 窗口，在其中执行如下命令来安装 Winlogbeat。PowerShell 拥有"执行策略"的配置，默认为"Restricted"，表示不允许任何脚本执行，包括安装 Winlogbeat 需要执行的 ps1 文件[微软,2017]。安装之前，需要修改 PowerShell 的执行策略，以允许执行脚本。此时需要在 PowerShell 窗口中执行以下 Set-ExecutionPolicy 命令，将执行策略改为"UnRestricted"，即允许未签名的脚本运行。

```
Set-ExecutionPolicy -ExecutionPolicyUnRestricted
```

修改 PowerShell 的执行策略之后即可安装 Winlogbeat。执行下面的命令，进入存放 Winlogbeat 安装文件的目录，并执行配置文件 install-service-winlogbeat.ps1。

```
cd 'C:\Program Files\Winlogbeat'
.\install-service-winlogbeat.ps1
```

出于系统安全性考虑，在完成安装之后，应执行如下命令将 PowerShell 的执行策略改回默认的"Restricted"。Winlogbeat 的安装过程如图 9.19 所示。

```
Set-ExecutionPolicy -ExecutionPolicy Restricted
```

```
Windows PowerShell
版权所有 (C) 2016 Microsoft Corporation。保留所有权利。

PS C:\Windows\system32> Set-ExecutionPolicy -ExecutionPolicy UnRestricted

执行策略更改
执行策略可帮助你防止执行不信任的脚本。更改执行策略可能会产生安全风险，如 http://go.microsoft.com/fwlink/?LinkID=135170
中的 about_Execution_Policies 帮助主题所述。是否要更改执行策略?
[Y] 是(Y)  [A] 全是(A)  [N] 否(N)  [L] 全否(L)  [S] 暂停(S)  [?] 帮助 (默认值为“N”): Y
PS C:\Windows\system32> cd C:\Program Files\Winlogbeat
PS C:\Program Files\Winlogbeat> .\install-service-winlogbeat.ps1

Status   Name           DisplayName
------   ----           -----------
Stopped  winlogbeat     winlogbeat


PS C:\Program Files\Winlogbeat> Set-ExecutionPolicy -ExecutionPolicy Restricted

执行策略更改
执行策略可帮助你防止执行不信任的脚本。更改执行策略可能会产生安全风险，如 http://go.microsoft.com/fwlink/?LinkID=135170
中的 about_Execution_Policies 帮助主题所述。是否要更改执行策略?
[Y] 是(Y)  [A] 全是(A)  [N] 否(N)  [L] 全否(L)  [S] 暂停(S)  [?] 帮助 (默认值为“N”): Y
PS C:\Program Files\Winlogbeat> _
```

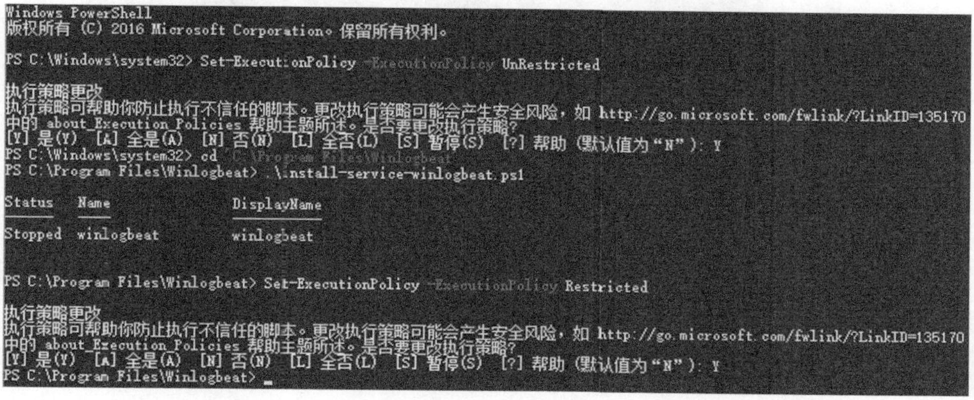

图 9.19 安装 Winlogbeat 服务

> Tips：如果当前使用的操作系统是 Windows XP，那么用户需要事先下载安装 Windows PowerShell 程序。

9.4.3 配置

Winlogbeat 的配置文件 winlogbeat.yml 默认保存在解压后的 C:\Program Files\Winlogbeat 文件夹中，可以对采集事件日志的类型、输出端主机地址和输出日志等进行配置。对于事件日志类型，配置文件中默认设置了 application、security 和 system 三种类型，如代码段 9.20 所示。

```
//代码段 9.20：事件日志配置
winlogbeat.event_logs:
  -name: Application
  -name: Security
  -name: System
```

除以上三种事件日志类型之外，还可以在配置列表中添加其他类型，Windows 中的事件日志类型可以通过执行如下 PowerShell 命令来查看。命令的执行结果如图 9.20 所示，图中最右列“Log”中的信息即为可用的事件日志类型。

```
Get-EventLog *
```

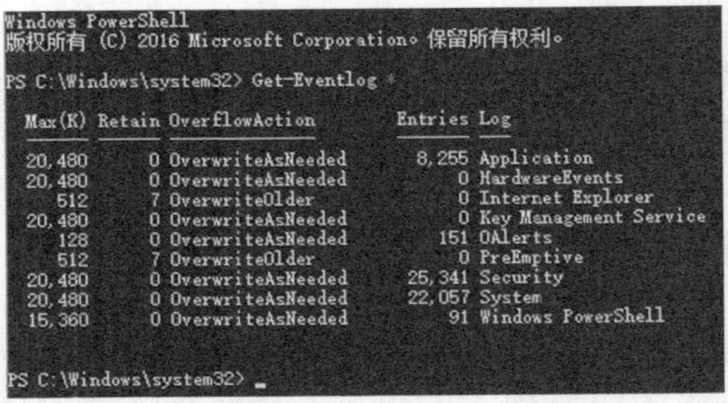

```
Windows PowerShell
版权所有 (C) 2016 Microsoft Corporation。保留所有权利。

PS C:\Windows\system32> Get-Eventlog *

  Max(K) Retain OverflowAction        Entries Log
  ------ ------ --------------        ------- ---
  20,480      0 OverwriteAsNeeded       8,255 Application
  20,480      0 OverwriteAsNeeded           0 HardwareEvents
     512      7 OverwriteOlder              0 Internet Explorer
  20,480      0 OverwriteAsNeeded           0 Key Management Service
     128      0 OverwriteAsNeeded         151 OAlerts
     512      7 OverwriteOlder              0 PreEmptive
  20,480      0 OverwriteAsNeeded      25,341 Security
  20,480      0 OverwriteAsNeeded      22,057 System
  15,360      0 OverwriteAsNeeded          91 Windows PowerShell


PS C:\Windows\system32> _
```

图 9.20 获取事件日志列表

对于 Winlogbeat 向外传输的配置，代码段 9.21 演示了 Winlogbeat 向 Elasticsearch 传输事件日志信息的配置，其中提供了 Elasticsearch 所在主机 IP 地址和端口号两项网络位置信息。

```
//代码段 9.21: 传输数据到 Elasticsearch
output.elasticsearch:
hosts:
   -localhost:9200
```

如果需要设置 Winlogbeat 向 Logstash 传输数据以进行对数据的额外处理，可以在配置文件中添加下面代码段 9.22 所示的配置信息，在数组中指定 Logstash 的 IP 地址和端口号，同时将代码段 9.21 所示的向 Elasticsearch 输出数据的配置信息注释掉即可。

```
//代码段 9.22: 传输数据到 Logstash
output.logstash:
hosts: ["127.0.0.1:5044"]
```

> Tips：自动加载模板的功能仅对 Elasticsearch 可用，在配置 Winlogbeat 输出事件日志数据到 Logstash 时，需要手动更改 Winlogbeat 的索引模板配置。

对于输出日志文件的配置，可以在配置文件中指定是否将 Winlogbeat 生成的日志信息输出为日志文件、输出日志文件的保存路径、日志信息记录的级别等配置信息。代码段 9.23 演示了将 INFO 级别的日志信息以日志文件的形式输出到 C:/ProgramData/winlogbeat/Logs 目录的配置方法。

```
//代码段 9.23: 输出日志配置
logging.to_files: true                          #指定是否输出日志到文件
logging.files:
  path: C:/ProgramData/winlogbeat/Logs          #指定输出日志的位置
logging.level: info                             #指定日志信息为 INFO 级别
```

Tips: 日志的级别一般分为五类：DEBUG、INFO、WARN、ERROR 和 FATAL。DEBUG 用于调试过程中了解变量的值等信息；INFO 用于向软件用户输出一般提示信息；WARN 用于输出警告提示信息；ERROR 用于输出错误提示信息；FATAL 用于输出严重错误提示信息。

要对当前配置文件中的配置信息进行测试，可以在 PowerShell 窗口中执行如下命令，窗口中将会输出关于当前配置的各项基本信息，如图 9.21 所示。

```
.\winlogbeat.exe -c .\winlogbeat.yml -configtest -e
```

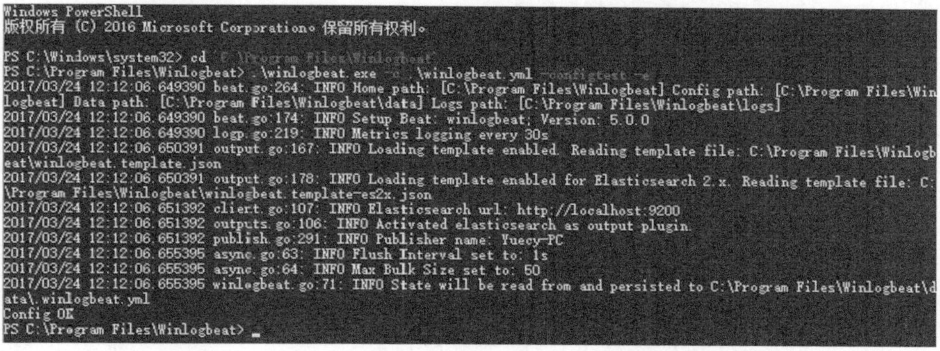

```
Windows PowerShell
版权所有 (C) 2016 Microsoft Corporation。保留所有权利。

PS C:\Windows\system32> cd C:\Program Files\Winlogbeat
PS C:\Program Files\Winlogbeat> .\winlogbeat.exe -c .\winlogbeat.yml -configtest -e
2017/03/24 12:12:06.649390 beat.go:264: INFO Home path: [C:\Program Files\Winlogbeat] Config path: [C:\Program Files\Winlogbeat] Data path: [C:\Program Files\Winlogbeat\data] Logs path: [C:\Program Files\Winlogbeat\logs]
2017/03/24 12:12:06.649390 beat.go:174: INFO Setup Beat: winlogbeat; Version: 5.0.0
2017/03/24 12:12:06.649390 logp.go:219: INFO Metrics logging every 30s
2017/03/24 12:12:06.650391 output.go:167: INFO Loading template enabled. Reading template file: C:\Program Files\Winlogbeat\winlogbeat.template.json
2017/03/24 12:12:06.650391 output.go:178: INFO Loading template enabled for Elasticsearch 2.x. Reading template file: C:\Program Files\Winlogbeat\winlogbeat.template-es2x.json
2017/03/24 12:12:06.651392 client.go:107: INFO Elasticsearch url: http://localhost:9200
2017/03/24 12:12:06.651392 outputs.go:106: INFO Activated elasticsearch as output plugin.
2017/03/24 12:12:06.651392 publish.go:291: INFO Publisher name: Yuecy-PC
2017/03/24 12:12:06.655395 async.go:63: INFO Flush Interval set to: 1s
2017/03/24 12:12:06.655395 async.go:64: INFO Max Bulk Size set to: 50
2017/03/24 12:12:06.655395 winlogbeat.go:71: INFO State will be read from and persisted to C:\Program Files\Winlogbeat\data\.winlogbeat.yml
Config OK
PS C:\Program Files\Winlogbeat> _
```

图 9.21 获取事件日志列表

Winlogbeat 的索引模板 winlogbeat.template.json 默认存放在解压后的 C:\Program Files\ Winlogbeat 文件夹中，在输出数据到 Elasticsearch 的功能被启用的情况下，Winlogbeat 启动时会自动加载默认的模板。如果需要加载另一种模板，则需要在 metricbeat.yml 配置文件中修改相关配置，如代码段 9.24 所示。

```
//代码段 9.24: 修改加载索引模板的配置信息
output.elasticsearch:
hosts: ["localhost:9200"]
```

```
  template.name: "winlogbeat"
template.path: "winlogbeat.template.json"
template.overwrite: false
```

如果 Elasticsearch 索引中已经存在一个模板，那么默认不允许将已有的模板覆盖。将上面代码段 9.24 最后一行的 template. overwrite：false 修改为 template. overwrite：true 即可启用覆盖功能。要手动禁用自动加载模板的功能，可以在终端执行代码段 9.25 所示的 curl 命令。

```
//代码段 9.25：禁用自动加载索引模板功能
Invoke-WebRequest -Method Put -InFilewinlogbeat.template.json -Uri http://
localhost:9200/_template/winlogbeat?pretty
```

代码段 9.26 所示的命令可以用来删除旧数据，并以此来强制 Kibana 在可视化过程中使用新数据。

```
//代码段 9.26：删除索引文件中的旧数据
curl -XDELETE 'http://localhost:9200/winlogbeat-*'
```

9.4.4 启动和关闭

在 PowerShell 窗口中使用如下命令来启动 Winlogbeat。启动后，Winlogbeat 即开始从预先在配置文件中配置好的位置获取日志信息，并传输到 Elasticsearch 中。

```
Start-Servicewinlogbeat
```

Winlogbeat 启动后，可以在 PowerShell 窗口执行 services. msc 命令来打开 Windows 服务窗口，并在其中查看 Winlogbeat 的运行状态。

通过图 9.22 不难看出，Winlogbeat 服务已经出现在服务程序列表中，其详细属性如图 9.23 所示，其中 Winlogbeat 的服务状态显示“正在运行”。

名称	描述	状态	启动类型	登录为
winlogbeat		正在运行	自动	本地系统

图 9.22　Winlogbeat 出现在服务列表中

如需关闭 Winlogbeat，可以在 PowerShell 窗口执行 Stop-Service winlogbeat 命令。

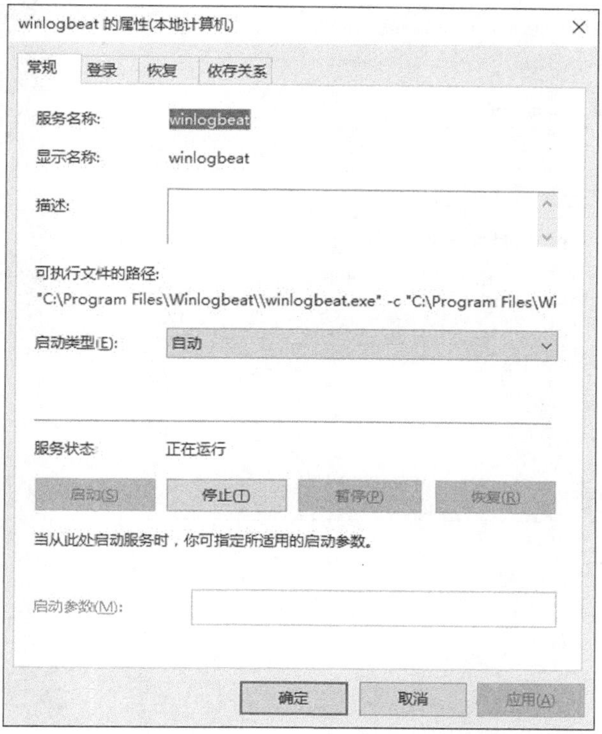

图 9.23　Winlogbeat 服务的属性

9.4.5　使用 kibana 进行展示

在 Kibana 的 Management 中，添加一个新的 index pattern，在过滤索引文件名称的输入框中填写“winlogbeat-＊”来匹配所有由 Winlogbeat 创建的索引；然后在下面的“Time-field name”选择“@timestamp”，按下 Create 按钮，即可添加 Winlogbeat 相关索引，如图 9.24 所示。

使用条形统计图、折线统计图、饼图、数值统计和数据表等不同的可视化统计图表，对索引文档中的事件日志总量、日志中反映的服务启动情况、事件来源、事件类型等统计信息进行可视化展示，并将所有可视化结果添加到一个动态仪表板中，如图 9.25 所示，图中展示了 Windows 系统中各类事件日志数据的统计情况。图 9.25 上方第一个面积图反映出了不同时间段系统事件日志记录数量统计；第二个数据表统计了系统事件日志中各级别日志信息的数量；上方右侧的数据指标表示事件日志和事件编号的总数；下方的三个饼图分别对系统安全性事件、事件日志的类型以及事件来源各部分占比进行了统计。

Index contains time-based events

Use event times to create index names [DEPRECATED]

Index name or pattern

Patterns allow you to define dynamic index names using * as a wildcard. Example: logstash-*

winlogbeat-*

Do not expand index pattern when searching (Not recommended)

By default, searches against any time-based index pattern that contains a wildcard will autom
that contain data within the currently selected time range.

Searching against the index pattern *logstash-** will actually query elasticsearch for the specific
fall within the current time range.

Time-field name refresh fields

@timestamp

Create

图 9.24　添加 index pattern

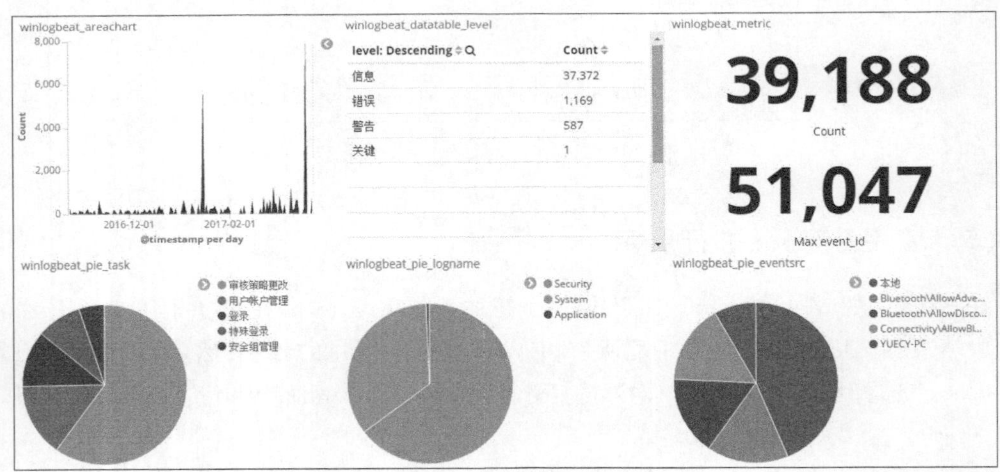

图 9.25　可视化展示

9.5　扩展知识与阅读

系统运行数据的内容从侧面反映了服务器在运行时软件层面上的基本状况。对运行数据的查询和分析，是运维的一个重要组成部分。当前众多对外提供服务的应用系统均针对其软件层面实施各种优化和均衡策略，旨在将程序以最轻量且高效的形式运行，同时平衡软硬件系统中各部分的负载，以防止出现性能方面的故障（甚至服务器不堪重负出现宕机等严重问题），因此，对运行数据进行监控非常必要。Elastic 官方针对这方面提出的解决方案便是 Beats，其显著优点在于成体系和全自动。Beats 中各类数据传输工具全部基于 libbeat 平台，与 Elastic Stack 系列产品无缝对接。此外，Beats 工具一经安装配置，就可以在完全无人值守的条件下执行，直接存储相关数据，使得用户可以轻松掌握软件层次的各种数据指标，及时应对软件方面的问题。

9.6　本章小结

本章对 Beats 组件中的其中四种通用数据传输工具的安装、配置、使用和可视化方法进行了介绍。通过对本章内容的了解和实践，可以实现对服务器端网络数据包收发情况、日志数据信息、系统运行状态和指标、Windows 系统中事件日志信息等数据的采集、解析和传输。利用 Elasticsearch 分布式搜索引擎可进行存储和检索，利用 Kibana 可进行各类数据的可视化展示。应用 Beats，可以对系统中正在吞吐的各种数据信息有一个宏观上的把握，在使用 X-Pack 进行应用系统层面监控的同时，提供了另一种不同的监控视角，有利于用户及时从数据层面上了解当前系统性能的演变趋势，更加有效而全面地实现对系统整体数据指标的评价和分析。

Chapter 10

网络信息检索与分析实践1

> "Get insight into how various organizations are using elastic stack products to tackle a growing number of use cases. Sprint: analyzing 200 dashboards to search for better retail operations insight; GuideStar: delivering a 4x increase in query speed by switching to Elastic Cloud; Dell. com: supporting e-commerce search for 60+ countries in 21+ languages; Influence Health: helping 1,100+ hospitals provide better healthcare; eBay: searching across 800 million listings in subseconds; Verizon wireless: reducing MTTR 10x, while cutting costs and increasing customer satisfaction. (continued)" ——https://www.elastic.co/use-cases

随着大数据、大型综合网站以及 Web 2.0 技术的普及，越来越多的软件开发者需处理海量异构信息的索引、检索、日志挖掘、可视化等和信息检索与大数据挖掘相关的业务。本章给出一个融合 Elasticsearch、Logstash、Kibana 传统版本的针对静态网页内容的信息检索与分析工程。本工程涉及对静态网页信息的采集以及对 Web 检索端的设计。这里给出的信息采集是使用 WebMagic 实现了对静态网页信息的采集，并存入 Elasticsearch 的索引（名为 baike）中。由于 Java Web 及 SSH 框架的复杂性，对初学者来说有一定的难度且其内容已超出本书涉及范围，因此示例的 Web 端检索设计是基于 Python 实现的。本章首先给出对静态网页信息采集的方法，之后完成基于 Elasticsearch 的搜索设计，应用 Logstash 处理系统的 Nginx 日志，并用 Kibana 展示和本搜索程序相关的部分日志内容。

10.1 信息采集

信息采集架构如图 10.1 所示，主要包括两部分：

- 采集器：其中，App 负责采集静态网页的网页内容，并存入 Elasticsearch 中；ESClientHelper 负责 Elasticsearch Client 实例化工作等。
- 相关资源配置：包括对 elasticsearch. yml、log4j. properties 等文件的配置。其中，elasticsearch. yml 是从 Elasticsearch 文件夹下的 elasticsearch. yml 文件复制来的，这里有连接 Elasticsearch 的基本配置信息等；log4j. properties 的作用是设置日志输出配置等。

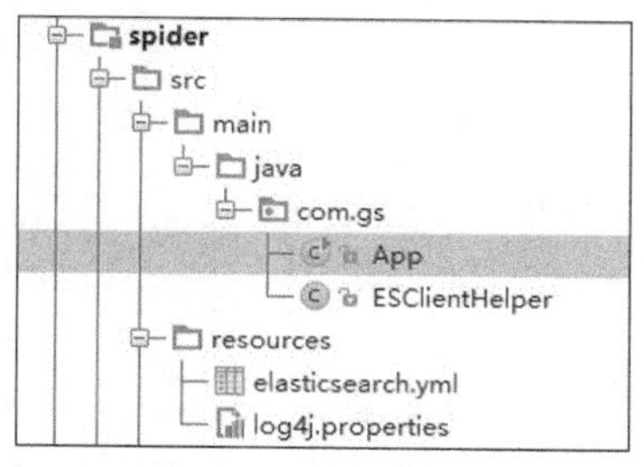

图 10.1　信息采集架构

对静态网页信息的采集方法详见代码段 10. 1。WebMagic 是一个简单灵活的爬虫框架。基于 WebMagic，这里实现了 PageProcessor 接口，这个接口是定义网页处理逻辑的。首先，在 main 函数中创建了一个布隆过滤器，接下来创建了一个爬虫并设定了它的起始链接、调度器、去重器、输出方式、线程等信息。这里的 process 方法中定义了如何抽取网页中的信息，如何抽取网页中的链接，如何将网页实体序列化为一个 JSON 字符串并存入 Elasticsearch 的逻辑和方法。这里的 excute()方法是用于执行 Elasticsearch 的索引请求的。下面的 MyPipeline 定义了一个空的输出。其他代码的解释和相关的 API 文档已经超出本书涉及的范畴，有关 WebMagic 的情况可参考 http://webmagic. io/docs/zh/。

> Tips：布隆过滤器实际上是一个很长的二进制向量和一系列随机映射函数，用于检索一个元素是否在一个集合中，可用于对网页的去重处理。

```
//代码段 10.1：信息采集
package com.gs;
import org.apache.commons.lang3.StringUtils;
import org.elasticsearch.action.index.IndexRequestBuilder;
import org.elasticsearch.action.search.SearchRequestBuilder;
import org.elasticsearch.action.search.SearchResponse;
import org.elasticsearch.client.Client;
import org.elasticsearch.common.xcontent.XContentBuilder;
import us.codecraft.webmagic.*;
import us.codecraft.webmagic.pipeline.Pipeline;
import us.codecraft.webmagic.processor.PageProcessor;
import us.codecraft.webmagic.scheduler.QueueScheduler;
```

```
import us.codecraft.webmagic.scheduler.component.BloomFilterDuplicateRemover;
import java.io.IOException;
import java.text.DateFormat;
import java.text.ParseException;
import java.text.SimpleDateFormat;
import java.util.Date;
import java.util.List;
import static org.elasticsearch.common.xcontent.XContentFactory.jsonBuilder;
public class App implements PageProcessor {
  private Site site=Site.me().setRetryTimes(3).setSleepTime(1000).
setUseGzip(true);
  private static DateFormat dateFormat=new SimpleDateFormat("yyyy-MM-dd");
  private static Client client=ESClientHelper.getClient();
  private static final int SIZE_PER_PAGE=1000;
  public static void main(String[] args) {
  BloomFilterDuplicateRemover bloomFilterDuplicateRemover=new BloomFilter_
  DuplicateRemover(9999);
  Spider.create(new App()).addUrl("http://baike.baidu.com/view/908354.htm")
   .addUrl("http://baike.baidu.com/view/3385550.htm").addUrl("http://baike.
   baidu.com/subview/28283/5418753.htm")
   .setScheduler(new QueueScheduler().setDuplicateRemover
   (bloomFilterDuplicateRemover))
.addPipeline(new MyPipeline()).thread(5).start();
System.out.println("爬虫退出");
}
@Override
public void process(Page page) {
  XContentBuilder xContentBuilder=null;
  page.addTargetRequests(page.getHtml().links().regex("(http://baike\\.
  baidu\\.com/view/\\d+\\.htm)").all());
  page.addTargetRequests(page.getHtml().links().regex("(http://baike\\.
  baidu\\.com/subview/\\d+/\\d+\\.htm)").all());
  page.putField("title", page.getHtml().xpath("//span[@class='lemmaTitleH1
  ']//allText()").toString());
  if (page.getResultItems().get("title")==null) {
    page.setSkip(true);
    return;
  }
try {
   xContentBuilder=jsonBuilder().startObject();
```

```
    xContentBuilder=xContentBuilder.field("title", page.getResultItems().
    get("title"));
    xContentBuilder=xContentBuilder.field("url", page.getUrl().get());
    page.putField("content", StringUtils.join(page.getHtml().xpath("//div[@
   id='lemmaContent-0']//div[@class='para']/allText()").all(),
    "<br>"));
    xContentBuilder=xContentBuilder.field("content", page.getResultItems().get
    ("content"));
    String lastModifyTime=page.getHtml().xpath("//span[@id='lastModifyTime
    ']/text()").toString();
   try {
    Date date=dateFormat.parse(lastModifyTime);
    page.putField("lastModifyTime", date);
    xContentBuilder=xContentBuilder.field("lastModifyTime", page.
    getResultItems().
    get("lastModifyTime"));
   } catch (ParseException e) {
       if (lastModifyTime.equals("今天")) {
        page.putField("lastModifyTime", new Date());
        xContentBuilder=xContentBuilder.field("lastModifyTime", page.
        getResultItems().get("lastModifyTime"));
       } else {
          System.out.println("无法识别的编辑日期:"+lastModifyTime);
       }
   }
  List<String>tagList=page.getHtml().xpath("//sapn[@class='taglist']/text
  ()").all();
  if (tagList.size()>0) {
    page.putField("taglist", tagList);
    xContentBuilder=xContentBuilder.field("taglist", page.getResultItems().
    get("taglist"));
}
} catch (IOException e) {
e.printStackTrace();
   }
try {
   String source=xContentBuilder.endObject().string();
   IndexRequestBuilder indexRequestBuilder=client.prepareIndex("baike",
   "baike").setSource(source);
   indexRequestBuilder.execute().actionGet();
```

```
    System.out.println(page.getResultItems().get("title")+" Index Finish. At
    "+new Date());
   } catch (IOException e) {
    e.printStackTrace();
   }
  }
  private static SearchResponse excute(SearchRequestBuilder searchRequestBuilder,
  int page) {
    SearchResponse response=searchRequestBuilder.addField("url")
  .setFrom(page * SIZE_PER_PAGE).setSize(SIZE_PER_PAGE).execute().actionGet();
  return response;
  }
  @Override
  public Site getSite() {
    return site;
  }
  static class MyPipeline implements Pipeline{
  @Override
  public void process(ResultItems resultItems, Task task) {
  }
  }
  }
```

在代码段 10.2 中给出了 ESClientHelper 的实现方法，在这里主要完成的是 Elasticsearch 的 Client 实例化工作。

```
//代码段 10.2: ESClientHelper
import org.elasticsearch.client.Client;
import org.elasticsearch.client.transport.TransportClient;
import org.elasticsearch.common.transport.InetSocketTransportAddress;
public class ESClientHelper {
    private static Client client=new TransportClient()
         .addTransportAddress(new InetSocketTransportAddress("localhost",
         9300));
    protected static Client getClient() {
        return client;
    }
}
```

10.2 基于 Python 的信息检索及 Web 端设计

本节介绍基于 Python 的信息检索及 Web 端设计。

10.2.1 安装 Python 及 Django

(1) 执行下述命令完成 Python 安装。

```
sudo apt-get install python
```

(2) 安装 Python 开发环境，方便今后编译其他扩展库。

```
sudo apt-get install python-dev
```

(3) 安装 pip(pip 是 Python 的一个安装和管理扩展库的工具)。

```
sudo apt-get install python-pip
```

(4) 安装 Django。可通过 pip 安装 Django，如图 10.2 所示。

```
gsh@spark-master:~$ sudo pip install Django==1.7.4
Downloading/unpacking Django==1.7.4
  Downloading Django-1.7.4-py2.py3-none-any.whl (7.4MB): 7.4MB downloaded
Installing collected packages: Django
Successfully installed Django
Cleaning up...
```

图 10.2 安装 Django

接下来需要测试 Django 是否安装成功且工作状态良好。在 shell 中切换到另一个目录，输入 Python 打开 Python 的交互解释器。如果安装成功，应该可以导入 Django 模块了，如图 10.3 所示。

```
gsh@spark-master:~$ python
Python 2.7.6 (default, Mar 22 2014, 22:59:56)
[GCC 4.8.2] on linux2
Type "help", "copyright", "credits" or "license" for more information.
>>> import django
>>> django.VERSION
(1, 7, 4, 'final', 0)
```

图 10.3 测试 Django

> Tips: Django 项目是一个 Python Web 开源框架，其主要功能是创建模型的对象关系映射和为最终用户设计管理界面等。

10.2.2 安装 Elasticsearch 的 Python 插件

安装 Elasticsearch 的 Python 插件，安装步骤及返回结果等如图 10.4 所示。

```
gsh@spark-master:~$ sudo pip install elasticsearch
[sudo] password for gsh:
Downloading/unpacking elasticsearch
  Downloading elasticsearch-1.4.0-py2.py3-none-any.whl (56kB): 56kB downloaded
Downloading/unpacking urllib3>=1.8,<2.0 (from elasticsearch)
  Downloading urllib3-1.10.1-py2-none-any.whl (76kB): 76kB downloaded
Installing collected packages: elasticsearch, urllib3
  Found existing installation: urllib3 1.7.1
    Uninstalling urllib3:
      Successfully uninstalled urllib3
Successfully installed elasticsearch urllib3
Cleaning up...
gsh@spark-master:~$ _
```

图 10.4　安装 Elasticsearch 插件

创建一个目录，并在其中初始化 Django 项目，可按如下命令创建名为 demo 的项目。

```
django-admin.py startproject demo
```

接下来创建一个名为 search 的应用（执行命令 python manage. py startapp search）。目录结构如图 10.5 所示。

在项目的 settings. py 文件中的 INSTALLED_APPS 中，添加创建的 search 应用，其内容如图 10.6 所示。

```
.
├── demo
│   ├── __init__.py
│   ├── __init__.pyc
│   ├── settings.py
│   ├── settings.pyc
│   ├── urls.py
│   └── wsgi.py
├── manage.py
└── search
    ├── admin.py
    ├── __init__.py
    ├── migrations
    │   └── __init__.py
    ├── models.py
    ├── tests.py
    └── views.py

3 directories, 13 files
```

图 10.5　Demo 项目目录结构

```
INSTALLED_APPS = (
    'django.contrib.admin',
    'django.contrib.auth',
    'django.contrib.contenttypes',
    'django.contrib.sessions',
    'django.contrib.messages',
    'django.contrib.staticfiles',
    'search',
)
```

图 10.6　INSTALLED_APPS

在项目 settings. py 文件中的 MIDDLEWARE_CLASSES 部分，加入需要的中间件，如图 10.7 所示。

再在项目 settings. py 文件中加入 CACHE 配置，选择基于内存的缓存，如图 10.8 所示。

```
MIDDLEWARE_CLASSES = (
    'django.contrib.sessions.middleware.SessionMiddleware',
    'django.middleware.csrf.CsrfViewMiddleware',
    'django.contrib.auth.middleware.AuthenticationMiddleware',
    'django.contrib.auth.middleware.SessionAuthenticationMiddleware',
    'django.contrib.messages.middleware.MessageMiddleware',
    'django.middleware.clickjacking.XFrameOptionsMiddleware',
    'django.middleware.cache.FetchFromCacheMiddleware',
    'django.middleware.cache.UpdateCacheMiddleware',
    'django.middleware.common.CommonMiddleware',
    'django.middleware.http.ConditionalGetMiddleware',
    'django.middleware.gzip.GZipMiddleware',
```

图 10.7 MIDDLEWARE_CLASSES

```
CACHE_BACKEND = 'locmem:///'
```

图 10.8 CACHE配置

Tips：在Django中与工程全局相关的设置都需要在配置文件settings.py中添加。为使Django识别开发者添加的应用模块，在settings.py文件的INSTALLED_APPS部分中需要定义Django工程加载的应用列表。为了激活中间件组件，要把它们添加到MIDDLEWARE_CLASSES列表中。

10.2.3 Web页面设计

在settings.py文件中配置关于页面模板的路径，代码如下所示。

```
TEMPLATE_DIRS=(os.path.join(os.path.dirname(__file__), '../templates'), )
```

接下来创建两个view(一个是首页index.html，一个是结果页result.html)。打开view.py，并在view.py中插入如下内容(见代码段10.3)：

```
//代码段 10.3：在 view.py 中完成对上述两个 view 的配置
from django.shortcuts import render_to_response
from elasticsearch import Elasticsearch
def home(request):
    return render_to_response('views/index.html')
def search(request):
    query=request.GET.get('query')
    es=Elasticsearch()
    res=es.search(
        index='baike',
```

```
        doc_type='baike',
        body={
            'query': {
                'query_string': {
                    'default_field': 'content',
                    'query': query
                }
            },
            'highlight': {
                'fields': {
                    'content': {}
                }
            }
        }
    )
    result=[]
    for source in res['hits']['hits']:
        result.append(source['_source']['content'])
    return render_to_response('views/result.html',
                {'query': query, 'took': res['took'], 'total': res['hits']['
                total'], 'result': result})
```

建立文件夹 templates，在其中创建 index. html，内容如代码段 10. 4 所示。

```
//代码段 10.4: index.html
<!DOCTYPE html>
<html>
<head lang="en">
    <meta charset="UTF-8">
    <title>Hello</title>
</head>
<body>
<form action="/search/">
    <label for="query">Query</label>
    <input type="text" name="query" id="query">
    <input type="submit">
</form>
</body>
</html>
```

在文件夹 templates 中创建 result. html,内容如代码段 10. 5 所示。

```
//代码段 10.5: result.html
<!DOCTYPE html>
<html>
<head lang="en">
    <meta charset="UTF-8">
    <title>Result</title>
</head>
<body>
<form action="/search/">
    <label for="query">Query</label>
    <input type="text" name="query" id="query" value="{{ query }}">
    <input type="submit">
</form>
<hr>
Total:{{ total }}
<ul>
{% for item in result % }
    <li>{{ item }}</li>
    <hr>
{% endfor % }
</ul>
</body>
</html>
```

在 urls. py 中建立两个 URL,目的是将上述两个视图和相应的 URL 对应起来,如图 10. 9 所示。

```
from django.conf.urls import patterns, include, url
from django.contrib import admin
from search.views import *
urlpatterns = patterns('',
    url(r'^admin/', include(admin.site.urls)),
    url('^$', home),
    url('^search/$', search),
)
```

图 10. 9 建立 URL 和视图间的对应关系

启动 Django 内置的 Web 服务器,如图 10. 10 所示。从图 10. 10 中可看到在图 10. 7 和图 10. 8 中设置的缓存策略起作用了。

之后,就能在浏览器中输入 http://localhost:5656 看到首页了,如图 10. 11、图 10. 12 所示。

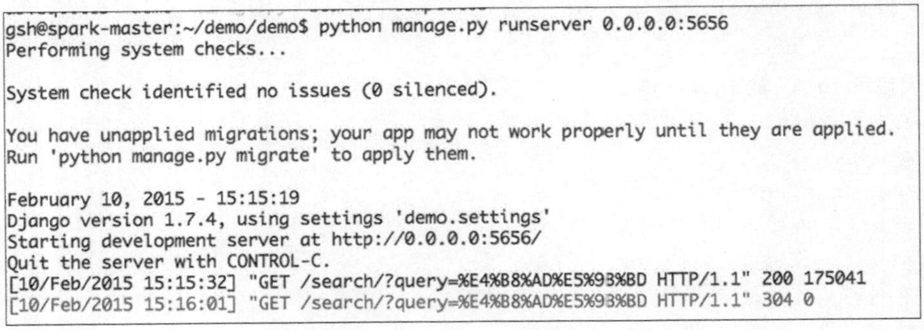

```
gsh@spark-master:~/demo/demo$ python manage.py runserver 0.0.0.0:5656
Performing system checks...

System check identified no issues (0 silenced).

You have unapplied migrations; your app may not work properly until they are applied.
Run 'python manage.py migrate' to apply them.

February 10, 2015 - 15:15:19
Django version 1.7.4, using settings 'demo.settings'
Starting development server at http://0.0.0.0:5656/
Quit the server with CONTROL-C.
[10/Feb/2015 15:15:32] "GET /search/?query=%E4%B8%AD%E5%9B%BD HTTP/1.1" 200 175041
[10/Feb/2015 15:16:01] "GET /search/?query=%E4%B8%AD%E5%9B%BD HTTP/1.1" 304 0
```

图 10.10 启动 Django 内置的 Web 服务器

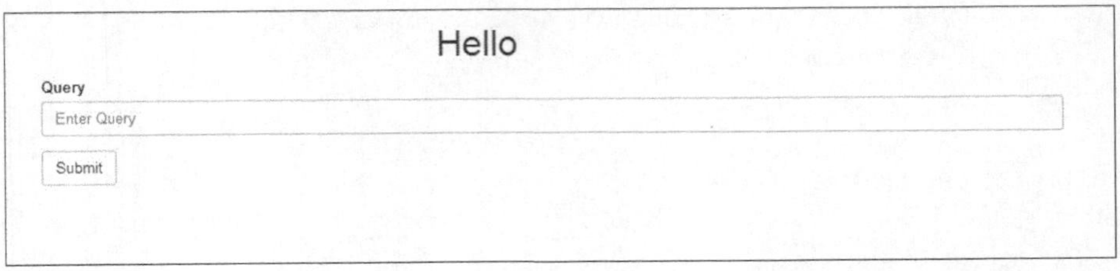

Hello

Query

Enter Query

Submit

图 10.11 index.html 页面

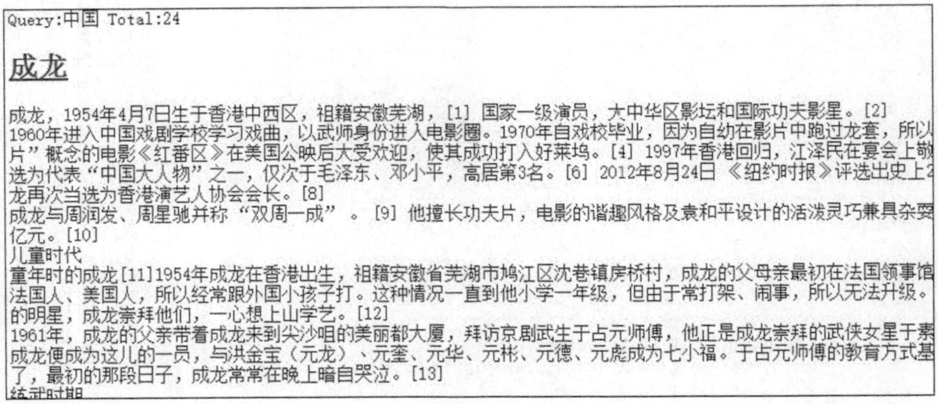

Query:中国 Total:24

成龙

成龙，1954年4月7日生于香港中西区，祖籍安徽芜湖，[1] 国家一级演员，大中华区影坛和国际功夫影星。[2]
1960年进入中国戏剧学校学习戏曲，以武师身份进入电影圈。1970年自戏校毕业，因为自幼在影片中跑过龙套，所以
片”概念的电影《红番区》在美国公映后大受欢迎，使其成功打入好莱坞。[4] 1997年香港回归，江泽民在宴会上敬
选为代表“中国大人物”之一，仅次于毛泽东、邓小平，高居第3名。[6] 2012年8月24日 《纽约时报》评选出史上2
龙再次当选为香港演艺人协会会长。[8]
成龙与周润发、周星驰并称“双周一成”。[9] 他擅长功夫片，电影的谐趣风格及袁和平设计的活泼灵巧兼具杂耍
亿元。[10]
儿童时代
童年时的成龙[11]1954年成龙在香港出生，祖籍安徽省芜湖市鸠江区沈巷镇房桥村，成龙的父母亲最初在法国领事馆
法国人、美国人，所以经常跟外国小孩子打。这种情况一直到他小学一年级，但由于常打架、闹事，所以无法升级。
的明星，成龙崇拜他们，一心想上山学艺。[12]
1961年，成龙的父亲带着成龙来到尖沙咀的美丽都大厦，拜访京剧武生于占元师傅，他正是成龙崇拜的武侠女星于素
成龙便成为这儿的一员，与洪金宝（元龙）、元奎、元华、元彬、元德、元彪成为七小福。于占元师傅的教育方式基
了，最初的那段日子，成龙常常在晚上暗自哭泣。[13]
练武时期

图 10.12 result.html 页面

10.3 基于 Logstash 的日志处理

本节介绍基于 Logstash 的日志处理，这里使用 Logstash 来监听 Nginx 日志文件。

10.3.1 安装和配置 Nginx

安装 Nginx，如图 10.13 所示。

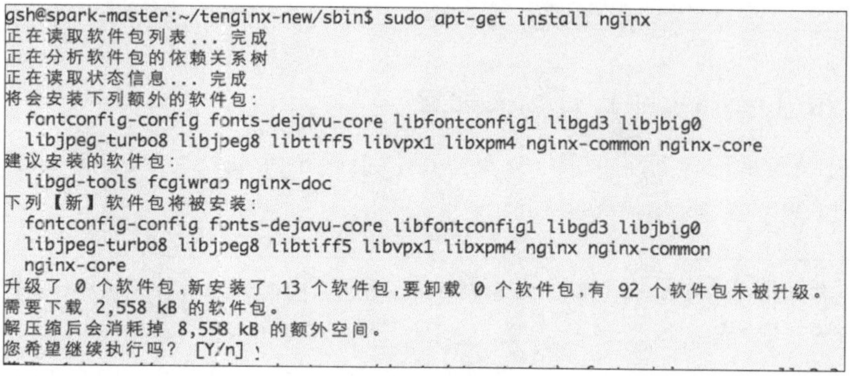

```
gsh@spark-master:~/tenginx-new/sbin$ sudo apt-get install nginx
正在读取软件包列表... 完成
正在分析软件包的依赖关系树
正在读取状态信息... 完成
将会安装下列额外的软件包:
  fontconfig-config fonts-dejavu-core libfontconfig1 libgd3 libjbig0
  libjpeg-turbo8 libjpeg8 libtiff5 libvpx1 libxpm4 nginx-common nginx-core
建议安装的软件包:
  libgd-tools fcgiwrap nginx-doc
下列【新】软件包将被安装:
  fontconfig-config fonts-dejavu-core libfontconfig1 libgd3 libjbig0
  libjpeg-turbo8 libjpeg8 libtiff5 libvpx1 libxpm4 nginx nginx-common
  nginx-core
升级了 0 个软件包，新安装了 13 个软件包，要卸载 0 个软件包，有 92 个软件包未被升级。
需要下载 2,558 kB 的软件包。
解压缩后会消耗掉 8,558 kB 的额外空间。
您希望继续执行吗？ [Y/n]
```

图 10.13 安装 Nginx

> Tips：Nginx 是一款轻量级的 Web 服务器/反向代理服务器及电子邮件代理服务器。

之后，在/etc/nginx/sites-available/default 中配置相关参数，参见如下代码段 10.6，其目的是将请求转发至 Django 服务器中。

```
//代码段 10.6：转发请求
location / {
        proxy_passhttp://localhost:5656
}
```

可测试一下日志。启动 Django 的 server，然后再启动 Nginx，使用 Nginx 的 start 命令，之后可在/var/log/nginx 目录下看到两个日志文件(access.log 和 error.log)。下面，将使用 Logstash 来监听这个日志文件。

10.3.2 设计面向日志文件的 pattern

创建一个 pattern(模式)来匹配 Nginx 的日志。在 Logstash 的 pattern 目录新建一个文件并输入下面的内容，以创建针对 Nginx 的 access.log 的模式，见代码段 10.7。

```
//代码段 10.7：用于匹配 Nginx 日志的 pattern
NGUSERNAME [a-zA-Z\.\@\-\+_%]+
NGUSER %{NGUSERNAME}
```

```
NGINXACCESS %{IPORHOST:clientip} %{NGUSER:ident} %{NGUSER:auth} \[%{HTTPDATE:
timestamp} \] "% { WORD: verb } % { URIPATHPARAM: request } HTTP/% { NUMBER:
httpversion}" %{NUMBER:response} (?:%{NUMBER:bytes}|-) (?:"(?:%{URI:referrer}
|-)"|%{QS:referrer}) %{QS:agent}
```

10.3.3 在 Logstash 中进行相关配置

在 Logstash 的配置文件中(注：这里是在 Logstash 的 bin 文件夹下的 conf. conf 配置文件中)，进行相关配置，见代码段 10.8。

```
//代码段 10.8: Logstash 的配置文件，注意 host= > "10.81.10.106"要进行有针对性的修
改，如 localhost
ocalhost
input {
    file {
      path=>["/var/log/nginx/access.log"]
    }
}
filter {
  grok {
      match=>{ "message"=>"%{NGINXACCESS}" }
  }
  kv {
     source=>"request"
     field_split=>"&?"
  }
  urldecode{
     field=>"query"
  }
}
output {
  stdout { codec=>rubydebug }
  elasticsearch {
      host=>"10.81.10.106"
    protocol=>"http"
  }
}
```

启动 Elasticsearch。使用命令. /logstash -f conf. conf 启动 Logstash。然后就可以利用

Elasticsearch 的 Head 工具看到 Nginx 的日志信息已经进入到 Elasticsearch 的索引中了，如图 10.14 所示。


```
{
    "_index": "logstash-2015.02.21",
    "_type": "logs",
    "_id": "AUur_kHLEqP_DIGNx2ZT",
    "_version": 1,
    "_score": 1,
    "_source": {
      "message": "10.81.10.106 - - [21/Feb/2015:19:55:41 +0800] "GET /search/?
      query=%E4%B8%AD%E5%9B%BD HTTP/1.1" 200 175039 "-" "Mozilla/5.0
      (Macintosh; Intel Mac OS X 10_9_5) AppleWebKit/537.36 (KHTML, like Gecko)
      Chrome/40.0.2214.111 Safari/537.36"",
      "@version": "1",
      "@timestamp": "2015-02-21T11:55:41.928Z",
      "host": "spark-master",
      "path": "/var/log/nginx/access.log",
      "clientip": "10.81.10.106",
      "ident": "-",
      "auth": "-",
      "timestamp": "21/Feb/2015:19:55:41 +0800",
      "verb": "GET",
      "request": "/search/?query=%E4%B8%AD%E5%9B%BD",
      "httpversion": "1.1",
      "response": "200",
      "bytes": "175039",
      "agent": ""Mozilla/5.0 (Macintosh; Intel Mac OS X 10_9_5) AppleWebKit/537.36
      (KHTML, like Gecko) Chrome/40.0.2214.111 Safari/537.36"",
      "query": "中国"
    }
}
```


图 10.14 Nginx 日志信息已被索引

10.4 基于 Kibana 的日志分析结果可视化设计与实现

启动 Kibana，如图 10.15 所示。

```
Last login: Sat Feb 21 19:08:32 on ttys001
localhost:~ gaoshen$ /Users/gaoshen/Documents/Tools/kibana-4.0.0-beta3/bin/kiban
a ; exit;
The Kibana Backend is starting up... be patient
{"@timestamp":"2015-02-21T20:11:13+08:00","level":"INFO","name":"Kibana","messag
e":"Kibana server started on tcp://0.0.0.0:5601 in production mode."}
```

图 10.15 启动 Kibana

添加 Logstash 用于存放日志的 index 并将其设置为主 index，如图 10.16 所示，单击 Add New 按钮，出现如图 10.17 所示的页面。

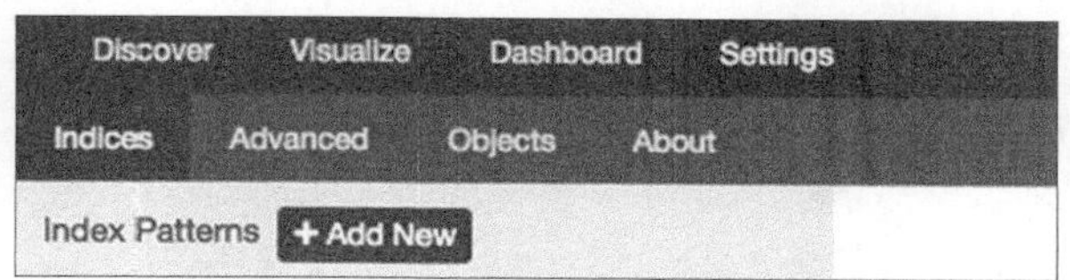

图 10.16 添加索引

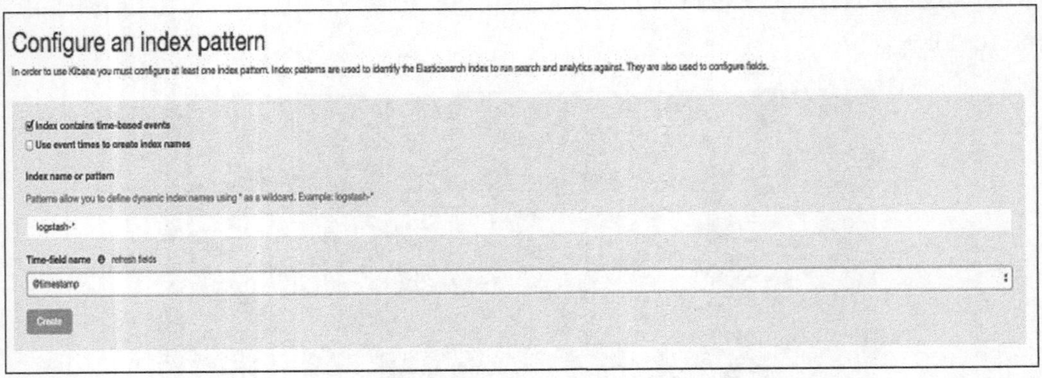

Configure an index pattern

In order to use Kibana you must configure at least one index pattern. Index patterns are used to identify the Elasticsearch index to run search and analytics against. They are also used to configure fields.

Index contains time-based events

Use event times to create index names

Index name or pattern

Patterns allow you to define dynamic index names using * as a wildcard. Example: logstash-*

logstash-*

Time-field name refresh fields

@timestamp

Create

图 10.17　设置用于可视化的 index

10.4.1　图表 1：状态码走势分析

选择创建相应类型的图表，步骤如图 10.18～图 10.23 所示，以此分析网页状态码走势。

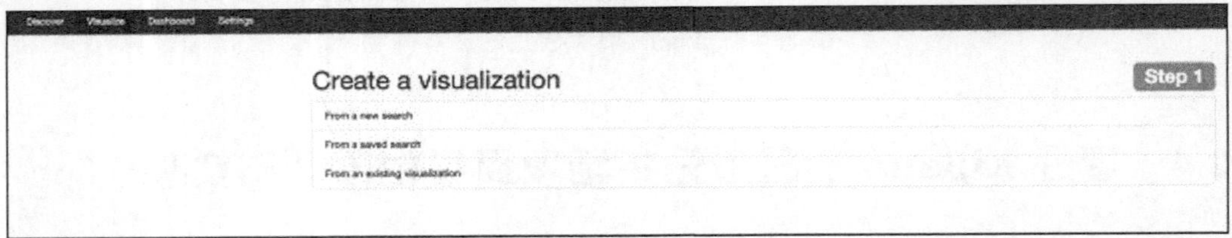

图 10.18　创建可视化图表

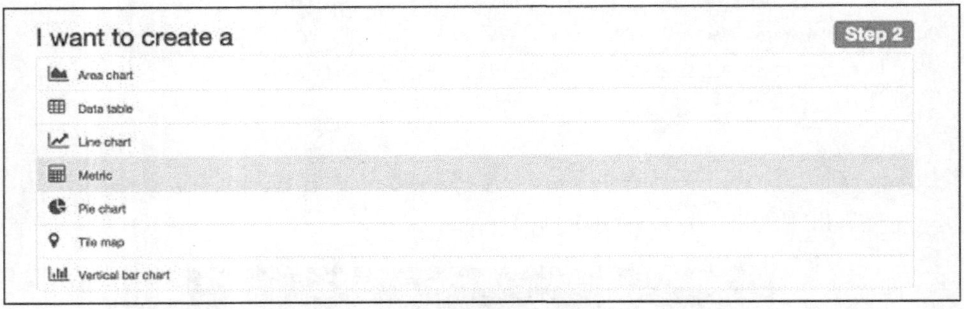

图 10.19　选择图表类型

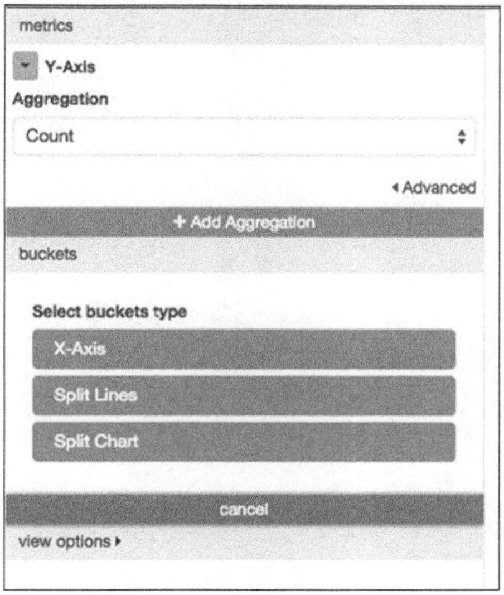

图 10.20 设定图表的 x 和 y 轴数据来源

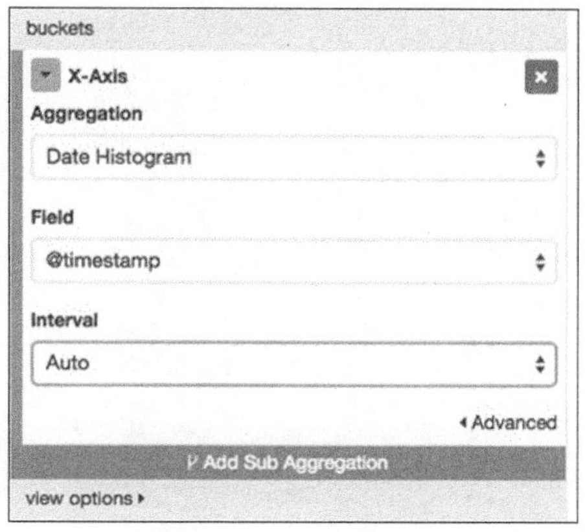

图 10.21 Aggregation：Data Histogram

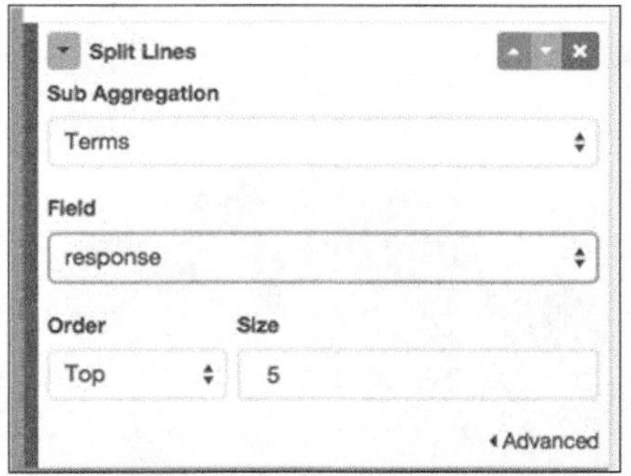

图 10.22 添加子 Aggregation 统计状态码

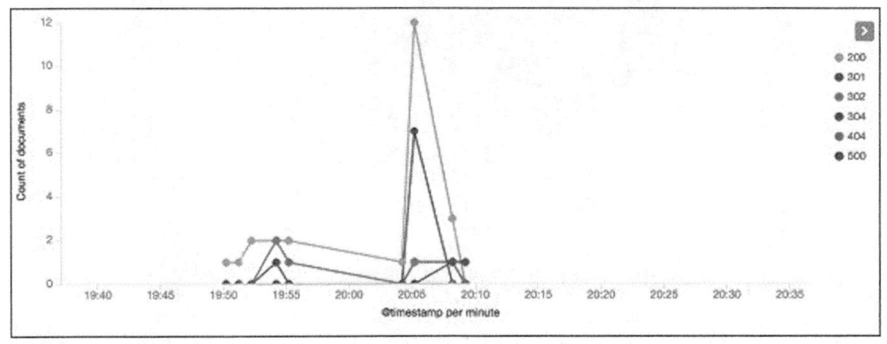

图 10.23 状态码走势分析

10.4.2 图表 2：查询词分析

下面给出基于 Kibana 的分析用户给出的查询词的方法。具体步骤参见图 10.24～图 10.26。

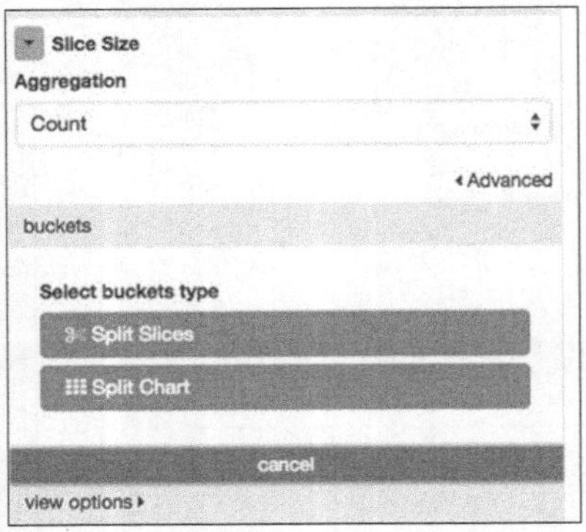

图 10.24 选择 Aggregation：Count

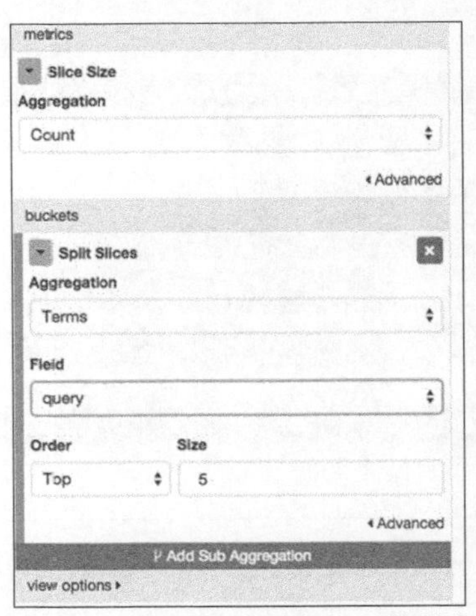

图 10.25 选择统计的字段及其排序、返回结果集的大小等

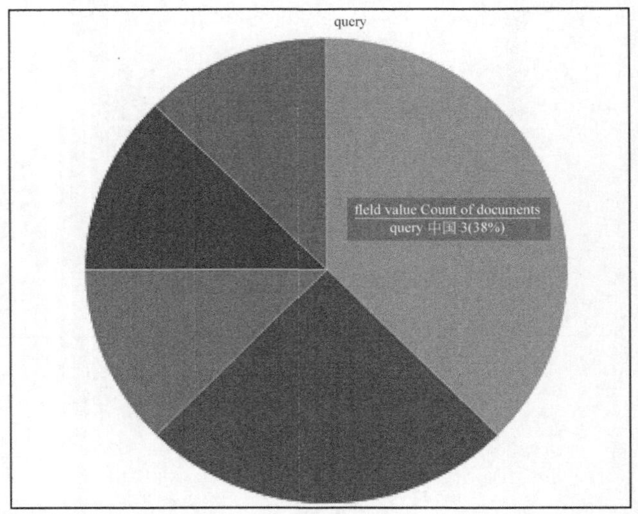

图 10.26 保存的统计结果

10.4.3 图表 3：分析各状态码随时间的变迁

下面给出创建柱状图及分析每个时间段内各个网站状态码的方法，具体步骤参见图 10.27、图 10.28。

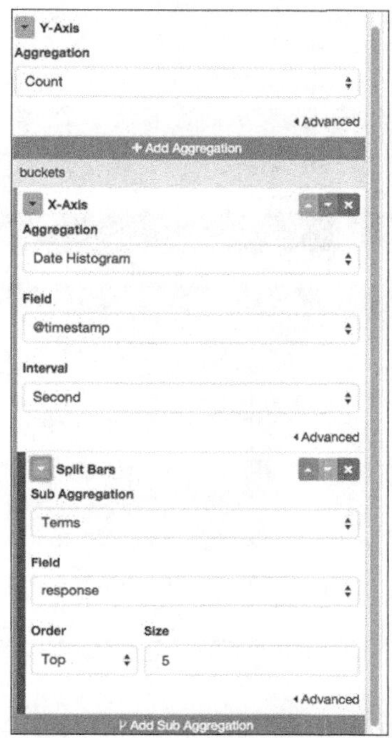

图 10.27　设定图表的 X 轴、Y 轴的统计字段、时间间隔、排序、返回结果集的大小等信息

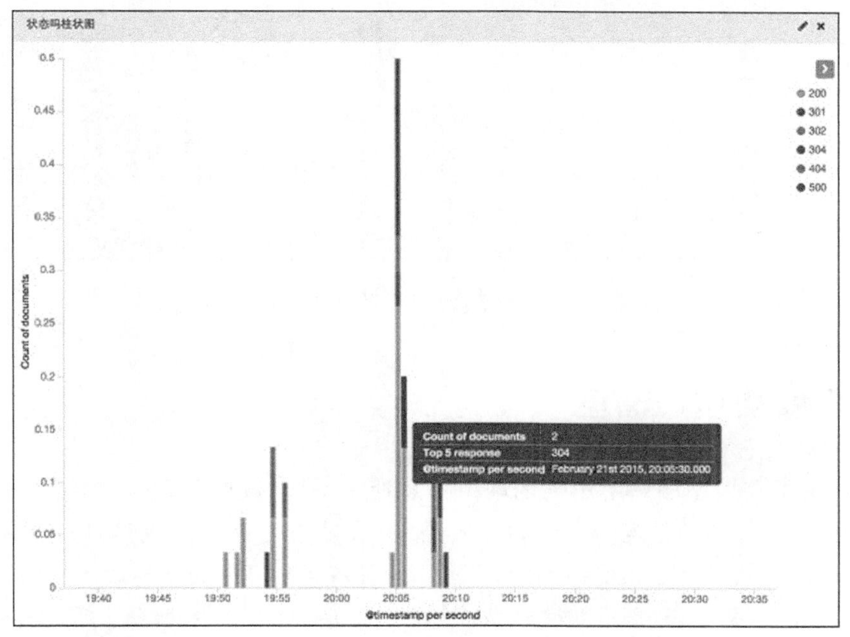

图 10.28　统计结果

10.4.4 集成图表

下面给出创建面板来放置上述图表结果的方法。在图 10.29 中,单击加号添加图表。将上述建立好的各个图表添加到 Dashboard 中,如图 10.30 所示。

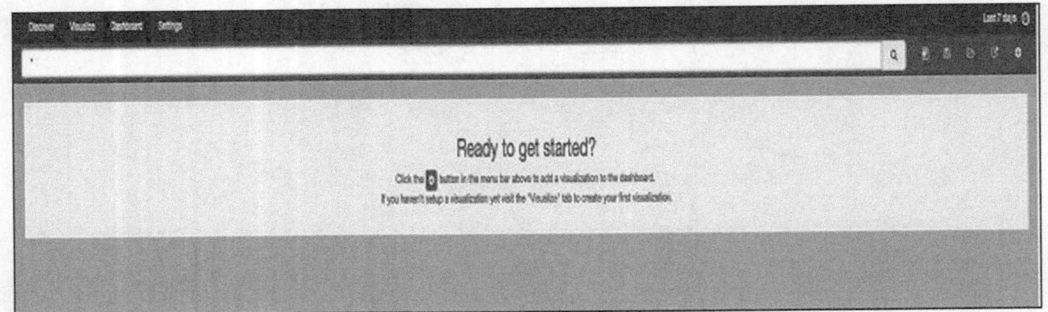

图 10.29 Dashboard 首页

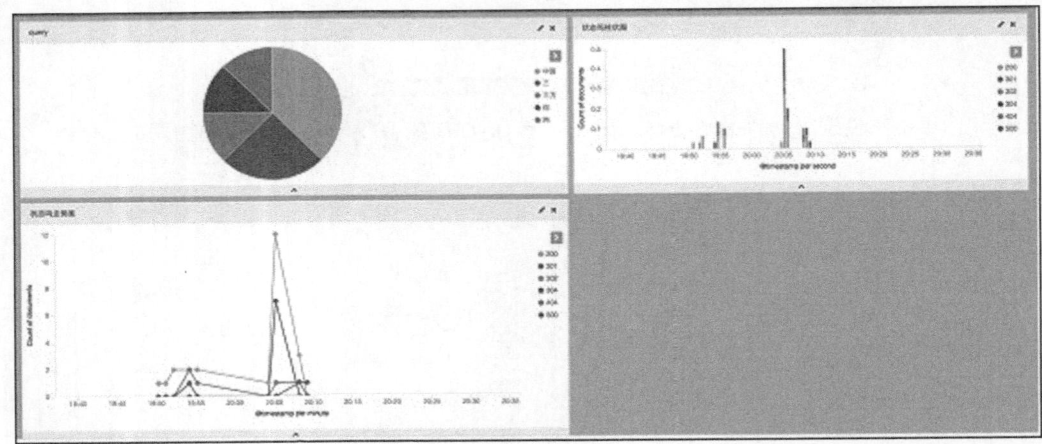

图 10.30 Dashboard

10.5 扩展知识与阅读

本章给出了在大型网站中用到的网络信息搜索系统、数据分布与存储、基于 Logstash 和 Kibana 的日志及监控系统的实现。其实,要用 Java 构建一个大流量且有着复杂处理流程的网站,中间件技术是必须要用到的,没有中间件就无法开发一个高质量的网站。一般来说,中间件包括远程过程调用和对象访问中间件、消息中间件、数据访问中间件。文献[Hetland,2014]给出了有关 Python 的相关背景知识与用法。

10.6 本章小结

本章给出了一个基于较低版本的Elasticsearch、Logstash、Kibana的网络信息检索、日志分析及可视化的工程实例。信息采集是基于WebMagic进行的。采集了相关信息后，放到Elasticsearch的索引中，Web检索页面是基于Python完成的(当然Web检索页面也可以基于Java Web完成)。对日志的处理采用了Logstash，可视化则是基于Kibana实现的。通过本章的学习，可对前述各章内容的实际应用有一个总体的认识，也便于读者尽快上手，开发出一款属于自己的垂直搜索引擎与性能监控系统。

Chapter 11

网络信息检索与分析实践 2

> (continued)"Get insight into how various organizations are using elastic stack products to tackle a growing number of use cases. Symantec: sucessssfully switched from solr to Elasticsearch with Elastic Support; USAA: securing USAA's entire internal network and application portfolio; Netflix: ensuring message delivery and operational excellence; Facebook: delivering a better help experience for over a billion users; NASA JPL: powering the search for interplanetary Discovery; Shopback: smarter shopping and searching with help from the Elastic Stack."——https://www.elastic.co/use-cases."

在当前国内外各类信息服务和社交媒体等行业中,对于数据检索与分析的应用已经非常广泛。这一现象体现了互联网上信息服务、在线社交、新媒体等机构的爆炸式增长。同时,由于互联网异构数据体量巨大,随着时间的推移,有价值的数据信息日益增多,数据更新也越来越频繁,因此人们对于大数据搜索与挖掘的需求变得越来越迫切。要满足这些需求,可能会面临一些技术上的困难。首先是大数据获取:当前流行的社交网站和新媒体普遍采用各种形式的反爬策略(例如异步刷新加载数据或嵌入子页面等),这就使得常用的开源网络爬虫框架失效。其次是各种信息汇总分析:由于对网络信息的检索并不能十分直观地描述汇总数据,因此对信息的汇总分析也是十分必要的。本章给出一个融合 Elasticsearch、Logstash、Kibana、X-Pack 和 Beats 5.0 的网络信息检索与分析解决方案。信息采集部分使用网络浏览器自动化测试工具 Selenium 来完成动态网站数据的爬取,项目整体基于 Spring MVC 框架开发,可实现 B/S 结构的前端页面与后端 Java 程序进行数据交换、后端程序与 Elasticsearch 进行数据访问等功能。本章首先给出动态网站信息采集方法,完成分布式搜索,然后使用 Logstash 处理 Tomcat 服务器日志,并使用 X-Pack 和 Beats 等组件进行系统监控和数据传输,最后将所有相关数据利用 Kibana 生成统计图表和动态仪表板进行可视化展示。

11.1 面向动态网站的信息采集

动态网站与常见的静态页面不同。动态网站往往是将含有内容的数据通过异步刷新的方式来分段添加到前端页面中的一种网站。动态网站爬虫的编写方法与静态网站不同,一般需要针对每个不同的网站进行定制开发。这就要求编写动态网站数据爬虫的人员事先了解网站页面加载数据的机制。本节以某评测页面为例,其运行机制就是一种典型的动态网站异步刷新机制。初始加载时,它只显示四行评测标题图片,每行有三到四个评测链接。用户将页面下拉到底后,页面直接异步刷新出后面三行。再下拉到底,页面底部显示一个"加载更多"按钮,按下该按钮,页面将再次刷新出三行评测标题图片,页面底部又出现"加载更多"按钮,以此循环往复。

11.1.1 软件准备

在采集数据和开发搜索引擎时,需要事先安装 Elastic Stack 相关软件 Elasticsearch、Logstash 和 Kibana,并为 Elasticsearch 安装中文分析器(如 IK,详见本书第 2 章 2.6 节),为 Elasticsearch 和 Kibana 安装 X-Pack 插件(详见本书第 8 章 8.2 节)。对于 Beats 组件,本例中仅使用 Filebeat 和 Metricbeat。

11.1.2 浏览器驱动程序准备

Selenium 是一种浏览器自动化的测试工具,可以利用浏览器驱动程序,来模拟人对浏览器的操作,可以实现对各种网站信息的有效采集。Selenium 的运行需要两个前提条件:操作系统中装有 Selenium 支持的浏览器,以及该浏览器对应的驱动程序。以谷歌 Chrome 浏览器为例,Chrome 需要一个名为 chromedriver 的驱动程序,才能被基于 Selenium 的程序控制,并完成预先设定的操作。Chromedriver 支持多种操作系统(如 Mac OS x64、Windows x86、Linux x86 和 Linux x64),可以通过访问镜像链接 http://npm.taobao.org/mirrors/chromedriver 来获取 chromedriver 的资源。在 Linux 系统中,下载后应将 chromedriver 移动到/usr/bin 目录中;在 Windows 系统中,下载后应将 chromedriver 移动到 Chrome 浏览器目录中,并在环境变量 Path 中追加这一路径。

> Tips: 上面提到的"x86"指 32 位操作系统,"x64"指 64 位操作系统。

11.1.3 创建索引和映像

采集数据前，需要在 Elasticsearch 中创建对应的索引 index 和映像 mappings，并完成相应设置（分别为后面要采集的 8 种字段设置数据类型、格式和分词器等属性）。在 Kibana 的 Dev Tools 中编写如代码段 11.1 所示的程序，即可创建索引和映像。

```
#代码段 11.1: 创建 ifanr 索引和 review 类型的映像
PUT ifanr                #定义索引名称为 ifanr
{
  "mappings": {
    "review":{           #定义类型名称为 review
      "properties": {
        "url":{
          "type": "keyword"
        },
        "title":{
          "type": "text",
          "index": "analyzed",
          "analyzer": "ik_max_word"
        },
        "editorName":{
          "type": "keyword"
        },
        "content":{
          "type": "text",
          "index": "analyzed",
          "analyzer": "ik_max_word"
        },
        "publishTime":{
          "type": "date",
          "format": "yyyy-MM-dd HH:mm"    #根据实际情况定义时间格式
        },
        "shares":{
          "type": "short"                 #数字定义为短整型
        },
        "likes":{
          "type": "short"
        },
        "comments":{
```

```
            "type": "short"
          }
        }
      }
    }
  }
```

11.1.4 导入依赖

下面以手动导入依赖的方式，将 Selenium、Elasticsearch、X-Pack、Gson 的依赖导入软件开发平台(如 IntelliJ IDEA)中。Selenium 全部依赖的 ZIP 包可以在 CSDN 网站上找到，将其中的全部 JAR 包导入即可；Elasticsearch 的大部分依赖可以在其安装目录中找到，将其中 lib 文件夹和 modules 文件夹中的所有 JAR 包导入即可。Elasticsearch 还需要导入一个 Transport 包，这个包与 Gson 包均可在阿里云的 Maven 镜像网站中央存储库中找到(该存储库的 URL 地址为 http://maven.aliyun.com/nexus/#view-repositories;central~browsestorage)。进入该网页后，屏幕下方的文件目录即为远程服务器中所有依赖的存放位置，如图 11.1 所示。

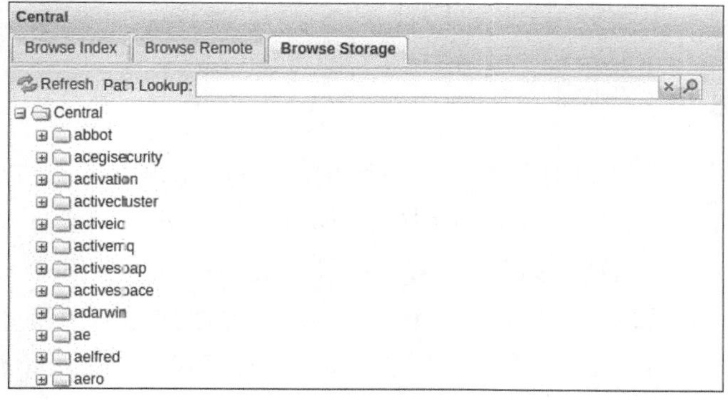

图 11.1 镜像的远程目录

展开 org/elasticsearch/client/transport/5.0.0，选择其中的 transport-5.0.0.jar，右侧会弹出详细的配置和资源信息。在“Artifact”标签中按下“Download”按钮即可获取 Elasticsearch 的 transport 包，如图 11.2 所示。展开 com/google/code/gson/2.8.0，选择其中的 gson-2.8.0.jar，在弹出的详细信息中按下“Download”按钮来获取 Gson 包。

X-Pack 的依赖可以在{es_home}/plugins/x-pack 目录中找到。由于 Elasticsearch 中使用了 X-Pack 插件，因此在创建 TransportClient 实例时还需额外引用 x-pack-transport-5.0.0.jar 包。由于一般情况下这个包可能并未保存在 x-pack 文件夹中，因此需要访问相关

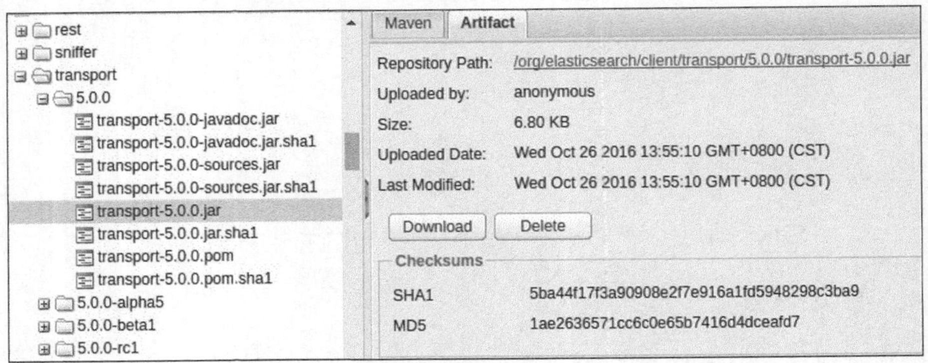

图 11.2 获取 Transport 包

的资源链接 https://artifacts.elastic.co/maven/org/elasticsearch/client/x-pack-transport/5.0.0/x-pack-transport-5.0.0.jar 在线获取。下载完成后，将三个 JAR 包全部导入开发平台 IDEA 的 library 中即可。

> Tips：资源链接中的版本号“5.0.0”也可以改为其他版本，读者可以根据实际情况进行修改。

11.1.5 数据采集

下面根据某网站科技产品评测页面加载数据的机制，来编写相对应的爬虫代码。首先创建一个 Elasticsearch 的 Transport 实例如代码段 11.2 所示。由于 X-Pack 需要身份验证的安全特性，因此 Client 实例初始化时，需要在静态类 Settings 中添加 transport_admin 身份用户的验证信息（如下面代码中指定的用户 cy，配置方法详见本书第 8 章 8.3.6 节）。如果 elasticsearch.yml 配置文件中配置了集群名称，则必须在 Settings 中添加集群名称。另外，如果集群中开启了多个节点，那么在 addTransportAddress()方法后面应该继续链式调用 addTransportAddress()方法，将所有节点的 IP 和端口全部追加到代码中。

```
//代码段 11.2: XPackESClient 类
import org.elasticsearch.client.Client;
import org.elasticsearch.client.transport.TransportClient;
import org.elasticsearch.common.settings.Settings;
import org.elasticsearch.common.transport.InetSocketTransportAddress;
import org.elasticsearch.xpack.client.PreBuiltXPackTransportClient;
```

```
import java.net.InetAddress;
import java.net.UnknownHostException;
public class XPackESClient {
    private static TransportClient client=null;
    public static Client getClient() {
        try {
            client=new PreBuiltXPackTransportClient(Settings.builder()
                    //如果配置了集群名称,则必须加入下面一行代码
                    //.put("cluster.name", "cyElasticsearch")     //指定集群名称
                    .put("xpack.security.user", "cy:123456")    //指定身份验证信息
                    .build())
                        . addTransportAddress (new InetSocketTransportAddress
                        (InetAddress.getByName("localhost"), 9300));
                    //如果开启了多个节点,那么需要在下面继续链式调用该方法
                        //. addTransportAddress (new InetSocketTransportAddress
                        (InetAddress.getByName("localhost"), 9301));
        } catch (UnknownHostException e) {
            e.printStackTrace();
        }
        return client;
    }
}
```

代码段11.3实现了利用两个驱动程序实例分别控制两个Chrome浏览器,对科技产品评测列表及其内容进行采集的功能。其中main()方法中写入了爬虫执行的业务逻辑;Wait4Emerging()方法实现了等待页面中某种元素加载的功能;GetReviewBlock()方法实现了获取若干行评测相关信息的功能;GetReviewDetail()方法实现了采集某一个评测内容页面URL、页面中的评测标题、编辑的名字、评测正文、评测发布时间、分享数量、点赞数量和评论数量8种信息的功能。在评测内容页面中,可能会出现两种不同的排版,此时需要调用GetElement()方法来判别当前排版并进行采集,然后返回采集到的信息。在采集评测发布时间时,如果该评测是当年发布的,那么页面中不会出现年份。出于时间格式的一致性考虑,遇到这种情况时,可调用GetYear()将其中缺少的年份补齐。

```
//代码段 11.3: IfanrReviewCrawler 类
import com.google.gson.Gson;
import org.elasticsearch.action.index.IndexResponse;
import org.elasticsearch.client.Client;
import org.openqa.selenium.* ;
```

```
import org.openqa.selenium.interactions.Actions;
import org.openqa.selenium.remote.DesiredCapabilities;
import org.openqa.selenium.remote.RemoteWebDriver;
import org.openqa.selenium.support.ui.ExpectedConditions;
import org.openqa.selenium.support.ui.WebDriverWait;

import java.net.MalformedURLException;
import java.net.URL;
import java.text.SimpleDateFormat;
import java.util.Date;
import java.util.HashMap;
import java.util.Map;

public class IfanrReviewCrawler {
    private static int refresh=100;      //预定按下"加载更多"按钮翻页次数
    private static boolean isInsert=true;
            //设为 true 表示数据直接存入 Elasticsearch,设为 false 表示仅测试不入库
    private static WebDriver driver, innerDriver;
    private static WebDriverWait wait;
    private static int reviewCycler=3;
    private static int reviewNum=1;
    private static WebElement btnRefresh;
    private static String url;
    private static String title;
    private static String editorName;
    private static String content;
    private static String publishTime;
    private static String shares;
    private static String likes;
    private static String comments;
    private static ESClient esClient=new ESClient();
    private static Client client=esClient.getclient();
    private static Actions actions;

    public static void main(String[] args) {
        //初始化谷歌 Chrome 浏览器远程驱动
        try {
            driver = new RemoteWebDriver (new URL ("http://localhost: 9515"),
            DesiredCapabilities.chrome());
```

```
        } catch (MalformedURLException e) {
            System.out.println("列表页面浏览器远程驱动创建失败,详细信息: "+e.
            getMessage());
        }
        //访问产品评测页面
        driver.get("http://www.ifanr.com/category/review");
        //等待评测信息加载,完成的标志是检测到前四行评测标题出现,下拉刷新可以直接追
          加三行,之后全部以按钮形式刷新,每次追加三行
        Wait4Emerging("//div[@class='o-wrapper o-matrix o-matrix--large']/
        div[4]");
        //首先获取前四行评测,判断当前行包含评测的数量
        GetReviewBlock(4);
        //下拉刷新
        ((JavascriptExecutor) driver).executeScript("window.scrollTo(0,
        document.body.scrollHeight)");
        //等待接下来三行评测加载,完成的标志是第 7 行评测出现
        Wait4Emerging("//div[@class='o-wrapper o-matrix o-matrix--large']/
        div[7]");
        //获取接下来的三行产品评测的相关信息,方式同上
        GetReviewBlock(3);
        //按下"加载更多"按钮继续刷新和获取产品评测
        for (int i=0; i<refresh; i++) {
            btnRefresh=driver.findElement(By.xpath("//button[@class='c-
            load-more__button js-load-more']"));
            btnRefresh.click();
            Wait4Emerging("//div[@class='o-wrapper o-matrix o-matrix--
            large']/div["+(reviewNum+2)+"]");
            GetReviewBlock(3);
        }
    }

    public static void Wait4Emerging(String strXpath) {
        while (true) {
            try {
                wait=new WebDriverWait(driver, 10);
                wait.until(ExpectedConditions.presenceOfElementLocated(By.
                xpath(strXpath)));
                if (driver.findElement(By.xpath(strXpath)) !=null)
                    break;
            } catch (NoSuchElementException nsee) {
```

```
            System.out.println("检测的信息未找到,继续等待。");
        } catch (TimeoutException te) {
            System.out.println("检测过程超出 10 秒预定时间,继续等待。");
        }
    }
}

public static void GetReviewBlock(int rows) {
    for (int i=0; i<rows; i++) {
        //当且仅当第一个评测的 class 属性为 o-matrix__row__unit o-matrix__row
        __unit--2x1 时,该行有三个评测;
        //全为 o-matrix__row__unit 时,该行有四个评测
         reviewCycler=driver.findElement(By.xpath("//div[@class='o-
        wrapper o-matrix o-matrix--large']/div["+reviewNum+"]/div
         [1]")).getAttribute("class").equals("o-matrix__row__unit") ? 4
         : 3;
        for (int j=1; j<=reviewCycler; j++) {
            url="http://www.ifanr.com/"+driver.findElement(By.xpath("//
            div[@class='o-wrapper o-matrix o-matrix--large']/div["+
           reviewNum+"]/div["+j+"]/div")).getAttribute("data-post-id");
            GetReviewDetail(url);
        }
        //一行产品评测信息采集结束后,切换到下一行
        reviewNum++;
    }
}

public static void GetReviewDetail(String productLink) {
    try {
        innerDriver=new RemoteWebDriver(new URL("http://localhost:9515"),
        DesiredCapabilities.chrome());
    } catch (MalformedURLException e) {
        System.out.println("详情页面浏览器远程驱动创建失败,详细信息:"+e.
        getMessage());
    }
    innerDriver.get(productLink);
    //获取页面元素,不同的页面有两种排版,调用 GetElement 方法进行判别
    title=GetElement("//h1[@class='c-single-normal__title']", "//h1[@
   class='c-article-header__title']");
```

```
editorName=GetElement("//p[@class='c-card-author__name']", "//span
[@class='o-article-header__author__name c-article-header__author__
name']");
content=GetElement("//article[@class='o-single-content__body__
content c-article-content s-single-article js-article']", "//article
[@class='c-article-content__body s-single-article js-article']");
publishTime=innerDriver.findElement(By.xpath("//span[@class='c-
article-header-meta__time']")).getText();
//有些当年发布的评测,年份会被省略,此处补回年份信息
if (!(publishTime.startsWith("20"))) publishTime=GetYear()+
publishTime;
shares=innerDriver.findElement(By.xpath("//b[@class='js-share-
counter']")).getText();
if (shares.equals("-")) shares="0";
likes=GetElement("//button[@class='c-article-sns__info c-card-meta_
_info c-card-meta__info--like js-article-like-count']", "//span[@
class='c-article-sns__info c-card-meta__info c-card-meta__info--like
js-article-like-count']");
if (likes.equals("-")) likes="0";
comments=GetElement("//button[@class='c-article-sns__info c-card-
meta__info c-card-meta__info--comments js-article-comment-count js-
goto-comments']", "//span[@class='c-article-sns__info c-card-meta__
info c-card-meta__info--comments js-article-comment-count js-goto-
comments']");
if (comments.equals("-")) comments="0";
System.out.println(url+"\n"+title+"\n"+editorName+"\n"+content.
substring(0, 100)+"\n"+publishTime+"\n"+shares+"\n"+likes+"\n"+
comments+"\n\n");
//将采集到的信息存入 Elasticsearch
if (isInsert) {
    Map<String, Object>map=new HashMap<>();
    map.put("url", url);
    map.put("title", title);
    map.put("editorName", editorName);
    map.put("content", content);
    map.put("publishTime", publishTime);
    map.put("shares", shares);
    map.put("likes", likes);
    map.put("comments", comments);
```

```
            String s=new Gson().toJson(map);
             IndexResponse response=client.prepareIndex("ifanr", "review").
             setSource(s).get();
        }
        //按下组合键 Alt+F4 来关闭当前窗口
        actions=new Actions(innerDriver);
        actions.keyDown(Keys.ALT).sendKeys(Keys.F4).keyUp(Keys.ALT).
        perform();
        innerDriver.close();
        innerDriver.quit();
    }

    public static String GetElement(String xpath1, String xpath2) {
        String element;
        try {
            element=innerDriver.findElement(By.xpath(xpath1)).getText();
        } catch (NoSuchElementException nsee) {
            element=innerDriver.findElement(By.xpath(xpath2)).getText();
        }
        return element;
    }

    public static String GetYear() {
        SimpleDateFormat sdf=new SimpleDateFormat("yyyy");
        Date date=new Date();
        return sdf.format(date)+"-";
    }
}
```

要运行 Selenium 采集程序，需要先启动浏览器驱动程序。进入/usr/bin 目录，在终端执行命令./chromedriver 来启动 chromedriver 驱动程序，如图 11.3 所示。

```
cy@cy-N53SN:~$ cd /usr/bin
cy@cy-N53SN:/usr/bin$ ./chromedriver
Starting ChromeDriver 2.27.440175 (9bc1d90b8bfa4dd181fbbf769a5eb5e575574320) on
port 9515
Only local connections are allowed.
```

图 11.3　启动 Chromedriver 驱动程序

最后编译并运行 Java 程序。如果程序执行正常，则浏览器会自动弹出，并自动执行操作，采集到的信息会在存入 Elasticsearch 的同时输出到 IDEA 的控制台中。采集完成后，

Elasticsearch 索引中的数据如图 11.4 所示。

Time	_source
March 22nd 2017, 03:11:00.000	editorName: 林树洽 shares: 60 publishTime: March 22nd 2017, 03:11:00.000 comments: 37 title: 任天堂 Switch 评测：它让我沉浸在海拉尔的世界里 | 掌机篇 url: http://www.ifanr.com/805836 content: 从 FC 时代的《影子传说》、GBA 时代的《牧场物语》到现在手头上这台 Switch《塞尔达传说：荒野之息》，我已经数不清任天堂给我带来了多少的快乐。 在发售 2 周后，面对黄牛疯狂加价 1000 元的残酷现实，我依然选择入手。原因无他，只希望能从 Switch 身上找回以前玩游戏的那种快乐。 说实话，我是非常兴奋和激动的，因为 Switch
March 19th 2017, 03:18:00.000	editorName: 张博文 shares: 36 publishTime: March 19th 2017, 03:18:00.000 comments: 28 title: 关于任天堂 Switch，你想知道什么？ | ifanQ url: http://www.ifanr.com/804404 content: ifanQ 是一个爱范儿聚焦产品的问答栏目。任何关于产品的疑问，你都可以在评论中提出，我们会挑选点赞数高的问题给予编辑针对性的解答。 终于拿到任天堂 Switch 了。 在文章开头就发出如此感叹，是因为现在想要不加价买到任天堂 Switch，真的太难了。 在上周爱范儿编辑刚好在美国出差，本来想要当一把人肉代购，漂洋过海背回 Switch 来做个测评，结果没想到

图 11.4 Elasticsearch 中存储的数据

11.2 基于 Spring MVC 的信息检索及 Web 程序设计

11.2.1 创建和配置 Spring MVC 项目

在 IDEA 中创建一个 Spring MVC 项目(本例中设置项目名称为 IfanrSearch)。在 IDEA 的 library 中添加 Spring Framework 的全部依赖。如果 IDEA 没有自动下载这部分依赖，可以访问 Spring 官网来获取，相关页面的 URL 为 http://projects.spring.io/spring-framework/。

打开 web.xml 配置文件，在其中的<web-app></web-app>双标记中间添加如代码段 11.4 所示的配置。其中双标记<context-param></context-param>中指定了配置文件 dispatcher-servlet.xml 的存放位置；<listener></listener>中指定了自动装配 dispatcher-servlet.xml 中配置信息的监听器；<servlet></servlet>中指定了处理映射的分发器；<servlet-mapping></servlet-mapping>指定了要匹配的 URL 为路径而非文件。

```
//代码段 11.4: Web.xml 配置文件中添加的配置
<context-param>
    <param-name>contextConfigLocation</param-name>
    <param-value>/WEB-INF/dispatcher-servlet.xml</param-value>
</context-param>
<listener>
<listener-class>org.springframework.web.context.ContextLoaderListener</
listener-class>
</listener>
```

```
<servlet>
    <servlet-name>dispatcher</servlet-name>
    <servlet-class>org.springframework.web.servlet.DispatcherServlet
    </servlet-class>
    <load-on-startup>1</load-on-startup>
</servlet>
<servlet-mapping>
    <servlet-name>dispatcher</servlet-name>
    <url-pattern>/</url-pattern>
</servlet-mapping>
```

在存放 Java 代码的文件夹(如 src 文件夹)中创建一个自定义反转域名的包。本例中定义为 com. cy. controller,用于存放属于自己的控制器类;在 WEB-INF 文件夹中创建一个 views 文件夹,用于存放前端界面。在 WEB-INF 文件夹中添加一个 dispatcher-servlet. xml 配置文件,该文件用于配置自定义反转域名包的扫描路径、启用注解,以及前端页面(即视图)的前缀和后缀等。配置文件的内容如代码段 11.5 所示。

```
//代码段 11.5: Dispatcher-servlet.xml 配置文件内容
<?xml version="1.0" encoding="UTF-8"?>
<beans xmlns="http://www.springframework.org/schema/beans"
     xmlns:xsi="http://www.w3.org/2001/XMLSchema-instance"
     xmlns:context="http://www.springframework.org/schema/context"
     xmlns:mvc="http://www.springframework.org/schema/mvc"
     xsi:schemaLocation="http://www.springframework.org/schema/beans http://
     www. springframework. org/schema/beans/spring - beans. xsd http://www.
     springframework. org/schema/context http://www. springframework. org/
     schema/context/spring - context. xsd http://www. springframework. org/
     schema/mvc http://www. springframework. org/schema/mvc/spring - mvc.
     xsd">
   <context:component-scan base-package="com.cy.controller"></context:
   component-scan>
   <mvc:annotation-driven/>
   <bean id="ViewResolver" class="org.springframework.web.servlet.view.
   InternalResourceViewResolver">
      <property name="prefix" value="/WEB-INF/views"/>
      <property name="suffix" value=".jsp"/>
   </bean>
</beans>
```

上述配置完成后，整个项目的文件目录结构如图 11.5 所示。

图 11.5　IfanrSearch 项目目录结构

11.2.2　前端页面设计

在程序前端初始页面中，拟放置一个搜索词输入框和一个“搜索”按钮，如图 11.6 所示。

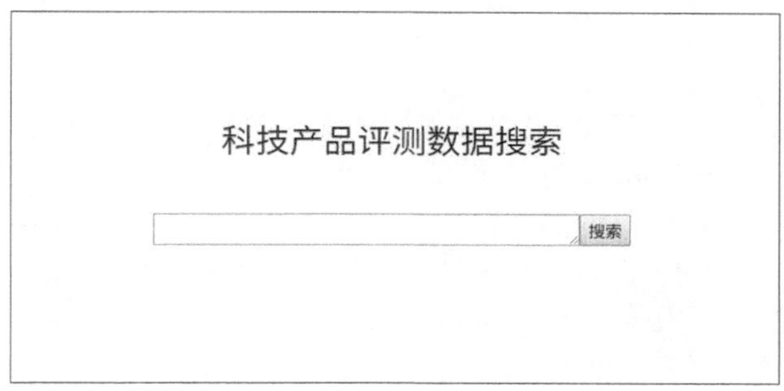

图 11.6　项目首页 index 页面

用户在输入框中写入搜索词后，按下“搜索”按钮，前端 jQuery 采集用户输入的搜索词，通过 Ajax 程序传到后端 Java 控制器程序，控制器与 Elasticsearch 交互，将查询结果处理后返回到前端，最后前端通过异步刷新将数据输出到界面中。在 WEB-INF/views 文件夹中创建前端界面 index.jsp，该 JSP 文件内容如代码段 11.6 所示。

```
//代码段 11.6: 前端界面 index.jsp
<%@ page contentType="text/html;charset=UTF-8" language="java" %>
<html>
<head>
    <title>科技产品评测数据搜索</title>
    <style type="text/css">
```

```
body {
    margin: 0px auto;
    padding: 0px;
}

#main, #result, #detail {
    width: 800px;
    margin: 0px auto;
    padding: 0px;
    text-align: left;
    line-height: 35px;
}

#result, #detail {
    display: none;
    margin-top: 50px;
}

#title {
    width: 800px;
    margin: 150px auto 30px auto;
    padding: 0px;
    font-size: 24pt;
    text-align: center;
    line-height: 80px;
}

#keyword {
    width: 800px;
    margin: 0px auto;
    padding: 0px;
    font-size: 12pt;
    text-align: center;
    vertical-align: middle;
    line-height: 25px;
}

#kw {
    width: 400px;
    height: 30px;
```

```
        line-height: 25px;
        padding-left: 5px;
        white-space: nowrap;
        overflow: hidden;
        vertical-align: middle;
    }

    #submit {
        tab-index: 1;
        font-size: 12pt;
        vertical-align: middle;
    }

    .a_title {
        text-decoration: underline;
        color: blue;
        font-size: 12pt;
        line-height: 20px;
    }

    .publishTime {
        color: #555;
        line-height: 25px;
        font-size: 9.75pt;
    }

    .content {
        color: #222;
    }

    .a_url {
        text-decoration: none;
        color: green;
        font-size: 9.75pt;
        line-height: 20px;
    }

    .d_title {
        font-size: 20pt;
```

```
            text-align: center;
            line-height: 50px;
        }

        .d_content {
            font-size: 9.75pt;
            line-height: 20px;
        }

        spot {
            color: red;
        }

        p {
            margin: 0px;
            padding: 0px;
            font-size: 9.75pt;
            line-height: 20px;
        }
    </style>
    <script src="http://cdn.bootcss.com/jquery/3.1.1/jquery.min.js" type="
text/javascript"></script>
    <script type="text/javascript">
        $(document).ready(function () {
            $("#kw").focus();
            $("#submit").click(function () {
                var query=$('#kw').val();
                $.ajax({
                    type: 'POST',
                    contentType: 'text/html;charset=UTF-8',
                    url: '/search',
                    data: query,
                    dataType: 'text',
                    success: function (data) {
                        $('#list').empty();
                        $('#list').append(decodeURI(data));
                        $('#main').slideToggle();
                        $('#result').slideToggle();
                    },
```

```
                error: function (textStatus) {
                    alert("Error:" +textStatus);
                }
            });
        });
        //返回首页按钮事件
        $("#back2index").click(function () {
            $("#main").slideToggle();
            $("#result").slideToggle();
        });
        //返回列表按钮事件
        $("#back2list").click(function () {
            $("#result").slideToggle();
            $("#detail").slideToggle();
        });
    });
    function viewDetail(strUrl) {
        $.ajax({
            type: 'POST',
            contentType: 'text/html;charset=UTF-8',
            url: '/detail',
            data: strUrl,
            dataType: 'text',
            success: function (data) {
                $('#item').empty();
                $('#item').append(decodeURI(data));
                $('#result').slideToggle();
                $('#detail').slideToggle();
                $(window).scrollTop(0);
            },
            error: function (textStatus) {
                alert("Error:" +textStatus);
            }
        });
    }
  </script>
</head>
<body>
<div id="main">
  <div id="title">
```

```
            科技产品评测数据搜索
        </div>
        <div id="keyword">
            <input id="kw" type="text"><input type="button" id="submit"
            value="搜索">
        </div>
    </div>
    <div id="result">
        <input type="button" id="back2index" value="返回首页"><br/><br/>
        <div id="list">
        </div>
    </div>
    <div id="detail">
        <input type="button" id="back2list" value="返回列表"><br/><br/>
        <div id="item">
        </div>
    </div>
    </body>
    </html>
```

11.2.3 后端控制器类

默认情况下，程序不能直接访问 index 页面，需要在 com. cy. controller 包中编写一个 HomeController 类，以便项目运行时可以直接跳转到 index 页面。该类的代码如代码段 11.7 所示。

```
//代码段 11.7: 前端界面 index.jsp
import org.springframework.stereotype.Controller;
import org.springframework.web.bind.annotation.RequestMapping;

@Controller
public class HomeController {
    @RequestMapping(value="/")
    public String home() {
        return "/index";
    }
}
```

在 index 页面中，Ajax 程序指定了数据交换的控制器路径为“/search”。该页面的后端控制器类应设置请求映射为“/search”，并与 index 页面收发数据。在 com. cy. controller 包中创建该页面对应的控制器类，该类的实现如代码段 11.8 所示，其中包含了两个提供搜索功能的方法。第一个方法负责查询搜索结果列表的数据，第二个方法负责查询一条结果中所有详细内容的数据。

```
//代码段 11.8: SearchController 类
import org.elasticsearch.action.search.SearchResponse;
package com.cy.controller;

import crg.elasticsearch.action.search.SearchResponse;
import crg.elasticsearch.action.search.SearchType;
import crg.elasticsearch.client.Client;
import org.elasticsearch.index.query.QueryBuilder;
import org.elasticsearch.search.SearchHit;
import org.springframework.stereotype.Controller;
import org.springframework.web.bind.annotation.RequestBody;
import org.springframework.web.bind.annotation.RequestMapping;
import org.springframework.web.bind.annotation.RequestMethod;
import org.springframework.web.bind.annotation.ResponseBody;

import java.io.UnsupportedEncodingException;
import java.net.URLEncoder;
import java.util.Map;

import static org.elasticsearch.index.query.QueryBuilders.termQuery;
import static org.elasticsearch.index.query.QueryBuilders.wildcardQuery;

@Controller
public class SearchController {

    @RequestMapping(value="/search", method=RequestMethod.POST)
    @ResponseBody
    public String search(@RequestBody String query) {
        Client client=XPackESClient.getClient();
        QueryBuilder qb=wildcardQuery("title", "*"+query+"*");
        SearchResponse response=client.prepareSearch("ifanr")
```

```
                .setTypes("review")
                .setSearchType(SearchType.DFS_QUERY_THEN_FETCH)
                .setQuery(qb)
                .setFrom(0)
                .setSize(10)
                .setExplain(true)
                .get();
        SearchHit[] hits=response.getHits().getHits();
        String title, publishTime, content, url;
        Map< String, Object>  hitSource;
        StringBuilder builder=new StringBuilder();
        for (SearchHit hit : hits) {
            hitSource=hit.getSource();
            title=hitSource.get("title").toString();
            url=hitSource.get("url").toString();
            publishTime=hitSource.get("publishTime").toString();
            content=hitSource.get("content").toString().replaceAll(query,
            "< spot> "+query+"</spot>");
//              System.out.println(title+"\t"+publishTime+"\t"+url+"\t"+
                content);
             builder.append("<a class="a_title" href="javascript:void(0)"
             onclick="viewDetail('"+url+"')" target="view_window">"+Utf8
             (title)+"</a>");
             builder.append("<p class="publishTime">"+Utf8("发布日期:")+
            publishTime+"</p>");
             builder.append("<p>"+Utf8(content.replaceAll("\\n", "").
             substring(0, 200))+"..."+"</p>");
             builder.append("<a class="a_url" href=""+url+"" target="view_
             window">"+url.substring(url.indexOf(":")+3)+"</a><br/><br/>");
        }
        return builder.toString();
    }

    @ RequestMapping(value="/detail", method=RequestMethod.POST)
    @ ResponseBody
    public String detail(@ RequestBody String strUrl) {
        Client client=XPackESClient.getClient();
        QueryBuilder qb=termQuery("url", strUrl);
```

```
        SearchResponse response=client.prepareSearch("ifanr")
                .setTypes("review")
                .setSearchType(SearchType.DFS_QUERY_THEN_FETCH)
                .setQuery(qb)
                .setFrom(0)
                .setSize(1)
                .setExplain(true)
                .get();
        SearchHit[] hits=response.getHits().getHits();
        String editorName, shares, publishTime, comments, title, url, content, likes;
        Map<String, Object>hitSource;
        StringBuilder builder=new StringBuilder();
        for (SearchHit hit : hits) {
            hitSource=hit.getSource();
            title=hitSource.get("title").toString();
            editorName=hitSource.get("editorName").toString();
            publishTime=hitSource.get("publishTime").toString();
            shares=hitSource.get("shares").toString();
            likes=hitSource.get("likes").toString();
            comments=hitSource.get("comments").toString();
            url=hitSource.get("url").toString();
            content=hitSource.get("content").toString();
//            System.out.println(title+"\t"+publishTime+"\t"+editorName+
              "\t"+shares+"\t"+likes+"\t"+comments+"\t"+url+"\t"+content);
            builder.append("<p class="d_title">"+Utf8(title)+"</p>");
            builder.append("<p class="d_content">"+Utf8("编辑:"+editorName)
            +"</p>");
            builder.append("<p class="d_content">"+Utf8("发表时间:")+
           publishTime+"</p>");
            builder.append("<p class="d_content">"+Utf8("分享数:")+shares+"
                    ");
            builder.append(Utf8("点赞数:")+likes+"    
                "+Utf8("评论数:")+comments+"</p>");
            builder.append("<p class="d_content">"+Utf8("来源:")+"<a href=""
            +url+"" target="view_window">"+url.substring(url.indexOf(":")+3)
            +"</a></p>");
```

```
            builder.append("<p class="d_content">"+Utf8(content.replaceAll("
            \\n", ""))+"</p>");
        }
        return builder.toString();
    }

    public String Utf8(String input) {
        String output="";
        try {
            output=URLEncoder.encode(input, "utf-8");
        } catch (UnsupportedEncodingException e) {
            e.printStackTrace();
        }
        return output.replaceAll("\+", " ").replaceAll("%2F", "/");
    }
}
```

将上述程序进行编译，启动 Tomcat 服务器，在浏览器地址栏中输入 http://localhost:8080（如果没有借助开发平台部署，那么 URL 末尾需要追加/项目名），即可看到项目的首页。

输入搜索词“小米”并按下“搜索按钮”，页面中即出现对应的搜索结果，同时搜索词在搜索结果的标题和正文摘要中被高亮显示，如图 11.7 所示。由于该搜索程序全程使用 Ajax 技术执行，页面显示搜索结果的过程是在单个页面中执行的，因此没有发生跳转。

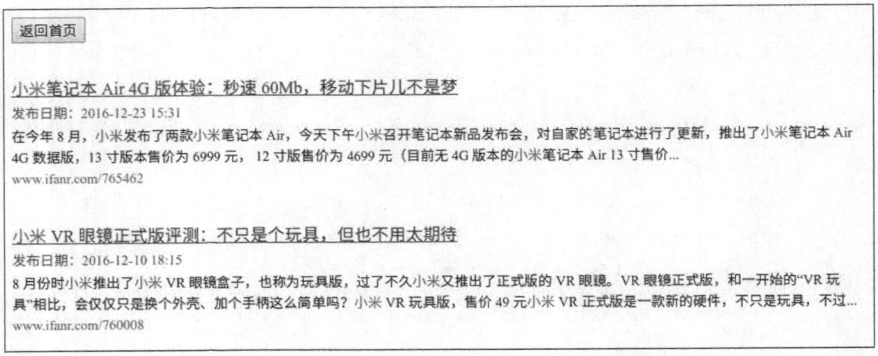

返回首页

小米笔记本 Air 4G 版体验：秒速 60Mb，移动下片儿不是梦
发布日期：2016-12-23 15:31
在今年 8 月，小米发布了两款小米笔记本 Air，今天下午小米召开笔记本新品发布会，对自家的笔记本进行了更新，推出了小米笔记本 Air 4G 数据版，13 寸版本售价为 6999 元，12 寸版售价为 4699 元（目前无 4G 版本的小米笔记本 Air 13 寸售价...
www.ifanr.com/765462

小米 VR 眼镜正式版评测：不只是个玩具，但也不用太期待
发布日期：2016-12-10 18:15
8 月份时小米推出了小米 VR 眼镜盒子，也称为玩具版，过了不久小米又推出了正式版的 VR 眼镜。VR 眼镜正式版，和一开始的“VR 玩具”相比，会仅仅只是换个外壳、加个手柄这么简单吗？小米 VR 玩具版，售价 49 元小米 VR 正式版是一款新的硬件，不只是玩具，不过...
www.ifanr.com/760008

图 11.7　搜索结果列表页面

在列表中单击任意一条搜索结果的标题，页面中会显示出该评测的详细信息，如图 11.8 所示。

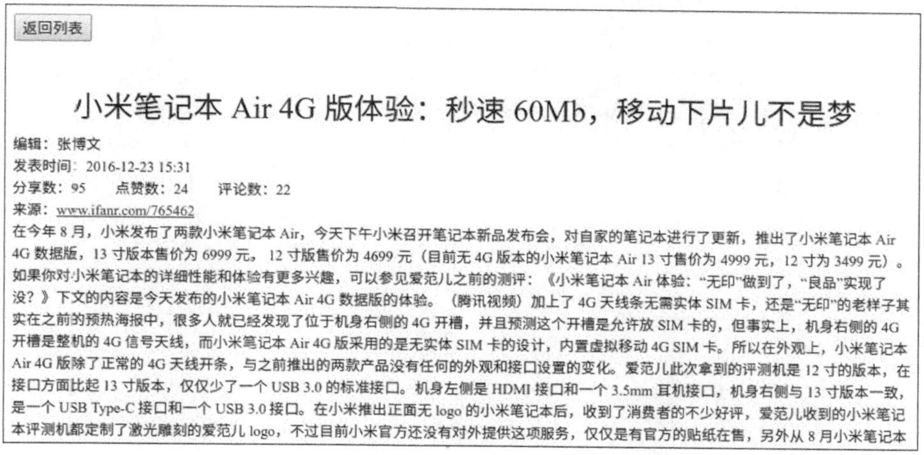

返回列表

小米笔记本 Air 4G 版体验：秒速 60Mb，移动下片儿不是梦

编辑：张博文
发表时间：2016-12-23 15:31
分享数：95　点赞数：24　评论数：22
来源：www.ifanr.com/765462

在今年 8 月，小米发布了两款小米笔记本 Air，今天下午小米召开笔记本新品发布会，对自家的笔记本进行了更新，推出了小米笔记本 Air 4G 数据版，13 寸版本售价为 6999 元，12 寸版售价为 4699 元（目前无 4G 版本的小米笔记本 Air 13 寸售价为 4999 元，12 寸为 3499 元）。如果你对小米笔记本的详细性能和体验有更多兴趣，可以参见爱范儿之前的测评：《小米笔记本 Air 体验："无印"做到了，"良品"实现了没？》下文的内容是今天发布的小米笔记本 Air 4G 数据版的体验。（腾讯视频）加上了 4G 天线条无需实体 SIM 卡，还是"无印"的老样子其实在之前的预热海报中，很多人就已经发现了位于机身右侧的 4G 开槽，并且预测这个开槽是允许放 SIM 卡的，但事实上，机身右侧的 4G 开槽是整机的 4G 信号天线，而小米笔记本 Air 4G 版采用的是无实体 SIM 卡的设计，内置虚拟移动 4G SIM 卡。所以在外观上，小米笔记本 Air 4G 版除了正常的 4G 天线开条，与之前推出的两款产品没有任何的外观和接口设置的变化。爱范儿此次拿到的评测机是 12 寸的版本，在接口方面比起 13 寸版本，仅仅少了一个 USB 3.0 的标准接口。机身左侧是 HDMI 接口和一个 3.5mm 耳机接口，机身右侧与 13 寸版本一致，是一个 USB Type-C 接口和一个 USB 3.0 接口。在小米推出正面无 logo 的小米笔记本后，收到了消费者的不少好评，爱范儿收到的小米笔记本评测机都定制了激光雕刻的爱范儿 logo，不过目前小米官方还没有对外提供这项服务，仅仅是有官方的贴纸在售，另外从 8 月小米笔记本

图 11.8　搜索结果详细信息

11.3　基于 Logstash 的日志处理

本例中拟通过配置相关文件的方法，来控制 Logstash 收集 Tomcat 服务器用户访问日志，并将其作为输入；使用 grok 过滤器来解析日志内容，并将处理好的数据输出到终端和 Elasticsearch。在 Logstash 的执行目录{ls_home}/bin 文件夹中创建一个配置文件 conf.conf，以便供 Logstash 运行时加载。配置文件的内容如代码段 11.9 所示。由于当前的 Elasticsearch 集群配置了 X-Pack，需要身份验证才能访问其中的数据，因此在配置 Logstash 输出到 Elasticsearch 时，需要额外配置用于身份验证的账号和密码。

```
//代码段 11.9：控制 Logstash 输入、过滤、输出的配置文件 conf.conf
input {                  //配置输入
    file {               //从文件输入
        path=>["/usr/apache-tomcat-7.0.68/logs/localhost_access_log.2017-04
        -04.txt"]
    }
}
filter {                 //配置过滤
    grok {
        match=>{
            "ip"=>"%{IPORHOST:clientip}"
```

```
            "status"=>"%{WORD:verb}"
            "message"=>"%{IPORHOST:clientip} %{USER:ident} %{USER:auth} \[%
           {HTTPDATE:timestamp}\] \"(?:%{WORD:verb} %{URIPATHPARAM:request}
            (?: HTTP/%{NUMBER:httpversion})?|-)\" %{NUMBER:response} (?:%
           {NUMBER:bytes}|-) %{NUMBER:responsetime} \"(?:%{URI:referrer}|-)\"
            %{QS:agent}"
        }
    }
}
output {    //配置输出
    stdout {
        codec=>rubydebug
    }
    elasticsearch {
        hosts=>["localhost"]
        user=>"elastic"    //指定 Elasticsearch 安全集群的用户身份验证信息
        password=>"changeme"
    }
}
```

将 conf. conf 配置文件保存，使用终端命令. /logstash -f . /conf. conf 来启动 Logstash，同时加载配置文件。自 Logstash 启动之时起，每当 Tomcat 服务器日志增加新内容，就会被 Logstash 获取、处理并传入 Elasticsearch。

11.4 基于 Beats 的数据传输

本例中使用 Filebeat 和 Metricbeat 来采集、传输日志文件和系统指标数据。首先，在 Filebeat 和 Metricbeat 的配置文件中修改配置信息，使其拥有向 Elasticsearch 传输数据的权限。打开 Filebeat 的配置文件/etc/filebeat/filebeat. yml，将 output. elasticsearch 一节中注释掉的 username 和 password 两行取消注释，并根据实际情况来修改这部分最后两行的身份验证信息。对 Metricbeat 的配置文件/etc/metricbeat/metricbeat. yml 也应进行类似的修改。二者的配置文件中，修改后的 Elasticsearch 输出部分如代码段 11.10 所示。

```
//代码段 11.10：配置文件中 Elasticsearch 输出部分
#------------------Elasticsearch output---------------------
output.elasticsearch:
  #Array of hosts to connect to.
```

```
hosts: ["localhost:9200"]

#Opticnal protocol and basic auth credentials.
#protocol: "https"
username: "elastic"
password: "changeme"
```

修改配置文件后，即可运行 Filebeat 和 Metricbeat。执行终端命令 sudo /etc/init.d/filebeat start 来启动 Filebeat，执行终端命令 sudo /etc/init.d/metricbeat start 来启动 Metricbeat。

11.5 基于 Kibana 的数据可视化

启动 Kibana，以超级管理员身份登录，在“Management”的 index pattern 界面中输入索引名称 ifanr，来添加 ifanr 索引，如图 11.9 所示。要添加的索引还包括“logstash-*”、“filebeat-*”和“metricbeat-*”，均以此方法添加。

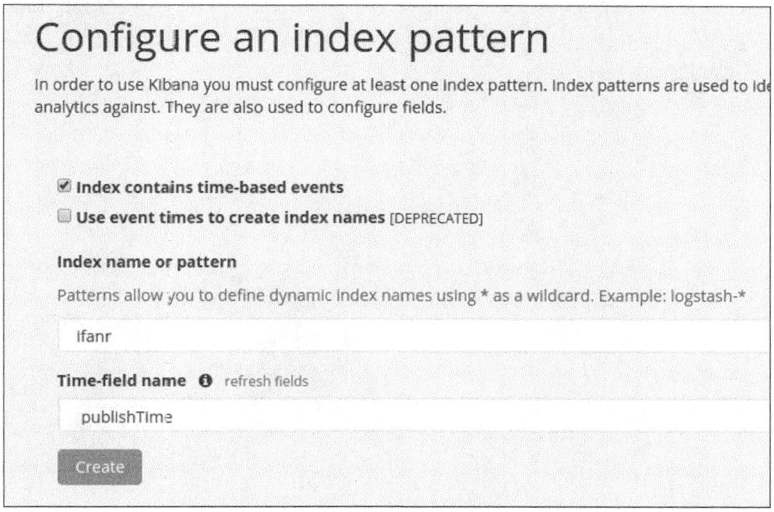

图 11.9 添加 index pattern

11.5.1 可视化索引文件中的信息

下面对索引 ifanr 中的文档数据进行统计。首先创建一个面积图，在“Visualize”中选择“Area chart”选项，设置横轴聚合方式为“Date Histogram”，其他选项自动设置，按下按钮生成统计图，如图 11.10 所示，该图直观反映了评测文章发表的数量随时间的变化情况。

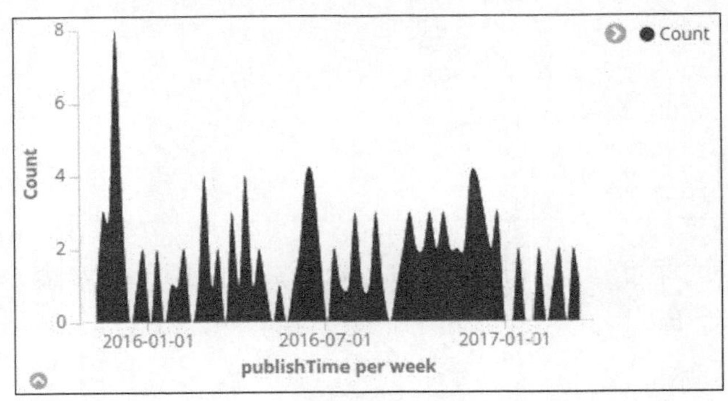

图 11.10 评测文章发表数量面积图

接着对该索引中的三种数值型数据分享数、点赞数和评论数按不同的计数范围进行统计。以分享数为例，创建一个饼图，在 Buckets 设置中选择聚合方式“Range”，在 Field 中选择字段“Shares”，并在下方设置多个计数范围，如图 11.11 所示。

完成上述设置后按下按钮，即可得到如图 11.12 所示的饼图。从图中可以看出，测评文章被分享的次数一般不超过 200 次，分享次数越多的文章，在总体数量中所占比例越小。

From	To
0	99
100	199
200	299
300	399
400	499
500	599
600	699
700	799
800	899
900	999

Add Range

图 11.11 为饼图设置聚合的范围

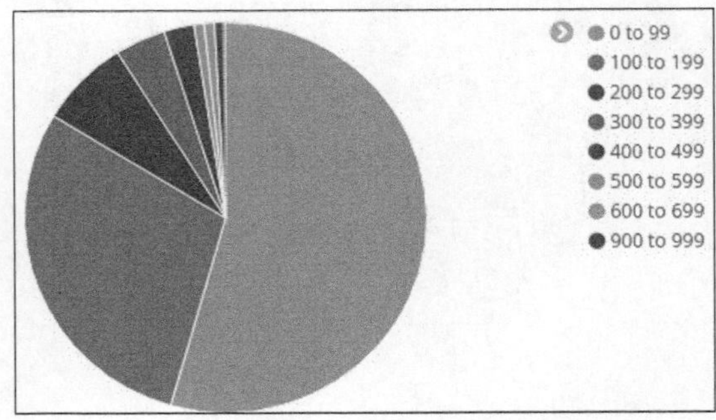

图 11.12 为饼图设置聚合的范围

以类似的方式，也可以创建点赞数和评论数的饼图。最后将四种统计图放入一个动态仪表板中并保存，如图 11.13 所示。

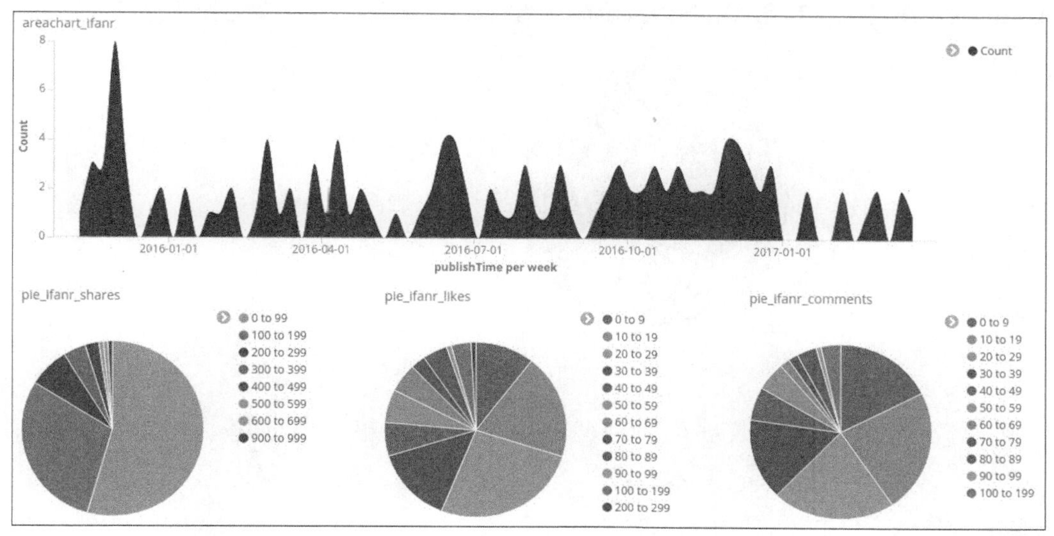

图 11.13　索引 ifanr 的可视化展示

11.5.2　对 Logstash、Beats 的可视化展示

下面对索引“logstash-＊”、“filebeat-＊”和“metricbeat-＊”的文档数据进行统计。首先创建一个折线统计图。在 Visualize 程序中选择“Line chart”，设置横轴的聚合方式为“Date Histogram”，其他选项自动设置，按下按钮生成统计图，如图 11.14 所示，该图直观反映了搜索引擎项目中访问量随时间的变化情况。

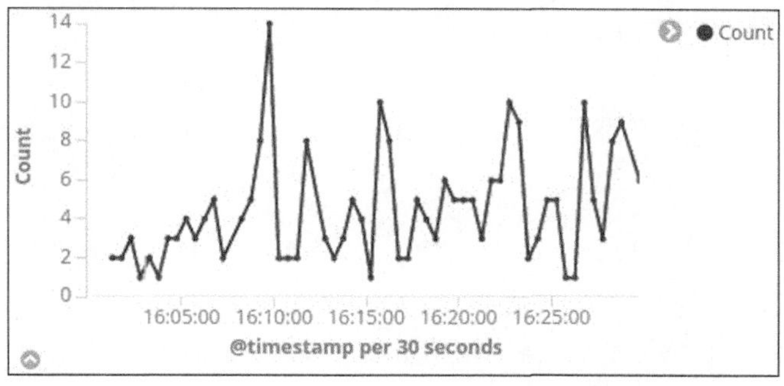

图 11.14　搜索引擎项目访问量折线图

接下来创建饼图，对 Filebeat 在不同日志文件中采集到的信息量进行统计。在饼图的 Buckets 设置中选择聚合方式“Terms”，Field 中选择字段“Source”，其他选项自动设置，生成后的饼图如图 11.15 所示。该图显示，Filebeat 采集了四种日志文件的数据，前缀为

catalina 的两个日志文件数据量较大，而前缀为 localhost 的两个日志文件数据量较小。

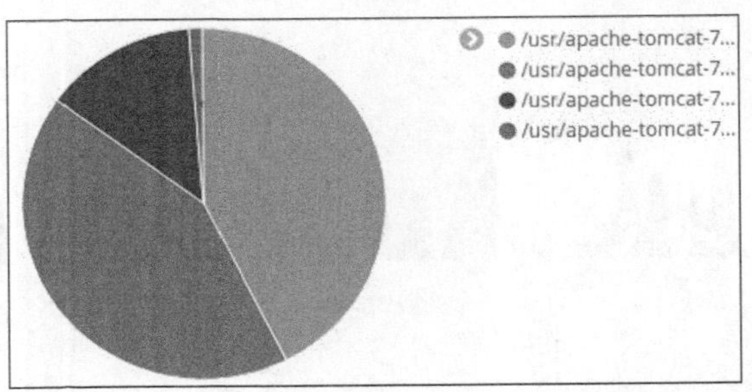

图 11.15　Filebeat 采集日志来源饼图

创建 Metricbeat 采集数据的时间线。在 Visualize 程序中创建一个 Timeseries，在 timelion expression 输入框中写入查询表达式，如代码段 11.11 所示。

```
//代码段 11.11: Timelion 查询表达式
.es(index='metricbeat-*',timefield='@timestamp')
```

运行该查询表达式，可以得到如图 11.16 所示的时间线。图中清晰显示了 Metricbeat 执行采集和传输任务最集中的时间段。

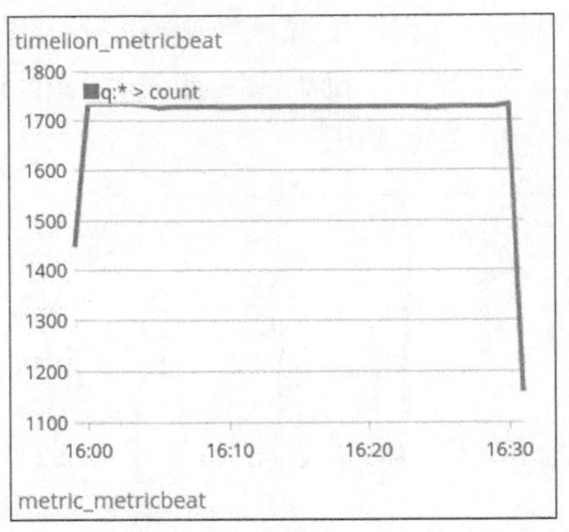

图 11.16　Metricbeat 采集信息时间线

在上述统计图表之外，也可以利用饼图来统计 Logstash、Filebeat 和 Metricbeat 在不同时间区间采集的文档数量，创建方法与上一节中饼图的创建方法类似，只需执行 Date Range 聚合，将数值换成时间即可。针对各自的饼图，也可以创建数值统计，来对应显示各自的文档总数。最后将创建的各种可视化统计图表放入动态仪表板，如图 11.17 所示。

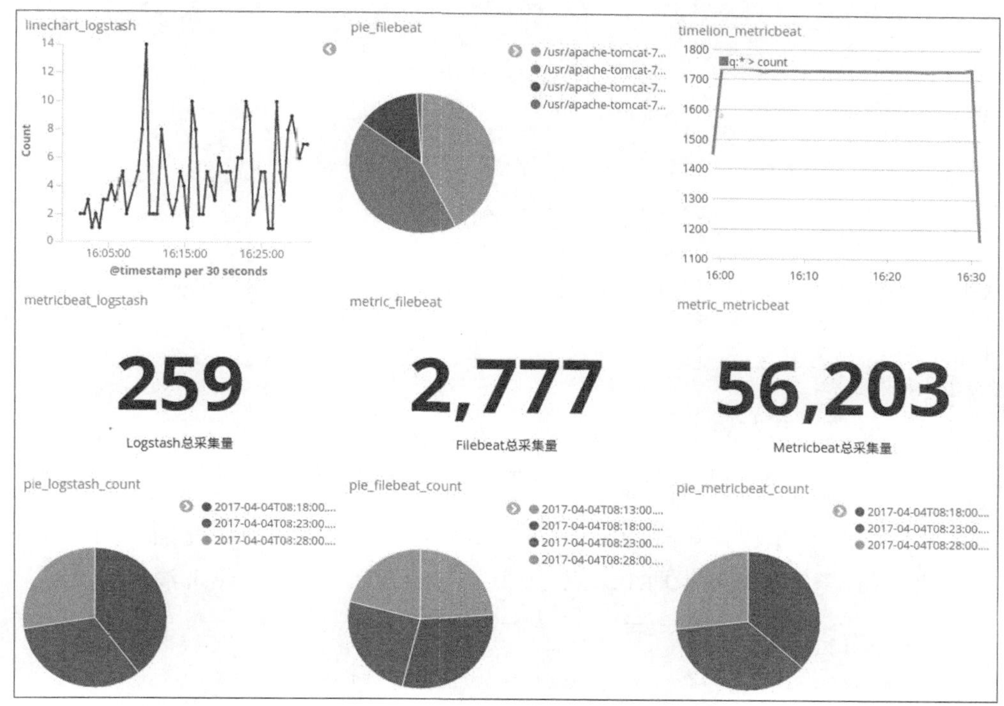

图 11.17 有关 Logstash 和 Beats 的可视化展示

11.6 基于 X-Pack 的系统监控

登录到 Kibana，单击界面左侧导航栏中的"Monitoring"导航按钮，即可查看 Elasticsearch 和 Kibana 当前的总体运行状态数据，如图 11.18 所示。

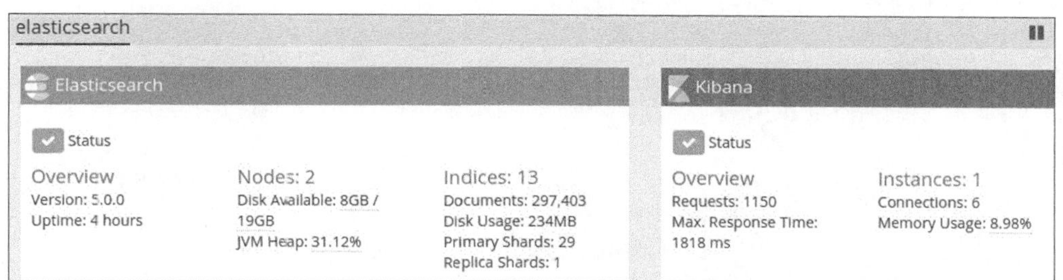

图 11.18 系统总体运行状态

在 Elasticsearch 的索引列表中，可以查看索引 ifanr 的运行状态，如图 11.19 所示。图中的 Search Rate 折线图反映了项目中执行搜索的情况，其余图线保持稳定值不变。

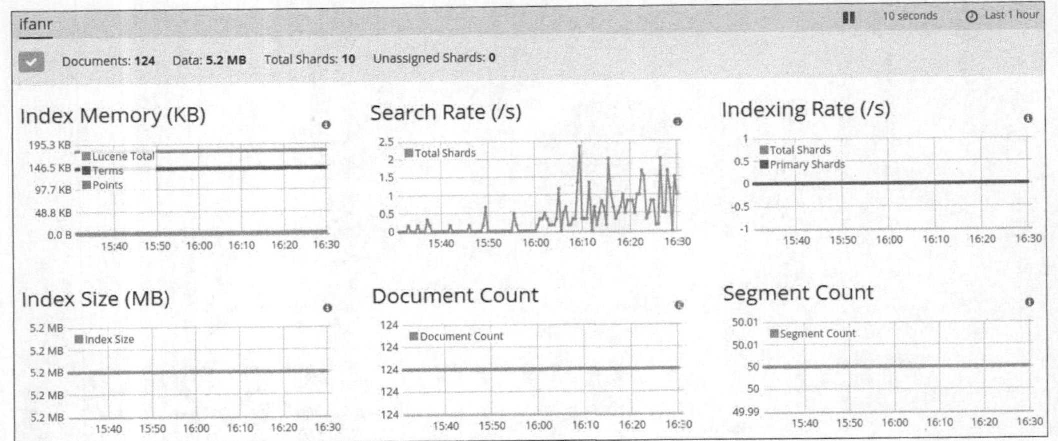

图 11.19　Elasticsearch 索引 ifanr 运行状态

界面中折线图下方展示了 Elasticsearch 节点中不同分片的运行情况，如图 11.20 所示。从图中不难看出，系统中开启了两个节点，每个节点中 5 个分片均工作正常。

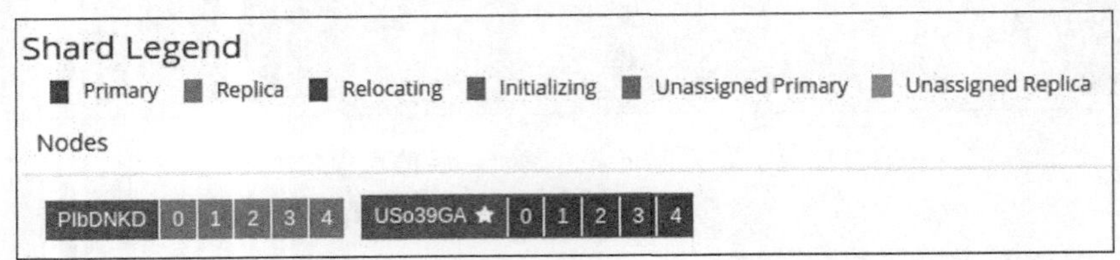

图 11.20　节点和分片运行状态

在 Indices 列表中单击“logstash-＊”索引，可以查看 Logstash 的运行状况，如图 11.21 所示。图中的“Search Rate”图线的数值始终为零，表示之前没有出现过对 Logstash 的查

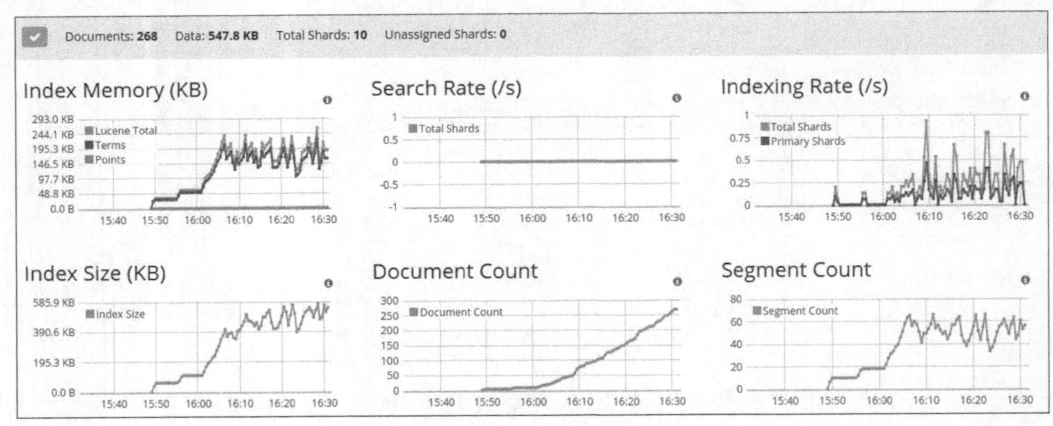

图 11.21　Logstash 运行状态

询。而从其他折线图的走势中，均可看出 Logstash 采集处理的信息正处于一个不断增长的趋势，这从侧面反映了 Elasticsearch 正不断处理来自客户端的搜索请求。

在 Monitoring 程序界面中单击 Kibana 的 Instances 链接，来查看 Kibana 实例的运行状况，如图 11.22 所示。图中的 System Load 折线图反映了系统负载基本处于一个较为平稳的状态，从其余折线图中也可以看出系统响应和连接相关指标的走势情况。

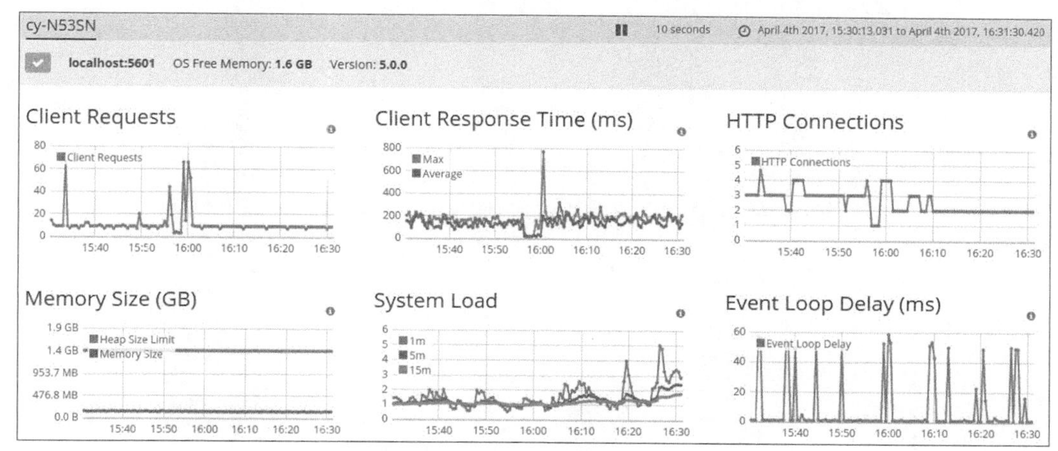

图 11.22 Kibana 实例运行状态

11.7 扩展知识与阅读

Selenium 是一个用于 Web 应用程序测试的工具。Selenium 测试直接运行在浏览器中，就像真正的用户在操作一样。有关 Selenium 更详细的内容，可参阅其官网 http://www.seleniumhq.org/。另外，文献[曾宪杰，2014]给出了有关大型网站系统与 Java 中间件的相关技术。有关中间件的理论背景，可参阅[Andrew，2007]。除此之外，软件负载中心与集中配置管理也是需要考虑的问题。

11.8 本章小结

本章给出了一个基于 5.0 版的 Elasticsearch、Logstash、Kibana、X-Pack 和 Beats 的网络信息检索、日志分析及可视化管理的工程实例。其中网络信息采集是利用 Selenium 模拟完成的，之后将采集到的信息存入 Elasticsearch 的索引中。日志分析使用的是 Logstash，依照配置文件中的配置信息来进行日志信息的输入、解析和输出。日志文件和系统指标数据利用 Beats 相关组件传输到 Elasticsearch 索引中，并由 Kibana 完成各个索引中文档数据的可视化展示。对于 Elasticsearch 索引运行状态、Logstash 数据处理情况以及 Kibana 实例运行状况等图形化监控，可使用 X-Pack 中的 Monitoring 程序完成。通过本章的介绍，能够使读者对 Elastic Stack 全套组件的开发和运作有进一步的了解，以便在今后的实战环境中熟练使用大数据搜索与分析的相关工具解决实际项目中的问题。

参考文献

1. [Andrew,2008] Andrew S. Tanenbaum,Maarten van Steen. 分布式系统原理与范型. 北京：清华大学出版社,2008.
2. [CSDN,2014] CSDN. 一些国外优秀的 elasticsearch 使用案例. http://blog.csdn.net/july_2/article/details/24779533,2014.
3. [CSDN, 2015] CSDN. 分布式搜索 Elasticsearch. http://blog.csdn.net/geloin/article/details/8908238,2015.
4. [Fu,2015] Fu Kailong,ElasticSearch 权威指南. http://fuxiaopang.gitbooks.io/learnelasticsearch/,2015.
5. [百度百科,2014]百度百科. Maven. http://baike.baidu.com/view/336103.htm? fr=aladdin,2014.
6. [Michael,2011]Michael McCandless,Erik Hatcher,Otis Gospodnetic. Lucene in Action 实战. 2 版. 牛长流,等,译. 北京：人民邮电出版社,2011.
7. [Open,2014a]Open. 分布式搜索 elasticsearch 配置文件详解. http://www.open-open.com/lib/view/open1397003561934.html,2014.
8. [Open,2014b] Open. Elasticsearch 学习入门. http://www.open-open.com/doc/view/b6a3a83c2a494acea97c7e6045994c4e,2014.
9. [Rafal,2015]Rafal K. ,Marek R. ElasticSearch. 可扩展的开源弹性搜索解决方案. 北京：电子工业出版社,2015.
10. [Ricardo,2012]Ricardo Baeza Yates,Berthier Ribeiro Neto. 现代信息检索. 黄萱菁,等,译. 北京：机械工业出版社,2012.
11. [Steven,2013]Steven John Metsker,William C. Wake. Java 设计模式. 张逸,等,译. 北京：电子工业出版社,2013.
12. [TTLSA,2016]TTLSA. ELK beats 平台介绍. http://www.ttlsa.com/elk/elk beats platform/,2016.
13. [Turnbull,2015]James Turnbull. The Logstash Book：Log Management Made Easy. http:www.logstashbook.com/,2015.
14. [高凯,2014]高凯,仇晶,张晓明,等. 信息检索与智能处理. 北京：国防工业出版社,2014.
15. [韩陆,2014]韩陆. Java RESTful Web Service 实战. 北京：机械工业出版社,2014.
16. [黄健宏,2014]黄健宏. Redis 设计与实现. 北京：机械工业出版社,2014.
17. [Hetland,2014]Hetland,等. Python 基础教程. 北京：人民邮电出版社,2014.
18. [李志义,2015]李志义. 网站信息组织优化：基于网络日志的用户行为分析. 北京：电子工业出版社,2015.
19. [李子骅,2013]李子骅. Redis 入门指南. 北京：人民邮电出版社,2013.
20. [李刚,2014]李刚. 疯狂 Ajax 讲义. 北京：电子工业出版社,2014.
21. [廖振,2015]廖振,黄亚楼,刘杰. 精彩纷呈的网络搜索日志挖掘. 中国计算机学会通讯,Vol. 10,No. 5,2015.

22. [罗刚,2014]罗刚.解密搜索引擎技术实战.北京：电子工业出版社,2014.

23. [饶琛琳,2015]饶琛琳.Kibana 中文指南.http://kibana.logstash.es/,2015.

24. [饶琛琳,2015]饶琛琳.ELK Stack 权威指南.北京：机械工业出版社,2015.

25. [搜狐,2016]搜狐.开源搜索引擎 Elasticsearch 5.0 版本正式发布.http://mt.sohu.com/20161104/n472267528.sht ml,2016.

26. [王继民,2014]王继民.Web 用户查询日志挖掘与应用.北京：知识产权出版社,2014.

27. [吴军,2013]吴军.数学之美.北京：人民邮电出版社,2013.

28. [吴晓刚,2015]吴晓刚.10TB 级日志的秒级搜索.携程网,2015.

29. [许晓斌,2011]许晓斌.Maven 实战.北京：机械工业出版社,2011.

30. [杨传辉,2014]杨传辉.大规模分布式存储系统原理解析与架构实战.北京：机械工业出版社,2014.

31. [余晟,2012]余晟.正则指引.北京：电子工业出版社,2012.

32. [云端分布式搜索技术,2013]云端分布式搜索技术.Elasticsearch 插件大全.http://www.searchtech.pro/elasticsearch plugins,2013.

33. [曾宪杰,2014]曾宪杰.大型网站系统与 Java 中间件实践.北京：电子工业出版社,2014.

34. [张华平,2014]张华平,高凯,黄河燕,等.大数据搜索与挖掘.北京：科学出版社,2014.

35. [周宁,2005]周宁,张玉峰,张李义.信息可视化与知识检索.北京：科学出版社,2005.

36. [周苏,2016]周苏,王文.大数据可视化.北京：清华大学出版社,2016.

37. [子猴博客,2014]子猴博客.elasticsearch.yml 配置说明.http://www.zihou.me/html/2014/01/17/9061.html,2014.

38. [Microsoft,2017]Microsoft.about_Execution_Policies.https://technet.microsoft,com/zh-CN/library/hh847748.aspx,2017.